Istanbul

Andrea Gorys

Gratis-Download: Updates & aktuelle Extratipps der Autorin

Unsere Autoren recherchieren auch nach Redaktionsschluss für Sie weiter. Auf unserer Homepage finden Sie Updates und persönliche Zusatztipps zu diesem Reiseführer.

Zum Ausdrucken und Mitnehmen oder als kostenloser Download für Smartphone, Tablet und E-Reader.
Besuchen Sie uns jetzt!
www.dumontreise.de/istanbul

short.travel/ef84n

DUMONT
Reise-Taschenbuch

Unterwegs in Istanbul

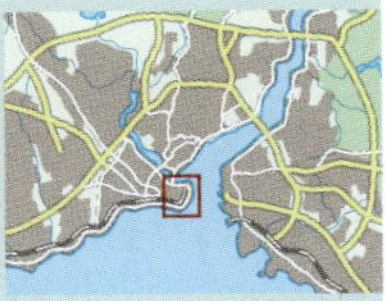

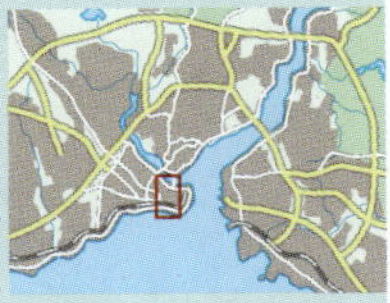

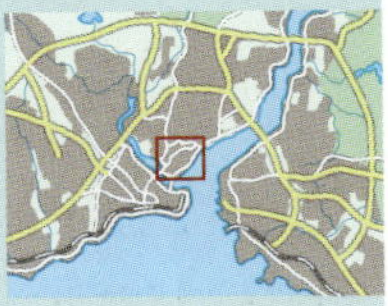

Auf Entdeckungstour

Karten und Pläne

s. hintere Umschlagklappe

► Dieses Symbol im Buch verweist auf die Extra-Reisekarte Istanbul

Das Klima im Blick

atmosfair

Reisen bereichert und verbindet Menschen und Kulturen. Wer reist, erzeugt auch CO_2. Der Flugverkehr trägt mit einem Anteil von bis zu 10 % zur globalen Erwärmung bei. Wer das Klima schützen will, sollte sich für eine schonendere Reiseform (z. B. die Bahn) entscheiden – oder die Projekte von *atmosfair* unterstützen. *Atmosfair* ist eine gemeinnützige Klimaschutzorganisation. Die Idee: Flugpassagiere spenden einen kilometerabhängigen Beitrag für die von ihnen verursachten Emissionen und finanzieren damit Projekte in Entwicklungsländern, die dort den Ausstoß von Klimagasen verringern helfen. Dazu berechnet man mit dem Emissionsrechner auf *www.atmosfair.de*, wie viel CO_2 der Flug produziert und was es kostet, eine vergleichbare Menge Klimagase einzusparen (z. B. Berlin – London – Berlin 13 €). *Atmosfair* garantiert die sorgfältige Verwendung Ihres Beitrags. Klar – auch der DuMont Reiseverlag fliegt mit *atmosfair!*

Liebe Leserin, lieber Leser,

mein erster Weg in Istanbul führt mich stets auf die Galata-Brücke, die das Goldene Horn überspannt. Dort vergewissere ich mich, dass Istanbul immer noch die Stadt ist, die ich bereits als Kind schätzen und lieben lernte. Voraus erstreckt sich die Landzunge mit den Türmchen des Topkapı-Palasts und den Minaretten der Moscheen, auf der die Geschichte der Stadt begann. Im Rücken liegen Karaköy und Beyoğlu, einst Viertel der europäischen Mächte. Gen Osten sieht man Üsküdar, das alte Skutari, und die anderen Stadtteile auf der asiatischen Seite. Nach Norden öffnet sich der Bosporus mit seinen malerischen Ufern. Er trennt Europa von Asien und verbindet das Schwarze Meer mit dem Marmarameer.

Istanbul war stets kosmopolitisch. Heute fällt vor allem die Mischung aus Orient und Moderne ins Auge. Tief verschleierte orthodoxe Muslima, Frauen in langen Mänteln und mit bunten Kopftüchern, junge Türkinnen mit kurzen Röcken und engen Tops leben nebeneinander. Hier wird nach orientalischer Sitte gehandelt, dort sind die Waren in Dollar ausgezeichnet. Es gibt die traditionellen Çayhane, aber auch Cafés nach westlichem Muster mit exquisitem Kuchenangebot. Männer in maßgeschneiderten Anzügen gehen ihrer Tätigkeit nach, und in den Seitenstraßen sitzen, wie im tiefsten Anatolien, Männer geruhsam beim Tavla-Spiel. All dies macht den wahren, den geheimen Reiz Istanbuls aus.

Aber hier pulsiert es auch: Die Kunst- und Musikszene boomt, es wird experimentiert, kreiert, Traditionelles mit Modernem gemischt. Es entsteht eine eigene neue Kultur. Auch diese gilt es beim Besuch von Museen und historischen Stätten sowie Galerien, Szenebars und Clubs zu entdecken.

Mit diesem Buch möchte ich Sie auf Ihrer Entdeckungsreise durch Istanbul begleiten. Und wenn Sie sich auf Istanbul und seine Bewohner einlassen, werden Sie die Stadt lieben und immer wieder kommen wollen.

Ich wünsche Ihnen einen erlebnisreichen Aufenthalt und freue mich auf Ihre Rückmeldung!

Ihre

Andrea Gorys

Istanbuls Wahrzeichen, die Hagia Sophia aus byzantinischer Zeit

Leser fragen, Autoren antworten

Istanbul persönlich – meine Tipps

Was ist ein gutes erstes Ziel in Istanbul?

Gehen Sie zuerst zu den Anglern auf der **Galata Köprüsü.** Die Brücke überquert das Goldene Horn, einen Flussausläufer, der der Stadt in ihrer Anfangszeit einen geschützten Hafen bot. Die Brücke verbindet die beiden europäischen Stadtteile Istanbuls: im Süden die Landzunge, auf der die Stadt gegründet wurde, mit vielen historischen Sehenswürdigkeiten. Heute gleicht sie fast einem Freiluftmuseum. Die Moscheen mit ihren hoch aufragenden Minaretten krönen jeweils die Hügelspitzen und verbreiten mit dem Großen Basar orientalische Atmosphäre. Im Norden, auf der anderen Seite des Goldenen Horns, erstreckt sich das Istanbul, dessen Puls im westlichen Rhythmus schlägt. Hier vereinen Pera, das alte Stadtgebiet der Genueser, das heutige Beyoğlu, das durch seine Einkaufsmöglichkeiten, Bars und Diskotheken keiner westlichen Großstadt nachsteht, und Şişli, der Finanzdistrikt mit markanten Hochhäusern, seit alters den Okzident mit dem Orient.

Blickt man von der Galata-Brücke nach Osten, erstreckt sich jenseits des **Bosporus,** der Meerenge, die Europa von Asien trennt, das asiatische Istanbul. Hier treffen in den einzelnen Stadtteilen ebenso wie im europäischen Istanbul östliche und westliche Lebensweisen aufeinander.

Von Eminönü aus kann man mit der Tram zum **Großen Basar** (s. Entdeckungstour S. 165) fahren und sich in den einzelnen Straßenzügen treiben lassen und ausgiebig bei einem Glas Tee das orientalische Handeln probieren.

Nur wenig Zeit? Istanbul zum ersten Kennenlernen

Auch wer nur ein Wochenende Zeit hat, sollte die schöne Parkanlage zwischen Hagia Sophia und Sultan Ahmet Camii, den **Sultan Ahmet Parkı,** aufsuchen. Der rot verputze, etwas klobig wirkende Bau der Hagia Sophia erhebt sich im

Istanbul zum Kennenlernen

Nordosten. Südwestlich türmen sich die Kuppeln der Sultan Ahmet Camii, der Blauen Moschee reizvoll übereinander.

Die Besichtigung der **Hagia Sophia** ist ein Muss. Für 1000 Jahre war sie die bedeutendste Kirche der Christenheit und architektonisch ein Wegweiser für viele christliche, aber auch muslimische Bauten. Als Kontrast bietet sich ein Besuch der **Sultan Ahmet Camii** an, die aufgrund ihrer Lage und Ausmaße zu den berühmtesten osmanischen Bauwerken Istanbuls zählt.

Wer dem Sakralen noch etwas Weltliches entgegensetzen will, besucht auf der historischen Landzunge den **Topkapı Sarayı**. Drei Jahrhunderte lang wurden hier die Geschicke des Osmanischen Reiches geregelt.

Kopf einer Momumentalstatue im Archäologischen Museum

Die Museen der Stadt – welches muss man wirklich sehen?

Istanbul ist nicht nur Wirtschafts- und Wissenschaftszentrum, sondern auch Kulturmetropole des Landes. Dementsprechend reich ist die Museumslandschaft. Zu den Highlights zählen das **Topkapı Sarayı Müzesi** mit seiner großen Sammlung an Porzellan, Miniaturen und Kalligrafien, und das benachbarte **Archäologische Museum** im Gülhane-Park. Hier finden sich bedeutende Funde aus Kleinasien und die Sarkophage aus der Nekropole von Sidon. Das **Museum für Türkische und Islamische Kunst** im ehemaligen Empfangsgebäude des İbrahim-Paşa-Palasts beherbergt eine großartige Teppich- und Keramiksammlung. Einzigartig ist der byzantinische Mosaikschmuck der **Chora-Klosterkirche** im Stadtteil Balat nahe der Theodosianischen Landmauer.

Istanbul – die neue Kunstmetropole?

Ja, Istanbul ist die neue Kunstmetropole. Alle zwei Jahre findet im Oktober die **İstanbul Bienal** (s. S. 54) statt, jedes Jahr im November die **Contemporary Istanbul** (s. S. 54). Weitere Kunstmessen sind angekündigt.

Immer neue **Galerien** in Beyoğlu, Nişantaşi, Şişli und Beşiktaş schießen aus dem Boden. Mit **SALT** der Kunstinstitution in Beyoğlu gibt es eine Einrichtung, die neben Ausstellungen auch

Konferenzen und interdisziplinäre Forschungsprojekte ausrichtet.

Das **İstanbul Modern** (s. Entdeckungstour S. 218) bietet einen guten Überblick über die moderne Malerei in der Türkei, ebenso spannend sind die Ausstellungen türkischer Künstler im **Santral İstanbul**.

Wichtige Museen und Kunstgalerien

Wo wohnt man nett?

Ruhig gelegene, einfache, aber auch stilvolle Boutiquehotels findet man unweit der touristischen Highlights in Sultanahmet im Viertel Cankutaran. Die meisten haben eine Dachterrasse, entweder mit Blick auf das Marmarameer oder hinüber zur Hagia Sophia. Wer ausgiebig das Nachtleben Istanbuls genießen will, ist in den Hotels von Beyoğlu, in der Nachbarschaft der İstiklal Caddesi oder rund um den Galata-Turm besser aufgehoben.

Gibt es typische und dabei originelle Locations?

Wasserpfeife und *çay?* Diese besondere Art der Entspannung findet man tagsüber im **Erenler Çay Bahçesi** (s. S. 40, 162) und ab dem späten Nachmittag und am Wochenende in den **Wasserpfeifencafés beim Kunstmuseum İstanbul Modern** (s. S. 220). *Kumpir* (gebackene Kartoffeln mit diversen Füllungen) oder leckere *gözleme* (Teigfladen mit Käse oder Hackfleischfüllung) sorgen für eine solide Grundlage. Zur *rakı*-Tafel mit einem reichhaltigen Angebot an kalten und warmen Vorspeisen laden die **Straßenlokale in der Nevizade Sokağı** (s. S. 234) ein, die besonders am Abend immer voll sind.

Welche Stadtviertel sind besonders spannend?

Das Viertel Cihangir unterhalb des Taksim-Platzes hat sich in den letzten Jahren sehr gewandelt. Die einst schicke Wohngegend von Kaufleuten, Diplomaten und reichen Ausländern, verwahrloste in der zweiten Hälfte des 20. Jh. und wurde zum Rückzugsort von armen Künstlern, Studenten und gesellschaftlichen Außenseitern. Seit einigen Jahren haben Trödler, Antiquitätenhändler, Kunstgalerien aber auch Clubs und Bars diese Gegend für sich entdeckt und sanierten die schönen Gründerzeithäuser. Die neue, weltoffene, familiäre Atmosphäre dieses Viertels greift bereits auf die umliegenden Nachbarschaften über. Im angrenzenden Çukurcuma und in den engen Straßen rund um den Galata-Turm ist heute ebenfalls schon die neue Boheme der Gutsituierten zu finden.

Istanbul von oben?

Von der höchsten Erhebung der Stadt, vom 268 m hohen **Çamlıca-Hügel** auf der asiatischen Seite bietet sich der weiteste und schönste Blick über Istanbul. Richtung Norden kann man sogar den Bosporus hinauf bis zum Schwarzen Meer sehen. Das Genießen dieser grandiosen Aussicht ist besonders am späten Nachmittag oder am Abend bei einem kleinen Imbiss, z. B. mit *çay* und *gözleme,* zu empfehlen.

Aussichtspunkte, Stadtparks und ungewöhnliche Locations

Das riesige Aussichtsdeck des **Sapphire** im Stadtteil Levent bietet von einer anderen Position eine ebenso grandiose Sicht auf die Stadt.

Etwas bescheidender, aber dafür dem historischen Kern der Stadt näher ist der Blick vom **Galata-Turm.** Das Auge schweift über die Dächer des genuesischen Viertels und die Galata-Brücke bis hinüber zum Topkapı-Palast, der Hagia Sophia und den vielen markanten Moscheen.

Den Rundumblick kann man auch im zentral gelegenen Szenelokal **360° Istanbul** haben oder man genießt von der Dachterrasse des **Rami** beim Essen die Sicht auf die illuminierte Blaue Moschee.

Wer das Ungewöhnliche sucht – Sightseeing einmal anders

Eine Moschee, deren Innenraum von einer Frau gestaltet wurde: Modern, filigran, hell, freundlich, nahezu futuristisch zeigt sich der überkuppelte Betraum der **Şakirin Camii** am Nordrand des **Karaca-Ahmet-Friedhofs** in Üsküdar. Hier bietet sich auch gleich ein Spaziergang über den Friedhof an. Um die Moschee herum sind die Grabanlagen sehr geordnet und gepflegt, malerisch verwildert mit vielen umgesunkenen Grabstelen zeigt sich der Friedhof in den weiteren Bereichen. Ähnlich verwunschen, aber mit der Möglichkeit, am heiligsten Ort der Stadt zu verweilen und Tee zu trinken, ist der **Friedhof von Eyüp** (s. S. 278).

Die schönsten Stadtparks?

Im **Yıldız Parkı** (s. Entdeckungstour S. 248) oberhalb vom Çırağan-Palast kann man beides haben: eine gepflegte Parkanlage mit Blumenbeeten, getrennt durch eine Schlucht mit kleinem Wasserfall vom urwüchsig belassenen Bereich mit schönem alten Baumbestand. Kleine Gartenschlösschen laden zum Tee oder Kaffee ein.

Wer im Frühjahr nach Istanbul reist, sollte in den **Emirgan Parkı** (s. S. 259) am oberen Bosporus fahren. Die Tulpenvielfalt in dem ausgedehnten Parkgelände ist einzigartig.

Die schönsten Ausflugsziele

Eine **Bootsfahrt auf dem Bosporus** vorbei an einst prachtvollen Palästen, malerischen Häfen und schönen alten Holzvillen verspricht einen unvergesslichen Eindruck von der wasserumspülten Metropole. Erholung vom städtischen Trubel bringt ein Spaziergang durch die Kiefer- und Pinienwälder auf einer der vier größeren **Prinzeninseln.**

Wohin für den Einkaufsbummel?

Kleidung, Musik-CDs, Bücher – all das findet man in der **İstiklal Caddesi** in Beyoğlu oder auch rund um die **Ortabahçe Caddesi,** die in Dolmabahçe (Beşiktaş) gegenüber dem Deniz Müzesi beginnt. Für Souvenirs, ob Schmuck, Messinggefäße, Lampen, Lederjacken oder auch einen Teppich ist der beste Ort der **Große Basar.** Einen kleinen **Kunst- und Flohmarkt** gibt es sonntags in **Ortaköy**, Antiquitäten kann man in den Straßen von **Çukurcuma** oder auch in **Kadiköy** auf der asiatischen Seite erstehen. Ein Augenschmaus sind der **Dienstagsmarkt** (s. S. 275) in Kadiköy oder das Treiben auf der **İtfaiye Caddesi**. Fisch in reicher Auswahl findet man auf den täglichen Märkten, z. B. in Kumkapı (s. S. 41).

Wie ist Istanbul am Abend?

Istanbul schläft nie – zumindest nicht in **Beyoğlu rund um die İstiklal Caddesi** und in den Nobelclubs entlang des Bosporus. In den Abend- bzw. Nachtstunden schieben sich mitunter mehr Menschen die İstiklal Caddesi entlang als zu den besten Shopping-Zeiten. Doch bevor der Istanbuler sich in die reiche Theater-, Konzert- oder Clubszene stürzt, wird ausgiebig in einem Restaurant zu Abend gegessen. Die vielen Bars und Music Halls von Beyoğlu liegen teils versteckt in den kleinen Seitengassen oder in den Obergeschossen der alten Häuser. Neben dem normalen Programm bieten die zahlreichen **Festivals** (s. S. 54) kleine, erlesene Veranstaltungen aber auch riesige Events, an denen die Luft der Stadt mitschwingt.

Kommt man mit den öffentlichen Verkehrsmitteln zurecht?

Die Linien der Metro und Tram sind überschaubar und fahren fast alle wichtigen Sehenswürdigkeiten an. Die anderen Bereiche werden durch ein gut organisiertes, umfangreiches Bus-, *dolmuş*- und Fährboot-System abgedeckt.

Ist Istanbul anstrengend?

Istanbul ist eine Megastadt, die Hauptstraßen sind meistens verstopft, Fußgänger schieben sich dicht gedrängt durch Einkaufsstraßen, egal ob dort Essen, Kleidung, Nützliches oder Unnützes angeboten wird. Man braucht Gelassenheit, um sein Ziel zu erreichen,

Immer wieder schöne Ausblicke – hier vom İftariye-Pavillon im Topkapı-Palast

aber auch um sich zwischen dem Überangebot an Waren treiben zu lassen. Besonders während der Hauptreisezeit von Frühjahr bis Herbst muss man leider mit langen Warteschlangen vor vielen Sehenswürdigkeiten rechnen. Auch hier ist Gelassenheit und/oder auch frühes Aufstehen gefragt.

Ein besonderer Tipp zum Schluss!

Besuchen Sie das **Masumiyet Müzesi,** das Museum der Unschuld, von Orhan Pamuk. In einzigartiger Weise hat der Literaturnobelpreisträger hier seinen Roman veranschaulicht und sich selbst damit ein Denkmal gesetzt.

NOCH FRAGEN?

Die können Sie gern per E-Mail stellen, wenn Sie die von Ihnen gesuchten Infos im Buch nicht finden:

info@dumontreise.de

gorys@dumontreise.de

Auch über eine Lesermail von Ihnen nach der Reise mit Hinweisen, was Ihnen gefallen hat oder welche Korrekturen Sie anbringen möchten, würden wir uns freuen.

Zwischen den Anglern auf der Galata Köprüsü, S. 185

Tee im Skulpturengarten des Archäologischen Museums, S. 134

Lieblingsorte!

Hippe Bummelmeile rund um den Galata Kulesi, S. 222

Eine grüne Oase der Ruhe beim Dolmabahçe-Palast, S. 243

Ein herrlicher Blick über den Bosporus vom Setüstü Çay Bahçeşi, S. 138

Stöbern im Sahaflar Çarşısı, dem Bücherbasar, S. 169

Mein erster Weg führt stets zu den Anglern auf die Galata-Brücke. Im Skulpturengarten des Archäologischen Museums kann man entspannt die Geschichte der Stadt Revue passieren lassen. Stundenlang könnte ich vom Setüstü Çay Bahçeşi aus den Schiffen auf dem Bosporus zuschauen. Im Sahaflar Çarşısı finde ich garantiert ein kleines Mitbringsel. Auch in den Läden rund um den Galata-Turm macht das Stöbern Spaß. Nach dem Besuch des Dolmabahçe-Palasts kann man auf den Wiesen beim Uhrenturm relaxen. Mindestens einmal sollte man zum Abendessen auf die asiatische Seite nach Beylerbeyi übersetzen. Den Sonnenuntergang über der Altstadt genießt man am besten an den Ufern Üsküdars.

Bei Sonnenuntergang zum Essen nach Beylerbeyi, S. 265

Üsküdar – am Abend der schönste Blick auf Istanbul, S. 270

Schnellüberblick

In den Vorort Eyüp
Die hoch verehrte Wallfahrtsmoschee Eyüp liegt am oberen Ende des Goldenen Horns. Hier kann man einen malerischen osmanischen Friedhof und das nach dem französischen Reiseschriftsteller Pierre Loti benannte Café besuchen. S. 254, 276

Fatih und Fener
Tief verschleierte Frauen, Männer in traditionellen Kaftanen, dörfliche Atmosphäre: Das Istanbul der konservativen Muslime zwischen Altstadt und Landmauer ist eine andere Welt. S. 186

Cağaloğlu, Beyazıt und Eminönü
Hier setzt sich der historische Kern der Stadt mit Moscheen und Zisternen fort. Vor allem aber erlebt man hier in den Basaren, insbesondere im Großen Basar, orientalisches Markttreiben par excellence.
S. 156

Harbiye, Dolmabahçe, Ortaköy
Noble Hotels, Geschäfte, Kulturinstitutionen und Theater, monumentale Paläste, Parkanlagen und besuchenswerte Museen finden sich in Harbiye und Dolmabahçe. Das frühere Intellektuellenviertel Ortaköy ist ein beliebtes Ausgehviertel. Hierher kommt man gern, um *kumpir* von den zahllosen Imbissständen zu essen. S. 238

Beyoğlu
Jenseits des Goldenen Horns brodelt es: Hier wird experimentiert, hier ist man modern, westlich, besinnt sich aber auch mal auf seine Wurzeln. S. 212

Ausflüge
Landschaftliche Schönheit, Burgen, Paläste, alte Holzvillen und gute Fischrestaurants an den Häfen der kleinen Ortschaften sind immer wieder Gründe, mit dem Passagierschiff den Bosporus hinaufzufahren. Auf der europäischen Seite ist Kumköy (Kilyos) ein beliebter Badeort am Schwarzen Meer. Auf der asiatischen Seite warten Üsküdar und Kadıköy, das antike Chalkedon, auf Besucher. Und die Prinzeninseln im Marmarameer locken mit Wäldern und Sandstränden. S. 254

Sultanahmet
Wie ein großes Freilichtmuseum mutet der historische Kern der Stadt an. Bedeutende Kirchen, Moscheen, Paläste und Museen liegen dicht beieinander. Über 2500 Jahre Stadtgeschichte ballen sich hier auf engstem Raum. S. 112

Reiseinfos, Adressen, Websites

Wasserpfeifen-Lokal in Tophane im Stadtteil Beyoğlu

Informationsquellen

Infos im Internet

So gut wie alle touristischen Anbieter haben eine eigene Website, meist auch in Englisch. Türkische Sonderzeichen spielen im Web keine Rolle und können beim Googeln einfach durch normale Buchstaben ersetzt werden.

Hier sind allgemeine Internetlinks angegeben, Hotelbuchung siehe Übernachten (s. S. 26), Restaurants siehe Essen und Trinken (s. S. 32).

www.ibb.gov.tr
Offizielle Seite der Stadtverwaltung Istanbuls mit Ansichten der Stadt, Live Traffic Cams, einer Fotogalerie mit zum Teil historischen Aufnahmen und sogar MP3-Downloads türkischer Musik.

www.iksv.org
Programme der alljährlich stattfindenden Istanbuler Festivals: Filmfestival, Theaterfestival, Musik- und Jazzfestival sowie Istanbul Biennale.

www.timeoutistanbul.com
Internetportal des Stadtmagazins mit Event-Tipps, Nightlifeadressen und allen Sehenswürdigkeiten.

www.mymerhaba.com
Türkisches Portal hauptsächlich zu Istanbul, auch deutschsprachig, mit Veranstaltungen, Restaurants, Nightlife, Ärzten ...

www.istanbulcityguide.com (en.)
www.istanbul.com (tr./en.)
Zwei kommerzielle Seiten mit vielen Tipps zu den praktischen Seiten.

www.biletix.com
Aktuelle Info zu Veranstaltungen, auch Tickets kann man vorbuchen.

www.hurriyetdailynews.com
Internetseite der englischsprachigen Tageszeitung.

Tourismusinformation

Türkische Fremdenverkehrsämter
Prospekte und Stadtpläne bestellt man bei folgenden Adressen:
... in Deutschland
Baseler Str. 35–37, 60329 Frankfurt/M.
Tel. 069 23 30 81
www.reiseland-tuerkei-info.de
... in Österreich
Singerstr. 2/VIII, 1010 Wien
Tel. 01 512 21 28
www.turkinfo.at
... in der Schweiz
Stockerstr. 55, 8002 Zürich
Tel. 044 221 08 10
www.tuerkei-info.ch

Info in Istanbul
Die Info-Büros, in denen man Stadtpläne und Auskünfte über Hotels, Stadtrundfahrten, Schiffsverbindungen, Autovermietungen u. a. erhält, sind tgl. 9–17 Uhr geöffnet.
Zentralbüro in Beyoğlu
Meşrutiyet Cad. 57/5
Tel. 0212 243 37 31
www.istanbulkulturturizm.gov.tr
E-Mail: iktm34@kulturturizm.gov.tr
Taksim Turizm Danışma
Taksim Meyd., Seyran Apartmanı
Tel. 0212 233 05 92
Karaköy Turizm Danışma
Liman Yolçu Salonu, Karaköy (Hafen)
Tel. 0212 249 57 76
Sultan Ahmet Turizm Danışma
Divanyolu Cad. 3, Sultanahmet
Tel. 0212 518 18 02
Sirkeci Turizm Danışma
(im Bahnhof Sirkeci), Eminönü
Tel. 0212 511 58 88

Atatürk Airport, Yeşilköy
(internationale Ankunftshalle)
Tel. 0212 465 31 51, tgl. 8–23 Uhr
Sabiha Gökçen Airport
Tel. 0216 585 50 00, tgl. 9-17 Uhr

Deutschsprachige Einrichtungen

Deutsches Kulturinstitut
(Alman Kültür Merkezi, Goethe-Institut)
Beyoğlu, Yeniçarşı Cad. 32
Tel. 0212 249 20 09
www.goethe.de/istanbul
Deutsches Archäologisches Institut
(Alman Arkeoloji Enstitüsü)
Gümüşsuyu, Ayazpaşa Camii Sk. 46
Tel. 0212 393 76 00
www.dainst.org
Österreichisches Kulturforum
(Avusturya Kültür Ofisi)
Yeniköy, Köybaşı Cad. 44
Tel. 0212 363 84 15
www.bmeia.gv.at
Katholische Kirche der deutschen Gemeinde St. Paul
Nişantaşı, Büyük Çiftlik Sk. 14
Tel. 0212 219 11 91
Evangelische Kreuzkirche der deutschen Gemeinde
Beyoğlu, Aynalıçeşme Cad., Emin Camii Sk. 30
Tel. 0212 250 30 40

Wo erfährt man was?

Die monatlichen Programmzeitschriften **Istanbul Life** und **Time out – Istanbul** berichten, was wann wo los ist. Allerdings sind sie auf Türkisch, nur Time out enthält eine englischsprachige Beilage mit aktuellen Veranstaltungen nebst Kinoprogramm und den jeweiligen In-Restaurants.

Nützliche Veranstaltungshinweise bietet auch die auf Englisch erscheinende **Hürriyet Daily News,** die im Hauptteil vor allem Artikel zur türkischen Politik bringt.

Literaturtipps

John Freely, H. Sumner-Boyd: Istanbul, München 1986 (nur antiquarisch). Die umfassendste Beschreibung der Monumente Istanbuls.
Chris Hellier, F. Venturi: Villen und Paläste am Bosporus, München 1994 (nur antiquarisch).
Klaus Kreiser: Istanbul. Ein historisch-literarischer Stadtführer, München 2009 (2. Aufl.).
Klaus Kreiser: Geschichte Istanbuls, Von der Antike bis zur Gegenwart, München 2010.
Wolfgang Müller-Wiener et al.: Bildlexikon zur Topographie Istanbuls, Tübingen 1977 (nur antiquarisch).
Laura Salm-Reifferscheidt: Die Basare Istanbuls: Mosaik einer sinnlichen Welt mit 30 Rezepten, Wien 2008.
Aziz Nesin: Der einzige Weg, Zürich 2002 (nur antiquarisch).
Orhan Pamuk: Istanbul. Erinnerungen an eine Stadt, Frankfurt 2010 (3. Aufl.); s. S. 104.
Kai Strittmatter: Gebrauchsanweisung für Istanbul, München 2010. Überaus gelungenes, liebenswertes Porträt der Stadt.
Rüstem Aslan u. a.: Byzanz-Konstantinopel-Istanbul, Mainz 2010. Architektonische Schätze aus zwei Jahrtausenden.
Cornelia Tomerius: Ein Jahr in Istanbul, Reise in den Alltag, Freiburg 2008.
Stephane Yerasimos: Konstantinopel. Istanbuls historisches Erbe, Köln 2009. Istanbuls Kulturschätze in Text und Bild.

Vergriffene Titel bekommt man unter www.justbooks.de bzw. zvab.com.

Wetter und Reisezeit

Das Klima

Die Monate Mai bis Oktober eignen sich am besten für einen Besuch von Istanbul. Durch die Lage zwischen den Meeren ist das Klima generell eher mild, extreme Temperaturen sind selten. Im Sommer bewahrt der Nordwind *(poyraz)* vor allzu großer Hitze, im Winter mildert der Südwind *(lodos)* die Kälte.

Der **Frühling** beginnt früh im März und erreicht im April bereits angenehme frühsommerliche Temperaturen zur Mittagszeit – sofort werden überall wieder die Tische und Stühle rausgestellt und die gastronomische Freiluftsaison eröffnet. Nachts kann es aber noch empfindlich kühl werden.

Die **Sommermonate** sind meist heiß und schwül, doch verzeichnet die Statistik selbst im Juli/August einige Regentage. Das Leben der Stadt scheint sich nach draußen in die Grünanlagen und Parks zu verlagern, wo man sich zum Picknick trifft. Unter kontinentalem Hochdruckeinfluss kann es zu längeren Hitzeperioden mit Höchsttemperaturen von bis zu 40 °C kommen.

In der Türkei sind von Mitte Juni bis Mitte September Schulferien. Vor allem im August fahren Istanbuler, die es sich leisten können, an die Küsten von Ägäis und Schwarzem Meer. Umgekehrt kommen zu dieser Zeit viele Türken aus Deutschland zu Besuch in die Stadt.

Der **Herbst** bringt Mitte September oft starke Regenfälle, die nicht selten Überschwemmungen verursachen – allerdings sind in der Regel die in den Tälern errichteten Neubauquartiere außerhalb des Zentrums betroffen. Im Oktober gibt es noch viele schöne Sonnentage, sogar im November kann man es draußen noch gut aushalten.

Kalt wird es in Istanbul manchmal erst im Dezember, nur selten aber fällt die Temperatur unter 0 °C. In den **Wintermonaten** von Dezember bis Februar leiden die Istanbuler stark unter Smog, der durch die weit verbreiteten Holzfeuer- und Kohleöfen hervorgerufen wird. Touristische Pauschal- und Sonderangebote gibt es vor allem im Winter.

Klimadiagramm Istanbul

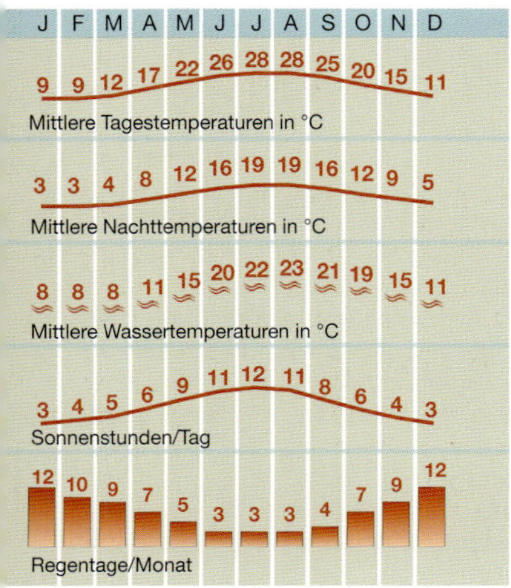

Tipps für die Kleidung

Bei der Auswahl der Kleidung ist zu berücksichtigen, dass man in ein Land fährt, dessen Einwohner überwiegend dem islamischen Glauben angehören. Obwohl sich viele junge Istanbulerinnen – besonders in Beyoğlu – europäisch und auch sehr sexy kleiden, ist es für Frauen eher ratsam, auf Shorts oder Minis zu verzichten, wenn sie nicht Scharen von Gigolos anlocken wollen.

Fährt man in traditionelle Wohnviertel, ist ein großes Tuch nützlich, um Schultern und Kopf zu bedecken. Männer sollten bedenken, dass in der Türkei generell sehr viel Wert auf korrekte Kleidung gelegt wird. So kann man fast alles tragen, solange es Wohlstand signalisiert, bei jeglichen offiziellen Anlässen und abends sollte man auf Shorts jedoch verzichten.

Gut zu wissen
Hinweise zu **aktuellen Veranstaltungen** finden sich auf www.biletix.com, wo man auch Tickets ordern kann. Über **aktuelle Politik** und Diskussionen informiert die monatlich erscheinende, deutschsprachige Zeitung Istanbul Post. Infos zu aktuellen **Events, Trends** und allgemeine **Reiseinfos** erhält man auf www.mymerhaba.com.

Was ist los?

… im Frühling

In Istanbul ist der Lenz die kürzeste Jahreszeit: Der März ist regenreich, der April macht auch hier, was er will, sogar ein paar Schneeflocken können noch herunterkommen! Im Mai blüht auf den Hängen des Bosporus der purpurrote Judasbaum. Bei Sonnenschein strömen die Istanbuler zu den Prinzeninseln, wo die Mimosen und der Oleander blühen. Ein Ausflug ins Umland und ein schönes Abendessen ›draußen‹ am Meer gibt den Istanbulern das Gefühl, den Winter hinter sich zu lassen.

April: International Istanbul Film Festival; s. S. 54.

Mai/Juni: International Istanbul Theatre Festival; s. S. 54.

… im Sommer

Mitte Mai wird es schlagartig heiß. Die Stadt zeigt sich von ihrer heiteren und romantischen Seite: Es beginnt die Saison der Feten und Konzerte. Mitte Juni fangen die drei Monate dauernden Schulferien an, die Stadt leert sich. Wer da bleibt, füllt die Cafés und Kneipen. Da man nun auch in und um die Stadt herum gut baden gehen kann, ist Istanbul im Sommer ein Genuss. Die Krönung der warmen Jahreszeit sind Bootsfahrten auf dem Bosporus.

Juni/Juli: International Istanbul Music Festival, Kırkpına Yağlı Güreş, Istanbul International Tango Festival, Istanbul International Jazz Festival, Rock'n Coke Festival Istanbul; s. S. 54.

… im Herbst

Die längste Jahreszeit in Istanbul ist der Herbst: Er dauert fast bis Mitte Dezember. Es ist nicht mehr so heiß, und mit dem Nebel, der sich auf den Bosporus senkt, oft melancholisch. Man geht bis Ende Oktober baden, spazieren und draußen essen. Vernissagen, Konzerte und der Beginn der Theatersaison prägen das kulturelle Leben. Anfang September endet das Fischfangverbot in türkischen Gewässern, sodass sich die Auslagen der Restaurants und Märkte mit Meeresfrüchten aller Art füllen.

Sept./Okt.: İstanbul Bienal, Istanbul Design Week; s. S. 54.

Nov.: Akbank Jazz Festival, Comtemporary Istanbul; s. S. 54.

… im Winter

Ab Mitte Dezember beginnt es in Istanbul fühlbar kalt zu werden. Das ist eine nasse Kälte, die in Begleitung vom Nordwind regelrecht durch die Glieder zieht. Die Istanbuler beenden ihren Tag recht früh, die Lokale sind unter der Woche nicht mehr so voll. Das junge Publikum zieht aber weiterhin durch die Veranstaltungsorte und Szenekneipen.

Nov.: Akbank Jazz Festival; s. S. 54.

Febr./März: TanGo TO Istanbul Festival; s. S. 54.

Anreise und Verkehrsmittel

Einreisebestimmungen

Bürger Deutschlands und der Schweiz können mit einem Reisepass, bei Fluganreise auch mit einem Personalausweis einreisen, Österreicher benötigen den Pass und müssen an der Grenze ein Touristenvisum erwerben (berufliche Visa erteilen nur die Konsulate). Kinder benötigen einen eigenen Pass mit Lichtbild (Kinderreisepass oder Personalausweis). Wer länger als drei Monate bleibt, braucht eine Genehmigung der örtlichen türkischen Fremdenpolizei.

Bei Einreise mit dem **eigenen Auto** ist neben dem EU-Führerschein und dem KFZ-Schein auch die internationale grüne Versicherungskarte nötig. Das Auto wird an der Grenze in den Reisepass des Halters eingetragen.

Zollbestimmungen

Zollfrei dürfen Geschenke im Wert von bis zu 300 € eingeführt werden. Für die Einfuhr in die EU gelten Obergrenzen: Erwachsene 300 € (Flugreise 430 €), Kinder unter 15 Jahren 175 €, eine Aufteilung einer Ware auf mehrere Personen ist nicht möglich. Devisen dürfen unbegrenzt eingeführt werden, sind aber ab einem Wert von 5000 US-$ bei Einreise in die Türkei und ab 10 000 € bei der Ausfuhr aus der EU zu deklarieren.

Die Einfuhr von Waffen ist ohne besondere Erlaubnis untersagt, hohe Strafen werden für Rauschgiftbesitz verhängt (ca. 10–20 Jahre Haft).

Die **Ausfuhr von Kultur- und Naturgütern** (Antiquitäten, Steine, Münzen etc.) ist streng verboten. Der Begriff Antiquität wird weit ausgelegt, sodass man äußerst zurückhaltend sein sollte. Man kann eine offizielle Ausfuhrgenehmigung für einzelne Gegenstände bei Museen oder Zollstellen einholen.

Anreise

... mit dem Flugzeug

Istanbul wird von allen wichtigen europäischen Flughäfen aus mehrmals täglich angeflogen. Die Flugzeit beträgt von Frankfurt ca. 2,5 Std. (unterwegs die Uhr umstellen – in der Türkei ist es 1 Std. später als in Westeuropa).

Atatürk Airport: Auf dem Atatürk International Airport (IST, www.ataturkairport.com) 20 km westlich der Stadt landen alle Verbindungen der Turkish Airlines und andere Linienflüge. Vom Flughafen fahren von 4 Uhr morgens bis 1 Uhr nachts Havataş-Flughafenbusse (www.havatas.com.tr) alle 30 Min. bis Taksim (10 TL/4 €). Taxis nach Sultanahmet kosten um 45 TL/20 €.

Sabıha Gökçen Airport: Der zweite Flughafen, der Sabıha Gökçen Airport (SAW, www.sgairport.com), liegt auf der asiatischen Seite bei Pendik, 50 km und eine Bosporus-Brücke vom Zentrum entfernt. Dort landen Charterlinien wie z. B. Condor, German Wings und auch SunExpress. Von hier fahren von 4 Uhr morgens bis 1 Uhr nachts alle 30 Min. Havataş-Flughafenbusse (www.havatas.com.tr) zum Taksim-Platz (13 TL/5 €) oder nach Kadıköy (8 TL/3 €), von dort geht es mit der Fähre oder dem *dolmuş* weiter auf die europäische Seite; German Wings betreibt nach Flugankunft (meist gegen 2 Uhr morgens) einen Bus-Shuttle in die Innenstadt.

... mit der Bahn

Ab Villach/Österreich setzen Optima Tours und DB einen Autoreisezug nach Edirne ein (www.optimatours.de).

... mit dem Auto

Die kürzeste Route führt durch das ehemalige Jugoslawien (Ljubljana –

Zagreb – Belgrad – Niš – Sofia – Plovdiv – Edirne; ca. 2000 km, 2–3 Tage). Dabei sind aber Visagebühren, zum Teil lange Grenzwartezeiten und auch Abzockerei durch (echte und falsche) Polizisten einzuplanen. Über die Durchreiseformalitäten informieren die Automobilclubs oder die Länderinfos des Auswärtigen Amtes (www.auswaertiges-amt.de).

Einfacher (keine Visapflicht) ist die etwas längere Strecke über die EU-Länder Ungarn, Rumänien, Bulgarien.

Autofahren

Verkehrsregeln: Außerhalb geschlossener Ortschaften beträgt die Höchstgeschwindigkeit für Pkw 90 km/h, innerhalb der Ortschaften 50 km/h, auf Autobahnen 120 km/h. Es bestehen Gurtpflicht und ein Alkohollimit von 0,5 Promille für Privatfahrer bzw. 0 Promille für Berufsfahrer.

Tankstellen sind auch sonntags geöffnet. Bleifrei heißt *kurşunsuz*, Super ist *süper* und Diesel *mazot* oder *petrol*.

Verkehr in Istanbul: Es ist ratsam, den Wagen auf einem bewachten Parkplatz abzustellen und auf öffentliche Verkehrsmittel umzusteigen. Zur Hauptverkehrszeit ist die Straßensituation sehr unübersichtlich, da keine Fahrbahnmarkierungen mehr gelten. Das ständige Hupen türkischer Fahrer ist etwas gewöhnungsbedürftig.

Unfälle: Auch bei Sachschäden muss stets die Polizei gerufen und ein Alkoholtest gemacht werden. Bei schweren Schäden sollte man sich über das Konsulat einen Anwalt vermitteln lassen. Inhabern eines Auslandsschutzbriefs bietet der Türkische Automobilclub (Türkiye Turing ve Otomobil Kurumu – TTOK) Hilfestellung.

TTOK Zentralbüro: Istanbul, Levent IV, 1. Oto Sanayi Sitesi Yanı, Tel. 0212 282 81 40, www.turing.org.tr.

Verkehrsschilder

Dikkat	Achtung
Dur	Stopp
Yavaş	Langsam
İnşaat	Baustelle
Taşıt Giremez	Gesperrt
Tek Yön	Einbahnstraße
Park Yapılmaz	Parkverbot
Şehir Merkezi	Stadtzentrum
Çıkış	Ausfahrt

Verkehrsmittel in Istanbul

Tickets

Für alle öffentlichen Verkehrsmittel benötigt man einen **Wertchip** *(jeton)* oder eine elektronische Wertkarte (Akbil). Die Jetons erhalten Sie an Automaten bei den Haltestellen. Beim Umsteigen ist ein neuer Jeton nötig, ebenso sind für die verschiedenen Transportmittel je eigene Jetons erforderlich. Ermäßigt fährt man mit **İstanbulkart** (s. u.) oder **Akbil** (gültig für alle Verkehrsmittel).

Busse

Info: www.iett.gov.tr

Die Fahrtziele sind an der Frontscheibe angezeigt. Nennen Sie beim Einsteigen dem Fahrer Ihren Zielort, er kann Sie dann rechtzeitig auf die Ankunft hinweisen. Eine zentrale Busstation befindet sich bei der Galata-Brücke in Eminönü, andere liegen in Aksaray, Kabataş und am Taksim-Platz.

İstanbulkart

Mit dieser Karte kann man zu ermäßigten Tarifen alle städtischen Busse, die Metro, die Straßen- und Vorortbahnen sowie die Fähren nutzen. Automaten zum Erwerb (6 TL) und Wiederaufladen stehen in Busbahnhöfen, Metro-Stationen und Fähranlegern.

Verkehrsmittelangaben im Reiseteil dieses Buches
Normalerweise werden Busverbindungen bzw. Busstopps nur dann angegeben, wenn eine Adresse mit Metro oder Tramvay nicht sinnvoll angefahren werden kann.

Dolmuş sind gelbe Sammeltaxis, die wie Busse feste Strecken befahren. Sie sind billiger als Taxis und halten unterwegs ohne feste Haltestellen. Wenn man aussteigen will, ruft man *inecek var* (inädschek war). Zentraler Knotenpunkt ist der Taksim-Platz mit Verbindung nach Kadıköy, Eminönü, Aksaray, Hürriyet Meydanı, Topkapı und auch auf die asiatische Seite.

Mit den **InterCity-Bussen** verschiedener Firmen kann man preiswert Ausflüge in die Region (Edirne, Bursa) unternehmen. Die zentrale Busstation ist der Esenler Otogar (eine Station der Metrolinie M1).

Bahnen und Metro

Info: www.istanbul-ulasim.com.tr
Tramvay: Für Touristen relevant sind vor allem zwei Linien. Die **T1** (İstiklal-Tramvay) fährt durch den historischen Stadtbereich (Beyazit, Sultanahmet), über das Goldene Horn bis Kabataş südlich vom Dolmabahçe-Palast (dort Anschluss an die Füniküler zum Taksim-Platz) und über Aksaray bis nach Zeytinburnu (dort Anschluss an Metro M1). Die **Nostaljik Tram,** Linie **T5,** eine historische Straßenbahn verkehrt auf der İstiklal Caddesi in Beyoğlu. Sie verbindet den Taksim-Platz mit der Bergstation Tünel.
Marmaray: Fertig ist bisher die Strecke von Ayrılıkçeşme via Üsküdar durch den neuen Bosporus-Tunnel nach Sirkeci und dann auf europäischer Seite weiter via Yenikapı bis Kazliçeşme (3 TL); s. auch Banliyö Tren.
Metro: Auch hier seien die beiden wichtigsten Linien genannt. Die Linie **M1** fährt von Aksaray als **M1a** über Otogar (Busbahnhof) und Zeytinburnu bis zum Atatürk-Flughafen (Havalimanı) und als **M1b** über Otogar und Esenler nach Bağcilar. Die **M2** führt vom Taksim-Platz nach Şişli und Maslak; die geplante Erweiterung über das Goldene Horn nach Yenikapı ist bis zur Station Şişhane fertiggestellt.
Standseilbahnen: Sie erleichtern die steilen Aufstiege in der Stadt. Die **Füniküler** (F1) verbindet Kabataş und Taksim-Platz, die unterirdische Bahn **Tünel** (F2) fährt von Karaköy zur Bergstation Tünel an der İstiklal Caddesi.
Banliyö Tren: Die Vorortbahn **B1** fährt von Sirkeci am Marmarameer entlang bis Yedikule, die Strecke bis Halkalı wird modernisiert für die neue Marmaray; Letzteres gilt auch für die **B2** auf der asiatischen Seite von Ayrılıkçeşme bis Gebze.

Fähren

Seit 2010 betreibt die Gesellschaft **Şehir Hatları** (www.sehirhatlari.com.tr/en) den Fährdienst der innerstädtischen Schiffsverbindungen, die alle 20 Min. zwischen der europäischen (z. B. Eminönü, Karaköy, Beşiktaş) und der asiatischen Seite (Üsküdar, Kadıköy) verkehren. Solche Boote fahren auch zu den Prinzeninseln (ab Kabataş) und zu den Stadtteilen am oberen Bosporus (ab Eminönü oder Beşiktaş). Die Şehir Hatları betreiben ferner die Linie im Halıc (Goldenen Horn) und bieten Bosporus-Touren an (ab Eminönü).

Die Muttergesellschaft **İDO** (İstanbul Deniz Otobüsleri, www.ido.com.tr/en) betreibt weiterhin eine **Autofähre** *(araba vapuru),* die zwischen Sirkeci und Harem an der asiatischen Küste pendelt, sowie ›Wasserbusse‹ im Großraum zu Orten am Marmarameer, zwischen Kabataş bzw. Yenikapı auf der europäischen und Kadıköy, Beykoz oder Bostancı auf der asiatischen Seite.

Weitere private Linien sind **Dentur Avrasya** (denturavrasya.com) und **Turyol** (www.turyol.com).

Taxi

Taxis sind gelb und haben die Aufschrift *Taksi* auf dem Dach. Tag und Nacht gilt der gleiche Tarif; der frühere (teurere) Nachttarif *(gece)* ist nicht mehr gültig. Die Grundgebühr beträgt 2,70 TL (ca. 1 €). Vom Flughafen ins Zentrum rechne man ca. 20 €.

Mietwagen

An den Flughäfen und in größeren Hotels können Autos gemietet werden, Kleinwagen z. B. ab 22 €. Das Mindestalter beträgt 21 Jahre, man muss Führerschein und Ausweis vorlegen, zur Abrechnung (auch der Kaution) ist eine Kreditkarte vorteilhaft.

Fahrrad

Istanbul folgt dem Trend: Sightseeing per Drahtesel. Es ist keine Freude, aber sicher eine Herausforderung. Vereinzelte Hotels bieten Leihfahrräder an.

Stadtführungen und -rundfahrten

Bei Buchung einer Pauschalreise sind immer Stadtrundfahrten oder -führungen inklusive. Zusätzlich bieten die großen Hotels Ausflüge wie eine Fahrt mit dem Bosporus-Schiff, einen Besuch der Prinzeninseln oder andere Fahrten ins Umland an. Dort kann man sich erkundigen und auch am Angebot teilnehmen, ohne selbst Gast des jeweiligen Hotels zu sein.

Plan Tours: Hauptbüro Elmadağ, Cumhuriyet Cad. 83/1 (▶ Karte 6, A 5), Tel. 0212 234 7777, www.plantours.com; Büro Sultanahmet, gegenüber der Hagia Sophia (▶ **Karte 3, H 7**), Tel. 0212 458 18 00; Büro Beşiktaş, Çırağan Palace Kempinski (▶ Karte 6, C 5), Tel. 0212 227 44 02. Neben Führungen zu bestimmten Themen wie z. B. »1001 Nacht – Istanbul bei Nacht« oder »Die osmanische Stadt« und Stadtrundfahrten (s. Mein Tipp unten) bietet die Firma auch Ausflüge in die Umgebung an, z. B. nach Bursa, in die erste osmanische Hauptstadt.

Mein Tipp

Stadtrundfahrten

Plan Tours: Adresse s. oben. Abfahrt tgl. 11, 14, 17 Uhr vor Hagia Sophia, Dauer ca. 2 Std., 20 €/Person (Ticket im Bus erhältlich). Mehrsprachige Stadtrundfahrten mit dem roten Doppeldeckerbus **City Sightseeing.**

City Windows Travel: ▶ Karte 3, H 7, Hauptbüro Sultanahmet, Bındır Dırek Mah., Dostluk Yurdu Sk.1/5, Tel. 0212 283 13 96, www.citywindows.com.tr, 20€/Person. Im Angebot sind drei Hop-on-Hop-off-Stadtrundfahrten mit blauen Doppeldeckerbussen. Hop-on-Hop-off-Stationen der Bosporus- und der Nacht-Tour sind Sultanahmet-Platz, Yeni Camii, Tophane, Dolmabahçe-Platz, Taksim-Platz, Beylerbeyi-Palast und Pera Palace. Bei der Goldenes-Horn-Tour kann man bei der Yeni Camii, dem Griechisch-Orthodoxen Patriarchat, der Cable Car, Miniatürk und dem Rahmi-Koç-Museum aus- bzw. wieder zusteigen.

Übernachten

Das Hotelangebot in Istanbul hat Metropolenniveau. In den 1990er-Jahren eröffneten viele Boutiquehotels, vorwiegend in restaurierten Holzvillen der osmanischen Ära. Dazu sind seit 2000 hochmoderne, gut ausgestattete Cityhotels gekommen. Frühstück ist in den Istanbuler Hotels meist im Preis inbegriffen, WLAN-Nutzung oft kostenlos.

Das Angebot konzentriert sich auf zwei Bezirke: **Sultanahmet** (▶ Karte 3, H/J6/7), also die historische Halbinsel rund um die Serailspitze mit dem Topkapı-Palast in und das alte Pera, **Beyoğlu** (▶ Karte 2, H/J 1/2). Wer klassisches Sightseeing mit ruhigen Abenden vorzieht, ist mit den Hotels in Sultanahmet gut beraten. Wer abends gerne ausgeht und mehr am Kultur- und Cityleben interessiert ist, sollte Beyoğlu und Taksim-Platz (▶ Karte 2, J/K 1/2) wählen.

Hotels mittlerer Preisklasse gibt es zahlreich im Stadtteil **Aksaray** (▶ E 6), südlich des Valens-Aquädukts – allerdings ist die Umgebung nicht besonders reizvoll. Die **Luxushotels** Istanbuls konzentrieren sich nördlich des Taksim (▶ K 1) und direkt am Bosporus.

Preise und Rabatte

Die hier genannten Preise für ein Doppelzimmer mit Frühstück geben immer die Tarife für die Hauptsaison (Frühjahr, Herbst) an und sind Vergleichswerte: Die Hotelpreise unterliegen großen saisonalen Schwankungen (besonders während internationaler Events oder der Ferien), sind aber stets verhandelbar. Vor allem, wenn man länger als fünf Tage bleibt, lassen sich erhebliche Abschläge erreichen. Wenn man vor Ort bucht, sind die Preise stets deutlich günstiger als bei Internetbuchung – man trägt natürlich das Risiko, dass kein Zimmer mehr frei ist. In der Regel geben die Hotels ihre Preise in Euro oder US-$ an und rechnen beim Bezahlen nach Tageskurs in Türkische Lira um.

Buchung im Internet
Es gibt verschiedene, auf Istanbul spezialisierte Hotelbuchungsportale im Internet, z. B. www.istanbulshotels.com oder www.hotelsinistanbul.net. Nützlich ist auch ein Blick auf www.hotel check.de mit ausführlichen Bewertungen und Kataloginformationen.

Edel und teuer

Entführung ins Serail – **Çırağan Palace Kempinski Istanbul:** ▶ Karte 6, C 5, Beşiktaş, Çırağan Cad. 32, Tel. 0212 326 46 46, www.kempinski-istanbul.com, Bus Çırağan/Fähre Beşiktaş, DZ ca. 500 € (mit 20 % Rabatt bei Frühbuchung) bis 650 €. Der alte Sultanspalast (s. S. 246) dient seit 1991 als Hotel der exklusiven Kempinski-Kette, mit luxuriösen Zimmern und Suiten sowie mehreren Restaurants, Bars und einem Nightclub. Auf der Terrasse finden oft Sommerhochzeiten statt; in deutsche Schlagzeilen gelangte das Hotel 2001, als Helmut Kohls Sohn Peter seine Hochzeit hier feierte.

Für jede Jahreszeit – **Four Seasons Hotel:** ▶ Karte 3, J 7, Sultanahmet, Tevkifhane Sk. 1, Tel. 0212 402 30 00, www.fourseasons.com/istanbul, Tram T1 Sultanahmet, DZ 350–560 €. Den klassizistischen Bau nutzten zeitweise die Universität, das Parlament, das Gericht sowie das Finanzministerium, von 1910 bis 1916 diente er sogar als Gefängnis für Prominente. 1996 wurde das Haus als Luxushotel wiedereröffnet. Der Innenhof, von vier in warmen Gelbtönen gestrichenen Achtecktürmen umgeben, enthält ein türkisches Spezialitätenrestaurant. Eine Dependance eröffnete 2009: **Four Seasons at the Bosphorus** (Beşiktaş, Çırağan Cad. 28, Tel. 0212 381 40 00, www.fourseasons.com/bosphorus) residiert in einem osmanischen Palast mit schönem Garten, Pool und Wellnessbereich. Eigenes Shuttle-Boot in die City – dieselbe Preisklasse.

Fein mit Roofbar – **Ceylan** InterContinental: ▶ K 1, Taksim, Asker Ocağı Cad. 1, Tel. 0212 368 44 44, istanbul.intercontinental.com.tr, Metro M2 (Ausgang Gezi Parkı)/Tram T5/Füniküler Taksim,, DZ 300–800 €. Das um 2000 aufwendig restaurierte Haus liegt am Gezi-Park, wenige Minuten vom Taksim-Platz entfernt. Viele der geräumigen Zimmer haben Bosporus-Blick. Fünf Restaurants mit internationaler und osmanischer Küche, Hamam, Sauna, Außenpool und die legendäre Pianobar auf der Dachterrasse.

Charmant und zeitlos – **Hilton Istanbul Hotel:** ▶ Karte 6, A 5, Harbiye, Cumhuriyet Cad., Tel. 0212 315 60 00, www.hilton.de/istanbul, Bus Elmadağ, Metro M2 Taksim (Ausgang Gezi Parkı)/Tram T5/Füniküler Taksim, DZ 300–500 €. Das Haus, eingebettet in eine Grünanlage oberhalb des Taksim, bietet den zu erwartenden Komfort. Die sachliche Architektur der 1950er-Jahre war der erste Hotelgroßbau auf den europäischen Anhöhen des Bosporus. Neben Sportanlagen und vielen anderen Attraktionen gibt es im Herbst auch eine kleine Version des Münchner Oktoberfests.

Fondue mit Bosporus-Blick – **Swissôtel The Bosphorus:** ▶ L 1, Maçka, Bayıldım Cad. 2, Tel. 0212 326 11 00, www.swissotel.com/hotels/istanbul/, Bus Yıldız Teknik Üniversitesi, DZ 190–400 €. Oberhalb des Dolmabahçe-Palasts am Bosporus gelegen, bietet die große Luxusanlage einen wunderbaren Blick übers Meer. Vor allem das Restaurant und der Außenpool sind bei den Istanbulern sehr beliebt.

Zentral und komfortabel – **Eresin Crown Hotel:** ▶ Karte 3, H 8, Sultanahmet, Küçük Ayasofya Cad. 40, Tel. 0212 638 44 28, www.eresincrown.com.tr, Tram T1 Sultanahmet, DZ um 190 €. Das Hotel in einem klassizistischen Gebäude in der Nähe der Blauen Moschee besitzt neben anderen Annehmlichkeiten als Besonderheit eine kleine archäologische Privatsammlung mit Objekten aus antiker und byzantinischer Zeit. Von der Dachterrasse blickt man über die Seemauer auf das Marmarameer, auf der anderen Seite sehr effektvoll zur Blauen Moschee und zur Hagia Sophia.

Komfortabel und stilvoll

City-Oase – **Yeşil Ev Oteli:** ▶ Karte 3, J 7, Sultanahmet, Kabasakal Cad. 5, Tel. 0212 517 67 85, www.istanbulyesilev.com, Tram T1 Sultanahmet, DZ ab 200 €. Der restaurierte Holzpalast des 19. Jh., das Grüne Haus (Yeşil Ev), liegt direkt zwischen Hagia Sophia und Sultanahmet Camii. Die Gäste sollen gutbürgerliches Wohnen des 19. mit den Annehmlichkeiten des 21. Jh. erleben können. Eine Besonderheit in dieser zentralen Lage ist der einladende hintere Garten, in dem bei entsprechender Witterung auch die Mahlzeiten serviert werden.

Holzhäuser mit luxuriösem Ambiente – **Ayasofya Konakları:** ▶ Karte 3, J 6, Sultanahmet, Soğukçeşme Sk., Tel. 0212 513 36 60, www.ayasofyakonaklari.com, Tram T1 Sultanahmet, DZ

160–200 €, Suiten bis 500 € (zzt. wegen Renovierung geschl., Wiedereröffnung voraussichtlich 2014). Vom Türkischen Automobilclub 1986 restaurierte Holzhäuser des 19. Jh. an der Außenmauer des Topkapı Sarayı, geadelt durch prominente Besucher. Die Zimmer sind liebevoll mit Antiquitäten des 19. Jh. ausgestattet. Die Verdienste von Çelik Gülersoy, des Präsidenten des Clubs, um die Denkmalpflege der Stadt wird an diesen Gebäuden deutlich. Mit ihnen hat er den Wert der alten Holzhäuser verdeutlicht, und sein Erfolg hat Nachahmer gefunden. Wenn möglich, ein Zimmer zur Straße nehmen.

Im Schatten der Moschee – **Hotel Sultanahmet Palace:** ▶ Karte 3, J 7, Sultanahmet, Torun Sk.19, Tel. 0212 458 04 60, www.sultanahmetpalace.com, Tram T1 Sultanahmet, DZ ab 180 €. Stilvoll eingerichtet, sehr zentral, aber dennoch ruhig gelegen. Die hübsche Dachterrasse mit Restaurant bietet einen wunderbaren Blick aufs Marmarameer.

Alter Griechenpalast – **Troya Hotel Balat:** ▶ E 3, Fener, Dr. Sadik Ahmet Cad. 12, Tel. 0212 531 48 58, www.troyahotelbalat.com, Bus/Taxi von Eminönü nach Fener, DZ ab 170 €. In einem ehrwürdigen, edel renovierten Griechenhaus aus Holz residiert dieses Boutiquehotel mit Blick über das Goldene Horn. Moderner Komfort verbindet sich hier mit historischem Edelflair. Angeschlossen das nicht minder ambitionierte Barba Vasili Restaurant (s. S. 211).

Luxusunterkunft zwischen Hagia Sophia und Blauer Moschee: Four Seasons Hotel

Nettes Cityhotel – **Richmond Istanbul:** ▶ Karte 2, H 3, Taksim, İstiklal Cad. 227, Tel. 0212 252 54 60, www.richmondhotels.com.tr, Tram T1/Tünel Tünel, DZ ab 160 €. Die Adresse dieses feinen Hotels direkt an der İstiklal Caddesi wird diejenigen begeistern, die nach ausgiebigen Streifzügen durch die Bars von Pera Wert auf einen kurzen Weg in ihre Unterkunft legen. Vom nahen Taksim aus sind alle Plätze in Istanbul per Bus gut zu erreichen.

Autofreie Zone Prinzeninseln – **Splendid Palace:** ▶ Karte 5, D 4, Büyükada, 23 Nisan Cad. 53, Tel. 0216 382 69 50, www.splendidhotel.net, Fähre Büyükada, DZ 130 €. Wer bei seinem Ausflug auf die Prinzeninseln übernachten will, findet in dem 1908 errichteten und in den 1990er-Jahren renovierten Hotel die geeignete Unterkunft. Der sehenswerte Bau ist etwas für Romantiker: das ehrwürdige Haus überzeugt durch den liebenswerten Charme der Belle Époque.

Zimmer als Kunstwerk – **Eklektik Galata:** ▶ Karte 2, H 3, Beyoğlu, Serdarı Ekrem Cad., Kadrı Bey Cikmazı 4, Tel. 0212 243 74 46, www.eklektikgalata.com, Metro M2/Füniküler Taksim/Tram T5 Galatasaray, DZ 95–130 €. Ein feines Boutiquehotel in Galata nahe der İstiklal Caddesi und dem Ausgehviertel Istanbuls. Die Zimmer sind alle unterschiedlich als Gesamtkunstwerk gestaltet – wirklich sehenswert! Von der Terrasse zum Sonnenbaden ein toller Blick zum Galata-Turm.

Zentral und bequem – **Yaşmak Sultan Hotel:** ▶ Karte 3, H 6, Eminönü, Ebusuud Cad. 14–20, Tel. 0212 528 13 43, www.hotelyasmaksultan.com, Tram T1/Fähre Eminönü, DZ ab 120 €. Das Hotel liegt in der Nähe vom Ägyptischen Basar. Der zentral gelegene Komplex verfügt über eigene Restaurants sowie ein Fitnesscenter mit angeschlossenem Hamam.

Beliebt in der Altstadt – **Kybele Hotel:** ▶ Karte 3, H 7, Sultanahmet, Yerebatan Cad. 35, Tel. 0212 511 77 66/67, www.kybelehotel.com, Tram T1 Sultanahmet, DZ 90–130 €. Hübsches, familiäres Hotel mit Garten, das zentral gelegen ist. Es ist reich mit Antiquitäten ausgestattet. Das Markenzeichen sind Lampen, die hier überall in bedrängender Dichte herabhängen.

An der Chora-Kirche – **Kariye Oteli:** ▶ C 3, Kariye Camii Sk. 6, Tel. 0212 534 84 14, www.kariyeotel.com, Bus Kariye, DZ 70–100 €. Vom Türkischen Automobilclub restaurierter Holzpalast aus dem 19. Jh., in ruhiger Lage direkt neben dem Chorakloster, ein romantischer Klassiker unter den Empfehlungen für gehobenen Wohnkomfort, allerdings recht weit außerhalb gelegen.

Charme der Belle Époque – **Büyük Londra Hotel:** ▶ Karte 2, H 2, Tepebaşı, Meşrutiyet Cad. 53, Tel. 0212 245 06 70, www.londrahotel.net, Metro M2/Füniküler Taksim/Tram T5 Odakule, DZ renoviert ab 90 €, DZ unrenoviert ab 50 €. Ein günstiges Hotel, das 1850 als Wohnhaus für eine griechische Kaufmannsfamilie erbaut wurde. Es spiegelt immer noch den Zustand wider, den Istanbulreisende in den 1920er-Jahren vorgefunden haben, so etwa Ernest Hemingway, der hier während des Ersten Weltkriegs als Journalist logierte.

Nahe İstiklal – **Pera Rose:** ▶ Karte 2, H 2, Beyoğlu, Meşrutiyet Cad. 87, Tel. 0212 243 15 00, www.perarose.com, Metro M2/Füniküler Taksim/Tram T5 Odakule, DZ ab 90 € bei Internetbuchung.

Ein schick gestyltes Hotel nahe der İstiklal-Straße mit Fitnesscenter, Sauna und Massagestudio. Die Zimmer sind freundlich und mit LCD-TVs und WLAN ausgestattet. Das Restaurant Camden im Erdgeschoss serviert Tex-Mex-Küche zu internationaler Musik.

Einfach und günstig

Zentral und freundlich – **Pierre Loti Hotel:** ▶ Karte 3, H 7, Çemberlitaş, Piyerloti Cad. 5, Tel. 0212 518 57 00, www.pierrelotihotel.com, Tram T1 Sultanah met, DZ 60–149 €. Der Charme dieses Hotels der einfachen Mittelklasse liegt in seinem Garten, von dem aus man dem bunten Treiben auf der Straße zuschauen kann.

Schöner Ausblick – **Erboy Hotel:** ▶ Karte 3, H 6, Eminönü, Ebusuud Cad. 32, Tel. 0212 513 37 50, www.erboyhotel.com, Tram T1/Fähre Eminönü, DZ 60–90 €. Für den Preis komfortables Hotel in zentraler Lage. Das Restaurant Paşazade mit osmanischer Küche auf der Dachterrasse bietet einen schönen Blick über die Stadt.

Logis in der Fußgängerzone – **Troya Hotel:** ▶ Karte 2, H 2, Beyoğlu, Arap Camii, Meşrutiyet Cad. 45, Tel. 0212 251 82 06, www.hoteltroya.com, Metro M2/Füniküler Taksim/Tram T5 Galatasaray, DZ 60–95 €. Das nüchterne, aber nett geführte Stadthotel ist 250 m vom Taksim-Platz und 50 m von der Flaniermeile İstiklal entfernt. Die im französischen Blümchenstil eingerichteten Zimmer bieten WLAN und Sat-TV. Modern stylish eingerichtetes Restaurant mit italienischer Küche.

Toller Blick – **And Hotel:** ▶ Karte 3, H 7, Sultanahmet, Yerebatan Cad., Cami Cikmazi 36–40, Tel. 0212 512 02 07, www.andhotel.com, Tram T1 Sultanahmet, DZ 60–80 €. Schon die Aussicht ist toll: Vom Restaurant auf der Dachterrasse überblickt man Hagia Sophia, Topkapı-Palast und Galata-Turm in einem fantastischen Panorama ... Ansonsten freundliche Zimmer in ruhiger Lage mit gutem Preis-Leistungs-Verhältnis!

Nahe beim Großen Basar – **Eyfel Hotel:** ▶ F 6, Beyazıt, Kurultay Sk. 19, Tel. 0212 520 97 88, www.hoteleyfel.com, Tram T1 Beyazit, DZ 50–80 €. Etwas plüschiges Mittelklassehotel mit gutem Komfort. Auf der Dachterrasse gibt es einen kleinen Pool, dazu Bar, Sauna, Fitnessraum. Interessant für Autofahrer: Das Hotel hat eine Tiefgarage.

Auf der asiatischen Seite – **Harem Hotel:** ▶ Karte 4, F 3, Üsküdar, Selimiye, Ambar Sk. 2, Tel. 0216 310 68 00, www.haremhotel.com, Autofähre/İDO-Wasserbus Harem, DZ 80–100 €. Das 3-Sterne-Hotel mit eigenem Pool liegt am asiatischen Bosporus-Ufer nahe der Selimiye-Kaserne. Die Altstadt, immer wunderschön im Blick, erreicht man leicht mit den Fähren, da sich die Anlegestelle des Stadtteils Harem direkt unterhalb des Hotels befindet.

Mit oder ohne Bad – **Side Hotel & Pension:** ▶ Karte 3, J 7, Cankurtaran, Utangaç Sk. 20, Tel. 0212 458 58 70, www.sidehotel.com, Tram T1 Sultanahmet, DZ ab 40 € (Pension), 70 € (Hotel), Apt. ab 85 €. Das ältere Hotel unterhalb von Topkapı hat Zimmer mit Dusche/Bad, aber auch mit Gemeinschaftsdusche, außerdem gibt es Apartments. Die Zimmer sind romantisch im mediterranen Stil eingerichtet, Metallbetten und Holzfußböden sorgen für Flair. Die zentrale Lage, der günstige Preis und die Dachterrasse gleichen manchen Mangel aus.

Ausblick zum Träumen von einem Hotel in Galata

Hostels und Herbergen

Nicht nur für Jugendliche – **Antique Hostel:** ▶ Karte 3, J 7, Sultanahmet, Kutlugün Sk. 51, Tel. 0212 638 16 37, www.antiquehostel.com, Tram T1 Sultanahmet, DZ ab 58 €. Ein sehr einfaches, nett geführtes Hotel der unteren Mittelklasse im ›Touristenviertel‹. Frühstück gibt's auf der Dachterrasse mit Blick zur Hagia Sophia. Preis-Leistungs-Verhältnis sehr überzeugend. WLAN und auch Schlafsäle (11–13 €/Person).

Basic in Aksaray – **Pisa Hotel:** ▶ F 6, Laleli, Fethibey Cad., Kurultay Sk. 3/1, Tel. 0212 526 18 78, www.pisahotelistanbul.com, Tram T1 Laleli-Üniversite, DZ ab 50 €. Einfaches Hotel mit den nötigsten Annehmlichkeiten, rustikale Zimmer, Bar. Das historische Zentrum ist gut zu Fuß oder mit der Tramvay zu erreichen.

Für Nachtschwärmer – **International House Istanbul:** ▶ Karte 2, J 2, Beyoğlu, İstiklal Cad./Zambak Sk. 5, Tel. 0212 244 37 73, www.ihouseistanbul.com, Metro M2/Tram T5/Füniküler Taksim, 14 €/ Person im 4-Bett-Zimmer, DZ 45 €. Nur 50 m vom Taksim-Platz entfernt, mitten im Istanbuler Nachtleben. Sehr einfache, saubere Unterkunft mit freundlichen, hilfsbereiten Wirten.

Anspruchslos – **Orient Hostel:** ▶ Karte 3, J 7, Sultanahmet, Akbıyık Cad. 9, Tel. 0212 517 94 93, www.orient

hostel.com, Tram T1 Sultanahmet, ab 14 €/Person im Schlafsaal. Zentral gelegene, leider etwas laute Traveller-Herberge. Die Cafeteria hat eine Internetecke, die Aussicht von der Bar auf dem Dach ist super.

Apartments und Ferienwohnungen

Modern und mittendrin – **Arsu Living Istanbul:** fünf Ferienwohnungen mit unterschiedlichen Standorten in Karaköy und Beyoğlu, Tel. 009(0)531 221 71 56, www.living-istanbul.com, Apartment für 2 Personen ab 85 €. Zentral und ruhig gelegen, sauber und modern eingerichtet. Die richtige Wahl bei einem längeren Aufenthalt. Das deutsch-türkische Paar Çiğdem Arsu und Matthias Weimer stehen bei allen Fragen hilfreich zur Seite.

Wohnen wie die Einheimischen – **Manzara Istanbul:** verschieden große Ferienwohnungen in Beyoğlu und Karaköy. Rezeption: ▶ H 3, Galata, Serdar-ı Ekrem Sk. 14, Tel. 0212 252 46 60, www.manzara-istanbul.com, Apartment ab 85 €. Aussicht-Weitsicht-Einsicht: Das bedeutet Manzara und spricht für die gute Lage der Wohnungen. Manzara bietet auch Veranstaltungen und individuelle Ausflüge/Führungen an.

Zentral und schick – **Arc Suites Galata:** sechs Apartments in Beyoğlu. Rezeption: ▶ Karte 2, H 3, Kumbaracı Yokuşu, Tercüman Çıkmazı 12, Tel. 0212 252 44 30, www.arcsuites.net, Apartment ab 80 €. Ab 3 Nächten bis zu zwei Monaten sind diese Wohnungen die ideale Unterkunft für Geschäftsleute oder auch Urlaubsgäste mit Kindern. Es steht in jedem Apartment eine Waschmaschine zur Verfügung.

Essen und Trinken

Die türkische Küche

Die türkische Küche gehört zu den vielseitigsten der Welt und vereint asiatische, arabische, mediterrane und balkanische Einflüsse aus der Zeit des Osmanischen Reichs und dessen multikultureller Gesellschaft. In der Rakı-Tafel mit ihren vielen verschiedenen kleinen Gerichten *(mezeler)* haben sich die alten Essgewohnheiten erhalten.

Die **Mezeler,** also Salate, Pürees oder ausgebackenes Gemüse, wählt man aus dem Angebot, das in Glasvitrinen ausgestellt wird oder in vornehmen Restaurants *(restoran)* zur Selbstbedienung bereitsteht. In guten einfachen Speiselokalen *(lokanta)* geht häufig ein Kellner mit einem Tablett, auf dem die *mezeler* auf kleinen Tellern angeboten werden, von Tisch zu Tisch. Es fällt schwer, sich nicht bereits an diesen Köstlichkeiten satt zu essen, bevor man zum Hauptgericht übergeht.

Bei der Zubereitung der Speisen wird mit Olivenöl, Kräutern und mitunter auch scharfen Gewürzen nicht gespart. Knoblauch wird aber längst nicht so viel wie in Spanien verwendet. Weißbrot und Wasser begleiten jedes Gericht.

Getränke

In traditionellen *lokanta* wird noch einfaches **Wasser** in Flaschen oder Karaffen zum Essen gereicht. **Sprudelwasser** *(soda* bzw. *maden suyu)* müssen Sie extra bestellen. An alkoholfreien Getränken gibt es neben westlichen Softdrinks auch köstliche **Fruchtsäfte,** von denen besonders Kirschsaft *(vişne suyu)* oder Pfirsichsaft *(şefatlı suyu)* zu empfehlen sind. **Ayran,** ein Getränk aus mit Wasser verdünntem, leicht gesalzenem Joghurt, löscht während der heißen Sommermonate hervorragend den Durst.

Der türkische **Mokka** *(türk kahvesi)* beendet traditionell jede Mahlzeit. Das sehr fein gemahlene Kaffeepulver wird mit Zucker und Wasser aufgekocht. Deshalb muss man schon bei der Bestellung sagen, ob er schwarz *(sade),* mittelstark gesüßt *(orta şekerli)* oder sehr süß *(şekerli)* werden soll. Da die Türkei heute keine eigenen Kaffeeplantagen mehr hat und der Import hoch besteuert wird, ist der Verbrauch stark zurückgegangen. **Schwarzer Tee** *(çay),* erzeugt an der Schwarzmeerküste, hat die Rolle des *kahve* übernommen und wird allerorts angeboten.

Den Genuss von Wein hat Mohammed verboten, daher trinken die Türken gerne **Rakı,** einen 45–50-prozentigen Branntwein aus getrockneten Trauben mit Anisgeschmack, ähnlich dem griechischen Ouzo. Meist wird *rakı* nicht pur getrunken, sondern mit Wasser verdünnt, wobei er eine milchig weiße Farbe erhält. Mitunter nennen die Türken ihn daher *aslan sütü,* Löwenmilch.

Den trockenen türkischen **Wein,** der im Restaurant nicht ganz preiswert ist, schätzen fast nur Touristen. Empfehlenswert sind Weine wie Doluca, Kavaklıdere oder Dikmen. Lieber trinken Türken **Bier** *(bira):* Neben zahlreichen Importbieren gibt es aus einheimischer Produktion das Efes Pilsen oder das leichte Tekel nach Münchner Brauart.

Anti-Alkohol-Gesetz

Das 2013 in Kraft getretene neue Anti-Alkohol-Gesetz schränkt den öffentlichen Ausschank von alkoholischen Getränken in Istanbul weitgehend ein. Generell darf nach 22 Uhr kein Alkohol mehr ausgeschenkt und im Umkreis von 100 m um Moscheen und Bildungseinrichtungen kein Alkohol verkauft werden. Für die touristischen Kernbereiche Istanbuls bedeutet dies: annähernd flächendeckend! Unklar scheint noch zu sein, wie energisch die Einhaltung des Gesetzes überwacht werden wird.

Die Gastronomie in Istanbul

Sultanahmet
- Stadtviertelkarten S. S. 122, 147
- Restaurantbeschreibungen S. 154

Cağaloğlu, Beyazıt und Eminönü
- Stadtviertelkarten S. 161, 171
- Restaurantbeschreibungen S. 181

Fatih und Fener
- Stadtviertelkarten S. 191, 205
- Restaurantbeschreibungen S. 211

Beyoğlu
- Stadtviertelkarten S. 217, 227
- Restaurantbeschreibungen S. 235

Harbiye, Dolmabahçe, Ortaköy
- Stadtviertelkarten S. 244
- Restaurantbeschreibungen S. 251

Ausflüge
- Stadtviertelkarte Üsküdar S. 268
- Restaurantbeschreibungen S. 261, 263, 274, 278, 283

Restoran oder Börekçi?

In einem **Restoran** wählen Sie die Hauptgerichte nach der Speisekarte. Neben Fleischgerichten (Schweinefleisch wird aus religiösen Gründen nicht verarbeitet) und Fisch können Sie auch Wild im Angebot finden.

Lokanta (Garküchen) bieten zahlreiche Eintopfgerichte. In großen Pfannen stehen die Gemüse-Fleisch-Speisen zur Auswahl bereit. Recht häufig wird auch *döner kebap* (Fleisch am Drehspieß) angeboten.

Die **Fischlokale** in den kleinen Ortschaften am Bosporus sind besonders zu empfehlen. Fisch und Schalentiere sind immer fangfrisch und werden in vielen köstlichen Zubereitungen, z. B. auch in Teig gebacken, angeboten.

Vegetarier und Veganer kommen trotz fehlender Tradition auch in Istanbul auf ihre Kosten. Rein **vegetarische Restaurants** sind in der Stadt noch rar, aber die türkische Küche kennt viele köstliche vegetarische Gerichte (vor allem unter den *mezeler*), die Sie in fast jedem gastronomischen Betrieb finden.

Möchten Sie am Mittag nur eine Kleinigkeit zu sich nehmen, besuchen Sie den **Börekçi.** Hier bekommen Sie Nudelteiggerichte und Blätterteigtaschen mit Käse-, Hackfleisch- oder Spinatfüllung. Köstlich sind auch die gebratenen Fische in Weißbrot, die direkt von Fischerbooten links neben der Galata-Brücke angeboten werden.

In einer **Pastahane** können Sie köstliche Torten, Gebäck und verschiedene Süßspeisen probieren. Feinste Zutaten und die Verwendung von erlesenen Nüssen und Mandeln mit Honig ließen die osmanische Backkunst berühmt werden. Das beliebteste Gebäck ist *baklava,* das aus mehreren Schichten Blätterteig mit einer Nuss- oder Pistazienfüllung besteht und mit Sirup übergossen wird. Neben Blumen ist es auch ein gern gesehenes Gastgeschenk bei Einladungen zum Essen.

Im alten Zentrum Istanbuls (Eminönü, Sultanahmet, Kumkapı und Beyazıt) wie auch in Beyoğlu reihen sich die Restaurants in vielen Straßen dicht aneinander – lassen Sie sich einfach von den köstlichen Gerüchen und einem Blick in die Stahlwannen leiten.

Öffnungszeiten und Preise

In der Regel sind die Restaurants von 10 bis ca. 23 Uhr geöffnet, Imbissbuden und kleinere *lokanta* den ganzen Tag über bis tief in die Nacht. Ruhetage gibt es in der Regel nicht.

Die **Preise** sind in einfachen *lokanta* noch immer erstaunlich moderat, in den schicken Restaurants am Bosporus dagegen ist es sehr teuer. Ein Teller *ıstavrit* (Makrelen) kostet dort 20–25 TL, gegrillter Schwertfisch etwa 30–35 TL. Dazu kommen Vorspeisen, Nachspeise, Wasser, Salat etc. Wenn man zu zweit schick essen geht und zusammen 150 Lira gezahlt hat, sagt man, dass man günstig weggekommen ist. Dennoch sind die Lokale gut besucht!

Da **frischer Fisch** immer besonders teuer ist, sollte man vorher fragen und eventuell handeln, um später keine böse Überraschung zu erleben. Internationale Preise (Menü ab 50 € und höher) sind in den Nobelrestaurants der großen Hotels üblich.

Spitzengastronomie

Beim König der Fischer – **Bebek Balıkçı:** ► Karte 6, F 2, Bebek, Cevdet Paşa Cad. 26 A, Tel. 0212 263 34 47, www.bebekbalikci.net, Bus/Fähre Bebek, tgl. 12–15.30, 18.30–1 Uhr, Hauptgerichte ab 25–30 €. Seit 1998 residiert in der feinsten Bucht am Bosporus eines der feinsten Fischrestaurants Istan-

Große Auswahl – typisch türkisches Lokanta an der İstiklal Caddesi

buls. Die Gourmets kürten es mehrfach zum besten Fischlokal der Stadt. Staatsgäste werden hier bewirtet! Entsprechend teuer und gut das Menü.

Fisch am Bosporus – **Kıyı:** ▶ Karte 4, F 1, Tarabya, Kefeliköy Cad. 126, Tel. 0212 262 00 02, www.kiyi.com.tr, Bus Tarabya, tgl. 12–24 Uhr, drei Gänge mit Getränken ca. 60–90 €. Nobles Fischrestaurant, das neben Gaumenfreuden auch Augenschmaus verspricht: Werke türkischer Künstler und Fotografen wie Ara Güler und Bedri Baykam schmücken die Wände. Reservieren!

Speisen im Palast – **Konyalı Lokantası:** ▶ Karte 3, K 6, Sultanahmet, Topkapı Saray Müzesi, vierter Hof, Tel. 0212 513 96 96, www.konyalilokantasi.com, Tram T1 Sultanahmet, Mi–Mo 11–17, im Sommer bis 19 Uhr, Menü 40–60 €. Wer bei der Besichtigung bis in den vierten Hof des Topkapı vorgedrungen ist, findet rechter Hand ein Restaurant mit tollem Ausblick auf Bosporus und Mädchenturm sowie hervorragender türkischer Küche. Bemerkenswert ist der Saal im französisch geprägten osmanischen Interieur. In dem benachbarten Selbstbedienungsbereich sind die Preise moderater. Köstlich die Süßspeisen.

Beim Starkoch – **Mikla:** ▶ Karte 2, H 3, Marmara Pera Hotel, Beyoğlu, Meşrutiyet Cad. 15, Tel. 0212 293 56 56, www.iyig.com.tr/en, Tram T5 Galatasaray, tgl. 10–2 Uhr. Der Starkoch der Türkei, Mehmet Gürs, serviert hier seit 2008 für die Gourmets der Stadt (Menü ab 70 €) eine ganz eigene Kreation aus türkischer Küche mit skandinavischem Einschlag. Das Restaurant in den beiden oberen Etagen des Marmara Pera Hotel bietet dazu eine fantastische Aussicht über Istanbul. Hier denkt man nicht mehr über Geld nach – zumindest nicht während des Dinners.

Der beste Mittagstisch – **Pandeli:** ▶ Karte 3, H 5, Eminönü, Mısır Çarsısı, Tel. 0212 522 55 34, Tram T1/Fähre Eminönü/Marmaray/Banliyö B1 Sirkeci, Mo–Sa 11.30–14 Uhr, Hauptgerichte ab ca. 12 €; s. Mein Tipp S. 182.

Wie beim Sultan – **Tuğra:** ▶ Karte 6, C 5, Ortaköy, Çırağan Palace Kempinski, Çırağan Cad. 32, Tel. 0212 236 73 33, www.kempinski-istanbul.com, Bus Çırağan, tgl. 19 (Bar ab 18)—23.30 Uhr, Menü ab 75 € (ohne Getränke). Modernisierte osmanische Küche, daneben auch Gerichte aus den Mittelmeerländern und traumhafte Desserts. Man sitzt mit Bosporus-Blick hinter Palastfenstern. Hier ist schicke Abendgarderobe ein Muss. Ohne Reservierung kein Einlass.

Meyhane (Tavernen)

Geheimtipp am Marmara-Meer – **Kuleli:** ▶ B 8, Samatya, Büyükkuleli Sk. 38, Tel. 0212 587 94 28, Banliyö B1 Koca Mustafa Paşa, tgl. 12–24 Uhr, drei Gänge mit Wein/*rakı* ab 25 €. Eine typische Taverne, in der zum *rakı* kleine Teller mit Imbissen gereicht werden. Besonders lecker sind die unterschiedlich zubereiteten Meerestiere, beispielsweise Oktopussalat *(ahtapot salatası)* oder auch in Öl gebackene Sardellen *(hamsi tava).*

Künstlerinstitution – **Refik:** ▶ Karte 2, H 3, Beyoğlu, Sofyalı Sk. 10, Tel. 0212 243 28 34, www.refikrestaurant.com, Tram T5 Galatasaray/Tünel Tünel, Mo–Sa 11–1.30 Uhr, Hauptgerichte ab 10 €, *rakı* Glas 4 €. Seit seiner Eröffnung 1954 ist das Refik besonders bei Künstlern und Intellektuellen beliebt. Im Boheme-Lokal sind reine Frauentische keine Seltenheit. Refik bietet ein sehr reichhaltiges Angebot an Vorspeisen *(mezeler),* die von Saison zu Saison wechseln.

Weinlokal – **Şarabi:** ▶ Karte 2, J 2, Beyoğlu, İstiklal Cad. 174, Tel. 0212 244 46 09, Tram T5 Galatasaray/Tünel Tünel, tgl. 12–24 Uhr, Glas Hauswein vom Fass ab 4 €, kleine Speisekarte ab 10 €. Die Stärke dieses Restaurants liegt in seinem gut gefüllten Weinkeller. Neben türkischer wird auch internationale Küche angeboten, und das mit Blick auf das Treiben in der İstiklal Caddesi.

Preistransparenz und gute Atmosphäre – **Tiryakii:** ▶ G 7, Kumkapı, Üstad Sk. 3, Tel. 0212 458 22 00, Banliyö B1 Kumkapı, tgl. 11–24 Uhr, Hauptgericht ab 10 €. Der Deutsch-Türke Barbaros Bilen hat in diesem traditionellen Fischrestaurantviertel seinen Traum von einer kleinen Taverne mit guter anatolischer Küche verwirklicht. Empfehlenswert ist der Schmortopf mit Seebarschfilet. Ab 19 Uhr gibt es im Tiryakli jeden Abend Livemusik.

Fischrestaurants

Fisch in Beyoğlu – **Doğa Balık:** ▶ Karte 2, J 2/3, Cihangir, Sıraselviler Cad. 84, Mavi Plaza/6. Stock, Tel. 0212 243 36 56, www.dogabalik.com, Metro M2/Tram T5/Füniküler Taksim, tgl. 12–1 Uhr. Naturfisch heißt das Stadtrestaurant, das auch für seine frischen Kräuter und Salate bekannt ist. Die Salate können am kalten Buffet selbst zusammengestellt werden. Aussichtsterrasse mit Blick auf Topkapı und die Inseln. Kinder sind hier willkommen.

Originelle Fischgerichte – **Fishmekan:** ▶ Karte 6, F 3, Arnavutköy, Arnavutköy Cad. 60, Tel. 0212 358 51 58, www.fishmekan.net, Bus/Fähre Arnavutköy oder Bebek, tgl. 12–24 Uhr, Hauptgerichte 10–18 €. In Arnavutköy am Bosporus seit 2003 die erste Adresse. Es gibt hier eine sehr große Auswahl an Meeresfrüchten und Vorspeisen. Zu den Spezialitäten des Hauses zählen u. a. Zander vom Holzkohlegrill, Scholle am Spieß, Shrimps mit Auberginenmus und gefüllte Kürbisblüten.

Am Kai unter der Brücke – **Rumeli Hisarı İskelesi:** ▶ Karte 6, G 1, Yahya Kemal Cad. 1, Tel. 0212 263 29 97, Bus Rumeli Hisarı, tgl. 12–24 Uhr, Menü ab 50 € (ohne Getränke). Das Restaurant verdankt seinen Ruf seinen hervorragenden Vorspeisen und leckeren Fischgerichten. Sehr empfehlenswert sind hier insbesondere der Zander in Tomaten- oder Pilzsauce und als Dessert die Quitten aus dem Ofen mit Sahnehaube. Für einen Tisch direkt am Meer vorher anrufen.

Türkisch-osmanische Küche

Klassisch osmanische Küche – **Asitane Restaurant:** ▶ C 3, Fatih, Kariye Camii Sokağı 6, Tel. 0212 635 79 97, www.asitanerestaurant.com, Bus Kariye Camii, tgl. 12–14, 19–23 Uhr, Hauptgerichte ab 9 €; s. Mein Tipp S. 201.

Schnell, aber ausgezeichnet – **Borsa Fast Food:** ▶ Karte 2, J 2, Beyoğlu, İstiklal Cad. 14 (neben dem AFM-Kino), Tel. 0212 292 40 71, Metro M2/Tram T5/Füniküler Taksim, tgl. 11.30–23 Uhr, Hauptgerichte ab 3,50 €. Das Lokal hat zwar die Anmutung einer Fast-Food-Kette, das Essen ist aber für eine Mahlzeit zwischendurch ausgezeichnet. Typische türkische Küche zum Auswählen an der Theke.

Ausgehen in Kumkapı

Das tagsüber recht ruhige Fischerviertel rund um den Kumkapı Meydanı (▶ G 7) verwandelt sich am Abend mit seinen über 70 Restaurants zu einer wahren Vergnügungsmeile. Auch wenn sich die Kellner in manchen Straßen wie der Ördekli Bakkal Sokağı aufgrund der Konkurrenz sehr penetrant um Kundschaft bemühen, ist es doch ein Erlebnis, hier auszugehen. Aber Achtung: Die Preise variieren je nach Fischsorte und können sich bei einer Fischplatte ordentlich summieren!

Geheimtipp unter den türkischen Restaurants – **Develi:** ▶ B 8, Samatya, Balıkpazarı, Gümüşyüzük Sk. 7, Tel. 0212 529 08 33, www.develikebap.com, Banliyö B1 Koca Mustafapaşa, tgl. 10–24 Uhr, gemischter *kebap*-Teller 14 €. Spezialitätenrestaurant, das sich der südostanatolischen, etwas schärferen Küche aus der Region Gaziantep verschrieben hat. Empfehlenswert sind besonders die verschiedenen *kebap*-Variationen.

Authentisch – **Hacıbaba Restaurant:** ▶ Karte 2, J 2, Taksim, İstiklal Cad. 49/Ecke Meşelik Sk., Tel. 0212 244 18 86, www.hacibabarest.com, Metro M2/Tram T5/Füniküler Taksim, tgl. 11–24 Uhr, Hauptgerichte 7–18 €. Im ersten Stock eines eher unauffälligen Pera-Hauses speist man in osmanischem Ambiente türkische und internationale Küche. Vor allem die Suppen und Nachspeisen sind berühmt.

Deutsche und osteuropäische Küche

Russisch-ungarisch – **Ayaspaşa Rus Lokantası:** ▶ K 2, Gümüşsuyu, İnönü Cad. 77 A, Tel. 0212 243 48 92, Metro

M2/Tram T5/Füniküler Taksim/Bus Gümüşsuyu, tgl. 12–24 Uhr, Mittagstisch ca. 20 €. Russische Küche. Das kleine, aber feine Restaurant besteht seit 1943 als Gründung einer Ungarin und eines Russen. Trotz mehrerer Wechsel blieb das Lokal der Tradition verpflichtet und bietet Spezialitäten wie Borschtsch oder Kiew-Hühnchen.

Am Deutschen Generalkonsulat – **Fischer:** ▶ Karte 2, K 2, Gümüşsuyu, İnönü Cad. 51, Tel. 0212 245 33 75, Bus Metro M2/Tram T5/Füniküler Taksim/ Bus Gümüşsuyu, tgl. 12–15, 19–22 Uhr, Hauptgerichte ab 11 €. Deutsche und österreichische Küche. Wiener Schnitzel, Kartoffelsalat und Palatschinken mögen als Empfehlung für experimentierunlustige Reisende dienen, vielleicht mehr noch für die Angehörigen des nahe gelegenen Deutschen Generalkonsulats oder die deutschen Fußball-Gastarbeiter.

Aus aller Welt

Fusionküche – **Changa:** ▶ Karte 2, K 2, Taksim, Sıraselviler Cad. 47, Tel. 0212 251 70 64, www.changa-istanbul.com, Metro M2/Tram T5/Füniküler Taksim, Mo–Sa 12.30–15, 19–2 Uhr, Menü ab 35 € (ohne Getränke). Internationale Fusionküche mit italienischen und japanischen Noten, der Küchenchef stammt aus Neuseeland. Besonders

Viele Restaurants in Beyoğlu haben Dachterrassen mit romantischem Bosporus-Blick

bemerkenswert an dem schick-gestylten Restaurant ist der Glasboden zur Küche. Sehr beliebt, daher Reservierung notwendig.

Wie auf Deck – **Banyan:** ▶ Karte 6, D 5, Ortaköy, Muallim Nacı Cad., Salhane Sk. 3, Tel. 0212 259 90 60, www.banyanrestaurant.com, Bus/Fähre Ortaköy, Mo–Sa 12–2, So 10–2 Uhr, Hauptgerichte 16–25 € (mittags 20 % Rabatt). Das Restaurant liegt direkt an der Fähranlegestelle gegenüber der Ortaköy-Moschee und bietet im Sommer ca. 100 Gästen auf seiner Teak-Terrasse Platz. Das Essen ist sehr gut, der Blick unvergesslich: Istanbul vom Feinsten!

Französische Steaks – **L'Entrecôte de Paris:** ▶ Karte 6, A 4, Nişantaşı, Teşvikiye Cad. 162, City's, Tel. 0212 373 26 00, Metro M2 Osmanbey/Bus Nişantaşı, tgl. 12–2 Uhr, Menü ab 29 €. Tagsüber kehrt man hier für ein französisches Menü ein – das 2009 eröffnete Lokal im schicken Einkaufszentrum City's hat die gesamte Einrichtung aus Paris einfliegen lassen. Ab 22 Uhr gibt es Lounge-Musik, und das Restaurant wird zur Bar.

Sushi auf Türkisch – **Hai! Sushi:** ▶ Karte 6, A 5, Elmadağ, Cumhuriyet Cad. 2, Divan Hotel, www.divanoteli.com.tr, Metro M2 (Ausgang Gezi Parkı)/Tram T5/Füniküler Taksim, tgl. 12–15, 18–23 Uhr, vier Röllchen ab 10 €. Elegantes, kühles Interieur, in dem Chefkoch Kenji Kume eine viel gelobte, wenn auch nicht preiswerte japanische Küche serviert. Nigiri Sushi und Maki Sushi, aber auch ›türkisierte‹ Variationen kommen vom Kaiten, einem Fließband, das an den Tischen vorbeiläuft. Achtung: Die roten Tellerchen sind die teuersten.

Fajitas und Burritto – **Mexican Cantina:** ▶ Karte 6, F 2, Bebek, Cevdetpaşa Cad. 22, Tel. 0212 287 57 21, Bus Bebek/Fähre Arnavutköy, tgl. 12–2 Uhr, Hauptgerichte ab 15 €. Mexikanische Küche mit Happy Hour für Getränke zwischen 17 und 20 Uhr. Das Lokal bietet von der Speisekarte bis hin zur Dekoration mit den übergroßen Hüten mexikanisches Ambiente.

Vegetarische Küche

Suppenvielfalt – **Çiya Sofrasi:** ▶ Karte 4, F 3 Kadiköy, Caferağa Mah. Güneslibahçe Sk. 43, Tel. 0216 330 31 90, Fähre Kadiköy, tgl. 11–23 Uhr. Hauptgericht ab 5 €. Hier wird die türkische Küche in der Vielfältigkeit ihrer geografischen Herkunft erforscht und auf köstliche Weise erprobt. Zum Çiya Sofrasi gehören auch die beiden benachbarten *kebap salonu.*

Fleischloses Kebap – **Khorasani Grill House:** ▶ Karte 3, H 7, Sultanahmet, Ticarethane Sk. 39, Tel. 0212 519 59 59, Tram T1 Sultanahmet, tgl. 11–24 Uhr, Hauptgericht ab 8 €. Südostanatolische Küche in einem Grillrestaurant stilvoll präsentiert. Neben köstlichen Fleisch- und Fischgerichten gibt es auch hervorragendes vegetarisches *kebap* und besonders lecker: Auberginen mit Ziegenkäse überbacken.

Vegetarisch, köstlich, günstig – **Nature and Peace:** ▶ Karte 2, J 2, Beyoğlu, Büyük Parmakkapı Sk. 15A, Tel. 0212 252 86 09, www.natureandpeace.com, Metro M2/Tram T5/Füniküler Taksim, tgl. 12–22 Uhr, Hauptgerichte ab 6 €. Das nach der Umweltschutzorganisation benannte Restaurant ist ein beliebter Treffpunkt für Vegetarier, obwohl hier auch Gerichte mit Fisch und Huhn bestellt werden können.

Kreativ und preiswert – **Parsifal:** ▶ Karte 2, J 2, Beyoğlu, Kurabiye

Mein Tipp

Unter Zitronenbäumen
Ein idealer Platz, um aus der Hektik rund um die Istanbuler Flaniermeile İstiklal abzutauchen und auszuspannen, ist das Limonlu Bahçe. Das schicke Café befindet sich im Garten eines unscheinbaren Mietshauses, wo man umso mehr überrascht ist, sich plötzlich in einer Oase unter Zitronen und Apfelsinenbäumen wiederzufinden.
Limonlu Bahçe: ▶ Karte 2, J 3, Galatasaray, Yeniçarşı Cad. 98, www.limonlubahce.com, Metro M2/Füniküler Taksim/Tram T5 Galatasaray, tgl. 9–2 Uhr, Windbeutel mit Eis 5,50 €.

Sk. 13, Tel. 0212 245 25 88, Metro M2/Tram T5/Füniküler Taksim, tgl. 12–23 Uhr. Hauptgericht ab 4 €. Gemütliches, kleines Restaurant, das auch vegane Gerichte anbietet. Gefragte Gerichte sind nicht zuletzt Lasagne mit Mangold und Salat aus Augenbohnen mit Walnüssen.

Cafés & Teegärten

Beim Fotografen – **Ara:** ▶ Karte 2, J 2, Beyoğlu, İstiklal Cad., Tosbağ Sk. 8, Tel. 0212 245 41 05, Metro M2/Füniküler Taksim/Tram T5 Galatasaray, tgl. 9–24 Uhr. Hauptgerichte ab 8 €. Dieses gemütliche Bistro im Zentrum befindet sich im Haus des bekanntesten Stadtfotografen Istanbuls, Ara Güler. Zu den wechselnden Fotoausstellungen gibt es eine kleine, aber feine Speisekarte für eine Mahlzeit zwischendurch. Wer Glück hat, trifft überdies den Armenier Güler persönlich, meist im Kreise anderer Kreativer der Stadt.

Französisches Café – **Café du Levant:** ▶ E 1, Hasköy-Sütlüce, Kumbarhane Cad. 2 (im Rahmi M. Koç Müzesi), Tel. 0212 369 66 07, http://cafedulevant.com, Bus Sütlüce, Di–So 10–22.30 Uhr, Glas Rotwein 5 €, Hauptgerichte ab 15 €. Im ersten Industriemuseum der Türkei verbirgt sich ein sehr gutes französisches Bistro, das den Museumsbesuch auch zu einem (nicht ganz billigen) kulinarischen Erlebnis macht.

Chillen bei einer Wasserpeife – **Erenler Çay Bahçesi:** ▶ Karte 3, G 7, Çemberlitaş, Yeniçeriler Cad. 36/28, Tel. 0212 528 37 85, Tram T1 Çemberlitaş, tgl. 7–24 Uhr, Wasserpfeife ab 4 €. Ein bei Studenten beliebtes Kaffeehaus in der historischen Koranschule Çorlulu Alipaşa Medresesi. Neben einer *nargile* (Wasserpfeife/Shisha) mit aromatischen Tabaksorten gibt es natürlich auch Tee und Kaffee.

Gutes Eis – **Mado:** ▶ Karte 6, D 5, Ortaköy, Osmanzade Sk. 26, Tel. 0212 227 38 76, Bus/Fähre Ortaköy, tgl. 9–24 Uhr, Eiskugel 1 €. Die legendäre Istanbuler Eisdiele hat sich inzwischen zu einem echten Café entwickelt: Am Wochenende ist sie ein viel besuchtes Ziel von Familien mit Kindern und anderen Leckermäulern.

Elegante Stadtoase – **Yeşil Ev Garden Bar-Café:** ▶ Karte 3, J 7, Sultanahmet-Cankurtaran, Kabasakal Cad. 5, Tel. 0212 517 67 85, Tram T1 Sultanahmet, tgl. 12–22.30 Uhr, Teeservice 7,50 €. Zwischen dem Topkapı-Palast und der Blauen Moschee liegt das Hotel Yeşil Ev. Hinter dem Gebäude verbirgt sich ein schöner Garten mit einem Marmorbrunnen. Ob auf einen Kaffee und Kuchen oder Drink, ob für Lunch oder Dinner – es lohnt sich, hier einzukehren.

Einkaufen

Die Stadt an der Nahtstelle von Orient und Okzident bietet Einkaufsmöglichkeiten für jeden Geschmack und Geldbeutel. Vom osmanischen Nippes bis zu exklusivem Kunsthandwerk, von billiger Fabrikware bis zu edlen Designerstücken ist alles in den Markthallen, Einkaufsstraßen und modernen Einkaufszentren der Metropole zu erwerben.

Am spannendsten ist der Einkauf im **Großen Basar** (▶ Karte 3, G 6, Kapalı Çarşı; s. S. 44, s. auch Entdeckungstour S. 165). Nach Gewerben geordnet, findet man in den kleinen Läden der überdachten Gassen viele nützliche und auch nur schöne Dinge, wie Kupferkannen, Keramikwaren, Teppiche, Lederartikel, aber auch Goldschmuck, Schuhe, Plastikwaren, Steppdecken. Reizvolle Antiquitäten gibt es im **Eski Bedesten (Old Bazaar),** dem alten Kern des Großen Basars. Man kann nach Herzenslust handeln und dabei das angebotene Glas Tee genießen.

Schöne kunsthandwerkliche Erzeugnisse gibt es hinter der Hagia Sophia und am Sultanahmet Parkı. Im **İstanbul Sanatları Çarşısı** (▶ Karte 3, J 7; s. S. 41, Mein Tipp S. 153), einer alten Koranschule, kann man den Handwerkern bei der Arbeit zuschauen: Es wird Glas verziert, eine Kalligrafie angefertigt, ein Teppich geflickt. Im **Arasta Bazaar** (s. S. 42, 151) gleich unterhalb der Sultan-Ahmet-Moschee verkauft man Souvenirs im türkischen Stil.

Modern und fast pariserisch präsentiert sich die **İstiklal Caddesi** (▶ Karte 2, H 6–K 2; , 225) in Beyoğlu. Neben Modeboutiquen türkischer und internationaler Marken, Buchhandlungen, Parfümerien und Accessoires-Shops finden sich Konditoreien mit köstlichen Torten.

Daneben gibt es auch noch riesige **Einkaufszentren** mit Restaurants und Boutiquen unter einem Dach, die aber alle außerhalb in den modernen Stadtvierteln liegen.

Ein wahrer Augenschmaus sind die Istanbuler **Fisch- und Gemüsemärkte,** auf denen ein reiches Angebot von saisonalem Obst und Gemüse sowie die verschiedendsten Meerestiere verkauft werden. **Wochenmärkte** finden an verschiedenen Tagen in fast jedem Stadtviertel statt. Die Produkte kommen direkt von den Anbauflächen und sind günstiger als in den Supermärkten. Sehenswert sind nicht zuletzt die täglichen **Fischmärkte** *(Balık Pazarı),* die man etwa in **Kumkapı** (▶ G 8, nur am frühen Vormittag) oder in **Beyoğlu** (▶ Karte 2, J 2; s. S. 43, 233) besuchen kann.

Vorsicht: Beachten Sie beim Erwerb von Mitbringseln die Einfuhrobergrenzen in die EU – und die scharfen Zollbestimmungen bezüglich Antiquitäten: s. S. 22.

Feilschen

Um den Preis gefeilscht wird nur in den Basaren bei Kunsthandwerk, Antiquitäten, Teppichen und Lederwaren. Für Lebensmittel und Dinge des täglichen Bedarfs gelten – wie auch für sämtliche Waren in Kaufhäusern und Boutiquen – Festpreise.

Beim Feilschen im Basar sollte man sein eigenes Preisgebot etwa ein Drittel unter dem des Händlers ansetzen, langsam kommt man sich dann näher. Lassen Sie sich gute Gründe einfallen, warum Sie weniger zahlen wollen! Aber: Nie zum Spaß bieten, wenn man gar nicht kaufen will.

Rund um den Galata-Turm bieten kleine Boutiquen postosmanischen Trödel an

Osmanische Souvenirs

Kunsthandwerk und Teppiche – **Arasta Bazaar:** ▶ Karte 3, J 7, Sultanahmet, Torun Sk., neben Mozaik Müzesi, www.arastabazaar.com, Tram T1 Sultanahmet/Banliyö B1 Cankurtaran, tgl. 9–21 Uhr. Im 17. Jh. waren dies die Ställe der Sipahi, der osmanischen Kavallerie, daher heißt der Basar auch Sipahi Çarşısı. Heute werden in Boxen schöne kunsthandwerkliche Erzeugnisse wie Keramik, Schmuck oder Lampen sowie handgeknüpfte Teppiche und Kelims verkauft. Empfehlenswert: der Teppichladen **Galeri Cengiz,** Nr. 155–157.

Stilvolle Souvenirs – **Artrium:** ▶ Karte 2, H 3, Beyoğlu, Tünel Geçidi 3–7, www.artrium.com.tr, Metro M2 Şişhane/Tram T5/Tünel Tünel, tgl. 9–19 Uhr. Türkische Keramik, Schmuck nach osmanischem Vorbild, Stoffe, Miniaturen, Kalligrafien, alte Drucke, Postkarten und Plakate.

Antiquitäten und Secondhand – **Çukurcuma-Viertel:** ▶ Karte 2, J 2, Beyoğlu, Tram T5 Galatasaray, Läden (in der Regel) tgl. 10–22 Uhr. Viele Läden mit Antiquitäten und ›alten Sachen‹ haben sich im Viertel hinter dem Galatasaray Lisesi eingerichtet. Inzwischen werden leider oft auch für Flohmarktware astronomisch hohe Preise verlangt.

Im Großen Basar – **Eski Bedesten (Old Bazaar):** ▶ Karte 3, G 6, Kapalı Çarşı, www.grandbazaaristanbul.org, Tram T1 Beyazıt, Çemberlitaş, Mo–Sa 9–19 Uhr; s. Entdeckungstour S. 165.

Kunst am Großen Basar – **Kashif Sofa:** ▶ Karte 3, H 6, Cağaloğlu, Nuruosmaniye Cad. 53/A, Tel. 0212 520 28 50, www.kashifsofa.com, Tram T1 Çemberlitaş, tgl. 8–22 Uhr. Verkaufsausstellung für erlesene Zeichnungen, Keramiken, Miniaturen, Kalligrafien, Stoffe, Schmuck und zeitgenössische Kunst.

Türkischer Kaffee – **Kurukahveci Mehmet Efendi:** ▶ Karte 3, G 5, Eminönü, Tahmis Sk. 66, Tel. 0212 511 42 62, www.mehmetefendi.com, Tram T1/ Fähre Eminönü, Mo–Sa 9–19 Uhr. Berühmter türkischer Kaffeehändler (seit 1871) in modernem Shop und Café. Auch Espresso, Kakao etc.

Kunst-(Floh-)markt am Bosporus – **Ortaköy Sanat Pazarı:** ▶ Karte 6, D 5, Ortaköy Meyd., Bus/Fähre Ortaköy, So ab 10 Uhr. Am Bosporus treffen sich Künstler, die Bilder und kunsthandwerkliche Arbeiten anbieten. Bei einigen Malern kann man sich auch gleich porträtieren lassen.

Glas und Porzellan – **Paşabahçe:** ▶ Karte 2, H 3, Beyoğlu, İstiklal Cad. 314, www.pasabahce.com, Tram T5 Odakule/Tünel Tünel, Mo–Do 10–20, Fr/Sa 10–20.30 Uhr. Bei der bekanntesten (und staatseigenen) Glasmanufaktur gibt es Gläser, Vasen, Tafelgeschirr und besondere, vom Osmanischen Reich inspirierte Kollektionen zum Verschenken.

Teppiche und Kelims

Zahlreiche Geschäfte im Großen Basar. Material, Knotendichte und auch das Alter bestimmen den Preis. Doch ist genaues Hinschauen geboten, da Teppiche und besonders Kelims häufig künstlich auf ›historisch‹ getrimmt werden.

Antike Kelims – **Antikart:** ▶ Karte 2, J 2, Beyoğlu, İstiklal Cad. 209, Atlas Kuyumcular Çarşısı, Tram T5 Galatasaray, tgl. 9–20 Uhr. Große Auswahl an alten und seltenen Kelims.

In der Altstadt – **Gördes Halı:** ▶ Karte 3, H 7, Cağaloğlu, Bab-ı Ali Cad. 3/A, www.gordesrug.com, Tram T1 Çemberlitaş oder Sultanahmet, tgl. 8.30–22 Uhr. Neue und alte handgeknüpfte Stücke in allen Größen und aus aller Welt werden bei Bedarf direkt nach Hause geliefert (aber Achtung: Zollpflicht!). Darüber hinaus besitzt die Firma eine Sammlung von Teppichen/Kelims (auch antik), Schmuck und Keramik.

In historischem Han – **Punto:** ▶ Karte 3, H 6, Cağaloğlu, Gazi Sinanpaşa Sk. 17, www.puntocarpet.com, Tram T1 Sultanahmet, tgl. 9–19 Uhr. In einer Karawanserei des 17. Jh. werden alte und neue Teppiche aus den verschiedenen Regionen der Türkei. angeboten.

Bücher

Reiseliteratur und mehr – **Robinson Crusoe:** ▶ Karte 2, H 3, Beyoğlu, İstiklal Cad. 195A (389), www.rob389.com, Tram T5 Odakule/Tünel Tünel, Mo–Sa 9–21.30 Uhr. In der stilvoll eingerichteten Buchhandlung findet sich ein reiches Sortiment von Titeln zu Kunst und Architektur in Istanbul (überwiegend englischsprachig).

Urlaubslektüre – **Türk-Alman Kitabevi:** ▶ Karte 2, H 3, Beyoğlu, İstiklal Cad. 481, www.tak.com.tr, Metro M2 Şişhane/Tram T5/Tünel Tünel, Mo–Fr 9–18.30, Sa 9–17 Uhr. In der von Thomas Mühlbauer geführten deutschen Buchhandlung gibt es neben vielen Titeln zu Istanbul auch Übersetzungen von Werken türkischen Autoren.

Der Büchermarkt – **Sahaflar Çarşısı:** ▶ Karte 3, G 6, Beyazıt Meyd., tgl. 7–20 Uhr; s. Lieblingsort S. 169.

Märkte

Nicht nur Fische – **Balık Pazarı:** ▶ Karte 2, J 2, Beyoğlu, Sahne Sk., Tram T5 Galatasaray, Mo–Sa 7–23 Uhr. Es gibt hier viele Fischer mit frischer Ware; auch Garnelen und Hummer sind im Angebot. Obst- und Gemüseverkäufer, Imbissstände mit frischen Muscheln, drum herum viele Tavernen.

Stadtteilmarkt – **Büyük Beşiktaş Çarsısı:** Karte 6, B 5, Beşiktaş, Beşiktaş İskelesi, Bus/Fähre Beşiktaş, www.buyukbesiktascarsi.com, Mo–Sa 8–20 Uhr. Einkaufspassage mit dem architektonischen Charme der 1985er-Jahre mit teils schicken und ambitionierten Läden unweit der Fähranlegestelle. Rund herum finden sich Geschäfte, Cafés, *lokanta* sowie ein kleiner, erlesener Fischmarkt.

Jahrhunderte altes Labyrinth – **Kapalı Çarşı (Großer Basar):** ▶ Karte 3, G 6, www.grandbazaaristanbul.org, Tram T1 Beyazıt oder Çemberlitas, Mo–Sa 8.30–19 Uhr, s. S. 164, Entdeckungstour S. 165.

Gewürzbasar – **Mısır Çarşısı (Ägyptischer Basar):** ▶ Karte 3, H 5, www.misircarsisi.net, Eminönü, Tram T1/Fähre Eminönü, tgl. 8–19.30 Uhr, s. S. 177.

Einkaufszentren

Schick und teuer – **Akmerkez:** ▶ Karte 6, D 2, Etiler, Nispetiye Cad., www.akmerkez.com.tr, Bus 59 R, 559 C, 59 UL ab Taksim, U 1, U 2, U 57 ab Beşiktaş. Luxuriöse Einkaufsmeile mit Restaurants und Großkino.

Wie eine Schlucht – **Kanyon:** ▶ Karte 6, C 3, Levent, Büyükdere Caddesi 185, www.kanyon.com.tr, Metro M2 Levent, ein Mega-Shoppingtempel in futuristischer Architektur: vier Ebenen und ein Residence Tower.

Das größte – **Marmara Forum:** ▶ Karte 4, D 3, Bakırköy, Osmaniye Mah., Çobançeşme Koşuyolu Cad. 3, www.marmara-forum.com.tr, Metro M1a/Tram T1 Zeytinburnu, tgl. 10–22 Uhr. Die 2011 eröffnete Shopping Mall kann auf 300 Läden und eine riesige Bandbreite teurer Edelmarken verweisen.

Die Superlative – **Sapphire:** ▶ Karte 6, F 1, Levent, Eski Büyükdere Cad. 1, www.istanbulsapphire.com, Metro M2 4. Levent, tgl. 10–22 Uhr. Edles Einkaufszentrum auf 34 000 m² im zur Zeit höchsten Gebäude der Stadt. Neben Luxuswohnungen gibt es auch einen Golfplatz auf 165 m und eine Aussichtsplattform in 236 m Höhe (tgl. 10–22 Uhr, 18 TL, mit 4D-Simulation 28 TL).

Mode und Lederwaren

Beim Kapalı Çarşı, dem Großen Basar, findet man viel gefälschte Markenmode und günstige Lederbekleidung. Hochpreisige türkische und auch westliche Markenwaren sind auf der İstiklal Caddesi in Beyoğlu, in den nördlich anschließenden Vierteln wie Nişantaşı und Teşvikiye und auf der asiatischen Seite in Kadıköy zu finden.

Secondhand – **By Retro:** ▶ Karte 2, H 3, Beyoğlu, İstiklal Cad. 166, Suriye Pasajı, Tram T5 Tünel oder Odakule/Tünel Tünel. Im Keller der alten Syrischen Passage kann man in einem der größten Secondhandshops Europas stöbern. Auch tolle Theater-Kostüme.

Abendgarderobe vom Feinsten – **Derishow:** ▶ Karte 6, A 4, Nişantaşı, Vali Konağı Cad. 20, www.derishow.com.tr, Metro M2 Osmanbey, tgl. 9.30–20 Uhr. Hochwertige Lederbekleidung für Damen und Herren, aber auch feine Abendkleider aus Seide und Tüll.

Streetwear – **Mavi Jeans:** ▶ Karte 2, J 2, Beyoğlu, İstiklal Cad. 117, Metro M2/Füniküler Taksim/Tram T5 Galatasaray, tgl. 10–22 Uhr. Türkische Jeansmode, plus Leinen, Strickwaren, T-Shirts.

Ausgehen – Abends und Nachts

Das Nachtleben in Istanbul ist in den letzten Jahren immer mehr Anlass für einen Kurztrip an den Bosporus geworden. Insbesondere in **Beyoğlu,** rund um die Flaniermeile **İstiklal Caddesi** (▶ Karte 2, H 6–K 2), liegen die Kneipen, Bars und Music Halls, in denen man fast rund um die Uhr seinen Spaß haben kann. Die Stadt, die niemals schläft – das ist vor allem diese Amüsiermeile zwischen dem Taksim Meydanı und dem Tünel Meydanı oder die **Sıraselviler Caddesi** (▶ Karte 2, J/K 2).

Im historischen **Sultanahmet-Viertel** (▶ Karte 3) ist es dagegen abends wesentlich ruhiger. Hier konzentriert sich das Nachtleben auf den Uferstreifen am Marmarameer, vor allem in dem traditionellen Fischerdorf **Kumkapı** (▶ F/G 7/8), wo man in einfachen Tavernen zur Roma-Kapelle tanzt. Gerade im Sommer verwandelt sich das ganze Viertel in eine einzige Open-Air-Taverne.

Wo geht man aus?

Die edlen und teuren Bars und Restaurants liegen vor allem entlang des Bosporus, entweder direkt am Wasser oder auf dem Höhenzug über dem Bosporus, von wo einem die Stadt zu Füßen liegt. Prinzipiell gilt: Je schöner der Blick, desto höher die Preise – oft mit Einlassgebühr. Im Sommer sind es die großen Freiluft-Diskotheken und Konzertarenen in **Kuruçeşme** (▶ Karte 6, E 3) hinter der ersten Bosporus-Brücke am europäischen Ufer, die die Massen anziehen. Von hier aus

In Ortaköy kann man schick essen und bummeln gehen

Mein Tipp

La Rue Française

Mal eben für zwei Stunden nach Paris? In Beyoğlu ist das möglich, denn hier hat man eine ganze Gasse im Zuge der Stadtsanierung kurzerhand in eine ›Französische Straße‹ umgebaut. **Fransız Sokağı** heißt das Projekt, das die ehemals völlig vergammelte Cezayır Sokağı südlich des Galatasaray-Gymnasiums in eine Ausgehmeile für bis zu 9000 Leute pro Tag verwandelt hat. Ein Outdoor-Soundsystem sorgt für parisenrische Akkordeonklänge, ein Lokal reiht sich ans andere: Brasserien, Bistros, Crêperien, Patisserien ... Abends ziehen Straßenmusiker von Lokal zu Lokal, sonntags gibt es überall Brunch, und selbst in der kühleren Jahreszeit muss das bunte Treiben nicht enden, dafür sorgen Sitzkissen und Heizstrahler.

Fransız Sokağı: ▶ Karte 2, J 2/3, www.fransizsokagi.com, parallel zur Yeniçarşı Cad., zwischen Hariye Sk. und Bostanbaşı Cad.

wird an manchen Sommerwochenenden die halbe Stadt beschallt. Ohne Reservierung kommt man in diese Nobeldiscos nicht hinein.

Wer lieber auf der ruhigen, ›intellektuellen‹ asiatischen Seite der Stadt ausgehen will, sucht sich entweder im Zentrum von **Kadıköy** (▶ Karte 4, F/G 3) eine schöne Kneipe oder flaniert entlang der mondänen Bağdat Caddesi, dem Haupteinkaufs- und Amüsierboulevard oberhalb des Marmarameeres.

Die Szene in Istanbul lebt davon, dass die angesagten Treffs ständig wechseln. Was heute noch ›in‹ ist, kann morgen wieder verschwunden sein. Für die Istanbuler Familien ist die beste Unterhaltung am Abend der einfache **Spaziergang am Meer** mit anschließendem Tee in einem lauschigen Teegarten.

Bars und Szenekneipen

Mit Aussicht – **Andon Pera:** ▶ Karte 2, J 2, Beyoğlu, Sıraselviler Cad. 89, Metro M2/Tram T5/Füniküler Taksim, tgl. 21–3 Uhr. Hier gibt es auf insgesamt fünf Etagen für jeden Geschmack etwas. Vom Restaurant über Weinstube bis hin zur schönen Bar ganz oben unter dem Dach. Musik, gelegentlich auch live, mit einer überraschenden Aussicht auf den Bosporus.

Relaxed – **Babylon Lounge:** ▶ Karte 2, H 3, Beyoğlu, Asmalımescit Mah., Jurnal Sk. 4, www.babylon.com.tr, Metro M2 Şişhane/Tram T5/Tünel Tünel, tgl. 16–2 Uhr. Diese Bar auf der Rückseite der berühmtesten Musikhalle der Stadt ist ein Platz zum Entspannen mit der Chance, den Star des Abends vielleicht vorher schon einmal zu sehen.

Schicke Weinbar – **Bebek Bar:** ▶ Karte 6, F 2, Bebek, Cevdet Paşa Cad. 113–115, www.bebekhotel.com.tr, Bus/Fähre Bebek, tgl. 17–1 Uhr. Die stilvolle Bar in einem der schönsten kleineren Bosporus-Hotels hat eine große Getränkeauswahl, gediegene Weine und eine Terrasse über dem Bosporus, die kaum zu toppen ist. Sehr empfehlenswert!

Biergarten – **Hanedan Beer Port:** ▶ N 1, Beşiktaş, Çiğdem Sk., www.hanedanrestaurant.com, Bus Beşiktaş, tgl. 10–1 Uhr. Bei jungen Leuten beliebte Kneipe direkt am Fähranleger mit großer Sonnenterrasse. Moderne Snackküche (Snacks, Pizza, Pasta, Burger, Salate und mehr) und Efes-Bier ohne Wenn und Aber.

Stylish mit toller Aussicht – **5. Kat:** ▶ Karte 2, K 2, Cihangir, Soğancı Sk. 7, www.5kat.com, Metro M2/Tram T5 Taksim, tgl. 18–2 Uhr. Diese Mischung aus Bar, Kneipe und Restaurant, im Countrystyle dekoriert, ist unter Künstlern und Autoren beliebt. Es gibt eine kleine Speisekarte und im Sommer eine schöne Dachterrasse mit tollem Blick.

Nicht nur für Business People – **City Lights Bar:** ▶ K 1, Ceylan InterContinental Hotel, Taksim, Asker Ocağı Cad., istanbul.intercontinental.com.tr, Metro M2 (Ausgang Gezi Parkı)/Tram T5/Füniküler Taksim, tgl. 22–2 Uhr. Die Roofbar des Interconti bietet Latin, oft live, vielfältige Drinks und einen unvergleichlichen Panoramablick über die Stadt, das alles in der gediegenen Atmosphäre eines 5-Sterne-Hotels.

Echtes Pera-Flair – **Orient Bar:** ▶ Karte 2, H 3, Beyoğlu, Tepebaşı, Meşrutiyet Cad. 52, www.jumeirah.com/en/hotels-resorts/istanbul/pera-palace-hotel-jumeirah, Tram T5 Odakule/Tünel Tünel, tgl. 16–2 Uhr. Die älteste Bar Istanbuls findet sich im Pera Palace Hotel Jumeirah, als Pera Palas einst das Nobelhotel für die Gäste des Orient-Express. Entsprechend das Ambiente in der Bar des 2010 renovierten Hotels: Großer Spiegel über dem Mahagoni-Tresen, Pariser Atmosphäre, nicht billige Drinks – aber ein Erlebnis.

Entspannen – **Sultan Pub:** ▶ Karte 3, J 7, Sultanahmet, Divanyolu Cad. 2, www.sultanpub.com.tr/de, Tram T1 Sultanahmet, tgl. 10–2 Uhr. Mitten im Touristenviertel eine Oase zum Ausspannen, in der man ein preiswertes Menü genießen und in Ruhe ein Bier trinken kann. Um die Ecke gibt es viele weitere Restaurants.

After Shopping – **Touchdown:** ▶ Karte 6, A 5, Nişantaşı, Abdi İpekçi Cad. 61/11, Reasürans Çarşısı, www.touchdown.com.tr, Bus/Sammeltaxi Nişantaşı, tgl. 10–1 Uhr. Mitten im nobelsten Einkaufsviertel der Stadt gelegen, bietet sich hier eine Ruhezone für einen Drink zwischendurch. Die Bar ist immer bestens besucht, da auch die angrenzenden Boutiquen bis in die Nacht geöffnet sind.

Bauchtanz und Folklore

Menü mit Musikprogramm – **Gar Müzikhol:** ▶ E 8, Yenikapı, Mustafa Kemal Cad. 3, www.garmuzikhol.com, Marmaray/Banliyö B1 Yenikapı, tgl. 21–24 Uhr. Besucher dieser urigen türkischen Musikhalle rühmen vor allem das gute Preis-Leistungs-Verhältnis. Insbesondere für Gruppen gibt es schon für ca. 20 € ein Menü mit anschließendem Musikprogramm. Folkloregruppen und Bauchtänzerinnen wechseln sich ab, auch das Publikum darf mal auf die Bühne.

Folklore im Hamam – **Hocapaşa Kültür Merkezi:** ▶ Karte 3, H 6, Sirkeci, Hocapaşa Hamam Sk. 3B, www.hodjapasha.com, Tram T1/Marmaray/Banliyö B1 Sir-

Bauchtanz

Der Orientalische Tanz *(oryantal)* wird in größeren Hotels zu recht hohen Preisen geboten. Noch teurer wird es in den Nachtclubs, z. B. rund um den Taksim-Platz, die oft zumindest in der Grauzone zum Rotlichtmilieu changieren. Auch die Fremdenverkehrsstellen warnen inzwischen vor dem Besuch, da es häufig zu Problemen mit der Rechnung gekommen ist. Am besten bucht man eine organisierte Touristenveranstaltung.

Wann und wo?
Der Abend in den Clubs beginnt in der Regel um 22 Uhr und endet gegen 3 Uhr nachts, manchmal aber auch erst in den frühen Morgenstunden.
Zu den besten und beständigeren Adressen in der Dance & Clubbing-Szene gehören das **Reina** (s. S. 50) in Kuruçeşme sowie das **Babylon** (s. S. 48) mit seinen Performances und Popkonzerten.

keci, tgl. 19, 21 Uhr. Türkische Folklore mit Bauchtanzeinlagen oder eine *sema* der Tanzenden Derwische. Das Ambiente in diesem über 550 Jahre alten, restaurierten türkischen Bad ist sehr schön, nur leidet die Akustik etwas unter den nackten Stein- und Ziegelwänden.

Bauchtanz am Taksim-Platz – **Kervansaray:** ▶ K 1, Taksim, Harbiye, Cumhuriyet Cad. 52/A, www.kervansarayistanbul.com, Metro M2 Taksim (Ausgang Gezi Parkı)/Tram T5/Füniküler Taksim, tgl. 20–1 Uhr. An diesem Platz in der Nähe des Taksim gibt es wie an den anderen Bauchtanzveranstaltungsorten auch ein Fix-Menü (ab 35 €) und das dazugehörige Folklore- und Bauchtanzprogramm. Türkische Getränke gibt's ›unlimited‹.

Jazz und Soul

Jazz, Soul, Retro – **Ghetto:** ▶ Karte 2, H 2, Beyoğlu, Kamer Hatun Cad. 10, www.ghettoist.com, Metro M2/Tram T5/Füniküler Taksim, Do–So 22–4 Uhr. Eröffnet und geführt vom türkisch-amerikanischen Jazzsaxofonisten İlhan Erşahin, hat sich der Club zu einem Treffpunkt hochklassiger türkischer und auch internationaler Jazzmusiker entwickelt. Da nicht besonders viel Platz ist, sollte man möglichst früh eintreffen.

Jazz & Blues vom Feinsten – **Istanbul Jazz Center:** ▶ Karte 6, D 5, Ortaköy, Çırağan Cad. 46/Salhane Sk. 10, www.istanbuljazz.com, Bus/Fähre Ortaköy, tgl. 21.30–1 Uhr. Das JC's unter dem Dach des Radisson Blu Bosphorus Hotel gehört zu den gediegensten und teuersten Adressen für einen gepflegten Jazzabend in Istanbul. Bekannte internationale Künstler sind hier ebenso vertreten wie türkische Jazzgrößen. Programm im Internet nachschauen.

Jazzrestaurant – **Nardis Jazz Club:** ▶ H 4, Beyoğlu, Kuledibi Sk. 14, www.nardisjazz.com, Metro M2 Şişhane/Tram T5/Tünel Tünel, So–Do 21.30–0.30, Fr/Sa 23.30–4 Uhr. Der bekannteste Jazzclub Istanbuls am Galata-Turm besticht durch Atmosphäre und gute Musik. Wechselnde, sehr gute Programme, Mainstream bis Fusion. Veranstaltungsort des Istanbuler Jazzfestivals im Juli.

Musikhallen und Diskotheken

Indie-Club – **Babylon:** ▶ Karte 2, H 3, Beyoğlu, Şeyhbender Sk. 3, www.babylon.com.tr, Metro M2 Şişhane/Tram T5/Tünel Tünel, tgl. ab 19.30 Uhr bis open end. Der große Musikclub ist der Geburtsort für Synthese aus Ost- und Westmusik, wie sie Fatih Akın in seinem Film »Crossing the Bridge« bekannt gemacht hat (s. S. 107). Fast jeden Abend Auftritte mehr oder weniger bekannter türkischer oder internationaler Bands. Sternstunden des Babylon gibt es immer dann, wenn es zu grenzüberschreitenden, oft auch spontanen Konzerten kommt. Zu Silvester traditionelle Oldies-Nacht.

Edel-Club – **Blackk:** ▶ Karte 6, E 4, Kuruçeşme, Muallim Nacı Cad. 71, www.blackk.net, Bus/Fähre Ortaköy, tgl. 22.30–4 Uhr. Hier treffen sich in einem Haus am Bosporus die Schönen und Reichen zu ausgesuchter asiatischer Küche und anschließendem Tanz: Techno unter Rokoko-Porträts.

House & Techno – **Crystal:** ▶ Karte 6, E 4, Ortaköy, Muallim Nacı Cad. 65, Bus/Fähre Ortaköy, Do–Sa 23 Uhr bis open end. Eine angesagte House- und Techno-Disco über zwei Etagen mit einer Kapazität für rund 500 Leute. Istanbuls beste DJs legen hier auf. Meist trifft sich hier ein jüngeres und gut betuchtes Publikum.

Latin, Rock und Hip-Hop – **Hayal Kahvesi:** ▶ Karte 2, J 2, 1. Beyoğlu, Büyükparmakkapı Sk. 19, www.hayalkahvesibeyoglu.com, Metro M2/Tram T5/Füniküler Taksim, tgl. 21–4 Uhr; 2. Beykoz-Çubuklu, Burunbahçe Mevkii, Bootsshuttle von İstinye, Fr–Sa 21–2 Uhr. Livemusik. Das Traumcafé, so die Übersetzung des Namens, ist eine der ältesten und bekanntesten Rockbühnen der Stadt. Seit einigen Jahren betreibt das Management noch einen besonders schönen Ableger auf der asiatischen Seite am Bosporus, wo man in einer ehemaligen steinernen Lagerhalle und auf dem Freigelände drum herum unter der Woche relaxed Musik hört und am Wochenende rauschende Partys und Konzerte feiert.

Rock und Pop – **Jolly Joker:** ▶ Karte 2, J 2, Beyoğlu, Balo Sk. 22, www.jjistanbul.com, Metro M2/Tram T5/Füniküler Taksim, Di–Sa ab 21 Uhr. Jeden Abend

Zwischen Ost und West – Auftritte im Babylon

Liveauftritte türkischer Bands. Junges Publikum, immer voll und immer gute Stimmung.

Promi-Location – **Reina:** ▶ Karte 6, E 4, Ortaköy, Muallim Nacı Cad. 44, www.reina.com.tr, Bus Kuruçeşme, Juni–Okt. tgl. 17–3 Uhr. Istanbuls größte Sommer-Freiluftdisco am Bosporus versammelt um eine gigantische Tanzfläche am Wasser insgesamt zehn verschiedene Cafés, Restaurants und Bars. Hierhin geht man, um zu sehen und gesehen zu werden – entsprechendes Outfit ist angesagt. Eintritt nur mit Reservierung.

Für alle Altersklassen – **Roxy:** ▶ Karte 2, J 2, Taksim, Sıraselviler Cad., Aslan Yatağı Sk. 113, www.roxy.com.tr, Metro M2/Tram T5/Füniküler Taksim, Di–Sa 18–3 Uhr. Hier drängen sich vorzugsweise die etwas älteren Istanbuler zu Klängen von Funk und Latinmusik. Auf zwei Etagen können bis zu 700 Leute tanzen, relaxen, aber auch eine gute internationale Küche genießen.

Gay & Lesbian

Traditionell gay – **Barbahçe:** ▶ Karte 2, J 2, Taksim, Sıraselviler Cad., Soğancı Sk. 7/1, Metro M2/Tram T5/Füniküler Taksim, tgl. 21–3 Uhr. Eine der ältesten Schwulenkneipen Istanbuls. Großer Club, offene Atmosphäre, Musik, Performance und Tanz.

Lesbian – **Bigudi:** ▶ Karte 2, J 2, Beyoğlu, Mis Sk. 5, www.bigudiproject.net, Metro M2/Tram T5/Füniküler Taksim, Fr/Sa 24–4 Uhr. Der angesagteste Lesbenclub der Stadt mit DJ, Tanz und Performance trägt den braven Namen Lockenwickler.

Verein und Club – **Lambda:** ▶ Karte 2, J 2, Beyoğlu, İstiklal Cad., Tel Sk. 2/2, www.lambdaistanbul.org, Metro M2/Tram T5/Füniküler Taksim, tgl. ab 14 Uhr. Lambda ist die Interessenvertretung von Schwulen und Lesben in Istanbul. Unter der angegebenen Adresse ist das Büro des Vereins (Tel. 0212 245 70 68) zu erreichen; gleichzeitig finden sich dort auch Clubräume, wo man sich zu einem Plausch treffen oder am Abend auch Musik hören und tanzen kann.

Das Urgestein – **Ajda:** ▶ K 1, Taksim, Lamartin Cad. 40, Metro M2/Tram T5/Füniküler Taksim, Di–So 22–2 Uhr. Früher, als Neo, die bekannteste Adresse für Homosexuelle in Istanbul. Auch unter neuem Namen trifft man sich hier, feiert zusammen und entscheidet am Ende oft, noch gemeinsam in einen anderen Club weiterzuziehen.

Bärentreff – **Tek Yön:** ▶ Karte 2, J 2, Beyoğlu, Sıraselviler Cad. 63/1, www.clubtekyon.com, Metro M2/Tram T5/Füniküler Taksim, tgl. 2–4 Uhr. Der Club bezeichnet sich selbst als den wichtigsten Treff der Bären (Ayılar), einer türkischen Homosexuellengruppe hauptsächlich aus Istanbul. Musik, Tanz und Treffpunkt.

Kinos

Ins Kino gehen kann in Istanbul durchaus eine Alternative sein, weil Filme in der Regel im Original mit Untertiteln gezeigt werden und deshalb keine Türkischkenntnisse erforderlich sind.

Die traditionellen Kinopaläste konzentrieren sich auf der İstiklal Caddesi in Beyoğlu, wobei es mittlerweile in jedem großen Einkaufszentrum Multiplex-Kinos gibt. In Beyoğlu und Kadıköy findet auch das alljährliche Filmfestival statt. Die aktuellen **Kinoprogramme** finden Sie in den Programmzeitschriften Istanbul Life oder Time out oder unter www.biletix.com.

Roter Plüsch – **Alkazar:** ▶ Karte 2, J 2, Beyoğlu, İstiklal Cad. 179, Tel. 0212 293 24 66/67, Metro M2/Tram T5/Füniküler Taksim. Das Kino zeigt die neuesten Hollywood-Filme.

Schöner Saal – **Atlas Sineması:** ▶ Karte 2, J 2, Beyoğlu, İstiklal Cad. 209, Tel. 0212 252 85 76, Metro M2/Tram T5/Füniküler Taksim. Das schönste Kino in Beyoğlu: Hollywood- und türkische Filme (ohne Untertitel!).

Anspruchsvolles Progamm – **Beyoğlu Sineması:** ▶ Karte 2, J 2, Beyoğlu, İstiklal Cad. 140, Tel. 0212 251 32 40, Metro M2/Tram T5/Füniküler Taksim. Hier ist eher anspruchsvolleres Programmkino zu finden.

Asiatische Seite – **Cinemaxx Şaşkınbakkal:** ▶ Karte 4, G 3, Kadıköy, Şaşkınbakkal, Bağdat Cad. 401/3, Tel. 0212 467 44 67, von Kadıköy mit Bus oder Sammeltaxi Richtung Bostancı. Modernes Kino direkt an der größten Einkaufsstraße der asiatischen Seite.

Elegant – **Feriye Eurimages:** ▶ Karte 6, D 5, Ortaköy, Çırağan Cad. 124, Tel. 0212 236 28 64, Bus/Fähre Ortaköy. Elegantes kleines Kino auf dem Gelände des Feriye-Palasts mit einer Mischung aus Hollywood und türkischen Filmen.

Museumskino – **Istanbul Modern Cinema:** ▶ J 4, Karaköy, Meclisi Mebushan Cad., www.istanbulmodern.org, Tram T1 Tophane. Das Kino im gleichnamigen Museum zeigt anspruchsvolle Dokumentationen oft in Verbindung mit der aktuellen Ausstellung.

Theater, Oper, Konzerte

Klassik, Oper, Ballett – **Atatürk Kültür Merkezi (AKM):** ▶ Karte 2, K 2, Taksim Meyd. (Nordseite), Metro M2/Tram T5/Füniküler Taksim, www.istdt.gov.tr. Das Atatürk-Kulturzentrum soll neben Klassikkonzerten, Opern- und Ballettaufführungen auch für Kunstausstellungen zur Verfügung stehen. Die umfangreichen Renovierungsarbeiten sind aber noch nicht abgeschlossen.

Galerie & Klassik – **Borusan Kültür ve Sanat Merkezi:** ▶ Karte 2, J 2, Beyoğlu, İstiklal Cad. 213, www.borusansanat.com, Metro M2/Tram T5/Füniküler Taksim, Galerie Di–Sa 10.30–19 Uhr, Konzerte 19/20 Uhr. Die Kunstgalerie im Haus zeigt oft sehr gute Ausstellungen meist türkischer Künstler. Ein hauseigenes Kammerorchester gibt Konzerte. Zudem gibt es hier die einzige große Musikothek Istanbuls mit dem Schwerpunkt klassische Musik.

Konzerte – **Cemal Reşit Rey Konser Salonu:** ▶ Karte 6, A 5, Harbiye, Darülbedayi Cad. 1, www.crrks.org, Metro M2 Osmanbey, Veranstaltungen tgl. 19.30 Uhr. Der größte Konzertsaal der Stadt liegt hinter dem modernen Istanbuler Kongresszentrum. Er hat ein eigenes Symphonieorchester, wird aber auch für Gastveranstaltungen genutzt.

Open-Air-Konzerte – **Parkorman:** ▶ Karte 4, F 1, Maslak, Büyükdere Cad., Tel. 0212 328 20 00, http://parkorman.net, Metro M2 Darüşşafaka/Bus (Maslak) Lise. Große Anlage im Wald nördlich von Istanbul, nahe Sarıyer: Spaßbad, Restaurants und ein Areal für Openair-Konzerte.

Theater, Konzerte u.a. – **Salon İKSV:** ▶ Karte 2, H 3, Şişhane, Sadi Konuralp Cad. 5, www.saloniksv.com, Metro M2 Şişhane. Seit 2009 Heimat der Istanbuler Stiftung für Kunst und Kultur.

Feste und Festivals

Religiöse Feste und private Feiern

Die großen religiösen Feste sind das Zuckerfest *(şeker bayramı)* und das Opferfest *(kurban bayramı)*. An diesen mehrtägigen Miniferien (s. S. 61) haben Geschäfte, Banken und Behörden geschlossen, man widmet sich ausschließlich der Familie. Die religiösen Feste richten sich in ihren Daten nicht nach dem gregorianischen, sondern nach dem islamischen Kalender, dessen Jahr nur 354 Tage zählt. Die Termine verschieben sich demnach jedes Jahr gegenüber dem modernen Kalender um etwa elf Tage nach vorn.

Mit dem dreitägigen **Zuckerfest** endet der Fastenmonat Ramadan (türk. *ramazan)*. Während des dreitägigen Festes schlemmt die ganze Familie mit den besten Köstlichkeiten, die Kinder werden mit Süßigkeiten, Spielzeug und neuen Kleidern beschenkt.

Das fünftägige **Opferfest** findet im Wallfahrtsmonat statt. Opfertiere, in der Regel ein Schaf, eine Ziege oder ein Kälbchen, werden nach islamischem Brauch geschächtet. Früher ging ein großer Teil des Tieres an Bedürftige, heute teilen sich oft mehrere Familien ein Tier und beschenken die ›armen‹ Eltern.

Beschneidung und **Hochzeit** sind die großen Familienfeste. Sie werden zum Teil pompös gefeiert, die Hochzeit kann sich sogar über mehrere Tage erstrecken. Während die Jungen in ihren kleinen ›Prinzenkostümen‹ vor der Beschneidung feierlich im Auto oder auf einem Pferd durch die Straßen geführt werden, rast die Hochzeitsgesellschaft mit Hupkonzerten im Autokonvoi durch die Stadt. Die Braut trägt nach westlichem Muster ein weißes Brautkleid, die Hochzeitsfeier findet meistens in einem großen Saal mit Musikkapelle statt. Es wird getanzt, gegessen und getrunken, das Brautpaar nimmt die Glückwünsche und Geldgeschenke entgegen (meist werden die Geldscheine ganz öffentlich an die Kleider der Brautleute geheftet). Anschließend verlässt das junge Ehepaar ziemlich bald die Hochzeitsgesellschaft.

Festivals

Die **İstanbul Kültür ve Sanat Vakfı** (Istanbul Foundation for Culture & Arts, www.iksv.org/en) organisiert seit 1973 verschiedene internationale Festivals in den Sparten Film, Theater, Musik, Jazz und Design, die den Istanbuler Sommer prägen. Vor allem das **Film Festival** und die **(Kunst-)Biennale** (İstanbul Bienal) haben sich einen international herausragenden Ruf für neue Tendenzen jenseits des westlichen Mainstream erarbeitet.

Darüber hinaus werden mit privatem bzw. Firmensponsoring im Sommer Pop-Festivals ebenso wie verschiedene Techno-, Tanz-, Blues- oder Urban-Jungle-Festivals veranstaltet (zu Auswirkungen des Anti-Alkohol-Gesetzes s. S. 54). Das größte Open-Air-Event ist das alle zwei Jahre von Coca Cola finanzierte **Rock'n Coke Festival** (2013 mit Duman und Within Temptation als Topacts, www.rockncoke.com). Das alternative Festival **Barişa Rock** hat bisher keine Neuauflage erlebt. Aktuelle Events finden Sie z. B. unter www.istanbulevent.com.

Die Istanbuler Kunst-Biennale hat sich mit wegweisenden Fragestellungen und moderner Konzeptkunst einen Namen gemacht

Festivalkalender

Da viele Festivals auf Sponsoring basieren, kann es je nach Wirtschaftslage zu Ausfällen kommen. Da das neue Anti-Alkohol-Gesetz jegliche Werbung für alkoholhaltige Getränke verbietet, werden einige etablierte Festivals nicht mehr stattfinden.

Februar/März

TanGo TO Istanbul Festival: http://tangotoistanbul.com. Tangobegeisterte kommen auch in den weniger reisefreundlichen Monaten in die Stadt.

April

International Istanbul Film Festival: http://film.iksv.org. Gut 100 Filme, viele international, meist englischsprachig, in Großkino. Der Europarat vergibt einen Preis für einen in Menschenrechtsfragen engagierten Film.

Mai/Juni

International Istanbul Theatre Festival: http://tiyatro.iksv.org/en, alle zwei Jahre (2014). Modernes türkisches und internationales Theater, verschiedene Spielstätten, Programm von z. B. Hamlet bis zu modernem Ausdruckstanz.

Juni/Juli

International Istanbul Music Festival: http://muzik.iksv.org/en. Europäische Klassik mit internationalen Größen, auch außereuropäische Hochmusik in historischen Sälen. Das Eröffnungskonzert in der Hagia Eirene bildet den Höhepunkt der Saison.

Ende Juni/Anfang Juli

Kırkpınar Yağlı Güreş in Edirne: Seit gut 600 Jahren kämpfen nur mit einer Lederhose bekleidete, eingeölte Ringer in verschiedenen Gewichtsklassen um die Meisterschaft. Dazu osmanische Militärkapellen und Volksfestrummel.

Juli

Istanbul International Tango Festival: http://istanbultangofestival.com. Anfang Juli. 2014 findet dieses Festival zum 11. Mal statt.

Istanbul International Jazz Festival: http://caz.iksv.org/en. Jazz, Popkonzerte und Weltmusik. Viele Aufführungen finden an historischen Orten statt, in der Hagia Eirene oder Sultanspalästen.

Mitte Juli

Rock'n Coke Festival Istanbul: www.rockncoke.com, alle zwei Jahre (2015). Das von Coca Cola finanzierte Festival gilt als größtes der Türkei. Wochenende mit Rock, Metal, Gothic und House.

September/Oktober

İstanbul Bienal: http://bienal.iksv.org. Alle zwei Jahre präsentieren bildende Künstler an verschiedenen Plätzen ihre Werke. Für jede Biennale wird ein neuer Kurator gewählt.

Istanbul Design Week: www.istanbuldesignweek.com, Ende Oktober. Ausstellungen zu türkischem und internationalem Design, Mode, Architektur etc.

November

Akbank Jazz Festival: www.akbanksanat.com. Festival der Akbank, viele internationale Jazzgrößen (Afrika, Südamerika).

Contemporary Istanbul: www.contemporaryistanbul.com. Verkaufsmesse nationaler und internationaler Kunst im Istanbul Congress Center und Istanbul Convention and Exhibition Centre.

Aktiv sein, Sport, Wellness

Baden

Istanbul ist zwar eine Stadt am Meer, aber für einen Badeurlaub sicher nicht erste Wahl. Trotzdem kann man durchaus auch innerhalb der Stadt schwimmen gehen. Durch den vermehrten Bau von Klär- und Reinigungsanlagen hat sich auch im Stadtbereich die Wasserqualität in den letzten Jahren so weit erholt, dass lange geschlossene Strände am Marmarameer wieder für den Badebetrieb geöffnet wurden.

Das sind auf der europäischen Seite die Strände im Westen in **Yeşilköy** (▶ Karte 4, C/D 4) und auf der asiatischen Seite die Strände rund um die **Fenerbahçe-Halbinsel** und weiter in Richtung **Bostancı** (▶ Karte 4, F 3). Besonders die Strände in Fenerbahçe und Caddebostan sind sauber und gepflegt.

Nahezu alle Strände in und um Istanbul sind kostenpflichtig. Der Eintritt beträgt 3–12 €.

Die meisten Istanbuler fahren allerdings für ein Badewochenende lieber ans Schwarze Meer, westlich oder östlich der Bosporus-Mündung. Nach Westen ist der Hauptbadeort Kumköy, nach Osten hin Şile. **Kumköy** (▶ Karte 5, C 1) bei der Burg Kilyos erreicht man vom nördlichsten Bosporus-Vorort Sarıyer mit dem Bus oder dem *dolmuş*, nach **Şile** (▶ Karte 5, außerhalb E 2) fahren Direktbusse stündlich von Üsküdar aus. Allerdings wird in beiden Orten vor gefährlichen Strömungen gewarnt, sodass man nicht allzu weit ins Wasser gehen sollte.

Der beliebteste, weil schönste Badeausflug ist eine Schiffsfahrt zu den **Prinzeninseln** (▶ Karte 5, C/D 3/4). Von Kabataş, unterhalb des Taksim-Platzes, und von Kadıköy fahren regelmäßig Fähren und Motorboote zu den im Sommer ziemlich überlaufenen Inseln. Auf allen Inseln gibt es Badestrände und -buchten.

Fitness

Im Sport- und Fitnessangebot hat Istanbul stark aufgeholt und ist inzwischen mit jeder europäischen Großstadt vergleichbar. Moderne Anlagen bieten z. B. **Vakkorama Gym** im großen Vakko-Modekaufhaus (▶ Karte 2, K 2, Taksim, Osmanlı Sk. 13), **The Marmara Gym** (▶ Karte 2, J 2, Taksim, The Marmara Istanbul Hotel) oder die **Hillside City Clubs** (z. B. Etiler, www.hillsidecityclub.com).

Fußball

Stets sehr emotional geht es beim Fußball zu. In Istanbul sind die drei führenden türkischen Vereine ansässig: Galatasaray, Fenerbahçe und Beşiktaş. Während der Meisterschaftsspiele, erst recht bei Lokalderbys fiebert die gesamte Metropole mit. Straßen und Plätze sind mit Fußballfans überfüllt, nicht selten kommt es zu Schlägereien zwischen den verschiedenen Fangruppen.

Termine von Fußballspielen: www.biletix.com. Hier erfährt man auch, ob und wo noch Tickets erhältich sind.

Die Stadien

Galatasaray: Ali Sami Yen Stadyumu, ▶ Karte 6, B 3, Mecidiyeköy, Şişli, kurz vor der E-5, www.galatasaray.org.

Fenerbahçe: Şükrü Saracoğlu Stadyumu, ▶ Karte 4, F 3, Kadıköy, www.fenerbahce.org.

Beşiktaş: BJK İnönü Stadyumu, ▶ Karte 6, A 5, Beyoğlu, Dolmabahçe, www.bjk.com.tr.

Golf

Istanbul Golf Kulübü: ▶ Karte 6, B/C 1, Yeni Levent, Büyükdere Cad., Harp Akademileri İçi, Eski Oto Sanayi Sitesi Karşısı (ca. 750 m weiter vom Mövenpick-Hotel, auf der rechten Seite Richtung Sarıyer), Tel. 0212 324 06 09, www.igk.org.tr, 9-Loch-Platz, Tagesgäste willkommen. Mit über 100 Jahren eine der ältesten Golfanlagen Europas.

Kulinarisches Istanbul

Das Boutiquehotel **Sarnıç** (▶ Karte 3, H 8, Sultanahmet, Küçük Ayasofya Cad. 26, Tel. 0 212 518 23 23, www.sarnichotel.com) bietet samstags vierstündige **Kochkurse** mit dem Hotelkoch, bei denen man in ca. vier Stunden ein 4-Gänge-Menü kreiert und viel über die türkische Küche lernt.

Das **Istanbul Culinary Institute** (▶ Karte 2, H 2, Tepebaşı, Meşrutiyet Cad. 59, www.istanbulculinary.com) bietet neben Kochkursen (allerdings überwiegend internationale Küche; Kochkurs für Amateure 3 Std./120–130 TL) und kulinarischen Reisen auch Walking Tours (Tel. 0212 251 22 14) an. Bisher gab es Touren zum Markt von Kadıköy, durch den Gewürzbasar (Mısır Çarşısı) und zum Thema Streetfood. Aktuelles Programm bitte telefonisch erfragen.

Weitere Fun-Sportarten

Schlittschuhlaufen: Galleria Shopping Mall (▶ Karte 4, D 3), Ataköy, Sahilyolu, Tel. 0212 560 85 50.

Indoor Climbing: Atolye (▶ Karte 6, E 4), Ortaköy, Muallim Nacı Cad. 65–67, Tel. 0212 236 05 95.

Squash: Hillside City Club (▶ Karte 6, E 1), Etiler, Tepecik Yolu, Alkent Sitesi, Tel. 0212 352 23 33.

Segeln

Segeln war in Istanbul lange ein Hobby für reiche Exzentriker. Doch das ändert sich erstaunlich schnell. Seit ein paar Jahren werden auf dem Bosporus vor einer traumhaften Kulisse Regatten gesegelt, an denen auch internationale Stars teilnehmen.

Im Westen und Osten der Stadt, also auf der europäischen und asiatischen Seite, gibt es am Marmarameer jeweils eine große Marina, in der auch Gäste, die Istanbul von der Ägäis aus anlaufen, festmachen können: auf der europäischen Seite in **Ataköy** (▶ Karte 4, D 3, www.atakoymarina.com.tr), auf der asiatischen Seite in **Fenerbahçe-Kalamis** (▶ Karte 4, F 3, www.seturmarinas.com).

In beiden Marinas gibt es zudem Segelschulen oder auch die Möglichkeit, sich für Tagestouren ein Boot auszuleihen. Die Segelschulen bieten auch Kurse für Kinder an.

Skaten

Skater haben es schwer in Istanbul. Es gibt keine ausgewiesenen Skateplätze oder Sporthallen für Skater. Trotzdem gibt es natürlich jugendliche Skaterfans. Der beliebteste Treffpunkt ist der Platz vor dem Fähranleger in **Beşiktaş** rund um die Türbe des osmanischen Seehelden Barbaros Hayreddin (▶ N 1).

Wandern

Das beliebteste Ziel zum Laufen und Wandern ist der **Belgrat Ormanı** (▶ Karte 4, F 1, Belgrader Wald). Dieses ausgedehnte Waldgebiet am Nordrand der Stadt ist die grüne Lunge Istanbuls und sein wichtigster Wasserspeicher. Aus mehreren kleinen Stauseen wird vom Belgrat Ormanı aus seit der Antike bis heute ein Teil des Wasserbedarfs der Stadt gedeckt. Der Wald eignet sich für ausgedehnte Spaziergänge vor allem im Frühling und Herbst.

Wellness

Türkisches Bad (Hamam)

Ein Besuch in einem der historischen Hamam ist eines der besonderen Istanbul-Erlebnisse: Man erlebt Wellness nach 2000-jähriger Tradition ... wie bei den alten Römern. Die Massage mit Seifenschaum und Peeling-Kratzer ist der Höhepunkt, denn die türkischen Bademeister und Badefrauen sind wahre Meister ihres Faches. Architektonisch besonders schöne und auf Touristen eingestellte Bäder finden Sie auf S. 99.

Wellness & Spas

Moderne Spas bieten viele Oberklassehotels, das vielleicht beste ist das luxuriöse **Pürovel Spa & Sport** im Swissôtel The Bosphorus, das auch eine professionelle Fitnessabteilung und ein richtiges Schwimmbad bietet (www.swissotel.com/hotels/istanbul/spa-fitness, s. S. 252).

Spaßbad

Ein Spaßbad mit Wellenpool, den künstliche Wasserfälle, große Wasserspielplätze und aufregende Rutschen umgeben, befindet sich hinter dem Atatürk-Flughafen am Marmara-Meer.
Büyükçekmece Aqua Marine: Karte 4, A 3, Piyade Sk. 8, Büyükçekmece, Tel. 0212 882 28 20, www.aquamarine.com.tr, in Bau Marmaray/Banliyö B1 Küçükçekmezi, dann Taxi.

In vielen Luxushotels kann man in edlen Wellness-Anlagen entspannen

Museen

Die folgende Auswahl illustriert wichtige Epochen der Stadtgeschichte.

Juden in Istanbul – **500. Yil Vakfı Türk Musevileri Müzesi (The Quincentennial Foundation Mus. of the Turkish Jews):** ► H 4, Karaköy Meyd., Perçemli Sk. 1, Tel. 0212 292 63 33, www.muze500.com, Tram T1/Tünel Karaköy, Mo–Do 10–16, Fr, So 10–14 Uhr, 10 TL; s. S. 221.

Archäologisches Museum – **Arkeoloji Müzesi:** ► Karte 3, J 6, Gülhane, Alemdar Cad., Osman Hamdi Bey Yokusu, Tel. 0212 520 77 40/41, www.istanbularkeoloji.gov.tr, Tram T1 Gülhane, Di–So 9–17, Sommer 19 Uhr, letzter Einlass 1 Std. früher, 10 TL; s. S. 136.

Lauschig – **Aşiyan Müzesi:** ► Karte 6, G 2, Bebek, Aşiyan Yokuşu, Tel. 0212 263 69 86, Bus Aşiyan, Di–Sa 9–16 Uhr, Eintritt frei, s. S. 257.

Janitscharen – **Askeri Müze (Militärmuseum):** ► Karte 6, A 5, Nişantaşı, Vali Konağı Cad., Tel. 0212 247 24 95, Metro M2 Osmanbey/Bus Harbiye, Mi–So 9–16.30 Uhr, 5 TL; s. S. 240.

Tipp: İstanbul Museum Pass

Mit Erwerb des Museumspasses ist der Eintritt bezahlt für: Chora-Kirche, Hagia Sophia, Topkapı-Palast und -Harem, Yıldız-Palast, Museum für Türkische und Islamische Kunst, Archäologisches Museum, Galata-Mevlevihanesi-Museum, Mosaikenmuseum, Museum für Wissenschaft und Technik im Islam.
Infos: muze.gov.tr/museum_pass, 85 TL (ca. 32 €), 72 Std. gültig.
Im **Internet** gibt es Infos zu vielen Museen unter www.kultur.gov.tr.

Atatürk-Museum – **Atatürk Müzesi:** ► Karte 6, A 4, Şişli, Halaskargazi Cad. 250, Tel. 0212 240 63 19, Metro M2 Osmanbey/Bus Şişli, Di–Sa 9–16 Uhr, Eintritt frei; s. S. 240.

Irenenkirche – **Aya İrini Kilisesi Müzesi (Hagia Eirene):** ► Karte 3, J 6, Topkapı Sarayı, erster Hof, nur zu Veranstaltungen, Gruppen ab 30 Personen (Voranmeldung), Tel. 0212 512 04 80; s. S. 114.

Hagia Sophia – **Ayasofya Müzesi:** ► Karte 3, J 7, Sultanahmet, Ayasofya Meyd., Tel. 0212 522 17 50, www.ayasofyamuzesi.gov.tr, Tram T1 Sultanahmet, Di–So 15. April–Sept. 9–19, Okt.–14. April 9–17 Uhr (letzter Einlass 1 Std. früher), s. S. 114, Entdeckungstour S. 118.

Pressemuseum – **Basın Müzesi:** ► Karte 3, H 7, Yusufpaşa, Divanyolu Cad. 84, Tel. 0212 513 84 58, www.tgc.org.tr, Tram T1 Çemberlitaş, Mo–Sa 10–17 Uhr, Eintritt frei; s. S. 160.

Gästehaus des Sultans – **Beylerbeyi Sarayı (Beylerbeyi-Palast):** ► Karte 4, F 2, Beylerbeyi, asiatisches Bosporus-Ufer, Tel. 0216 321 93 20/21, Marmaray/Fähre Üsküdar, dann Bus 15 Beylerbeyi, Di/Mi, Fr–So April–Okt. 9–17, Nov.–März bis 16 Uhr, 20 TL, nur mit Führung; s. S. 262.

Zisterne der 1001 Säulen – **Binbirdirek Sarnıcı:** ► Karte 3, H 7, İmran Ökten Cad. 4, Tel. 0212 518 10 01, www.binbirdirek.com, Tram T1 Sultanahmet, tgl. 8–17 Uhr, 10 TL, Getränk inkl.; s. S. 159.

Sultansbarken – **Deniz Müzesi (Marinemuseum):** ► Karte 6, B 5, Beşiktaş, Hayrettin İskelesi Sk., Tel. 0212 327 43 45, www.denizmuzeleri.tsk.tr/idmk, Bus/

Fähre Beşiktaş, zzt. wegen Renovierung geschl.; s. S. 246.

Kunstsammlung – **Doğançay Müzesi:** ▶ Karte 2, J 2, Beyoğlu, Balo Sk. 42, www.dogancaymuseum.org, Metro M2 Taksim/Tram T5 Galatasaray/Füniküler Taksim, tgl. 10–18 Uhr, Eintritt frei. Eine der größten privaten Sammlungen zeitgenössischer Kunst.

Versailles am Bosporus – **Dolmabahçe Sarayı (Dolmabahçe-Palast):** ▶ Karte 6, B 5, Beşiktaş, Dolmabahçe Cad., Tel. 0212 327 26 26, Tram T1/Füniküler Kabataş/Fähre Beşiktaş, Di/Mi, Fr–So 9–16, Winter bis 15 Uhr, Selamlık 30 TL, Harem 20 TL, Kombi 40 TL; s. S. 241.

Byzantinische Klosterkunst – **Fethiye Camii (Pammakaristos-Kirche):** ▶ D 3, Fener, Fethiye Cad., Fethiye Kapısı Sk., Bus Fethiye/Fähre Fener, Do–Di 9–16.30 Uhr, 5 TL; s. S. 199.

Derwische – **Galata Mevlevihanesi Müzesi (Mevlevihane-Museum):** ▶ Karte 2, H 3, Tünel, Galip Dede Cad. 15, Tel. 0212 245 41 41, www.galatamevlevihanesi muzesi.gov.tr, Metro M2 Şişhane/Tram T5/Tünel Tünel, tgl. 15. April–Sept. 9–17, Okt.–14. April 9–17 Uhr, letzter Einlass 1 Std. früher, 5 TL; s. S. 225.

Wissenschaft im Islam – **İslam Bilim ve Teknoloji Tarihi Müzesi (IBTTM, Museum für Geschichte der Wissenschaft und Technik im Islam):** Karte 3, J 6, Gülhane Parkı, Tel. 0212 528 80 65, www.ibttm.org, Tram T1 Gülhane, Mi–Mo 9–17 Uhr, 5 TL; s. S. 137.

Kunst – **İstanbul Modern:** ▶ J 4, Karaköy, Meclisi Mebusan Cad., Liman İşletmeleri, Antrepo 4, Tel. 0212 334 73 00, www.istanbulmodern.org, Tram T 1 Tophane, Di/Mi, Fr–So 10–18, Do bis 20 Uhr, 15 TL; s. Entdeckungstour S. 218.

Chora-Kloster – **Kariye Camii Müzesi:** ▶ C 3, Edirnekapı, Kariye Camii Sk. 26, Tel. 0212 631 92 41, www.choramuseum.com, Tram T4 Edirnekapı, 15. April–Sept. 9–19, Okt.–15. 14. April 9–17 Uhr, letzter Einlass 1 Std. früher, 15 TL; s. S. 200.

Mini-Türkei – **Miniatürk:** ▶ Karte 4, E 2, Sütlüce, İmrahor Cad., Tel. 0212 222 28 82, www.miniaturk.com.tr, Busse: 54 HT ab Taksim, 47, 47 Ç, 47 E ab Eminönü, tgl. 9–18 Uhr, 10 TL. Über 100 1:10-Modelle türkischer Bauwerke.

Roman-Museum – **Masumiyet Müzesi (Museum der Unschuld):** ▶ Karte 2, J 3, Beyoğlu, Çukurcuma Cad., Dalgıç Çıkmazı 2, Tel. 0212 252 97 38, www.masumiyetmuzesi.org, Tram T5 Gala tasaray, 25 TL (oder Pamuks Buch als Eintrittskarte); s. S. 232.

Kaiserpalast – **Mozaik Müzesi (Mosaikenmuseum):** ▶ Karte 3, J 7, Sultanahmet, Torun Sk., Tel. 0212 528 45 00, Tram T1 Sultanahmet, Di–So April–Okt. 9–19, Nov.–März 9–17 Uhr, 8 TL; s. S. 151.

Stadtmuseum – **Pera Müzesi:** ▶ Karte 2, H 2/3, Beyoğlu, Meşrutiyet Cad. 65, Tel. 0212 334 99 00, www.peramuzesi.org.tr, Tram T5 Odakule/Tünel Tünel, Di–Sa 10–19, So 12–18 Uhr, 10 TL ; s. S. 231.

Industrie – **Rahmi M. Koç Müzesi:** ▶ E 1, Hasköy, Hasköy Cad. 5, Tel. 0212 369 66 00, www.rmk-museum.org.tr, Bus/Fähre Hasköy, Di–Fr 10–17, Sa/So 10–18 (April–Sept. bis 20) Uhr, 12,50 TL, U-Boot (ab 8 J.) 7 TL, Planetarium 2 TL; s. Mein Tipp S. 183.

Gemälde und Skulpturen – **Resim ve Heykel Müzesi:** ▶ Karte 6, B 5, Dolmabahçe, Tel. 0212 261 42 98, Tram T1/Füniküler Kabataş/Fähre Beşiktaş, wegen Renovierung geschl.; s. S. 246.

Bosporus-Burg – **Rumeli Hisarı:** ▶ Karte 6, F 1, Rumelihisarı, Yahya Kemal Cad. 42, Tel. 0212 263 53 05, Bus Rumeli Hisarı, Do–Di 9–18 Uhr, 5 TL; s. S. 257.

Hobby – **Sadberk Hanım Müzesi:** ▶ Karte 5, C 1, Büyükdere, Piyasa Cad. 27, Tel. 0212 242 38 13, www.sadberkhanim muzesi.org.tr, Bus Adliye/Fähre Sarıyer, Do–Di 10–17 Uhr, 7 TL; s. S. 260.

Beste Ausstellungen – **Sakıp Sabancı Müzesi:** ▶ Karte 4, F 1, Emirgan, Sakıp Sabancı Cad. 42, Tel. 0212 277 22 00, http://muze.sabanciuniv.edu, Bus Emirgan, Di, Do, Sa/So 10–18, Mi, Fr 10–20 Uhr, 15 TL, Mi Eintritt frei; s. S. 259.

Kunst- und Energiemuseum – **Santral İstanbul ve Enerji Müzesi:** ▶ Karte 4, E 2, Kazım Karabekir Cad. 2, Campus der İstanbul Bilgi Üniversitesi, www.santralistanbul.org, tgl. alle 30/60 Min. kostenloser Shuttleservice ab Fähranleger Kabataş (▶ L 2), Mo–Fr 10–18, Sa/So bis 20 Uhr, 25 TL. In den Gebäuden des früheren Istanbuler Elektrizitätswerks befinden sich heute ein Energiemuseum mit Originalmaschinen, Turbinen, Experimenten sowie ein Kunstmuseum (moderne Kunst).

Kaiserviertel – **Sultanahmet Arkeolojik Parkı (Archäologischer Park):** ▶ Karte 3, J 7, Tram T1 Sultanahmet, zzt. noch nicht zugänglich; s. S. 151.

Palastmuseum – **Topkapı Sarayı Müzesi:** ▶ Karte 3, J 6, Sultanahmet, Eingang Bab-ı Hümayun Cad., Tel. 0212 512 04 80, www.topkapisarayi.gov.tr, Tram T1 Sultanahmet, 15. April–14. Okt. 9–19, 15. Okt.–14. April 9–17 Uhr, letzter Einlass 1 Std. früher, 25 TL, Harem 15 TL; s. S. 122, 125.

Türkische und islamische Kunst – **Türk ve İslam Eserleri Müzesi:** ▶ Karte 3, H 7, Sultanahmet, At Meyd. 46, Tel. 0212 518 18 05, www.tiem.gov.tr, Tram T1 Sultanahmet, zzt. wegen Renovierung geschl.; s. S. 146.

Teppichmuseum – **Vakıflar Halı Müzesi:** ▶ Karte 3, H 7, Sultanahmet, Sultan Ahmet Camii, Tel. 0212 518 13 30, Tram T1 Sultanahmet, Di–Sa 9–12, 13–16 Uhr, Eintritt frei. Teppichausstellung der Blauen Moschee (16.–19. Jh.).

Kalligrafiemuseum – **Vakıf Hat Sanatları Müzesi:** ▶ G 6, Beyazıt, Yeniçeriler Cad., Hürriyet Meyd., Tel. 0212 527 58 51, Tram T1 Beyazit, Lalite-Üniversite, zzt. wegen Renovierung geschl.; s. S. 162.

Festung als Gefängnis – **Yedikule Hisarı:** ▶ A 9, Yedikule, Yedikule Meydanı Sk. 4, Tel. 0212 585 89 33, Banliyö B1 Yedikule, tgl. 9–18.30 Uhr, 10 TL ; s. S. 209.

Zisterne – **Yerebatan Sarnıcı Müzesi:** ▶ Karte 3, H/J 7, Sultanahmet, Yerebatan Cad. 13, Tel. 0212 522 12 59, www.yerebatan.com, Tram T1 Sultanahmet, tgl. 9–18.30 Uhr, 10 TL; s. Lieblingsort S. 142.

Barock – **Yıldız Şale Müzesi (Şale Köşkü):** Beşiktaş, im Yıldız Parkı (▶ Karte 6, C 4), Bus Yahya Efendi/Fähre Beşiktaş, Di/Mi, Fr–So 9–17 Uhr, 10 TL, s. Entdeckungstour S. 248.

Abdülaziz' Palast – **Yıldız Sarayı Müzesi:** ▶ Karte 6, C 4, Beşiktaş, Barbaros Bulvarı, Yıldız Cad., Tel. 0212 258 30 81, www.yildizpalace.com.tr, Bus Barbaros/Fähre Beşiktaş, Mi–Mo 9–19, letzter Einlass 18 Uhr; s. S. 247.

Byzantinisch – **Zeyrek Camii (Pantokrator-Kl.):** ▶ F 5, İbadethane Sk., Tram T1 Laleli-Üniversite, nur mit Imam nach den Gebetszeiten, zzt. wegen Renovierung geschl.; s. S. 192.

Reiseinfos von A bis Z

Ärzte und Apotheken

Viele türkische Ärzte beherrschen mindestens eine Fremdsprache und haben im Ausland studiert. Das Hotel vermittelt im Notfall die ärztliche Versorgung. Auch an folgenden Krankenhäusern sprechen manche Ärzte oder Schwestern Deutsch:

Universal Taksim Alman Hastanesi: ▶ J 2, Deutsches Krankenhaus, Taksim, Sıraselviler Cad. 119, Tel. 0212 293 21 50, www.universalinternational.org, Tram T5 Galatasaray/Metro M2/Tram T5/Füniküler Taksim.

Avusturya Sen Jorj Hastanesi: ▶ H 4, Österreichisches St. Georgs-Hospital, Karaköy, Bereketzade Medrese Sk. 7, Tel. 0212 243 25 90, Tram T1/Tünel Karaköy.

Apotheken

Eczane (sprich: *èdschsanä*) gibt es überall in der Stadt. Neben Arznei verkaufen sie Kosmetika, Babyartikel, Spielzeug, Toilettenpapier etc. Viele Arzneien sind rezeptfrei und günstiger als zu Hause.

Gesundheitsvorsorge

Besondere **Impfungen** sind nicht vorgeschrieben. Überprüfen Sie aber Ihren Schutz gegen Tetanus und Diphterie, Backpackern wird eine Immunisierung gegen Typhus und Hepatitis A empfohlen. Im Sommer muss man an Sonnencreme mit hohem Schutzfaktor denken.

Eine **Auslandskrankenversicherung** ist zu empfehlen. Über die Verwendung des Auslandskrankenscheins informiert Sie Ihre Krankenkasse.

Zur Vorbeugung gegen **Durchfall** nur geschältes Obst essen, häufig die Hände waschen und eiskalte Getränke meiden! Auch Lebensmittel, die offen auf der Straße verkauft werden, können Magenverstimmungen verursachen.

Elektrizität

Die Netzspannung beträgt 220 Volt. Flachstecker passen zumeist, für Schukostecker braucht man einen Adapter.

Feiertage

Nationale Feiertage

1. Januar: Neujahrstag
23. April: Tag der nationalen Unabhängigkeit und der Kinder
1. Mai: Tag der Arbeit
19. Mai: Tag der Jugend und des Sports
30. August: Tag des Sieges
19. September: Tag der Veteranen
29. Oktober: Tag der Republik (Gründungstag der Türkischen Republik)

Religiöse Feste

Die Daten der mehrtägigen religiösen Feiertage (s. S. 61) richten sich nach dem islamischen Kalender (354 Tage). Während dieser Feste haben Geschäfte, Banken und Behörden geschlossen.

Beginn des Ramadan
28. Juni 2014. 17. Juni 2015
Beginn des Zuckerfestes
28. Juli 2014, 18. Juli 2015
Beginn des Opferfestes
4. Oktober 2014, 23. September 2015

Fotografieren

Generell gilt: Bevor Sie die Kamera auf einheimische Personen richten, sollten Sie um Erlaubnis bitten. Wenn jemand die Hand mit hoch gespreizten Fingern hebt, bedeutet das: nein! Militärische Fotoverbote sind strikt zu beachten!

Frauen allein in Istanbul

Allein reisende Frauen haben oft große Probleme mit Schleppern, Gigolos und den traditionellen Sitten. In Vierteln wie Fatih sollten Sie entweder mit europäischer Businessmode auftreten oder sich mit dezenter Kleidung konservativen Erwartungen anpassen.

Einfache Teehäuser und Bierhallen sind nur für Männer, Garküchen *(lokanta)* oder Cafés *(pastahane)* können Sie allein aufsuchen. Manche traditionellen Lokale haben Familienabteilungen *(aile salonu)* für Frauen mit Kindern bzw. Männer in Frauenbegleitung.

Ein Tuch bei sich zu haben ist nützlich; sittsame Kleidung bewahrt vor Zudringlichkeiten. Sollten Sie dennoch angesprochen werden, lehnen Sie höflich das Gespräch ab. Ein klares Signal für türkische Männer ist das Vermeiden jeden Blickkontakts. Auch ist davon abzuraten, abends allein durch die Straßen zu gehen, da dies als Prostitution missverstanden wird.

Geld

Die **Türkische Lira** (Türk Lirası, TL, international TRY) mit Scheinen zu 1, 5, 10, 20, 50 und 100 Lira sowie mit Münzen zu 1, 5, 10, 25, 50 Kuruş und 1 TL. **Wechselkurs Oktober 2013:** 1 € = 2,68 TL, 1 US-$ = 1,98 TL, 1 CHF = 2,17 TL; 1 TL = 0,38 €/0,50 US-$/0,46 CHF.

Geld wechselt man am besten erst im Land ein, doch die Wechselstuben am Flughafen haben nicht die günstigsten Kurse. Die besten Kurse gewähren Banken bei Bargeldumtausch. Mit Kredit- oder EC/Maestro-Karten erhält man an Geldautomaten Türkische Lira. Einige Banken haben die Tagessumme wegen Betrugsfällen reduziert, erkundigen Sie sich vorab! **Kreditkarten** werden häufig akzeptiert, s. aber S. 64.

Die Münzen und Scheine der bis 2009 gültigen Neuen Türkischen Lira *(Yeni Türk Lirası)* sind kein gültiges Zahlungsmittel mehr, man kann sie nur bei den Ziraat-Banken eintauschen.

Kinder

Die Türkei ist ein sehr kinderfreundliches Land, und man wird Kindern überall freundlich begegnen. Allerdings ist eine Großstadt, erst recht Istanbul, für Kinder sehr anstrengend, eine Reise mit dem Nachwuchs daher nicht unbedingt zu empfehlen. Die meisten Straßen sind aufgrund hoher Bordsteine und des unebenen Pflasters nicht wirklich Buggy-gerecht. Hier empfiehlt sich eher eine Kindertrage.

Ein beliebter Aufenthaltsort für türkische Familien sind die **Grünflächen am Goldenen Horn** und der **Gülhane Parkı** (▶ J 6; s. S. 137). Dort können sich die Kleinen unter schattigen Bäumen auf Rasen an Spielgeräten austoben.

In einer Abteilung des **Archäologischen Museums** (▶ J 6; s. S. 136) werden größeren Kindern Grundlagen der Geschichte der Türkei vermittelt.

Interessant sind auch **Industrie-** (▶ E 1; Rahmi M. Koç Müzesi, s. Mein Tipp S. 183) und **Energiemuseum** (▶ Karte 4, E 2; Santral İstanbul ve Enerji Müzesi, s. S. 60), die viele Versuchsmöglichkeiten bieten.

Bedeutende Bauten aus Istanbul und der Türkei faszinieren als Modelle im Park **Miniatürk** (▶ Karte 4, E 2; s. S. 59).

Spannend ist der Ritt auf einem Esel zum **Georgskloster** (▶ Karte 5, D 4; Aya Yorgi, s. S. 280) auf Büyükada, der größten Prinzeninsel. Hier baden die Istanbuler auch gern mit ihren Kindern.

Im 2009 eröffneten **Istanbul Dolphinarium** (▶ Karte 4, E 2, Eyüp, Silahtarağa Cad. 2–4, www.istanbuldol phinarium.com, Fähre Eminönü–Eyüp, dann Bus Çeltic, Sommer tgl., Winter Mi, Sa/So 10–18, Delfinshow 14.30 (variabel) Uhr, 25–40 TL, 3–16 Jahre 20–30 TL, unter 3 Jahre Eintritt frei, Schwimmen mit Delfinen (ab 10 Jahre, nur mit Vorbuchung, Tel. 0530 343

10 91, 180 TL/10 Min.). Der Wasserzoo beherbergt zudem kleine Wale und Seerobben, die in 45-minütigen Vorstellungen ihr Können zeigen.

Konsulate

Generalkonsulat von Deutschland
(▶ Karte 2, K 2, Almanya Başkonsolosluğu)
Taksim, İnönü Cad. 10, www.istanbul.diplo.de
Metro M2/TramT5/Füniküler Taksim
Tel. (rund um die Uhr): 0212 334 61 00

Generalkonsulat von Österreich
(▶ Karte 4, F/G 1, Avusturya Başkonsolosluğu)
Yeniköy, Köybaşı Cad. 46
Tel. 0212 363 84 10
www.bmeia.gv.at/botschaft/gk-istanbul
Bus Konsolosluk/Fähre Yeniköy
Notrufnummer für österreichische Staatsbürger: 0532 262 00 19

Generalkonsulat der Schweiz
(▶ Karte 6, C 2, İsviçre Başkonsolosluğu)
Levent, 1. Levent Plaza, A Block, 3. Stock
Büyükdere Cad. 173
Tel. 0212 283 12 82
www.eda.admin.ch/istanbul
Metro M2 Levent
Mo–Fr 8.30–11 Uhr; für Schweizer Staatsbürger nachmittags geöffnet.

Moscheebesuch

Die meisten Moscheen können besichtigt werden, jedoch in angemessener Kleidung (keine Shorts, Trägerhemdchen etc.!). Am Eingang sind die Schuhe auszuziehen, Frauen sollten ihr Haar mit einem Kopftuch bedecken. Zu den Gebetszeiten sind die meisten Moscheen Nicht-Muslimen nicht zugänglich. Mangelnder Respekt (Umherlaufen, Fotografieren ...) kann zu unangenehmen Konfrontationen führen.

Notruf

Ambulanz: 112, **Feuerwehr:** 110
Polizei: 155
Sperrung von Handys, EC- und Kreditkarten: +49 116 116
Tourism Police: Yerebatan Cad. 6, Tel. 0212 527 45 03
Türkischer Automobilclub TTOK: Tel. 0212 282 81 40

Öffnungszeiten

Geschäfte: Mo–Sa ca. 9–20 Uhr, teils auch So und bis spätabends geöffnet. Große **Einkaufszentren** sind 10–22 Uhr, die Geschäfte in den Haupteinkaufsmeilen wie İstiklal sonntags und wochentags bis in die Nacht geöffnet.
Behörden: Mo–Fr 8.30–12.30, 13.30–17 Uhr.
Banken: Mo–Fr 9–17 Uhr.
Hauptpost (Merkez Postane): ▶ Karte 3, H 6, Sirkeci, Büyük Postane Cad. 25, Tram T1/Marmaray/Banliyö B1 Sirkeci, tgl. 9–19 Uhr.
Moscheen: während der Gebetszeiten für Nicht-Muslime meist geschlossen.
Museen: Kernöffnungszeiten Di–So 10–12.30, 13.30–16.30 Uhr (teils auch Mo), im Sommer auch länger.
Restaurants: s. S. 34.

Rauchverbot

Seit Mitte 2009 gilt in der Türkei in geschlossenen Räumen ein striktes Rauchverbot. Es gibt keine abgetrennten Bereiche in Hotels, Restaurants oder Kneipen. Auch in öffentlichen Verkehrsmitteln (inkl. Fähren) ist das Rauchen untersagt. In den Außenbereichen der Lokale darf jedoch geraucht werden; im Winter werden diese Terrassen mit Heizstrahlern versorgt.

Reisen mit Handicap

Istanbul, die Stadt auf sieben und mehr Hügeln, ist für Behinderte nur schwer zu erkunden. Schmale Gassen enden oft in Treppen, große Straßen, wie die Reşadiye Caddesi in Eminönü, können nur mit Hilfe von Unterführungen oder Fußgängerbrücken ohne Fahrstühle sicher überquert werden. Nur wenige Hotels und Museen sind auf Gehbehinderte eingestellt.

Dennoch werden auch Istanbul-Reisen für Rollstuhlfahrer angeboten, z. B. von Grabo-Tours-Reisen, Rennweilerstr. 5, 66903 Ohmbach, Tel. 06386 77 44, www.grabo-tours.de.

Reisekasse

Das Preisniveau variiert stark, je nachdem, ob man sich im modernen Luxussektor oder in traditionellen Verhältnissen bewegt. Auch in einfachen Lokalen werden von Touristen höhere Preise genommen als von Einheimischen.

Preisbeispiele:
Glas Tee: 0,30–1 €
Flasche Bier: 2–4 €
Döner pide auf die Hand: 1,5–3 €
Essen (inkl. *mezeler*) im *lokanta:* 6 €
Menü im Restaurant: ca. 15–20 €,
mit Fisch: ca. 40–55 €

Sicherheit

Die ansteigende, durch den Migrationsprozess bedingte Armut führte in den letzten Jahren zu vermehrten **Diebstahlsdelikten.** Vor allem bei dichtem Gedränge ist es ratsam, gut auf Geldbörsen und Fotoapparate zu achten.

Die Grenze zwischen Verkauf und Betrug ist fließend, und Betrug gilt in der Türkei höchstens als Kavaliersdelikt. Touristen zahlen oft höhere Preise als Einheimische. Vor allem beim Kauf von Teppichen und anderen teuren Souvenirs sollte man sehr aufpassen (s. Kleine Betrügereien S. 161).

Große Vorsicht ist bei der Verwendung von **Kreditkarten** geboten, die sehr schnell kopiert werden können. Lassen Sie die Karte nie aus den Augen und geben Sie sie nie dem Kellner mit. Am besten verzichtet man in Restaurants, Bars und Clubs ganz auf Kreditkarten. Unproblematisch sind dagegen Boutiquen und Läden.

US-amerikanische Quellen warnen zudem vor Getränken mit **K.O.-Tropfen**, mit denen Touristen betäubt wurden, um sie dann auszurauben.

Sprache

In Istanbul werden Sie immer jemanden finden, der Deutsch oder Englisch kann. Aber, wie in jedem Land, freuen sich die Einheimischen, wenn man einige Redewendungen in ihrer Sprache beherrscht und diese auch anwendet (s. Sprachführer S. 285).

Telefonieren

Internationale Anrufe

Türkei: 0090 (+ 90)
Deutschland: 0049 (+ 49)
Österreich: 0043 (+ 43)
Schweiz: 0041 (+ 41)
Bei Auslandsgesprächen entfällt die Null der Ortsvorwahl (in der Türkei der Provinzvorwahl) nach der internationalen Vorwahl.

Telefonieren im Land

Man telefoniert an **öffentlichen Telefonen** mit Magnetkarten, die es bei der Post, an Kiosken und in Supermärkten gibt.
Beim Abheben melden sich Türken mit »*Efendim*« (sinngemäß: »Ja, bitte«); die meisten Hoteliers sprechen Englisch.
Vorwahl europäisches Istanbul: 0212
Vorwahl asiatisches Istanbul: 0216

Handys
Mobiltelefone sind weit verbreitet, die Roamingkosten sind aber höher als die in der EU (erkundigen Sie sich bei Ihrem Provider). Mailbox ausstellen, sie ist eine enorme Kostenfalle. Achtung: Im Roamingsystem muss man immer auch für eingehende Anrufe zahlen!

Toiletten

Öffentliche Toiletten gibt es bei allen Moscheen – meist einfache Hock-WCs. Ansonsten sind sie recht rar, sodass es akzeptiert ist, die (westlichen) Toiletten in Restaurants und Hotels zu benutzen. Neben den üblichen Symbolen kann *erkek* oder *bay* (Herren) bzw. *kadın* oder *bayan* (Damen) an der Tür stehen.

Trinkgeld

In Restaurants oder Hotels sind Trinkgelder gern gesehen, der Service ist aber im Rechnungsbetrag enthalten. Das Zimmermädchen sollte man nicht vergessen, so lässt sich leicht der Service verbessern. Im Restaurant lässt man einige Lira auf dem Tisch liegen, im Taxi rundet man einfach auf.

Trinkwasser

Da das Leitungswasser in Istanbul stark gechlort wird, ist es ratsam, Trinkwasser in Flaschen zu kaufen. Zum Zähneputzen kann Leitungswasser jedoch bedenkenlos benutzt werden.

Umgangsformen

Frauen
In Istanbul prallen zwei ganz verschiedene Welten aufeinander: die moderne Türkei, wo Minirock und Handy zur Grundausstattung gehören, und die traditionelle Welt, in der die islamischen Sitten streng beachtet werden.

Gegenüber traditionell gekleideten Frauen sollten Männer sehr zurückhaltend sein – selbst im Bus neben ihnen Platz zu nehmen ist ein veritabler Affront. Es schickt sich nicht, sie auf der Straße anzusprechen; wenn man als Mann Hilfe oder Auskunft braucht, wende man sich eher an Männer. Frauen hingegen wenden sich natürlich an Frauen und können stets mit sehr herzlicher Hilfestellung rechnen.

Behörden
Im Gespräch mit der Polizei seien Sie geduldig und zurückhaltend. Alle Behördenvertreter genießen ihre Macht und erwarten Respekt. Wer ungeduldig wird oder gar schreit, muss noch länger warten.

Politik
Politische Diskussionen über sensible Themen (Atatürk, Kurden, Griechen, Islam) vermeidet man besser, da es schnell zu unangenehmen und sogar gefährlichen Auseinandersetzungen kommen kann.

Einladungen
Sollten Sie einmal zu einem Tee oder Kaffee gebeten werden, können Sie unbesorgt mit Dank ablehnen. Wenn Sie jedoch annehmen, gehört es zum guten Ton, Gastgeschenke mitzubringen (Blumen, Konfekt, Kinderspielzeug). Vor der Tür werden stets die Schuhe ausgezogen.

Zeit

Gegenüber der mitteleuropäischen Zeit (MEZ) müssen die Uhren ganzjährig, auch während der Sommerzeit, um eine Stunde vorgestellt werden.

Panorama – Daten, Essays, Hintergründe

Die Moschee von Ortaköy vor der Bosporus-Brücke im ersten Abendlicht

Steckbrief Istanbul

Daten und Fakten

Name: İstanbul
Fläche: 1831 km^2, Großraum *(İstanbul Büyükşehir):* 5512 km^2
Lage: 41° 1′ N, 28° 58′ O
Einwohnerzahl: ca. 14 Mio., Schätzungen gehen von über 15 Mio. aus.
Währung: *Türk Lirası,* die Untereinheit heißt *Kuruş.*
Landesvorwahl: 0090
Stadtvorwahl: europäisches Istanbul 0212, asiatisches Istanbul 0216
Ortsname: İstanbul ist wahrscheinlich vom altgriechischen εἰς τήν πόλιν *(Eis ten polin* = in die Stadt) herzuleiten. Frühere Namen: Konstantinopel und Byzanz (Byzantion).

Lage und Größe

Istanbul ist eine Weltstadt, die auf zwei Kontinenten liegt, Europa und Asien. Sie umschließt den Bosporus sowie das Goldene Horn und grenzt an das Marmarameer. Der Bosporus teilt die Stadt in eine westliche, europäische und in eine östliche, asiatische Hälfte. Das Goldene Horn, eine Ausbuchtung des Bosporus, trennt die Landzunge mit ihrem historischen Kern von dem nördlichen, europäischen Teil Beyoğlu. Zu Istanbul gehören auch die Prinzeninseln im Marmarameer. Der Ballungsraum Istanbul *(İstanbul Büyükşehir)* erstreckt sich über 100 km in Ost-West-Richtung und etwa 50 km in Nord-Süd-Richtung.

Bevölkerung

Nach offiziellen Angaben beträgt die Einwohnerzahl 13,7 Mio., und jeden Monat wächst sie weiter an. Seit den 1950er-Jahren leidet Istanbul unter einem stetig anwachsenden Strom von Zuwanderern aus allen Regionen der Türkei. Jeder sechste Türke lebt inzwischen in Istanbul. Im Landesvergleich folgt die Hauptstadt Ankara in weitem Abstand mit etwa 4,3 Mio. Einwohnern. Über 50 % der Stadtbevölkerung leben jedoch in Barackensiedlungen *(gecekondu).* Auf einen Quadratkilometer kommen etwa 2500 Menschen (Türkei zum Vergleich: 94/km^2).

Stadtverwaltung

Istanbul hat einen Oberbürgermeister, der alle fünf Jahre direkt vom Volk gewählt wird und eine entscheidende politische Rolle einnimmt. Seit 2004 ist der islamisch-konservative Kadir Topbaş (AKP) im Amt. Groß-Istanbul ist untergliedert in 39 Stadtbezirke, von denen 25 auf der europäischen und 14 auf der asiatischen Seite liegen, mit jeweils eigenen Vertretungen und Bürgermeistern. Für die Provinz Istanbul ist zudem ein von der Regierung in Ankara ernannter Gouverneur zuständig.

Religion

Über 99 % der Einwohner Istanbuls bekennen sich zum Islam. Von ihnen sind die meisten Sunniten, etwa 20 % zählen zu den Aleviten. In Istanbul leben darüber hinaus die größten religiösen Minderheiten der Türkei: neben ausländischen Katholiken und Protestanten noch etwa 1600 griechisch-orthodoxe Christen und gut 45 000 armenische Christen sowie ca. 22 000 Juden. Insgesamt zählt man in der Stadt über 3028 Moscheen, von den 157 Kirchen, 17 Synagogen und 10 Klöstern werden viele nicht mehr genutzt.

Wirtschaft und Tourismus

Istanbul ist das Handels-, Banken- und Verkehrszentrum der Türkei. 38 % aller Industriebetriebe und 55 % aller Handelsfirmen sind in der Stadt vertreten, die 28 % des türkischen Inlandprodukts und 40 % des Gesamtsteueraufkommens erwirtschaften. An erster Stelle stehen die Textilindustrie, die Chemieindustrie sowie die Leder- und Schuhfabrikation. Istanbuls Hafen ist der wichtigste der Türkei.

Jährlich kommen etwa 7–8 Mio. Touristen in die Stadt; 285 000 Flugbewegungen weist der International Atatürk Airport auf der europäischen Seite am Marmarameer aus. Die Stadt besitzt fast 1000 Hotels, 4200 Restaurationsbetriebe und 70 Kinos.

Kultur

Istanbul ist die Kulturmetropole und das Wissenschaftszentrum des Landes. Neben acht öffentlichen und 30 privaten Universitäten, zahlreichen Forschungsinstituten und über 50 Museen beherbergt die Stadt auch die Hauptsitze des türkischen Presse- und Verlagswesens. Alle großen Tageszeitungen werden hier veröffentlicht.

Verkehr

Istanbul ist ein Knotenpunkt im internationalen sowie nationalen Personen- und Güterverkehr. Die Stadt besitzt zwei internationale Flughäfen, Atatürk Uluslararası Havalimanı (europäische Seite) und Sabiha Gökçen Uluslararası Havalimanı (asiatische Seite), zwei historische Kopfbahnhöfe, Sirkeci (europäische Seite) und den nun stillgelegten Haydarpaşa (asiatische Seite), zwei Häfen, Ambarlı Limanı (europäische Seite) und Haydarpaşa Limanı (asiatische Seite), sowie den Busbahnhof Esenler (europäische Seite), einen der wichtigsten Verkehrsknotenpunkte des Landes.

Seit einigen Jahren wird das Metro- und Straßenbahnnetz ausgebaut. Größtes Projekt ist ein Bahntunnel unter dem Bosporus (erfolgreicher Testlauf August 2013). Wichtigstes öffentliches Transportmittel ist der Bus. Zentrale Busbahnhöfe befinden sich in Taksim, Eminönü und Beyazıt. Zwischen den europäischen und asiatischen Stadtteilen, das Goldene Horn hinauf und zu den Prinzeninseln fahren im dichten Takt Passagierschiffe.

Verwaltungsgliederung Istanbuls

Geschichte im Überblick

Aufstieg der griechischen Handelsstadt

um 660 v. Chr. Erste Siedlungsspuren gehen zwar bereits auf das frühe 6. vorchristliche Jahrtausend zurück, die Geschichte der Stadt beginnt jedoch erst um 660/658 v. Chr., als sich dorische Kolonisten aus Megara auf der Landspitze zwischen Marmarameer und Goldenem Horn ansiedeln. Dem Mythos zufolge erhielt Byzas vom delphischen Orakel den Auftrag, eine Siedlung »gegenüber der Stadt der Blinden« zu errichten. Damit waren die Bewohner von Chalkedon gemeint, die wenige Jahre zuvor die gute Lage der Halbinsel übersehen und gegenüber am asiatischen Bosporus gesiedelt hatten.

6./5. Jh. v. Chr. Trotz Bedrohungen durch Nachbarvölker entwickelt sich Byzantion zur Handelsmetropole und kontrolliert den Handel der griechischen Städte im Schwarzmeergebiet. Der Perserkönig Dareios I. erobert die Stadt 512 v. Chr., doch der Spartaner Pausanias befreit sie 478 v. Chr. wieder. In den folgenden Jahrhunderten versucht Byzantion mit geschickter Bündnispolitik, einerseits eine größtmögliche Unabhängigkeit zu erreichen und andererseits seine Stellung als Handelsmetropole auszubauen.

4. Jh. v. Chr. Der makedonische König Philipp II. belagert die Stadt vergeblich. Es soll der plötzlich aus den Wolken hervortretende Mond gewesen sein, der die Byzantiner vor dem Angriff gewarnt hat: Seither ist der Halbmond, der heute die Flagge der Türkei schmückt, Wahrzeichen der Stadt. Aus dieser Zeit ist auch die erste Brücke über das Goldene Horn überliefert – Philipp II. ließ sie errichten, um die Versorgung seiner Truppen zu sichern.

2. Jh. v. Chr. In den makedonisch-römischen Kriegen stellt sich Byzantion auf die Seite Roms und sichert sich durch Bündnisse mit Rom weitgehende Autonomie.

Ende 2. Jh. n. Chr. Im Streit um die römische Thronfolge ergreift Byzantion Partei für Pescennius Niger. Septimius Severus jedoch bleibt Sieger; er überfällt aus Rache die Stadt, tötet viele Bewohner und schleift die Mauern. Obwohl Septimius später der Stadt verzeiht, ihr die alten Rechte zurückgibt und sie wieder mit prächtigen Bauten schmückt, kann sie ihre alte Bedeutung nicht mehr erlangen. Die Zeuxippos-Thermen und das Hippodrom bleiben unvollendet.

4. Jh. Erneut wird die Stadt bei Machtkämpfen stark in Mitleidenschaft gezogen, diesmal sind es die Auseinandersetzungen zwischen Licinius und Konstantin (324). Nach seinem Sieg lässt Konstantin die zerstörten Befestigungsmauern sofort wieder herrichten.

Hauptstadt des Byzantinischen Reiches

330 Mit Konstantin (Flavius Valerius Constantinus, 306–337), dem ersten Kaiser, der das Christentum fördert, beginnt der zweite große Abschnitt der Stadtgeschichte. Er verlegt die Kaiserresidenz von Rom nach Byzantion und beginnt mit dem prachtvollen Ausbau der Metropole zum Neuen Rom.

395 Teilung des Römischen Reiches zwischen den Söhnen Theodosius' I. Konstantinopel wird unter Arcadius (395–408) Hauptstadt des ersten christlichen Reiches, Byzanz oder Ostrom.

408–450 Regierungszeit von Theodosius II. Der Kaiser lässt das inzwischen sehr eng bebaute Stadtgebiet von 6 km^2 auf 14 km^2 erweitern und zum Land wie zum Wasser hin stark befestigen. Von der Theodosianischen Landmauer stehen heute noch große Teile. Die Einrichtung einer Universität fördert das geistige Leben. Auch als Wirtschafts- und Fernhandelszentrum gewinnt die Stadt an Bedeutung.

527–565 Regierungszeit von Justinianus I. Nach dem Großfeuer beim Nika-Aufstand (532) lässt der Kaiser das Stadtzentrum neu aufbauen und die Hagia Sophia als Symbol christlichen Glaubens errichten. Justinianus gelingt es, große Teile des Römischen Reiches zurückzuerobern, die nach seinem Tod aber nicht gehalten werden können.

7.–9. Jh. Starker wirtschaftlicher Rückgang, Angriffe der Nachbarvölker (darunter die Araber) sowie Pestepidemien prägen die Geschicke der Stadt. Kulturhistorisch bedeutend ist der Bilderstreit (Ikonoklasmus) der Jahre 726–843, als ein Teil der Kirchenvertreter, vor allem die Kaiser Leo III. und Konstantin V., darum kämpfen, Abbildungen von Heiligen aus dem christlichen Kultus zu verbannen.

867–1056 Zeit der Makedonenkaiser. Höhepunkt der byzantinischen Machtentfaltung und zweite Blütezeit für Konstantinopel. Nach 1025 beginnt unter den letzten Makedonenkaisern der Niedergang des Reiches. Aus dem Streit zwischen Papst Leo IX. und dem Patriarchen von Konstantinopel, Michael Kerullarios, resultiert 1054 die Trennung zwischen römisch-katholischer und griechisch-orthodoxer Kirche.

1081–1185 Komnenendynastie. Alexios I. und seine Nachfolger verändern das Stadtbild stark und beginnen u. a. mit dem Ausbau des Blachernenpalasts. Längst haben Kaufleute aus Amalfi, Venedig und Pisa ihren Weg nach Konstantinopel gefunden. Ab 1155 bereichern nun auch Genuesen das Stadtbild. Wirtschaftlich bedeutet dies einen Aufschwung, doch 1182 entlädt sich der Hass der einheimischen Händler auf die steuerlich begünstigten italienischen Kaufleute in einem blutigen Aufstand.

1185–1204 Dynastie der Angeloi. Die Spannungen zwischen Lateinern und Griechen führen schließlich dazu, dass die italienischen Seemächte den Vierten Kreuzzug nach Konstantinopel umlenken. Das Ritterheer nimmt 1204 unter Führung des venezianischen Dogen Enrico Dandolo die Stadt ein und installiert einen lateinischen Kaiser sowie einen aus Venedig stammenden Patriarchen.

1204–1261 Lateinisches Kaiserreich. Aus Geldnot lässt der neue Kaiser, Balduin I. von Flandern, die Plünderung der Stadt fortsetzen. Während Konstantinopel und das einst glanzvolle Reich verfallen, reißen die italienischen Seerepubliken den Levantehandel an sich.

1261 Rückeroberung Konstantinopels durch den Byzantiner Michael VIII. Palaiologos. Die lateinische Bevölkerung flieht, ihre Wohnviertel werden niedergebrannt. In der Folgezeit lässt der Kaiser die Stadt neu aufbauen und wieder besiedeln; die Adelsfamilien stiften viele Kirchen und Klöster. Die Palaiologen residieren im Blachernenpalast und lassen das Zentrum um den alten Kaiserpalast verfallen. Den Genuesen, die bei der Rückeroberung mit ihm verbündet waren, überlässt Michael VIII. den Stadtteil Pera (Galata) jenseits des Goldenen Horns.

14. Jh. Bürgerkriege, Erdbeben und eine Pestepidemie überziehen die Stadt, die einer Ansammlung armseliger Dörfer gleicht. Ende des Jahrhunderts werden die Kaiser dem expandierenden Osmanenreich tributpflichtig.

Osmanische Hauptstadt

1453 Nachdem die Stadt 31 Jahre lang immer wieder von den Osmanen belagert wurde, fällt sie am 29. Mai 1453 an Sultan Mehmet II. Die Einwohner fliehen oder werden mit Ausnahme der Juden und Genuesen nach Bursa und Edirne deportiert. Mehmet Fatih (*fatih* = Eroberer) erwählt Konstantinopel zur Hauptstadt des zur Großmacht aufgestiegenen Osmanischen Reiches. Um die Stadt wieder zu bevölkern, holt er Menschen aus den unterworfenen Gebieten und siedelt sie volksgruppenweise an. 1480 sind nur gut die Hälfte der Einwohner Türken. Die Genuesen dürfen ihre alten Privilegien behalten. Trotz Spannungen bemühen sich die italienischen Seemächte um das Weiterbestehen des wichtigen Handelsstützpunkts.

1512–1520 Selim I. Nachdem der Sultan Syrien und Ägypten erobert hat, wird Konstantinopel Sitz des Kalifats und damit Metropole der gesamten islamischen Welt. Künstler und Handwerker kommen aus Kairo in die Stadt. Eine neue Flottenbasis (Tersana) entsteht.

1520–1566 Süleyman, im Westen der Prächtige genannt, regiert das osmanische Weltreich auf dem Höhepunkt seiner Macht. Die Hauptstadt lässt er durch seinen Architekten Sinan umgestalten. Süleyman ist der letzte große Osmanenherrscher, unter seinen Nachfolgern machen sich erste Verfallserscheinungen bemerkbar.

17. Jh. Bei der zweiten Belagerung Wiens (1683) wird das als unbesiegbar geltende Osmanenheer vernichtend geschlagen. In Stambul (Alt-Istanbul), dessen Häuser bis hin zu den Palästen überwiegend aus Holz gebaut sind, wüten zahlreiche Brände. Dennoch ist der Befehl des Sultans, nur noch steinerne Neubauten zu errichten, kaum durchsetzbar.

18. Jh. Die in Westeuropa einsetzende Industrialisierung und der globale Fernhandel der Seemächte Niederlande und England führen zur wirtschaftlichen Schwächung des Osmanenreichs. Das Reich beginnt, sich europäischen Kultureinflüssen zu öffnen; in der Hauptstadt entstehen zur Zeit der Tulpen-Ära (1703–30) die verspielt-dekorativen Bauten des türkischen Barock.

19. Jh. Zeitalter der Reformen (Tanzimat). Nach europäischen Vorbildern werden Heer, Verwaltung, Wirtschaft und Gesetzgebung reformiert. Der Staat gerät in Abhängigkeit von europäischem Kapital.

1914–1918 Im Ersten Weltkrieg ist das Osmanische Reich mit Deutschland verbündet und verliert alle Gebiete in Palästina und Arabien.

1920–1922 Istanbul wird zeitweilig von den Alliierten besetzt. Nachdem der letzte Sultan, Mehmet VI., im Frieden von Sèvres der Aufteilung des Reiches zugestimmt hat, kämpfen die Türken unter Führung des Kriegshelden Mustafa Kemal Paşa um ihre Unabhängigkeit.

Kulturelles Zentrum der Türkischen Republik

1923 Präsident Mustafa Kemal Paşa, später Atatürk genannt, ruft die Türkische Republik aus und bestimmt Ankara zur neuen Hauptstadt. Istanbul, das erst 1930 den alten Namen Konstantinopel verliert und offiziell auf den türkischen Namen umbenannt wird, bleibt jedoch kulturelles und wirtschaftliches Zentrum. Durch umfassende Reformen gestaltet Atatürk das Land nach westlichen Prinzipien um.

1945–1952 Atatürks Prinzip der vollständigen Ungebundenheit wird aufgegeben. 1952 erfolgt der Beitritt zur Nato.

1960 Erste Machtübernahme durch das Militär. Ministerpräsident Adnan Menderes wird hingerichtet; eine neue Verfassung nach westlichem Vorbild soll die Regierung wirksam kontrollieren.

1971 Zweiter Putsch durch das kemalistische Militär; als neuer Regierungschef versucht Bülent Ecevit, das kemalistische Programm den veränderten Gesellschaftsstrukturen anzupassen.

1973 Die erste Bosporus-Brücke (Boğaziçi Köprüsü), damals eine der längsten Hängebrücken der Welt, wird dem Verkehr übergeben.

1983 Turgut Özal gewinnt die Wahlen nach dem dritten Putsch der Militärs (1980). Er wird die politisch überragende Figur der 1980er-Jahre (seit 1987 Ministerpräsident; von 1989 bis zu seinem Tod 1993 Staatspräsident). Seine marktorientierte Politik löst den Kemalismus ab und beflügelt eine wirtschaftliche Modernisierung, die jedoch durch eine enorme Inflation belastet wird.

1984 Fertigstellung des Atatürk-Flughafens in Yeşilköy. Beginn der großen Infrastrukturprojekte (Bau von Schnellstraßen).

1988 Einweihung der zweiten Bosporus-Brücke (Fatih Sultan Mehmet Köprüsü).

1991 Durch Gründung der Schwarzmeer-Wirtschaftszone kann die Türkei, speziell Istanbul, als Mittler zwischen den GUS-Staaten und dem Welthandel auftreten. Die neue Galata-Brücke wird fertig.

1993 Tansu Çiller wird Ministerpräsidentin – als dritte Frau, die dieses Amt in einem islamischen Staat innehat.

1994 Recep Tayyip Erdoğan von der Islamischen Refah Partısı (Wohlfahrtspartei) wird Oberbürgermeister von Istanbul.

1995 Bei vorgezogenen Parlamentswahlen erhält die Refah eine Mehrheit der Stimmen. Das Ergebnis verdeutlicht die Unzufriedenheit der Bevölkerung über die instabile politische und wirtschaftliche Lage.

1997 Rücktritt der Koalitionsregierung unter dem Islamisten Erbakan (Refah Partısı) auf massiven Druck des Militärs.

2000 Starkes Erdbeben in der Marmararegion mit etwa 45 000 Toten, seither rechnen Experten mit einem starken Beben in Istanbul innerhalb der nächsten 30 Jahre.

Kundgebung am Atatürk-Denkmal auf dem Taksim-Platz

2002 Die konservativ-islamische AK Partısı gewinnt die Wahlen überragend, Recep Tayyip Erdogan übernimmt die Regierung. Bis 2004 weitgehende Reformen: Abschaffung der Todesstrafe, Zulassung kurdischer Medien, Entmachtung der Militärs im Nationalen Sicherheitsrat.

2005 Einführung der Yeni Türk Lirası, um die Inflation zu beenden. Die EU nimmt Beitrittsverhandlungen mit der Türkei auf. Bei Istanbul wird die erste türkische Formel-1-Rennstrecke (İstanbul Park) eröffnet.

2006 Orhan Pamuk erhält den Nobelpreis für Literatur. Die Füniküler-Bahn von Kabataş am Bosporus zum Taksim-Platz wird eröffnet.

2007 Abdullah Gül von der AKP wird zum Staatspräsidenten gewählt. In Istanbul wird der mittelalterliche Hafen entdeckt und ausgegraben.

2009 Im Januar Einführung der neuen Währung Türk Lirası.

2010 Istanbul ist europäische Kulturhauptstadt.

2012 Orhan Pamuks Museum der Unschuld ist eröffnet.

2013 Ein Bebauungsplan für den Gezi-Park führt zu landesweiten Protesten, Ausdruck der Unzufriedenheit mit der derzeitigen Regierung. Im Oktorber wird der Bosporus-(Marmaray-)Bahntunnel der Öffentlichkeit übergeben.

Istanbuler Stadtlandschaften

Istanbul! Die Stadt in Europa und Asien, zwischen Orient und Okzident, war Machtzentrum dreier Weltreiche und zeigte sich schon immer kosmopolitisch, aber auch traditionell ländlich. Der moderne Finanzdistrikt von Maslak und Levent mit seinen markanten Hochhäusern steht heute im Kontrast zur Silhouette der historischen Halbinsel. An den Ufern des Bosporus gleitet der Blick auf einen anderen Kontinent.

Istanbul liegt auf stark reliefierten Schiefer- und Sedimenthügeln. Die größte Erhebung erreicht 263 m über dem Meer und ist durch den weithin sichtbaren Fernsehturm von Büyük Çamlıca gekennzeichnet. Ihren unvergleichlichen, unvergesslichen Charakter erhält die Stadt einerseits durch die Dreiteilung des Areals zwischen Bosporus und Goldenem Horn und andererseits durch die in osmanischer Zeit entstandene markante Silhouette, bei der jeder der sechs Hügel der Altstadt von einer Moschee gekrönt ist.

Dort, auf dem vom Marmarameer und vom Goldenen Horn umschlossenen Landzipfel, begann vor über 2600 Jahren die Geschichte Istanbuls, damals, als Byzantion (Byzanz) an der Nahtstelle zweier Kontinente, dem Bosporus, gegründet wurde. Die Kontrolle des Seewegs vom Schwarzen Meer ins Mittelmeer und des Landwegs von Südosteuropa nach Vorderasien sowie der Besitz eines geschützten Hafens, des Goldenen Horns, förderten den schnellen Aufstieg der Stadt zu einem nicht unbedeutenden Handelszentrum.

Im Laufe der Jahrhunderte breitete sich die Stadt, jetzt als Konstantinopel Hauptstadt des (Ost-)Römischen Reiches, landeinwärts aus, später wurde auch das Gebiet jenseits des Goldenen Horns (Beyoğlu) besiedelt. Die Ortschaften auf der gegenüberliegenden asiatischen Seite (Üsküdar, Haydarpaşa, Kadıköy) wurden erst im 16. Jh. in das Stadtareal einbezogen.

Der Bosporus ist immer präsent, er teilt die Stadt und verbindet sie

Die alte Akropolis

Entsprechend ihrer geschichtlichen Entwicklung sind drei Stadtbereiche auch von touristischem Interesse: das historische Zentrum, die Landzunge zwischen Goldenem Horn und Marmarameer, bildete einst die Akropolis der antiken Siedlung, später entstanden hier die bedeutendsten byzantinischen und osmanischen Bauten. Das Viertel Sultanahmet zwischen Topkapı-Palast und Sultan-Ahmet-Moschee war über viele Jahrhunderte religiöses Zentrum, Regierungssitz und Herrscherresidenz der Kaiser und Sultane. Heute gleicht das Viertel einem Freilichtmuseum. An jeder Straßenecke trifft man auf Zeugnisse der bewegten Stadtgeschichte. Der Gülhane Parkı ist die einzige größere Grünanlage auf dem Landzipfel und lädt an Feiertagen türkische Familien zum Picknick ein. Er gehörte ursprünglich zum Außenbezirk des Topkapı-Palasts.

Die Altstadt

Geprägt vom geschäftigen Treiben rund um den Ägyptischen und den Großen Basar sind die Stadtteile Eminönü, Cağaloğlu und Beyazıt. Hier ist man mitten im Orient. Lastenträger bahnen sich den Weg durch die Menschenmengen, Waren werden lautstark angepriesen, Händler locken mit einschmeichelnden Worten Touristen in ihre Läden, es wird hart gehandelt, und der Handschlag beim Tee besiegelt das für beide Seiten gute Geschäft. Der kleine Park vor der Alten Universität bietet Schatten und Erholung vom Basarbetrieb.

Jüdisches und griechisches Viertel

Mit Fener und Balat schließen nach Norden hin Wohnviertel an, in denen früher zahlreiche Griechen und Juden zu Hause waren. Davon zeugen heute nur noch das griechisch-orthodoxe Ökumenische Patriarchat und einige griechische Schulen, in denen von Jahr zu Jahr weniger Schüler unterrichtet werden (s. Entdeckungstour S. 196), sowie eine Synagoge. Die Juden sind überwiegend in die besseren Stadtteile jenseits des Goldenen Horns, nach Beyoğlu und Şişli, umgezogen.

Die ursprünglich große Gemeinde der kleinasiatischen Griechen wurde bereits 1923 nach dem Griechisch-Türkischen Krieg erheblich reduziert. Weitere Abwanderungsschübe folgten im Laufe der Jahre aufgrund einer mitunter sehr rigiden Assimilierungspolitik der türkischen Regierung und auch militanter Übergriffe von nationalistischen und islamistischen Extremisten.

Die kulturelle Bedeutung des alten Stadtareals zeigt sich auch in Istanbuls führender Position innerhalb der Weltkulturerbeliste der UNESCO. Zu den schützenswerten Bauten zählen die Spitze der historischen Halbinsel, das Areal um die Süleymaniye, der Zeyrek-Komplex sowie die Landmauer.

Jenseits des Goldenen Horns

Das Areal jenseits des Goldenen Horns wurde ursprünglich von Europäern besiedelt. In Karaköy, dem alten Galata, siedelten seit dem 13. Jh. die Genuesen. Hohe Bauten an engen, steilen Gassen bestimmen hier das historische Stadtbild. Das nördlich anschließende Beyoğlu gilt als das europäische Istanbul. Häuserfassaden des 19./20. Jh., ehemalige Botschaftsgebäude und einige Kirchen flankieren die İstiklal Caddesi, die einstige Grande Rue de Péra, heute eine moderne Einkaufsstraße.

Bosporus und Asien

Am Bosporus-Ufer des europäischen Stadtteils liegt der Dolmabahçe-Palast. Mitte des 19. Jh. wurde die neue Sultansresidenz im westlichen Stil mit neobarocken und neoklassizistischen Elementen errichtet. Oberhalb erheben sich moderne Hotelbauten, deren

Silhouette im krassen Gegensatz zu den mit Minaretten bekrönten Hügeln des alten Stadtgebietes steht.

Die Stadtteile Üsküdar und Kadıköy auf der asiatischen Seite haben sich zu modernen Ortsteilen mit großen Neubauten entwickelt. Ein wenig Orient spürt man aber doch am Bosporus-Ufer mit Blick auf die europäische Stadt oder in den verwinkelten Gassen unweit des Hafens, in denen noch viele Holzhäuser zu finden sind.

Ausflugsziele

Zum Großraum Istanbul gehören auch die Prinzeninseln (Kızıl Adalar) im Marmarameer, die malerischen Bosporus-Ufer, die als Wohn- und Ausgehviertel der besseren Gesellschaft beliebt sind, sowie der Belgrader Wald (Belgrat Ormanı). Das größte Waldgebiet der Stadt mit Wasserquellen, sieben Stauseen und Aquädukten aus osmanischer Zeit zieht sich nördlich des Stadtteils Maslak bis hoch zur Schwarzmeerküste. Viele türkische Familien verbringen hier ihre Feiertage beim Picknick.

Die Mega-Stadt

Aber Istanbul wächst weiter; die Ost-West-Ausdehnung beträgt zurzeit fast 100 km. Im Norden und Süden bilden das Schwarze Meer sowie das Marmarameer natürliche Grenzen. Jährlich ziehen Hunderttausende von Landflüchtigen aus Ostanatolien nach Istanbul, um im größten Wirtschaftsstandort der Türkei Arbeit zu finden. Sie alle brauchen eine Unterkunft, und so schiebt sich ein Neubaugebiet an das nächste, dazwischen entstehen Armensiedlungen, *gecekondu* genannt. Dieses Istanbul erlebt man freilich selten, meist nur kurz vor der Landung auf dem Atatürk Airport, wenn das Flugzeug eine Warteschleife drehen muss.

Die besten Aussichten

Galata-Brücke: Die Dreiteilung der Stadt ist von hier am besten zu begreifen. Der Bosporus Richtung Osten trennt das europäische vom asiatischen Istanbul und das Goldene Horn trennt die beiden europäischen Stadtteile (s. S. 178).
Eyüp: Vom Gräberfeld auf der Hügelkuppe kann man weit über das Goldene Horn blicken (s. S. 276).
Galata-Turm: Die Aussicht vom Galata Kulesi ist einzigartig (s. S. 225).
Serailspitze (Sarayburnu): Der stete Strom von Passagierfähren, Lastkähnen und Kreuzfahrtschiffen reißt nie ab (s. S. 140).
Çamlıca-Hügel: Vom Hügel über Üsküdar erschließt sich die Ausdehnung der Megastadt IstanRubul (s. Mein Tipp S. 273).
Georgskloster (Aya Yorgi) auf Büyükada: Mitten im Meer und doch der Stadt so nah (s. S. 280).
Eine Schifffahrt: Mit der Passagierfähre den Bosporus entlang oder hinüber zu den Prinzeninseln. Vom Wasser aus zeigt sich die Stadt von ihrer schönsten Seite (s. S. 256, 280).
Sapphire: Auch von Levent aus gewinnt man den Überblick (s. S. 44, 95).
Speisen und die Aussicht genießen: 360° Istanbul (s. S. 235), Rami (s. S. 150).

Kemal Atatürk – Vater der modernen Türkei

Noch vier Generationen nach seinem Tod hängt sein Bild in jedem türkischen Geschäft, in jedem Restaurant, in jedem Büro: Mustafa Kemal Atatürk, der Begründer der Türkischen Republik, der Vater der modernen Türkei.

Als Sohn türkischer Eltern wird Mustafa 1881 in Saloniki geboren. Sein Vater ist Zollbeamter, die Mutter ein Bauernmädchen. Gegen den Willen seiner Eltern, die ihm eine kaufmännische bzw. religiöse Ausbildung zukommen lassen wollen, tritt er 1893 in die Militärschule in Saloniki ein, wo er wegen seiner überragenden Intelligenz den Beinamen Kemal (arab., Vollendung) erhält. 1905 schließt Mustafa Kemal seine militärische Ausbildung an der Kriegsakademie in Istanbul ab; er ist nun Hauptmann im Generalstab.

In dieser Zeit lernt er die antifeudalistischen Reformbestrebungen und das Nationalbewusstsein der revolutionären Jungtürken (Genç Türkler) unter Enver Paşa kennen. Diese zwingen 1908 Sultan Abdülhamit II. zur Wiederinkraftsetzung der ersten türkischen Verfassung von 1876, die das Ergebnis einer Auseinandersetzung mit westlichen Elementen in Staat und Gesellschaft war. Ein Jahr später wird der Sultan abgesetzt; sein Nachfolger Mehmet V. Reşat ist von den Jungtürken abhängig.

In den folgenden Jahren zeichnet sich Mustafa Kemal im Balkankrieg (1912/13) und im Ersten Weltkrieg durch seine strategischen Fähigkeiten aus. Nach erfolgreicher Abwehr britisch-französischer Angriffe auf Gallipoli (1915) erhält er den Titel Pascha (türk. *paşa* = General).

Der Befreiungskrieg

Der Waffenstillstand von Mudros (1918) zwingt die türkische Regierung in die Abhängigkeit der Siegermächte. Der Sultan schickt Kemal Paşa als Heeresinspekteur nach Anatolien, um die Armee zu demobilisieren. Im Mai 1919 geht Kemal in Samsun an Land, doch dort organisiert er den nationalen Widerstand gegen die Verträge von Sèvres, die dem türkischen Staat erhebliche Gebietsabtretungen aufzwingen.

Im April 1920 wird Kemal in der ersten Großen Türkischen Nationalversammlung in Ankara zum Präsidenten ernannt. Es folgt die militärische Rückgewinnung der besetzten Gebiete. Die unerwartete Durchsetzungskraft der türkischen Armeen führt 1923 zur völkerrechtlichen Anerkennung des neuen Staates im Vertrag von Lausanne, Ankara wird neue Hauptstadt. Am 29. Oktober 1923 ruft Mustafa Kemal Paşa die Türkische Republik aus. Mit einer neuen politischen Richtung, Kemalismus genannt, geht er daran, die Türkei zu einem modernen Staat im westlichen Sinne umzuformen.

Der Kemalismus umfasst sechs Prinzipien: Nationalismus, Laizismus (Trennung von Staat und Religion), Republikanismus, Populismus (Zusammenwirken von Staat und Volk), Etatismus (staatliche Lenkung der Wirtschaft) und Reformismus (permanenter Prozess der Umformung von Staat und Gesellschaft mit dem Ziel einer Europäisierung der Türkei).

Atatürks Reformen

Der Laizismus verursacht die einschneidendsten Reformen in der Gesellschaft. Mit der Abschaffung des Kalifats 1924 demonstriert Kemal den Austritt der Türkei aus dem islamischen Staatenverband. Religiöse Schulen und Gerichtshöfe werden ebenso wie die fanatischen Derwisch-Orden verboten. 1926 ersetzt eine europäisierte Gesetzgebung den Koran als Rechtsgrundlage. Damit ist die Mehrehe abgeschafft. Frauen erhalten Stimmrecht, und eine allgemeine, unentgeltliche Schulpflicht soll das Analphabetentum bekämpfen.

Um den Kontakt mit Europa zu erleichtern, löst das lateinische Alphabet die arabischen Schriftzeichen ab; die türkische Sprache wird von arabischen und persischen Elementen bereinigt. Der Fes, als Symbol des Osmanischen Reiches, wird verboten; die Frauen ermuntert Kemal, den Schleier abzulegen. Außerdem führt er den Gregorianischen Kalender ein, wodurch der Freitag dem Sonntag als Feiertag weichen muss.

1934 verleiht ihm das Parlament den Ehrennamen Atatürk, Vater der Türken. Vier Jahre später, am 10. November 1938, stirbt Kemal Atatürk an einer Leberzirrhose im Dolmabahçe Sarayı in Istanbul. Sein Leichnam wird nach Ankara gebracht und dort provisorisch bestattet, bis seine Gebeine in das 1953 fertiggestellte Atatürk-Mausoleum überführt werden können.

Atatürks Gedenken
Jedes Jahr am 10. November um 9.05 Uhr ertönen die Sirenen, und für eine Minute herrscht komplette Stille im ganzen Land.
Lesetipp: Klaus Kreiser, Atatürk. Eine Biographie. München 2008. Das Phänomen Kemal Atatürk ist noch heute ein Schlüssel zum Verständnis der Spannungen in der Türkei.

Der Islam

»Allahu ekber« – »Allah ist der Größte! – Ich bekenne, dass es keinen Gott gibt außer Allah! – Ich bekenne, dass Mohammed der Gesandte Allahs ist! – Erhebe dich zum Gottesdienst! – Erhebe dich zum Wohlergehen! – Allah ist der Größte! – Es gibt keinen Gott außer Allah!« Mit diesen Worten fordert der Muezzin fünfmal am Tag vom Minarett seiner Moschee die gläubigen Muslime zum Gebet auf. Wie in anderen islamischen Städten prägt auch in Istanbul der arabische Gesang der Gebetsrufer die Atmosphäre der Metropole.

Im 11. Jh. gelangt die Lehre Mohammeds mit eindringenden türkischen Nomadenstämmen nach Kleinasien; aus einer Truppe von Glaubenskämpfern *(gazi)* für den Islam entwickelte sich das Osmanische Reich. Als Selim I. (1467–1520) Arabien und Ägypten eroberte, ging die Würde des Kalifen, des religiösen Oberhauptes, an die osmanischen Sultane über. Erst nach dem Untergang des Reiches und der Abschaffung des Kalifats 1922 kam es zur Trennung von weltlicher und geistlicher Macht. Der liberale Freigeist Atatürk versuchte, den Islam zurückzudrängen, er scheiterte jedoch, sodass der Glaube für die türkische Gesellschaft weiterhin große Bedeutung hat.

Der Gründer dieser nach dem Christentum größten Weltreligion, Mohammed, wurde ca. 570 n. Chr. als Sohn eines Kaufmanns in Mekka geboren. Handelsreisen brachten ihm jüdisches und christliches Gedankengut nahe. Er beschäftigte sich intensiv mit den Fragen der Sünde und des göttlichen Gerichts. Auf dem Berg Hira bei Mekka erkannte er sich als einen Propheten, der zwar die früheren Propheten wie Abraham, Moses und Jesus bestätigen konnte, aber die göttlichen Offenbarungen korrigieren musste, wo er sie verfälscht wiedergegeben fand.

In Mekka stieß er zunächst auf Ablehnung, sodass er nach Yathrib (Medina) ausweichen musste. Dies geschah 622 n. Chr. Mit diesem Jahr beginnt auch die vom Kalifen Omar (634–644) eingeführte islamische Zeitrechnung (Hedschra, die Auswanderung). Erst acht Jahre später zog er wieder siegreich in Mekka ein und erhob es zum Mittelpunkt der arabischen Welt. Zentrales Heiligtum ist die Kaaba, ein würfelförmiger Tempelbau, als dessen Erbauer Abraham gilt. Im Innern ist der Schwarze Stein eingelassen, ein Meteorit, den die Muslime als Symbol des ursprünglichen Paktes zwischen Gott und den Menschen verehren. Einige Moscheen Istanbuls sollen Stücke dieses heiligen Steins enthalten.

Nach Mohammeds Tod am 8. Juni 632 in Medina spalteten sich die Muslime wegen Streitigkeiten über die rechtmäßigen Nachfolger in die Gruppe der eher mystisch orientierten Schiiten und die Mehrheitsgruppe der Sunniten. Dennoch führte der Heilige Krieg (Dschihad, Anstrengung) gegen ungläubige Staaten schon in den ersten Jahrzehnten nach Mohammed zu einem arabischen Großreich, das Syrien, Ägypten und das gesamte persische Reich der Sassaniden umfasste. Später drang der Islam bis nach Indien, unter den Mauren bis Spanien und zur Osmanenzeit bis Wien vor. Heute breitet er sich vor allem in Afrika weiter aus. Der Islam zählt zurzeit etwas mehr als eine Milliarde Anhänger.

Trotz der bald einsetzenden inneren Aufspaltung ging aus dem arabischen Weltreich eine relativ einheitliche islamische Kultur hervor. Die Glaubensquellen der islamischen Religion sind der Koran und die Haditha, die Sammlung der vom Propheten überlieferten Worte und seiner Handlungen. Nach Mohammeds Tod wurden die Offenbarungen Gottes in arabischer Schrift im Koran (Lesung) festgehalten, der das gesellschaftliche Zusammenleben aller Muslime regelt. Bereits als Kind lernen sie zahlreiche Suren (Kapitel) des Korans in arabischer Sprache auswendig. Die vielen, über die ganze Welt verteilten Gläubigen, die alle 114 Suren Wort für Wort beherrschen, nennen sich Hâfiz (Bewahrer).

Der Islam in der Türkei

In der Türkei überwiegt die sunnitische ›orthodoxe‹ Glaubensrichtung, die sich auf die Rechtsschule des irakischen Gelehrten Abu Hanifa (699–767) stützt und als relativ liberale Richtung gilt. Daneben gibt es die nicht unbedeutende Glaubensgemeinschaft der Aleviten. Wie die Schiiten verehren sie Ali, den Schwiegersohn und Vertrauten des Propheten Mohammed. Ihre Lehre ist nicht schriftlich fixiert, auch lehnen sie die fünf Grundpflichten des sunnitischen Islam (s. S. 85) ab.

Islamismus als Gefahr?

Gut 99 % der Istanbuler Bevölkerung bekennen sich zum Islam, und ein Großteil lebt bewusst nach den religiösen Vorschriften. Besonders streng befolgen sie die aus Ostanatolien Zugewanderten und die Unterprivilegierten, die dafür sorgten, dass Istanbul seit den 1990er-Jahren eine islamistische Stadtregierung besitzt.

Beim Gebet in der Moschee

Weniger streng (bis gar nicht) ist der Islam bei den Eliten und den Modernisierungsgewinnlern verankert, die Atatürks ablehnende Haltung weiterhin befolgen.

Mit der Abschaffung des Sultanats im Jahr 1922 tat Kemal Atatürk den entscheidenden Schritt bei der Trennung von Staat und Religion. Für ihn bedeutete der Islam das größte Hindernis bei der Modernisierung des türkischen Staates, und so nutzte er seine diktatorische Macht, um die laizistischen Reformen in Verfassung und Gesetzeswerk zu verankern.

Am Gros der Landbevölkerung gingen diese ›kemalistischen‹ Reformen jedoch schlichtweg vorbei. Nach dem Zweiten Weltkrieg und der Auflösung von Atatürks Einparteiensystem wurde die Frage des Islam daher bald wieder zu einem politischen Thema. In der Praxis stand einer Islamisierung des öffentlichen Lebens nichts im Wege, solange die politischen und wirtschaftlichen Zielsetzungen nicht beeinträchtigt wurden. So gab es bereits in den 1940er-Jahren wieder einen freiwilligen Religionsunterricht.

Die Politik der 1980er-Jahre räumte dem Islam einen wachsenden Stellenwert ein, nicht zuletzt, um den fundamentalistischen Gruppen mit kontrollierten Zugeständnissen an das Religionsbedürfnis der Bevölkerung Einhalt zu gebieten. Durch die theologischen İmam-Hatip-Gymnasien, die neben dem Prediger-Examen auch den Zugang zu Universitäten und zum Staatsdienst ermöglichen, hat der Islam seine gesellschaftliche Position inzwischen enorm stärken können.

Dies wurde erstmals durch den Wahlsieg der islamischen Refah

Partısı (Wohlfahrtspartei) von 1996 deutlich. Inzwischen regiert die islamisch-konservative AKP (Partei für Gerechtigkeit und Entwicklung) unangefochten mit absoluter Mehrheit und stellt seit 2007 auch den Staatspräsidenten. Mit einer geschickten Verknüpfung sozialer und politischer Reformen gelang es, die Macht der westlich-säkular orientierten Generäle und des Nationalen Sicherheitsrats zurückzudrängen. Vier Verbotsversuche gegen islamische Parteien in den letzten zehn Jahren scheiterten letztlich doch, und heute sind die bürgerlichen Parteien zu Splittergruppen geschrumpft.

Unter der AKP-Regierung zeichnet sich auch gerade in Istanbul eine deutliche Re-Osmanisierung ab. So wird z. B. der Eroberung Konstantinopels 1453 durch Mehmet II. jährlich am 29. Mai in einem Festakt gedacht. Es wird die Forderung laut, die Hagia Sophia wieder als Moschee zu nutzen.

Und als optische Krönung wurde 2013 mit der Errichtung einer riesigen Moschee auf dem Çamlıca-Hügel in Üsküdar begonnen. Dieses bis zu 30 000 Menschen fassende Gebetshaus wird die Silhouette der Stadt verändern. Es wird ein persönliches Denkmal von Erdoğan, aber auch ein politisches Zeichen sein. Ihre sechs Minarette sollen genau 107,1 m hoch werden. Im Jahr 1071 siegten die türkischen Seldschuken in der Schlacht bei Manzikert über die Byzantiner und leiteten damit die Eroberung Anatoliens ein.

Die Fünf Säulen des Islam

Jeder Muslim hat als Voraussetzung für den Eingang in das Paradies fünf Grundpflichten zu beachten:

Das Glaubensbekenntnis *(şahadet):* »Es gibt keinen anderen Gott außer Allah, und Mohammed ist sein Prophet.«

Das Gebet *(namaz),* verrichtet fünfmal am Tag in Richtung Mekka. Erforderlich ist ein reiner Ort, entweder die Moschee oder auch ein Gebetsteppich bzw. in den Sand gezeichnetes Rechteck. Vorher ist die rituelle Waschung von Händen, Gesicht und Füßen, neben äußerer Reinigung auch als Reueakt für begangene Sünden zu verstehen, am Reinigungsbrunnen der Moschee *(şadırvan)* erforderlich.

Das Almosen *(zekat),* das der Gläubige in Form einer staatlichen Steuer zu entrichten hat; daraus bestreiten Herrscher oder Staat soziale Aufgaben und den Bau von Moscheen.

Das Fasten *(sijam)* während der hellen Tagesstunden im Monat Ramadan, in dem Mohammed der Koran offenbart wurde. Der Muslim soll nichts essen und trinken und sich jeglicher fleischlichen Genüsse enthalten, d. h. auch: keine Zigaretten, kein Sex. Da sich der Ramadan nach dem arabischen Mondkalender richtet, verschiebt sich die islamische Fastenzeit gegenüber unserem Kalender jedes Jahr um zehn bis elf Tage nach vorn. Den Ramadan beendet das Şeker Bayramı, das Zuckerfest (s. S. 52).

Die große Wallfahrt (Haddsch, türk. *hac)* nach Mekka soll von allen volljährigen Muslimen, die gesundheitlich und finanziell dazu in der Lage sind, wenigstens einmal im Leben unternommen werden.

Osmanische Kunst und Architektur

Eine Stadt, die lange Zeit Zentrum hohen künstlerischen Schaffens war, wird für fast 500 Jahre Regierungssitz des Osmanischen Reiches, eines Reiches, das, abgesehen von der Miniaturmalerei, keine Bilder duldete. Doch die Kalligrafie und der ornamentale Fliesenschmuck, aber auch die Architektur, erreichten während dieser Zeit ihre Höhepunkte.

Kalligrafie

Als der Kalligraf Hafız Osman den Bosporus von Beşiktaş nach Üsküdar im Schiff überquerte, fiel ihm auf halber Strecke ein, dass er sein Geld vergessen hatte. Am Ziel angekommen, entlohnte er den Fährmann mit einem Stück Papier, auf das er ein einziges Wort geschrieben hatte. Der des Lesens unkundige Fährmann war wenig begeistert, ließ jedoch den Fahrgast wegen seiner würdigen Erscheinung passieren. Am Abend erzählte der Fährmann im Kaffeehaus sein Erlebnis. Als er den Zettel hervorholte, bildete sich eine Menschentraube um ihn, und einige der Umstehenden begannen heftig zu bieten. Am Ende hatte er den Lohn einer ganzen Woche Arbeit für ein einziges geschriebenes Wort bekommen. Bald darauf fuhr Hafız Osman wieder mit dem Fährmann, hatte aber diesmal Geld dabei und wollte bezahlen. Da hielt ihm der Fährmann einen Zettel hin und sagte: »Efendim, schreiben Sie nur einen Buchstaben, das reicht völlig.«

Diese Anekdote über den berühmtesten Kalligrafen des 17. Jh. verdeutlicht den Wert des Schönschreibens in der osmanisch-arabischen Welt. Nicht zuletzt das religiöse Bilderverbot des Islam unterstützte den Aufstieg der Kalligrafie zur bedeutendsten osmanischen Kunstform. Neben der Niederschrift von Texten, insbesondere aus dem Koran, diente sie auch als Schmuck von öffentlichen Gebäuden. Kunstvoll geschriebene, mit reichen Ornamenten verzierte Worte wie Allah, Mohammed, das Glaubensbekenntnis oder auch ein Koranzitat haben in den Moscheen den Rang der biblischen Szenen oder Heiligendarstellungen in christlichen Kirchen.

Seitdem Atatürk im Zuge seiner Reformen 1928 die arabische Schrift durch das lateinische Alphabet abgelöst hat, ist die Bedeutung der stets eng mit dem Islam verbundenen Kalligrafie stark zurückgegangen, hat sich jedoch als Kunstform im religiösen Bereich bis heute erhalten.

»Die Kunst der Kalligrafie ist in der Lehre des Meisters verborgen, ihr Wesen besteht in der Wiederholung, und sie ist da, um der Religion des Islam zu dienen.« Dieser Ausspruch des Kalifen Ali, des ersten Kalligrafen des Islam, erklärt in prägnanter Weise diese Kunstform. Nur derjenige ist Meister des Faches, der die Schriften eines wegweisenden Kalligrafen haargenau nachempfindet. Erst die absolute Vollkommenheit gestattet ihm wiederum die Unterweisung eigener Schüler.

Neben der Ausschmückung von Bauwerken – in den Istanbuler Moscheen wurden größtenteils die Schriften Nesih (gerundete Kursive) und Sülüs (Titelschrift mit vielen Vokalisationszeichen) verwendet – widmeten sich die Schreibkünstler hauptsächlich der Abschrift des Koran; sie arbeiteten als Kopierer oder Schreiber, unterrichteten in den Medresen oder erledigten Auftragsarbeiten für den Hof.

Miniaturen

Anders als im religiösen Bereich konnte sich im profanen Bereich eine darstellende Kunst entwickeln. Künstler und Kunsthandwerker kamen aus allen Teilen des osmanischen Herrschaftsgebietes und brachten ihr Können an den Hof des Sultans.

Die Miniaturenmalerei, vorerst mit starkem persischen Einfluss zur Illustrierung und Ergänzung von Texten eingesetzt, erreichte im 16. Jh. eine hohe Blüte mit eigenständiger osmanischer Prägung. Es wurden nun Bücher über die Taten der Sultane geschaffen; Schrift, Bild und Rahmen waren miteinander verquickt und ergänzten sich. Wie die arabische Schrift müssen die Bilder von rechts nach links gelesen werden. Merkmale sind die fehlende Perspektive, die Verwendung von Bedeutungsgröße (der Sultan ist immer größer als seine Untertanen) und eine willkürliche Verwendung von Farben. Der dokumentarische Charakter der Miniaturenmalerei wird an den Stadtansichten mit präzise abgebildeten Bauten, aber auch an der Darstellung von Gesellschaftsgruppen deutlich, z. B. verschiedenen Zünften oder sogar Bettlern.

Bereits im 17. Jh. begann die osmanische Miniaturenmalerei zu stagnieren. Im frühen 18. Jh. wurden darüber hinaus europäische Einflüsse sichtbar, die sich in stärkerem räumlichen Illusionismus äußern. Zum Ende des 18. Jh. wurde die Miniaturenmalerei allmählich von Wandmalerei und großflächigen Bildern abgelöst.

Osmanische Kunst in Istanbul
Über Kalligrafien informieren die Ausstellungen im **Vakıf Hat Sanatları Müzesi** (s. S. 162), im **Türk ve İslam Eserleri Müzesi** (s. S. 146), im **Sakıp Sabancı Müzesi** (s. S. 259) und im **Topkapı Sarayı Müzesi** (s. S. 125). Im Museum des Palasts sind auch Räume der Miniaturenmalerei gewidmet. Mit wunderbaren İznik-Fayencen sind die Wände der **Rüstem Paşa Camii** (s. S. 172) verkleidet. Eine bedeutende Fayencensammlung befindet sich im **Çinili Köşkü** (s. S. 137).
Die Stiftungsbauten einer *külliye* lassen sich in Istanbul am besten bei der **Süleymaniye** erfassen (s. S. 172, Entdeckungstour s. S. 173). Trockenen Fußes (frühere) osmanische Hamams besuchen kann man in Eminönü (**Ottoman Hamam Nargile Café;** s. S. 251) und in Üsküdar (**Mimar Sinan Çarşısı;** s. S. 269). Straßenzüge mit alten, zum Teil verfallenen Holzhäusern sind immer wieder im Altstadtbereich zu entdecken. An den Ufern des Bosporus haben sich noch einige Holzvillen erhalten. Zu den bekanntesten gehört das **Köprülü Yalı** (s. S. 262).

İznik-Fayencen

In İznik, einer kleinen Stadt südlich von Istanbul, wurden bereits Ende des 15. Jh. sehr hochwertige Keramiken hergestellt. Diese erreichten in der Regierungszeit Sultan Süleymans (reg. 1520–66), der armenische Handwerker ansiedeln ließ, in Farbenpracht und Dekor ihren absoluten Höhepunkt.

Beherrschten vorher die Farben Blau und Türkis auf weißem Grund die Keramikerzeugnisse, traten nun Grün und Violett hinzu. Die Krönung war jedoch ein siegellackähnliches Tomatenrot, das aus einer eisenhaltigen Tonerde (Armenischer Ton/*Bolus armenicus*) gewonnen wurde. Fliesen mit diesem Rot zierten zum ersten Mal die Süleymaniye-Moschee in Istanbul.

Kunstvolle Blüten, Ranken, Arabesken und Trauben nach chinesischem Vorbild lieferten zu Anfang die Motive, wurden dann jedoch durch naturalistisch wiedergegebene Blumen wie Tulpen, Lilien, Rosen und Päonien, Zypressen und blühende Zweige verfeinert und bereichert. Die variantenreichen Blumenmotive werden als Höhepunkt der osmanischen Kunst angesehen. Der florale Dekor brachte die Vorliebe der Osmanen für blühende Gärten auch in das Innere der Häuser.

Die İznik-Fayencen schmückten Heiligtümer und Prachtbauten nicht nur in Istanbul, sondern auch in weit entfernten Orten wie Damaskus und Jerusalem (dort wurde der Felsendom mit İznik-Kacheln restauriert). Exporte gab es auch bis nach Deutschland, England und auf die Krim. Seit Mitte des 17. Jh. verfiel die Qualität der İznik-Ware, um 1700 schloss die letzte der einst 3000 Werkstätten.

Moscheen

Die osmanische Architektur prägt das Stadtbild bis heute: Auf allen Hügeln der Halbinsel erheben sich die spitztürmigen Gebilde der großen Sultansmoscheen.

»Wer Gott eine Moschee baut, dem wird er ein Haus im Paradies errichten.« Dieser Ausspruch des Propheten gab den Anstoß für eine überaus rege Moschee-Bautätigkeit im Osmanischen Reich und wirkt auch noch bei den zahlreichen Neubauten von heute. Neben ihrer Funktion als Ort des Gemeinschaftsgebets und als Lehrstätte unterhielten diese Stiftungen, *külliye* genannt, einst auch soziale Einrichtungen wie Armenküche, Pilgerherberge und Hospital.

Der Bauherr, also der Sultan bzw. seine Angehörigen oder der Großwesir oder *paşa,* kam mit seinem eigenen Vermögen für den Bau des Bethauses auf und gewährleistete seinen Unterhalt. So sind für den Stiftungskomplex der Süleymaniye in Istanbul 217 Dörfer und 30 bestellbare Fluren verbürgt, die der Sultan ihr unterstellte, um mit ihren Abgaben die zeitweise 800 Personen zu entlohnen, die in dem Spital, der Armenküche, den fünf Medresen, dem Bad und dem Gästehaus Dienst taten. Ein zweites Standbein der Stiftungen waren aber auch Markthallen, Vermietung von Geschäften oder Einnahmen aus Badehäusern. Weniger begüterte Muslime beteiligten sich mit Kleinstiftungen, etwa durch Brennholzbeschaffung für den Winter, Kerzenspenden oder die Bezahlung von Koranlesungen.

Stiftungsbauten

Die Schule *(medrese)* war nach der Moschee die wichtigste Bauaufgabe im sakralen Bereich. Die kleinen Wohnzellen der Schüler reihen sich in der Regel um einen offenen Arkadenhof, der bei größeren Stiftungen einen eigenen Komplex bildet. Offene Feuerstellen unter den Kuppeln der kleinen Räume spendeten im Winter Wärme. Der größere überkuppelte Unterrichts- und Betraum *(dershane)* liegt meistens in der Mitte einer Hofseite.

Sultan Süleyman reduzierte im 16. Jh. das achtstufige Lehrsystem der Medresen auf vier Stufen. In der ersten bekamen die Schüler Grundkenntnisse, u. a. Schreiben und Rechnen, vermittelt, in der zweiten traten die Koran- und Rechtslehre hinzu, die beiden obersten Stufen entsprachen im Lehrgehalt der Universität. Neben theologischem Wissen und der Rechtslehre konnten die Schüler hier Kenntnisse in Medizin, Mathematik oder anderen Naturwissenschaften erwerben.

Das Hospital *(darüşşifa)* entspricht in seiner Bauform weitgehend den Medresen. Die Krankenzimmer gruppieren sich um einen mit Säulenhallen gerahmten Hof. Der durch seine Größe

Hinweise zum Moscheebesuch
s. S. 63.

hervorgehobene Behandlungsraum gleicht dem Dershane der Medrese.

Die Armenküche *(imaret)* zeichnet sich durch großzügige Raumfolgen aus. Hohe Kuppeln und zahlreiche Schornsteine bedecken die Küchenräume, Magazine zur Lagerung von Lebensmitteln und Speisesäle schließen sich an. Hier aßen nicht nur die Lehrer und Schüler der Medresen und die Bediensteten der Moscheen und der Krankenanstalten, sondern auch die Armen des Viertels.

Unter den Bauten für Gewerbe und Handel spielte der rundum geschlossene Gewerbehof *(han)* die bedeutendste Rolle. Er diente als Herberge für Reisende und Händler und befand sich meist in der Basarzone der Städte. Die Kammern lagen in zwei bis drei Stockwerken um einen rechteckigen Innenhof, unten wurden die Waren gelagert und Handwerke ausgeführt.

Auch ein Bad *(hamam)* war in der Regel Teil einer religiösen Stiftung, was auf die Reinheitsbestimmungen des Koran zurückzuführen ist, aber auch auf seine Einträglichkeit. Die räumliche und technische Ausstattung entsprach den römischen Thermenanlagen. Das Bad hatte seit jeher große Bedeutung als Kommunikationszentrum. Für Frauen war es der einzige öffentliche Ort, an dem sie sich in größeren Gruppen treffen konnten, um sich auszutauschen oder auch Heiratspläne für ihre Söhne zu schmieden.

Wohnarchitektur

Im Gegensatz zu den religiösen Stiftungsbauten wurden die Wohnhäuser des Osmanischen Reiches überwiegend aus Holz errichtet. Allerdings fielen die Holzbauten immer wieder Großbränden zum Opfer. Seit Mitte des 19. Jh. begünstigten preiswertere Verfahren bei der Ziegelherstellung den Bau von Steinhäusern. Die Holzhäuser wurden dem Verfall preisgegeben, und erst der Betonbauboom stärkte in den letzten Jahrzehnten das Bewusstsein für die Erhaltung dieses einzigartigen osmanischen Kulturguts.

Typischerweise waren die Häuser unterteilt in den Bereich des Hausherrn *(selamlık)* und den der Frauen und Kinder *(haremlik),* die bei höheren Ständen verschiedene Etagen oder selbstständige Trakte einnahmen. Gäste wurden im *selamlık* empfangen, meist ein repräsentativer Raum im Erdgeschoss. Mittelpunkt des *haremlik* war der *sofa* oder *hayat* genannte Raum, in dem sich das familiäre Leben abspielte. Um ihn reihten sich die Wohn-Schlafräume *(oda).* Diese lagen meist im Obergeschoss des Hauses und boten durch erkerartige Ausbauten eine gute Sicht auf das Treiben in der Straße.

Die Ausstattung umfasste lediglich eine an drei Wandseiten verlaufende, niedrige Sitzbank und einen offenen Einbauschrank an der Türwand, in dem die Dinge des täglichen Bedarfs untergebracht waren. Zahlreiche Kissen, Teppiche und mit bemalter Leinwand oder Leder verkleidete Wände dienten der Gemütlichkeit. Geheizt wurde mit Holzkohlebecken. Glasfenster konnten sich nur die Wohlhabenden leisten. Pergament, wachsgetränkter Stoff oder einfach nur hölzerne Klappläden verschlossen die Fensteröffnungen.

Der steinerne Unterbau der Holzhäuser wurde als Stallung, Wirtschaftsraum und Küche genutzt. Von der Straße abgewandt besaß jedes Haus einen Garten. In diesem spielten und tanzten die Frauen und Kinder zwischen Blumenbeeten, und der Hausherr genoss im kühlen Schatten die Abendstunden bei einer *nargile.*

Baumeister der Osmanen – Mimar Sinan

1000 Jahre lang versuchten byzantinische und osmanische Baumeister, die prachtvolle Hagia Sophia zu übertreffen. Vergeblich. Erst Mimar (Baumeister) Koca Sinan sollte es im hohen Alter von 80 Jahren gelingen, das große Vorbild seiner Arbeiten bautechnisch zu überwinden, eine annähernd gleich große Kuppel fast schwerelos auf einen riesigen lichterfüllten Raum zu setzen, Bauwerke voller Harmonie zu schaffen, herrlicher noch als die Hagia Sophia.

Koca Sinan war im Jahr 1490 oder 1491 zur Welt gekommen, vermutlich in Kärnten oder in der Steiermark, wo er und seine Mutter 1494 in türkische Gefangenschaft gerieten und als Sklaven in das Haus eines *paşa* kamen. Dessen Tod – wohl 1499 – führte zu ihrer Freilassung; Mutter und Sohn zogen nach Agirnas bei Kayseri, wo Verwandte und andere Christen lebten.

Als Christ zum Sultan

1512 wurde Sinan als Angehöriger einer nichttürkischen Minderheit zum Dienst für Sultan und Reich eingezogen. Als ›Eingesammelter‹ kam er nach Istanbul, wo er den Islam annahm und eine militärische Ausbildung erhielt. Seit 1514 war Sinan im Janitscharenkorps, 1529 kämpfte er vor Wien. 1534 war er Hasseki (Oberst der Leibgarde) und begleitete Sultan Süleyman auf Feldzügen nach Korfu und Balia. In Aleppo errichtete Sinan 1535 seine erste Moschee. Der Bau einer Brücke über den Pruth innerhalb von 13 Tagen brachte ihm die Anerkennung des Sultans (1538). Sinan bestückte auf dem Van-See Schiffe mit Kanonen, konstruierte Kräne, Belagerungsmaschinen,

Mimar Sinan, Baumeister des Sultans

Brücken und wandelte in den eroberten Ländern Kirchen in Moscheen um.

Der Hofarchitekt

1539 wurde Sinan auf Betreiben seines Gönners Lütfü Paşa vom Sultan zum Chef- und Hofarchitekten ernannt und verließ damit die Janitscharentruppe. In den folgenden fast 50 Jahren baute er etwa 130 Moscheen, 55 Medresen, 15 Armenküchen, drei Spitäler, acht Brücken, 17 Karawansereien, 33 Paläste und Palastbauten sowie 33 Bäder.

Seine bedeutendsten Werke sind die Şehzade Camii in Istanbul (1544–48), die Süleymaniye, ebenfalls in Istanbul (1551–57), und – als Krönung seines Schaffens – die einzigartige Selimiye in Edirne (1567–74). Zu seinen architektonisch ebenso herausragenden Moscheen in Istanbul gehören auch die auf einem Podium erhobene Rüstem Paşa Camii in Eminönü und die mit unzähligen Fenstern lichtdurchflutete Mihrimah Camii an der Landmauer beim Edirnekapı.

Von den Palastbauten, die ja traditionell fast ausschließlich im Pavillonstil aus Holz errichtet wurden, ist nichts mehr erhalten. Dagegen überdauerten noch mehrere Badeanlagen, wie das Doppelbad der Haseki Hürrem zwischen der Hagia Sophia und der Ahmediye. Es sind reine Zweckbauten, die kaum mit Schmuck versehen sind, sondern allein durch die Gestaltung der Räume wirken.

1584 begab sich Sinan auf die vorgeschriebene Pilgerfahrt nach Mekka. 1588 starb der Baumeister dreier Sultane, der Dichter der Steine, im Alter von fast 100 Jahren. Sein Grab steht neben der Süleymaniye, der Moschee seines größten Förderers und Auftraggebers.

Die Janitscharen

Als der Osmanensultan Orhan sich im frühen 14. Jh. anschickte, die Macht des jungen Reiches über Anatolien hinaus auszudehnen, erkannte er die Notwendigkeit eines stehenden Heeres. Eine hervorragend ausgebildete und verlässliche Truppe wollte er haben und gleichzeitig Waffensklaven, die ihm blind gehorchten. Da es der Koran jedoch verbot, Muslime zu versklaven, befahl Orhan um 1329, Knaben aus christlichen Familien ›einzusammeln‹ und sie in Kasernen zu Soldaten auszubilden, die ihm bedingungslos ergeben waren. Man nannte sie *yeniçeri,* Neue Truppe; in Europa waren sie bald als Janitscharen gefürchtet.

Die Jungen der *devşirme* (Knabenlese) wurden von den besten Lehrern des Reiches ausgebildet, nicht nur zu Soldaten, sondern auch zu Baumeistern oder Verwaltungsbeamten. Die Janitscharen lebten erst im Topkapı-Palast, später erhielten sie eigene Kasernen. Sie waren keine Sklaven, aber auch nicht frei. Heirat war ihnen verboten (bis Ende des 18. Jh.). Auch mussten sie sich rasieren, denn ein Bart war den höheren Offizieren vorbehalten. Auf Beförderung konnten sie nur im Krieg hoffen: Wer sich bewährte, stieg auf, wer versagte, verlor seinen Rang. So entstand die härteste und gefährlichste Truppe der Welt, ein Heer, dem das Osmanische Reich jahrhundertelang Macht und Stabilität verdankte.

Eine Stadt macht sich schön – Istanbul baut um

Ehrgeizige Projekte wie der Bosporus-Tunnel, die Erneuerung ganzer Stadtviertel oder auch der Bau einer Mega-Moschee in Çamlıca, auf dem höchsten Hügel der Stadt, lösen unter der Bevölkerung Begeisterung aus, stoßen aber auch zunehmend auf Kritik.

Eines der wichtigsten Anliegen der Stadtverwaltung ist schon seit jeher eine neue Verkehrsplanung. Istanbul ist berüchtigt für seinen Verkehrsinfarkt: Die wenigen breiten Straßen sind schon zu normalen Zeiten überfüllt, in der Rushhour jedoch läuft hier gar nichts mehr. Die in den letzten Jahren eröffneten und ständig wachsenden Metro-Linien (s. S. 24) sollen eine Entlastung des Straßenverkehrs bringen. Und auch die wichtige Verbindung über das Goldene Horn ist bereits in Bau. Die Einwände der Archäologen, die eine Zerstörung byzantinischen Erbes befürchten, ließen die Planungen jedoch nur langsam voranschreiten. Weitere Projekte des derzeitigen Ministerpräsidenten Erdogan sind der Bau einer dritten Bosporus-Brücke, eines dritten Flughafens und eines jenseits der Stadt liegenden Wasserkanals zwischen dem Schwarzen und dem Marmarameer, um den Schiffsverkehr auf dem Bosporus zu entlasten.

Ein Bosporus-Tunnel

Das aktuell bedeutsamste Projekt ist der Bosporus-(Marmaray-)Tunnel, der zwischen Üsküdar und Sirkeci den Bosporus unterquert und weiter unter der gesamten Altstadt bis ans Marmarameer verläuft. Er wird stündlich bis zu 75 000 Menschen zwischen dem europäischen und dem asiatischen Istanbul befördern. Die Fertigstellung des 13,6 km langen Tunnels mit unterirdischen Bahnhöfen in Yenikapı, Sirkeci und Üsküdar war für 2009 geplant. Bei den Bauarbeiten in Yenikapı stieß man jedoch auf den antiken Hafen Byzantions, was die Fertigstellung um Jahre verzögert hat (s. S. 96). Der Tunnel wurde im Oktober 2013 schließlich der Öffentlichkeit übergeben, die Zufahrtsstrecken werden frühestens im Jahr 2015 fertig.

Rund um das alte Stadtzentrum entstanden derweil moderne Satellitenstädte, in denen sich Istanbul als Metropole des globalisierten 21. Jh. präsentiert. Das 1989 eröffnete Ataköy-Tourismuszentrum am Marmarameer mit Jachthafen, diversen Sportanlagen und einem Shopping Center war nur ein Anfang. Heute ist Istanbul bereits die Stadt mit der weltweit höchsten Anzahl von Malls, und die Skyline des boomenden Finanzdistrikts in Maslak und Levent erinnert an die von Frankfurt.

Stadtplanung brachial

Die Uferstreifen des Goldenen Horns wurden in den 1980er-Jahren begrünt. Bis dahin breitete sich dort ein Gewirr von alten Holzhäusern und Werkstätten aus. Durch die Einleitung von Abwässern glich der Meeresarm damals einer Kloake. Über 150 000 Menschen wurden in eilig hochgezogene Betonsilos vor die Stadtmauern umgesiedelt. Zugleich sollte eine neue, auf Stahlpfählen ruhende Galata-Brücke den Wasseraustausch mit dem Bosporus gegenüber der alten, 1912 errichteten Pontonbrücke verbessern. Die neue Brücke erfüllt seit 1992 ihren Zweck, Teile der alten Brücke wurden weiter nördlich am Goldenen Horn wieder aufgebaut.

Weitere rigorose Maßnahmen folgten, darunter der Abriss ganzer Häuserzeilen des 19. Jh. zur Erweiterung des Tarlabaşı Bulvarı in Beyoğlu und der Bau der Uferstraße bei Arnavutköy am Bosporus, der die legendäre Landschaft verschandelte. Diese Stadtplanung stieß im Gegensatz zur Sanierung des Goldenen Horns jedoch auf wenig Verständnis bei der Bevölkerung. Sie forderte behutsamer an die Modernisierung der Stadt zu gehen.

Alte Häuser ganz schick

Einen einfühlsameren Weg schlug Çelik Gülersoy, der ehemalige Direktor des türkischen Automobilclubs, ein. Im Bewusstsein, dass Istanbul eine historisch gewachsene Stadt ist, die ihr Erbe bewahren sollte, ließ er in Eigeninitiative zahlreiche Holzvillen aus osmanischer Zeit restaurieren bzw. ganze Straßenzüge wiederaufbauen. Dazu gehören das Hotel Yeşil Ev (Grünes Haus) bei der Sultan Ahmet Camii, die Häuserzeile der Ayasofya Konakları vor den Außenmauern des Topkapı-Palasts, das Gebäudeensemble rund um die Chora-Kirche sowie das hübsche Hıdiv Kasrı (Khedivenschlösschen) hoch über dem Bosporus und die Pavillons im Yıldız- und im Emirgan-Park.

Diese Kleinode in einer von Betonklötzen zugebauten und nach Modernisierung in allen Bereichen strebenden Stadt lassen noch etwas von der alten Pracht der osmanischen Reichshauptstadt erkennen. Aber Gülersoy stieß häufig auf Widerstand seitens der Stadtverwaltung, die in Istanbul lieber moderne Projekte verwirklicht sehen wollte.

Vertreibung und Neubau

Aber auch Umgestaltungsvorhaben ganzer Stadtviertel führen immer wieder zu Unbehagen in der Bevölkerung. So ließ der Bürgermeister des konservativen Stadtteils Fatih vor wenigen Jahren das Viertel Sulukule am Fuße der Stadtmauer abreißen. Hier siedelten schon lange, bevor Konstantinopel osmanisch wurde, Roma. Sie musizierten und tanzten für die byzantinischen Kaiser, später für die Sultane und auch für Atatürk. Ihr Viertel war jedoch schon immer von Armut geprägt, sie galten als Menschen ohne Moral und bis in die 1990er-Jahre war Sulukule der berüchtigteste Rotlichtdistrikt von Istanbul.

Statt Erhaltung, Restaurierung und Aufwertung der vorhandenen Architektur, wie die UNESCO immer wieder fordert, entstehen jetzt entlang der Stadtmauer neue moderne Bauten im osmanischen Stil. Die frühere Bevölkerung aber wurde an den Rand der Megastadt Istanbul verdrängt. Entsprechendes ist in Talarbaşı unweit der İstiklal Caddesi zu beobachten. Hinter meterhohen Blechwänden warten verlassene, halbverfallene, teils denkmalgeschützte Häuser auf ihren Abriss. Einst lebten hier Griechen und Armenier, in den 1980er-Jahren bewohnten überwiegend weniger betuchte Kurden, Roma und Flüchtlinge die Gegend. Die Rotlichtszene und Illegalität prägten fortan das Stadtviertel. Nun wurden sie vertrieben, die Häuser warten auf ihren Neubau mit historisierenden Fassaden.

Istanbul wächst in die Höhe

Während sich die Silhouette der historischen Landzunge mit ihren von Moscheen bekrönten sieben Hügeln kaum wandelt, strebt Istanbul in den Finanzdistrikten Levent und Maslak mit immer wieder neuen Wolkenkratzern in ungeahnte Höhen: Der im Jahr 2000 fertiggestellte Işbank Tower mit 181 m Höhe wird seit 2011 von dem 261 m hohen Sapphire überragt. Der noch im Bau befindliche Diamond of Istanbul soll 270 m erreichen. Aber damit nicht genug: Die 250 und 300 m hohen Dubai Towers sind geplant und auch genehmigt (auch wenn ihre Realisierung nicht gesichert scheint).

In ständigem Wandel – die Skyline von Istanbul

Das Marmaray-Projekt und der Theodosianische Hafen

Der Marmaray-Tunnel ist das neue Prestigeprojekt Istanbuls. Bei den Bauarbeiten stieß man aber auf den spätantiken Hafen – das brachte eine enorme Bauverzögerung, zugleich aber eine neue, überaus spannende archäologische Grabung.

Der tägliche Verkehrsinfarkt, besonders zur Rushhour auf den Brücken über den Bosporus, verlangt nach Lösungen, um dem rasanten Wachstum der Stadt und des Verkehrs gerecht zu werden. Die Idee eines Bosporus-Tunnels wurde bereits in den Jahren 1860 und 1902 diskutiert, doch waren die technischen Möglichkeiten noch nicht reif dafür. Erst in den 1980er-Jahren wurde das Projekt wieder ernsthaft diskutiert, im August 2004 erfolgte der Baubeginn, am 4. August 2013 eine erste Probefahrt durch den Tunnel. Im Oktober 2013 wurde der 1,4 km lange Bosporus-(Marmaray-)Tunnel an die Öffentlichkeit übergeben. Er verläuft ca. 56 m unter dem Meeresspiegel und besteht aus elf Tunnelelementen mit jeweils zwei erdbebensicheren Röhren.

Zwischen den Kontinenten

Unterirdische Bahnhöfe gibt es in Üsküdar, Sirkeci (neben/unterhalb des europäischen Hauptbahnhofs) und Yenikapı (mit Umsteigemöglichkeiten in Banliyö und Metro). Die Eisenbahnstrecke soll bis nach Halkalı auf europäischer Seite und Gebze auf asiatischer Seite dreigleisig ausgebaut werden. 75 000 Fahrgäste können dann pro Stunde und Fahrtrichtung transportiert werden, die Fahrzeit von Halkalı nach Gebze soll für die gut 76 km lange Strecke nur etwa 1,5 Stunden betragen. Wie der Tunnel soll dieses Teilstück Ende 2013 eröffnet werden. Doch bis das gesamte ehrgeizige Projekt Marmaray (der Name leitet sich von Marmarameer und dem türkischen Wort *ray* = Schiene ab) fertig ist, werden noch einige Jahre vergehen.

Das Glück der Archäologen

Geplant war die Eröffnung des Tunnels für 2009, aber die Arbeiten an den Anschlussstellen brachten zum Teil sensationelle archäologische Funde zum Vorschein, die die Fertigstellung um Jahre verzögern. In Üsküdar wurden die Grundmauern einer osmanischen Ladenstraße und eines Gebäudes aus dem 12./13. Jh. freigelegt. Die Grabungen in Sirkeci erbrachten Erkenntnisse zur Stratigrafie Istanbuls. In Yenikapı schließlich entdeckte man in 8 m Tiefe den byzantinischen Handelshafen.

Dass der Theodosianische Hafen in diesem Bereich gelegen haben muss, war lange bekannt, aber mit derart spektakulären Funden hatte niemand gerechnet. Nach und nach gruben die Archäologen 31 Boote unterschiedlicher Typen und Größen aus, die teils noch mit Amphoren und Krügen beladen und in einem hervorragenden Zustand waren.

Der Theodosianische Hafen

Der Hafen lag an der Mündung des Lykos-Flusses. Von Kaiser Theodosius I. (379–395) als Handelshafen u. a. für die Getreideversorgung erbaut, legten hier bis in das 7. Jh. Schiffe an und ab. Danach verlandete der Hafen zunehmend durch den Schlamm, den der Lykos mit sich brachte. Bis ins späte 11. Jh. konnten nur noch kleinere Schiffe und Boote anlegen. Eine komplette Verlandung erfolgte im 13. Jh. Heute liegt der Hafen etwa 500 m im Landesinneren. Durch die Erdablagerungen des Flusses, wurden die Holzschiffe gut konserviert.

Die Istanbuler Universität richtete für ihre Restaurierung das erste Schiffskonservierungslabor der Türkei ein. Die vor Ort vermessenen Holzwracks werden jahrelang in Spezialtanks gewässert und konserviert, um sie anschließend wieder zusammenzusetzen.

Unter den ausgegrabenen Schiffswracks waren vier byzantinische Galeeren (um das Jahr 1000), die zu den frühesten bisher entdeckten Kriegsschiffen im Mittelmeerraum zählen. 2011 wurde in Yenikapı das bisher älteste Frachtschiff freigelegt. Es stammt aus dem 5. Jh. und ist mit rund 15 m Länge und 5 m Breite der bisher größte bekannte Handelssegler aus der Spätantike. Er hatte mehrere hundert Amphoren geladen, die zum Teil noch unbeschädigt waren. In ihnen wurde wahrscheinlich Wein, Olivenöl oder Fischsauce transportiert.

Bedeutend sind zudem Siedlungsspuren, die aus neolithischer Zeit (um 6000 v. Chr.) stammen. Neben dem Nachweis von Lehmhütten entdeckten die Forscher auch Skelette mitsamt tönernen Grabbeigaben.

Museum geplant
Nahe dem spätantiken Hafen wird in den nächsten Jahren ein Museum mit archäologischem Park gebaut, das sich den Funden aus dem Hafengebiet widmet.

Reinheit ist der halbe Glaube – Besuch im türkischen Bad

Schwitzen auf dem heißen Stein, Massage, kalte Güsse und anschließend ein Glas mit heißem Tee, das ist Erholung pur für Körper und Seele.

Der Besuch eines Hamam war in osmanischer Zeit unverzichtbarer Bestandteil der islamischen Lebensführung. Nach dem Koran soll jeder Gläubige vor dem Freitagsgebet ein Bad nehmen. So entwickelten sich Hamam zur bedeutendsten Einnahmequelle der religiösen Stiftungen, denn nur reiche Haushalte verfügten über ein Bad.

Im historischen Kern von Istanbul gab es weit über hundert mehr oder weniger prunkvoll ausgestattete Hamams, heute sind vielleicht noch ein Dutzend in Betrieb. Die Bäder dienten nicht nur der körperlichen Reinigung, sie waren auch ein Treffpunkt. Die Faszination eines Hamam wird in dem Film »Hamam« von Ferzan Özpetek (1997) auf sinnliche Weise dargestellt.

Brautschau und Klatschbörse

Im Hamam tätigten die Männer Geschäfte, Frauen trafen Freundinnen, tauschten den neuesten Klatsch aus oder gingen auf Brautschau für ihre Söhne. Heute verliert das Hamam innerhalb der türkischen Gesellschaft zunehmend an Bedeutung. Immer mehr Komfortbäder sind in Privathaushalten zu finden. So kann es auch nicht verwundern, dass viele und besonders die architektonisch reizvollen Bäder wie das Cağaloğlu Hamamı auf Touristenbetrieb umgestellt werden. Ansonsten bleibt ihnen über kurz oder lang nur die Schließung. – Dennoch sollte man sich das Erlebnis eines türkischen Bades in Istanbul nicht entgehen lassen.

Schwitzen und Schrubben

Traditionell baden Frauen und Männer getrennt und werden auch nur von gleichgeschlechtlichen Bademeistern betreut. Heute sind in touristischen Hamams auch Paare zugelassen, manchmal sogar nur Paare. Dann gehört ein (gestellter) Bikini zur Etikette, Männer tragen Badehosen oder das gestellte Badetuch um ihre Hüften. Auch Handtuch und Seife werden in der Regel gestellt. Um Verständigungsschwierigkeiten braucht man sich nicht zu sorgen, die Bademeister sind den Umgang mit Erstbesuchern gewohnt.

Wie die alten römischen Thermen sind die großen osmanischen Bäder dreigeteilt: Im *camekan,* dem Empfangsraum *(Apodyterium* = Auskleideraum), liegen ein großes Badetuch *(peştamal)* und hölzerne Sandaletten *(galenci)* bereit. In einer Umkleidekabine entledigt man sich der Kleider. Der Übergangsraum (*soğukluk* = Tepidarium) mit mäßig warmer Temperatur dient zur ersten Reinigung. Dann betritt man den überkuppelten Heißluftraum (*hararet* = Caldarium). In der Mitte steht der *göbektaş,* ein Marmorpodium, das von unten beheizt und zum Ausruhen, Schwitzen und – falls gewünscht – für die Massage oder das Einschäumen und Abreiben mit Hilfe eines Frottierhandschuhs *(kese)* genutzt wird. In den Seitennischen des *hararet* befinden sich Becken mit Kalt- und Heißwasserzulauf. Hier kann man sich mit Schalen das Wasser gemischt oder im Wechsel heiß und kalt übergießen. Am Ende des Badevergnügens entspannt man bei einer Pause mit Kaffee oder Tee.

Die schönsten historischen Bäder

Ayasofya Hürrem Sultan Hamamı: Sultanahmet, Bab-i Hümayun Cad. 1, www.ayasofyahamami.com, Frauen/Männer getrennt, Tram T1 Sultanahmet/Banliyö B1 Cankurtaran, tgl. 8–23 Uhr, 150 TL; s. S. 151.
Cağaloğlu Hamamı: Cağaloğlu, Prof. Kazim İsmail Gürkan Cad. 34, www.cagalogluhamami.com.tr, Tram T1, Sultanahmet, tgl. Männer 8–22, Frauen 8–20 Uhr, 72–120 TL; s. S. 171.
Çemberlitaş Hamamı: Çemberlitaş, Vezirhane Cad. 8, www.cemberlitashamami.com.tr, Tram T1 Çemberlitaş, Männer und Frauen tgl. 6–24 Uhr, 50–120 TL; s. S. 182.
Galatasaray Hamamı: Galatasaray, Turnacıbaşı Sk. 24, www.galatasarayhamami.com, Tram T5 Galatasaray, tgl. Männer 7–22, Frauen 8–21 Uhr; s. S. 233.

Als Paar ins Bad

Wer gern als Paar oder mit seiner Familie ins Hamam möchte, ist im Süleymaniye Hamamı bestens aufgehoben. Dieses schöne, von Sinan errichtete Bad hat sich auf gemischte Gruppen spezialisiert. Nach Voranmeldung durch das Hotel gibt es einen kostenlosen Busshuttle hin und zurück, alle Utensilien außer dem Bademantel werden gestellt.
Süleymaniye Hamamı: Çemberlitaş, Mimar Sinan Cad. 22, Tel. 0212 520 34 10, www.suleymaniyehamami.com, Busshuttle, nur Paare oder Familien, tgl. 10–24 Uhr, 95 TL; s. S. 182.

Hereke, Kayseri, Bergama, Milas – die anatolischen Teppiche

Der Basar von Istanbul bietet eine riesige Auswahl an Teppichen, sodass für jeden Geschmack und Geldbeutel etwas dabei ist. Vor dem Kauf sollte man sich allerdings hinreichend über die Qualitätsmerkmale informieren, denn nicht jeder Teppich ist handgeknüpft, und selbst dann gibt es große Qualitätsunterschiede.

Handgeknüpfte Teppiche, gleich welcher Größe, werden am Knüpfbaum gefertigt. Kettfäden aus Wolle oder Baumwolle sind um den oberen und unteren Baum gespannt; sie bilden abschließend die Fransen – bei maschinengeknüpften Teppichen sind die Fransen meist angenäht! Im Gegensatz zum persischen Sineh-Knoten, bei dem der Knoten nur um einen Kettfaden verläuft, kommt in der traditionellen anatolischen Teppichkunst der türkische Görges-Knoten zur Anwendung. Der Wollfaden wird hier um zwei Kettfäden geschlungen und seine Enden zwischen diesen herausgezogen. Die Fadenenden bilden den Flor, der auf die gewünschte Länge gekürzt wird. Der Görges-Knoten zeichnet sich durch eine größere Haltbarkeit aus, während mit dem Sineh-Knoten feinere Muster gefertigt werden können.

Knoten für Knoten

Die Zahl der Knoten pro Quadratmeter bzw. Quadratzentimeter gibt Auskunft über die Qualität des Teppichs. Je enger und fester die Knoten

Mythologische Symbole und frische Farben charakterisieren die Bergama-Teppiche

stehen, desto höher ist die Haltbarkeit und auch der Wert des Teppichs. Gute Stücke weisen sechs bis 25, bei Seidenteppichen sogar noch mehr Knoten pro Quadratzentimeter auf, also 60 000 bis 250 000 pro Quadratmeter. Auf der Rückseite kann man auszählen, wie dicht die Knoten stehen.

Wolle und Seide

Als Material wird Schafwolle verwendet, aber auch reine Seide – Baumwolle gilt als minderwertig. Die Seidenteppiche bestechen durch Glanz und Farbigkeit; da sie sehr empfindlich sind, dienen sie meist als Tisch- oder Wanddekoration. Neben den naturseidenen Teppichen gibt es auch Stücke aus Floschseide, einer mattglänzenden billigeren Pflanzenfaser.

Da die genaue Bezeichnung von den Händlern gern verschwiegen wird, ist es ratsam, nachzufragen oder eine Feuerprobe zu verlangen: Schafwolle und Naturseide als tierische Produkte riechen nach verbranntem Haar; Baumwolle und Floschseide hinterlassen graue Asche und riechen nach verbranntem Holz.

Rot für Reichtum

Die Farben der Wolle beruhen traditionell auf pflanzlicher Basis, die Verwendung synthetischer Farben nimmt jedoch immer mehr zu. Pflanzliche Farben wirken warm, oft pastellen und harmonieren stärker miteinander.

Jede Farbe hat ihre eigene Bedeutung: Rot steht für Reichtum und Freude, Grün erinnert an das Paradies, Blau bedeutet Adel und Pracht, Gelb Schutz vor dem Bösen, und Schwarz vertreibt weltlichen Schmerz. Die Kombination der Farben und die Verwendung bestimmter Ornamente und Motive variiert von Landschaft zu Landschaft und wird von den Knüpferinnen traditionsgemäß weitergegeben.

Hereke bis Kayseri

Das Produktionszentrum Hereke, nahe Istanbul, stellt die feinsten Teppiche aus Naturseide her. Naturalistische Blütenmuster beherrschen den Dekor. Wollteppiche mit geometrischen Mustern kommen aus zahlreichen Regionen Anatoliens: Kayseri in Kappadokien ist das größte und bekannteste, Istanbul wird jedoch traditionell stark aus dem Gebiet der nördlichen Ägäisküste beliefert. An den Dardanellen (Çanakkale, Ezine) und in Bergama herrschen geometrische Kompositionen in Rot und Blau vor. In Edremit dagegen bevorzugt man pastellene Farbtöne sowie Olivgrün und Zitronengelb, während Milas-Teppiche durch die Dominanz von Beige- und Tabaktönen auffallen. In Kula hingegen wird die Tradition der berühmten Uşak-Teppiche fortgesetzt, die seit dem 16. Jh. auch in europäische Schlösser exportiert wurden.

Alte Teppiche

Auch bei den Händlern Istanbuls kann man alte Teppiche finden, oft zwar schon häufig repariert, aber immer noch bestechend durch Farbharmonie und altüberlieferte Muster. Doch hier ist Vorsicht geboten, denn Teppiche, die älter als 100 Jahre sind, gelten als Antiquität und dürfen das Land nur mit staatlicher Genehmigung verlassen.

Kunst und Politik

In Istanbul bebt es, allerdings nicht an der Richterskala messbar, sondern in den Herzen der Bewohner. Politisch motivierte Demonstrationen gehen in künstlerische Bewegungen über. Die Unzufriedenheit der Bürger wird auf der einen Seite kreativ ausgelebt, auf der anderen Seite wird die einfache Verschönerung eines Stadtviertels als politische Provokation angesehen. Die Stadt, das ganze Land sind im Aufbruch.

Entfacht wurden die Auseinandersetzungen im Frühsommer 2013, als mit der Rodung von Bäumen für den Bau eines Einkaufszentrums im Gezi-Park, nördlich des Taksim-Platzes, begonnen wurde. Kritik an der derzeitigen Politik, insbesondere am totalitären Führungsstil des Premierminister Recep Erdoğan, löste die Unruhen aus. Die überwiegend friedlichen und erfindungsreichen Formen des Protests würdigte der Schriftsteller Mario Levi am 12. August 2013 in der Neuen Züricher Zeitung: »So bin ich durchaus versucht, diese jungen Menschen als die neue Türkei zu bezeichnen, und zwar nicht nur, weil sie unerschrocken für ihre Rechte eintreten und uns wieder lehren, uns aufzulehnen, sondern vor allem auch, weil sie dies voller Humor tun.«

Aufsehen erregte vor allem der Istanbuler Tänzer und Choreograf Erdem Gündüz mit seiner Performance »Der stehende Mann«. Acht Stunden verharrte er aufrecht stehend und schweigend vor dem Atatürk-Denkmal auf dem Taksim-Platz. Er fand Tausende Nachahmer, die ebenfalls auf diese Weise für Meinungsfreiheit protestierten. In Potsdam erhielt Gündüz im September desselben Jahres für diese Aktion den M100 Media Award, einen symbolischen Preis für Verdienste um den Schutz der freien Meinungsäußerung.

Als »Liebesgeschichte des Aufstandes« bezeichnete die türkische Presse die Aktivität zweier Demonstranten, die zur öffentlichen Hochzeitsparty im Gezi-Park einluden. Ebenso friedlich wurde der Unmut einiger Istanbuler gegen die Umwandlung des Haydarpaşa-Bahnhofs in Kadiköy zu einem Luxushotel mit Shopping Mall zum Ausdruck gebracht: Die Protestpaare trafen sich zum Tangotanzen auf dem Vorplatz des Bahnhofs.

Die bunte Treppe

Weniger Humor bewies die Kommunalverwaltung von Beyoğlu. Ebenfalls im Spätsommer 2013 meinte ein Istanbuler Bürger, er müsse sein Wohnumfeld freundlicher gestalten. So nahm er einige Farbtöpfe und strich damit eine breite, triste graue Treppe, die vom Bosporus-Ufer ins Viertel Cihangir führt, in den Farben des Regenbogens an. Die von den Gezi-Park-Protesten noch alarmierten Kommunalpolitiker befürchteten hier eine politisch motivierte Aktion der Schwulen-Lesben-Szene und ließen die Treppe, ohne die Beweggründe des Bürgers zu hören, sofort wieder grau überstreichen. Diese Aktion sprach sich schnell herum; die bunte Treppe wurde daraufhin zu einem Symbol für die als autoritär empfundene Politik. Aktivisten verabredeten sich, um die Treppe erneut farblich zu gestalten. Der Bezirksbürgermeister erkannte, dass er vorschnell gehandelt hatte und ließ die Treppe in einer Nacht- und Nebelaktion wieder in den alten Regenbogenfarben erstrahlen. Daraufhin nutzten die Aktivisten ihre Farbtöpfe, um auch andere Treppen und Straßen in der Nachbarschaft bunt anzumalen.

Kritik an Erdoğan

Die Stimmung war und ist nach wie vor angespannt. Alle Aktivitäten seitens Premierminister Erdoğan, aber auch von dessen Gegnern werden misstrauisch beäugt. Neben Großprojekten, die der Verbesserung der Infrastruktur dienen sollen (s. S. 96), stehen andere, die von Kritikern als Denkmäler des Größenwahns vom Premierminister interpretiert werden. Dies gilt etwa für das kürzlich begonnene Bauprojekt der großen Moschee auf der Spitze von Çamlıca (s. S. 273) Sie wird von ganz Istanbul aus zu sehen sein: ein Monument als architektonisches Denkmal für Erdoğan. Ähnlich das Bauprojekt im Gezi-Park: Hier sollte nicht einfach nur eine Grünfläche einem Einkaufszentrum weichen, hier war und ist der Wiederaufbau der alten, imposanten Topçu-Kaserne (Artillerie-Kaserne, 1780–1940) im osmanisch-historisierenden Stil geplant. Im Zuge ihres Baus soll der gesamte Taksim-Platz umgestaltet werden. Das beinhaltet auch den Abriss des Atatürk-Kulturzentrums, eines wichtigen Symbols der modernen westlich orientierten Türkei. Die Bevölkerung zeigt durch ihre kreativen Proteste gegen diese Maßnahmen, dass mehr Offenheit und Transparenz gewünscht werden.

Orhan Pamuk und die türkische Literatur

Orhan Pamuk wurde als erster Literaturnobelpreisträger der Türkei bekannt. Die mystische Tradition der Sufi-Dichtung findet in seiner Erzählkunst ebenso Ausdruck wie der moderne europäische Roman.

Orhan Pamuk wurde am 7. Juni 1952 in Istanbul geboren und wuchs in bürgerlichen Verhältnissen im Viertel Nişantası nördlich des Bosporus auf. Er besuchte das englischsprachige Robert College und studierte anschließend, wie es die Familientradition vorsah, Architektur. Später wechselte er zum Journalismus und erwarb 1977 seinen Abschluss. Bereits mit sieben Jahren begann Pamuk intensiv zu malen und war fest davon überzeugt, später einmal Maler zu werden. Dieses künstlerische Schaffen gab er jedoch während des Studiums auf und entschied, sein Leben fortan dem Schriftstellerdasein zu widmen. Denn Malerei erschien ihm zu dieser Zeit als Stummheit, und durch das Schreiben konnte er seine Stimme erheben.

Orhan Pamuk reflektiert in seinen Werken das Identitätsproblem der türkischen Gesellschaft, das Hin-und-her-Driften zwischen Orient und Okzident. Er vertritt einen Begriff von Kultur, dem das Wissen um Unterschiede und der Respekt ihnen gegenüber zugrunde liegt. Neben zahlreichen Auszeichnungen und Ehrendoktorwürden erhielt Orhan Pamuk 2005 den Friedenspreis des Deutschen Buchhandels und 2006 den Nobelpreis für Literatur. Da er durch sein Schreiben gegen den Nationalismus in der Türkei eher kritisch gesehen wird, nahmen viele Türken diese Ehrung als Affront des Westens gegen ihr Land wahr. Wie viele Autoren vor ihm konnte auch

Pamuk nicht der türkischen Justiz entkommen. In einem Interview äußerte er sich zu den Armenier-Pogromen während des Ersten Weltkriegs und wurde daraufhin wegen Beleidigung des Türkentums angeklagt. 2006 wurde das Verfahren jedoch eingestellt.

Literatur unter Kuratel

Die türkische Literatur des 20. Jh. trat vor allem durch die Repressalien, denen die Autoren seitens der türkischen Regierung ausgesetzt waren, ins westliche Bewusstsein. Kritische Äußerungen führten nicht nur zum Verbot der Bücher, sondern brachten die Schriftsteller auch zeitweise hinter Gitter, andere wurden des Landes verwiesen.

Nazım Hikmet (1902–63) beispielsweise gilt als Begründer der modernen türkischen Lyrik. Seine Werke distanzieren sich von der osmanischen Versform und dem romantisierenden Orientalismus. Er trotzte dem Publikationsverbot, der Verfolgung, der Ausbürgerung und dem russischen Exil. Er starb in Moskau und wurde auch dort begraben. Erst am 6. Januar 2009 erhielt Nazım Hikmet posthum die türkische Staatsbürgerschaft zurück.

Auch Aziz Nesin (1915–95), populärer Schriftsteller, Bühnenautor und hervorragender Satiriker, war immer wieder Repressalien seitens der türkischen Regierung ausgesetzt. In über 200 politischen Prozessen stand er vor Gericht, verbrachte mehrere Jahre im Gefängnis, überlebte zwei Mordanschläge und trotzte einer von der Regierung angedrohten Todesstrafe. In seinen zahlreichen Werken (viele wurden in mehr als 40 Sprachen übersetzt) verurteilte er immer wieder religiösen Fanatismus und übertriebenen Nationalismus.

Der bekannte Romancier Yaşar Kemal (* 1923) wurde im Dezember 2008 mit dem höchsten Kulturpreis der Türkei ausgezeichnet. Er überlegte länger, ob er ihn annehmen sollte, denn Yaşar Kemal, kurdischer Abstammung und regierungskritisch, verbrachte ebenfalls mehrere Jahre im türkischen Gefängnis. Aber er sieht in dem vom Staatspräsidenten verliehenen Preis ein Zeichen, dass »politische Standfestigkeit und der Kampf für Freiheit und Menschenrechte nicht länger ein Grund zur Ausgrenzung sind«.

Bücher von Orhan Pamuk

Viele Werke Orhan Pamuks spielen in Istanbul: In »Das schwarze Buch« (München 1995, Frankfurt/M. 2007), verschmelzen Vergangenheit und Gegenwart im nächtlichen Istanbul. Neun Tage im Istanbul des Jahres 1591 erzählt der Kriminalroman »Rot ist mein Name« (München 2001, Frankfurt/M. 2007), der zugleich als ein Hohelied auf die osmanische Buchmalerei angesehen werden kann. »Istanbul. Erinnerungen an eine Stadt« (München 2006, Frankfurt/M. 2010) ist Pamuks Liebeserklärung an seine Heimatstadt. »Der Blick aus meinem Fenster« (München 2006, Frankfurt/M. 2010) mit Erzählungen über Politik und Literatur ist eine weitere Liebeserklärung an die Stadt. Das Istanbul der 1970er-Jahre ist Ort einer unglücklichen Liebesgeschichte in »Das Museum der Unschuld« (München 2008, Frankfurt/M. 2010). »Cevdet und seine Söhne« (München 2011) ist Pamuks Debütroman. In dieser Familiensaga wird der Wandel Istanbuls und der türkischen Geschichte seit dem frühen 20. Jh. lebendig.

Zildjian

Crossing the Bridge – The Sound of Istanbul

Auf den Straßen und Dächern der Stadt, in einem Boot auf dem Bosporus, in den Studios und Clubs von Beyoğlu, in Hotels und einfachen Wohnungen – überall vibriert es. Die Hoffnungen, Probleme und Stimmungen der Istanbuler, das Gestern und Heute, die kulturelle Vielfalt – alles wird musikalisch eingefangen und verarbeitet. Und daraus ergibt sich ein ganz besonderes Porträt der Stadt.

Der deutsch-türkische Regisseur Fatih Akin war gemeinsam mit Alexander Hacke, dem Bassisten der Berliner Kultband Einstürzende Neubauten, in Istanbul unterwegs, um für den Soundtrack des preisgekrönten Dramas »Gegen die Wand« (2005) die passende Musik aufzunehmen. Die musikalische Vielfalt der Stadt faszinierte die beiden aber dermaßen, dass sie beschlossen, eine Dokumentation über die Musikszene Istanbuls zu drehen. Und dabei ist »Crossing The Bridge – The Sound of Istanbul« entstanden, ein faszinierendes musikalisches Porträt, das der Stadt am Bosporus ein Denkmal ganz besonderer Art setzt.

Ausgerüstet mit Aufnahmegeräten, Laptop und mehreren Festplatten durchstreifen Alexander Hacke und Fatih Akin die Straßen, Clubs und Studios von Istanbul. Es gelingt den beiden, die multikulturell beeinflussten Klänge der Stadt vom Straßenmusiker über ambitionierte Gruppen bis hin zum türkischen Megastar einzufangen. Bisweilen greift Hacke auch selbst zum Instrument, um gemeinsam mit den türkischen Musikern zu spielen und den Sound auf diese Weise aktiv zu erfahren.

Istanbul rockt im Club Barfly

Die türkische Musik kennt neben den bei uns vorherrschenden Zwei-, Drei- und Vier-Viertel-Takten auch den Fünf-Achtel-Takt. Der klingt für westliche Ohren zunächst etwas fremd, und vielleicht ist dies auch der Grund, weshalb Hacke die Zuschauer vorerst mit Rock- und Punkbands sowie Hip-Hoppern bekannt macht.

Die Rockszene

Erkin Koray, 1941 in Istanbul geboren, gilt als die Rocklegende der Türkei. Geprägt durch seine Mutter, die am Istanbuler Staatskonservatorium klassische westliche Musik unterrichtete und ihm auch selbst Klavierunterricht erteilte, lernte er während seiner Schulzeit die Rockmusik kennen und lieben. Da diese Musikrichtung zu seiner Zeit in der Türkei jedoch – gelinde gesagt – wenig populär war, stieß er immer wieder auf Schwierigkeiten. Koray produzierte daher seine Platten in den 1970er- und 80er-Jahren vorwiegend in Deutschland bei Firmen, die Musiker mit Migrationshintergrund unterstützten.

Erkin Koray war der Wegbereiter für eine neue Musikkultur in der Türkei, in die dann Gruppen wie Replikas und Duman einsteigen konnten. Mit alternativem Rock nach westlicher Manier, manchmal auch hartem Punkrock, vertonen die Musiker politische Ereignisse, aber auch bekannte Volkslieder – immer in türkischer Sprache. Diese Szene ist in den Kellerbars und Kneipen der Seitenstraßen von Beyoğlu zu Hause.

Hip-Hop und Rap

Die Hip-Hop-Szene hat sich erst vor wenigen Jahren in der Türkei etabliert. Türkische Migrantenjugendliche begannen zuerst in Deutschland in ihrer Muttersprache zu rappen, bevor die Welle nach Istanbul überschwappte.

Der im asiatischen Stadtteil Kadıköy beheimatete Rapper Ceza gilt mittlerweile als die türkische Antwort auf Eminem. Allerdings distanzieren sich die Istanbuler Hip-Hopper in ihren Texten bewusst vom amerikanischen ›Gangsta Rap‹ und rappen über ihren Alltag und ihre ganz persönlichen Vorstellungen von Freundschaft.

Traditionelles Liedgut

Eine andere Facette der Istanbuler Musikszene zeigen Hacke und Akin in ihrer Dokumentation mit Brenna MacCrimmon, einer Kanadierin, die inzwischen auch in der Stadt am Bosporus zu Hause ist. Seit den späten 1980er-Jahren hat sie intensiv die traditionelle Volksmusik des Balkans und der Türkei studiert und die *bağlama* (Langhalslaute) erlernt. Sie entdeckte fast vergessene Volkslieder und verhalf diesen wieder zu mehr Popularität.

Ein Mitglied ihrer Band, der bekannte Flötist und Roma Selim Sesler, nahm Alexander Hacke bei seiner Odyssee durch die städtische Musikszene mit in seinen Heimatort westlich von Istanbul. Dort erlebte Hacke bei einer Jamsession in einer Kneipe den musikalischen Einfluss der Roma innerhalb der türkischen Folklore. Nach dem Wetttrinken, einem elementaren Bestandteil der Session, erreichten die Musiker ungeahnte Höhen bei der Darbietung ihrer Künste auf Klarinette und der Saz-Laute.

Eine weitere Facette innerhalb der türkischen Folkloremusik stellt die kurdische Sängerin Aynur Doğan dar. Sie musste sich jahrzehntelang mit massiven Widerständen während ihrer Auftritte und politischer Verfolgung auseinandersetzen. Erst seit wenigen Jahren ist es überhaupt möglich, Lieder in kurdischer Sprache öffentlich über Rundfunk und Fernsehen zu senden.

Die Megastars

Bevor Alexander Hacke dem Publikum die großen wegweisenden Megastars der Istanbuler Musikszene vorstellt, sucht er zunächst die Gruppe Siyasiya auf. Fern von Tonstudios und Plattenlabels, fern des kommerziellen Weges werben die Straßenmusiker für mehr Toleranz im multikulturellen und auch im gesellschaftlichen Bereich.

Ganz anders Orhan Gencebay. Die türkische Musik- und Filmikone steht seit Jahrzehnten ganz oben in der Gunst des Publikums. Er fügte der Arabeske, die arabischen Ursprungs ist und seit den 1940er-Jahren in der Türkei sehr beliebt war, türkische Folklore-Elemente und angloamerikanische Rhythmen bei. Die meist traditionellen Lieder, deren Texte von Alltagssorgen, Liebe und Leid handeln, hört man seit fast 40 Jahren auch heute noch in vielen Taxis und Basarläden.

Seit vielen Jahren sehr erfolgreich ist auch Sezen Aksu, die Diva unter den Songschreibern, die »Stimme Istanbuls«, wie man sie auch genannt hat. Mit ihren sozialkritischen Texten ist für sie vor allem die Völkerverständigung, speziell die Aussöhnung zwischen Türken und Griechen, Armeniern und Kurden, ein großes Thema, aber sie ist auch für ihre sehr erfolgreiche Popmusik berühmt. Viele der türkischen Beiträge zum Eurovision Song Contest stammen aus ihrer Feder. Sezen Aksu schrieb auch Songs für den international bekannten Tarkan und entdeckte neue Popgrößen wie Sertap Erener (Gewinnerin des Eurovision Song Contest 2003 in Riga) oder Hande Yener und schreibt deren Lieder.

Eine Brücke über diese verschiedenen Musikrichtungen, die alle ein Teil Istanbuls sind, schlägt Alexander Hacke mit der Gruppe Baba Zula. Da sie gerade ohne Bassisten war, nahm Hacke diesen Platz ein und erfuhr am eigenen Leib den Sound der psychedelischen Folkband …

Spontanparty in Kumkapı auf der Straße, ein paar Musiker sind immer dabei

Unterwegs in Istanbul

Blick von der Empore der Hagia Sophia

Das Beste auf einen Blick

Sultanahmet

Highlights !

Hagia Sophia: Die Kirche der Göttlichen Weisheit ist das prominenteste Bauwerk der Stadt. 1 S. 114

Topkapı Sarayı: Die ehemalige Machtzentrale des Osmanischen Reiches ist heute eins der größten und eindrucksvollsten Museen der Welt. 3 S. 122

Sultan Ahmet Camii (Blaue Moschee): Das berühmteste osmanische Gotteshaus Istanbuls tritt in sichtbare Konkurrenz zur Hagia Sophia. 18 S. 149

Auf Entdeckungstour

Die Mosaiken der Hagia Sophia: Die Stiftermosaiken erlauben einen Einblick in das Leben der Kaiserfamilien und in den Wandel des künstlerischen Schaffens in byzantinischer Zeit. 1 S. 118

Der Harem im Topkapı-Sarayı: Im Harem, den Privatgemächern des Sultans, lebten, liebten und starben über vier Jahrhunderte die Frauen der Sultane. 3 S. 130

Yerebatan Sarnıcı – der Versunkene Palast: Unterirdische Wasserspeicher bauten die Byzantiner über das ganze Stadtgebiet verteilt. Mit ihrem im Wasser stehenden Säulenwald gleicht die Basilika-Zisterne einem Versunkenen Palast, wie sie die Türken nennen. 15 S. 142

Kultur & Sehenswertes

Arkeoloji Müzesi: Einzigartig im Archäologischen Museum – die Sarkophage von Sidon mit dem berühmten Alexandersarkophag. 6 S. 136

Türk ve İslam Eserleri Müzesi: Neben der bedeutenden Sammlung kunsthandwerklicher Stücke erzählen Schauräume sehr bildhaft von der türkischen Lebensweise von der Nomadenzeit bis ins 20. Jh. 17 S. 146

Mozaik Müzesi: Die faszinierenden Mosaike lassen erahnen, wie luxuriös einst die Wohnräume der Kaiser ausgestattet waren. 20 S. 151

Aktiv unterwegs

Zeichnen, formen, marmorieren: Traditionelles türkisches Kunsthandwerk kann in Workshops des TKHV in der Caferağa Medresesi erlernt werden. 14 S. 155

Genießen & Atmosphäre

Skulpturengarten des Archäologischen Museums: Im Schatten zwischen Sarkophagen, Säulen und Kapitellen lässt sich gut über die Prunkstücke der Sammlungen diskutieren oder einfach nur relaxen. 6 S. 134

Setüstü Çay Bahçesi: Stundenlang mag man im Teegarten an der nordöstlichen Spitze des Gülhane Parkı sitzen und dem Schiffsverkehr zusehen. 2 S. 138

Abends & Nachts

Rami: Einfach herrlich, der Blick von der Dachterrasse auf die Sound & Light Show der Sultan Ahmet Camii, und das bei traditioneller türkischer Küche. 7 S. 150

Im alten Zentrum der Macht

Der Landzipfel mit seinem wunderbaren Blick über den Bosporus und das Marmarameer war viele Jahrhunderte lang das religiöse und politische Zentrum der byzantinischen und osmanischen Metropole. Kaiserrivalitäten und Bildersturm, Haremsintrigen und politische Massenmorde – all das hat dieses Stück Erde schon gesehen.

Heute mutet das Gründungsgebiet der Stadt, die alte Akropolis, wie ein großes Freilichtmuseum an. Inmitten reizvoller Parkanlagen erinnern eindrucksvolle Bauten – allen voran die Hagia Sophia, neben dem Petersdom in Rom die ehrwürdigste Kirche der Christenheit – an die große, über tausendjährige Epoche, als Konstantinopel Hauptstadt des Römischen Reiches war. Die Hohe Pforte (der Regierungssitz des Osmanischen Reiches), die Sultansresidenz Topkapı Sarayı, die prachtvolle Sultan Ahmet Camii (Blaue Moschee) und der weiträumige At Meydanı, das antike Hippodrom, berichten über weitere 500 Jahre glorreicher Herrschaft bis zum Verfall des Osmanischen Reiches.

Infobox

Reisekarte: ▶ H 7–K 6

Information

Sultanahmet Turizm Danışma: Nordende des Hippodroms, Divanyolu Cad. 3, tgl. 9–17 Uhr.
İstanbul Museum Pass: s. S. 58

Planung/Routenverlauf

Die Besichtigung von Sultanahmet mit drei der wichtigsten Sehenswürdigkeiten Istanbuls ist nicht an einem Tag zu schaffen. Zwei Tage sollten Sie einplanen. Hagia Sophia und Topkapı Sarayı (hier kann man sich gut einen ganzen Tag aufhalten) sind vorangestellt. Dann geht es rund um das alte Palastareal bis hinunter zum Marmarameer.

Hagia Sophia ! (Ayasofya Müzesi) 1

Ayasofya Meyd., www.ayasofyamuzesi.gov.tr, Tram T1 Sultanahmet, Di–So 15. April–Sept. 9–19, Okt.–14. April 9–17 Uhr (letzter Einlass 1 Std. früher), 25 TL, s. S. 58, Entdeckungstour S. 118

Am 26. Dezember 537 wurde die Hagia Sophia, die Kirche der Göttlichen Weisheit, durch Kaiser Justinianus geweiht. »In unaussprechlicher Schönheit bietet sie sich dar«, schrieb der byzantinische Historiker Prokopios, ein Zeitgenosse Justinianus'. »Denn Glanz und Harmonie der Maße schmücken sie, kein Zuviel und kein Zuwenig ist an ihr festzuhalten, da sie prunkvoller als das Gewohnte und zuchtvoller als das Maßlose ist …« Fast ein Jahrtausend diente die Hagia Sophia als Hauptkirche Konstantinopels. Nach der türkischen Eroberung 1453 wurde sie fünf Jahrhunderte als Moschee (Ayasofya Camii) genutzt, bis Kemal Atatürk sie 1934 in ein Museum umwandelte.

Die Hagia Sophia besaß zwei Vorgängerbauten gleichen Namens. Der Erste, im Jahr 360 vollendet, ging 404 in Flammen auf. Über Größe und Aussehen dieser Kirche ist nicht viel bekannt.

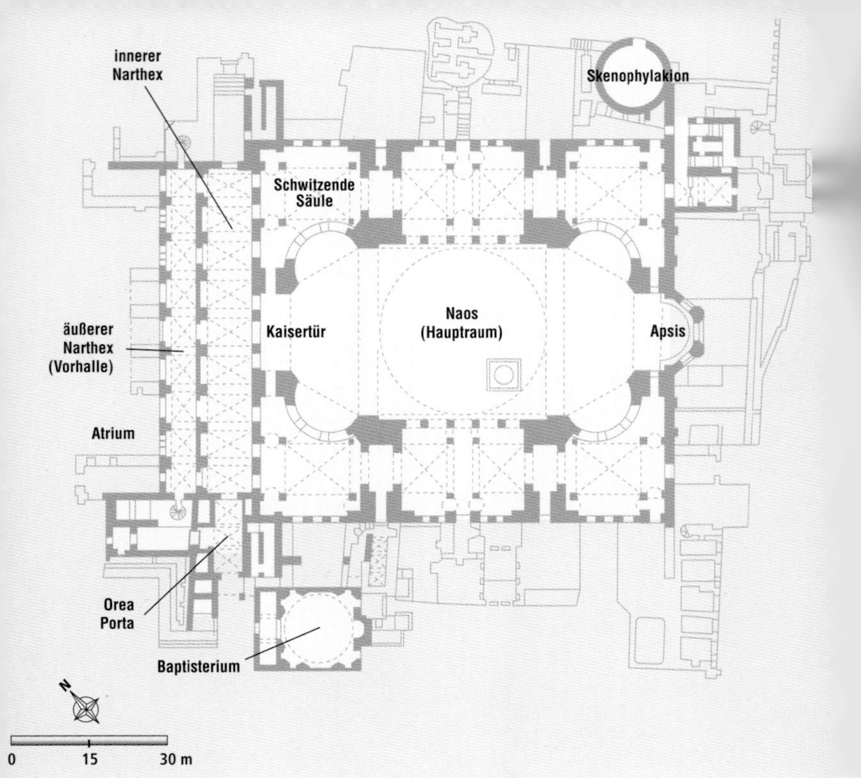

Hagia Sophia, Grundriss

Der Neubau, eine fünfschiffige Basilika, war bereits 415 unter Theodosius II. (reg. 408–450) fertiggestellt. Westlich schloss ein Atrium mit einer Säulenstraße an, die auf einer Länge von 66 m nachgewiesen werden konnte. Neben dem heutigen Eingang sind die Stufen der theodosianischen Vorhalle *in situ* zu sehen sowie Fragmente eines Lämmerfrieses. Weitere Bauglieder dieser Kolonnade liegen verstreut im Garten vor der Hagia Sophia. Auch der theodosianische Bau wurde durch einen Brand zerstört, diesmal während des großen Nika-Aufstands im Jahr 532 (s. S. 141).

Nachdem er den Aufstand niedergeschlagen hatte, beauftragte Kaiser Justinianus (reg. 527–565) die Architekten Anthemios von Tralles und Isidoros von Milet mit dem Neubau der Kirche, bereits fünf Jahre später wurde sie geweiht. Bei ihrem Anblick soll Justinianus begeistert gerufen haben: »Salomon, ich habe dich übertroffen!« Schöner, größer und prächtiger als Salomons Tempel in Jerusalem erhob sich die neue Hagia Sophia der Christenheit! Doch nur zwei Jahrzehnte darauf stürzte ein Teil der Kuppel bei einem Erdbeben ein; Justinianus übertrug einem Neffen des Isidoros von Milet den Wiederaufbau. Nun wurden die Pfeiler verstärkt und die Kuppel um 6 m höher gewölbt, damit die Schubkräfte mehr nach unten als (wie zuvor) nach außen wirkten. Dieser Bau hat im Wesentlichen bis heute Bestand.

Im Inneren der Hagia Sophia

Nach Passage der Sicherheitsschleuse betritt man den Bau durch die mittlere der drei Türen der äußeren Vorhalle, in der Byzantinistik Narthex genannt. Die Ausstattung des **inneren Narthex** mit schön geäderten Marmorplatten und flächendeckenden ornamentalen Goldmosaiken ist gut erhalten.

Neun Türen trennen diese Vorhalle vom Kirchenraum. Die mittlere und größte, die **Kaisertür,** bewahrt noch den ursprünglichen Türsturz aus Messing. In dessen Mitte sieht man im Relief einen Stuhl mit aufgeschlagenem Buch, das ein gekürztes Zitat aus dem Johannesevangelium (10. Kapitel, Vers 9) wiedergibt (»Wer durch mich hineingeht, wird gerettet werden«), und eine herabstoßende Taube, den Heiligen Geist, unter einer Bogenarchitektur. Das Mosaikfeld oberhalb der Kaisertür zeigt den thronenden und segnenden Christus, auf dem Knie ein aufgeschlagenes Buch mit den Worten »Friede sei mit euch. Ich bin das Licht der Welt«. Vor ihm kniet als Stifter Kaiser Leo VI. (886–912).

Erst im **Innenraum** wird die von Prokopios gewürdigte »unaussprechliche Schönheit« der Kirche deutlich. Vier gewaltige, asymmetrische Pfeiler, die durch ihre Einbindung in die Seitenräume und in die Säulenarkaden kaum in Erscheinung treten, bilden das Kuppelquadrat von etwa 31m Seitenlänge. Weit gespannte Bogen verbinden die Pfeiler; darüber erhebt sich die gewaltige **Kuppel** mit einer Scheitelhöhe von 56 m über dem Boden.

Die Illusion des Schwebens – »sie scheint ... als goldene Kuppel am Himmel zu hängen«, schrieb Prokopios – rufen vor allem die 40 hell strahlenden Fenster am unteren Kuppelrand hervor. In der jüdisch-christlichen Tradition hat die Zahl 40 große Bedeutung: 40 Tage währte die Sintflut, 40 Tage verweilte Moses auf dem Berg Sinai, 40 Tage dauerte die Wüstenwanderung des Volkes Israel von Ägypten ins gelobte Land, 40 Tage fastete Jesus und 40 Tage liegen zwischen Ostern und Himmelfahrt. Diese Zahl versinnbildlicht Wende und Neubeginn.

Säulenarkaden trennen die Seitenschiffe vom großen Kuppelraum. Sie tragen eine Galerie, die an der südöstlichen Seite bis zur Apsis vorgezogen ist. Schildbogen mit je zwölf Fenstern begrenzen den Raum. Deren Lichteinfall beherrscht die Kirche, in der der architektonische Gedanke eines Zentralbaus in Verbindung mit einem Langhaus verwirklicht wurde.

Zwischen den Pfeilern sind monolithische Säulen aus verschiedenfarbigem Marmor eingezogen. Nach schriftlichen Quellen sollen die acht **Verde-antico-Säulen** (aus grünem Marmor) zwischen den Kuppelpfeilern vom Artemis-Tempel in Ephesos, einem der Sieben Welt- ▷ S. 121

Mein Tipp

Augenlicht und Manneskraft

Im Seitenschiff gleich links vom Eingang steht die **Schwitzende Säule,** deren Marmor sich stets etwas feucht anfühlt. Seit byzantinischer Zeit berühren Gläubige immer wieder diese Säule des heiligen Gregorios Thaumaturgos, denn ihr wird große Heilkraft bei Augenleiden und Impotenz zugeschrieben.

Auf Entdeckungstour:
Die Mosaiken der Hagia Sophia

Neben den Goldmosaiken im Bereich der Vorhalle geben vor allem auch die Mosaiken auf den Emporen – z. B. der segnende Christus (Bild oben) – einen Eindruck, wie reich die Innenwände der Hagia Sophia 1 einst geschmückt waren.

Cityplan: S. 122, **Grundriss:** S. 116
Planung: s. S. 114. Die Emporen erreichen Sie über eine Rampe im nördlichen Narthexbereich.
Dauer: 30–45 Min.

Antonoius von Nowgorod, ein Pilger, der um 1200 die Hagia Sophia besuchte, berichtete, er habe auf den Emporen die Bildnisse aller Kaiser und Patriarchen von Konstantinopel gesehen. Derartige Galerien sind auch für andere Kirchen überliefert, die Anlässe ihrer Entstehung allerdings unbekannt. Hier in der Hagia Sophia blieben drei zeitgenössische Kaiserdarstellungen erhalten, die die ursprünglich reiche Ausschmückung des Gotteshauses erahnen lassen.

Alexandros-Mosaik

Die Ostseite des nordwestlichen Hauptpfeilers der Nordempore trägt das älteste Mosaik auf den Emporen. Kaiser Alexandros ist im vollen Zeremonialornat dargestellt, d. h. mit dem langen Kaisergewand, dem Dibetestion, dessen Saum und Ärmel reich bestickt sind, dem ebenfalls mit Diamanten bestickten Loros (Überhang), roten Stiefeln und einer roten Krone. Alexandros regierte seit 895 als Mitkaiser seines Bruders Leo VI., tat sich aber mehr als Lebemann denn als Regent hervor. Nach Leos Tod übernahm Alexandros im Jahr 912 die Alleinherrschaft. 13 Monate später jedoch verstarb auch er infolge von Trunkenheit bei einem Polospiel.

Das Mosaik muss in der kurzen Zeit seiner Regentschaft entstanden sein. Die vier umgebenden Medaillons tragen die Inschrift: »Gott, hilf deinem Diener, dem rechtgläubigen und getreuen Kaiser Alexander.«

Auf dem Weg zur Südempore lohnt ein Blick hinab in den großartigen Zentralraum der Hagia Sophia. Eine marmorne Schranke mit kunstvoll gearbeiteten Scheintüren trennt den Südtrakt von dem übrigen Bereich der Empore. Datierung und Zweck sind nicht bekannt. Wahrscheinlich dienten die isolierten Räumlichkeiten den Synodalen oder der Kaiserfamilie.

Stiftermosaiken

Das zeitlich folgende Mosaik befindet sich an der Ostwand der Südempore. Das **Kaiserpaar,** Konstantin IX. Monomachos (reg. 1042–55) und Zoë (980–1050), steht zu Seiten des thronenden Christus. Dieser hat seine rechte Hand segnend erhoben und hält in der linken das prachtvoll mit Gold und Edelsteinen eingebundene Evangelium. Der Kaiser überbringt einen großen Beutel mit Goldstücken, das Apokombion, die Kaiserin Zoë die dazugehörige Schenkungsurkunde.

Es fällt auf, dass die Köpfe des Kaiserpaares und die Inschriften über dem Kaiser und auf der Schriftrolle entfernt und wieder neu eingelegt wurden. Zoë, die Tochter Konstantins VIII., war nämlich dreimal verheiratet. Zuerst bestieg sie den Thron mit dem älteren Senator Romanos III. Argyros (reg. 1028–34), der ihre Liebschaften tolerierte. Nach dessen Tod, an dem sie nicht ganz unschuldig war, heiratete sie ihren Kammerdiener (Michael IV., reg. 1034–41), und zum Schluss ehelichte sie den im Mosaik abgebildeten Konstantin IX. Monomachos. Dies erklärt die mehrfache Änderung der Porträts und der Inschriften. Auch das Bild der Zoë wurde verändert, denn im Jahr 1042 versuchte Michaels Neffe den Thron zu übernehmen und verbannte die Kaiserin – allerdings nur für kurze Zeit. Sie wird auf dem Mosaik in ihrer häufig gerühmten jugendlichen Schönheit dargestellt, obwohl sie bei ihrer dritten Heirat immerhin über 60 war.

Das rechts anschließende **Komnenen-Mosaik** gleicht der vorherigen Darstellung, doch ist die Christusgestalt hier durch die Gottesmutter mit dem segnenden Christuskind ersetzt. Johannes II. Komnenos (reg. 1118–43) und seine blonde Frau Eirene, Tochter des Ungarnkönigs Ladislaus, überbringen diesmal das Apokombion mit der dazugehörigen Schenkungsurkunde. Rechts an dem vorspringenden Pilaster steht ihr ältester Sohn Alexios, der 1122 zum Mitkaiser gekrönt und in das Mosaik eingebunden wurde.

Auffallend ist die sehr schemenhafte Darstellung der Abgebildeten. Während sich im vorherigen Mosaik Zoë und Konstantin leicht zum segnenden Christus wenden, ist das Kaiserpaar in diesem Mosaik zwar wesentlich feiner, aber dafür ganz frontal wiedergegeben. Nur die Augen von Johannes II. Komnenos und Eirene blicken zum Christuskind.

Große Deesis

Das dritte, späteste und bei Weitem großartigste Mosaik im Mittelraum der Südempore zeigt die Große Deesis (Fürbitt-Bild). Es sind leider nur die Köpfe mit einem Teil des Oberkörpers erhalten. Maria und Johannes Prodromos (der Vorläufer [von Christus] = der Täufer) stehen mit gesenkten Häuptern als Fürbitter zu Seiten des segnenden Christus, des Weltenrichters. Auf schuppenartig angelegtem Goldgrundmosaik wirken die Gestalten mit ihren feinen Farbabstufungen und der Schattengebung fast wie gemalt. Leiderfahrung und Heilsgewissheit spiegeln sich in den vergeistigten Gesichtern von Maria und Jesus. Das Mosaik ist wohl in die frühe Palaiologenzeit, kurz nach 1261, zu datieren.

Gegenüber vom Deesis-Mosaik ist am Boden die Grabplatte des venezianischen Dogen Henricus Dandolo (1107–1205) eingelassen. Er war der Anführer des vierten Kreuzzugs gegen Konstantinopel, der 1204 mit der Plünderung der Stadt sein Ende fand.

Mosaiken im Hauptraum

Von der Empore rücken die Mosaiken im Hauptraum ein kleines Stück näher. Im unteren Bereich der Schildwände, die den Kuppelraum nach Norden und Süden gerade abschließen, sind jeweils sieben Blendnischen eingelassen, die ursprünglich mit Mosaikdarstellungen bedeutender Kirchenväter aus dem 9. Jh. geschmückt waren. Die meisten fielen dem Erdbeben von 1894 zum Opfer, doch an der nördlichen Hochwand blieben drei Bilder erhalten: **Ignatios Neos,** Patriarch von Konstantinopel (847–858 und 867–877), **Johannes Chrysostomos** (Patriarch von Konstinopel 398–404) und **Ignatios Theophoros,** Patriarch von Antiochia und ein Märtyrer unter Kaiser Trajan.

Die Pendentifs der großen Kuppel tragen Darstellungen von sechsflügeligen Engelswesen, den **Seraphim.** Es sind nur die beiden östlichen im ursprünglichen Mosaikschmuck erhalten, die westlichen sind gemalte Nachbildungen aus dem 19. Jh. Ovale Schmucksterne verbergen ihre Gesichter. Bei Restaurierungsarbeiten konnte im Jahr 2009 eins der ausdrucksstarken Engelsgesichter wieder freigelegt werden. Die Seraphim rahmten eine Darstellung des Pantokrators, des thronenden Christus, im Zentrum der Kuppel, die heute durch eine Koraninschrift ersetzt ist. Nach historischen Quellen zierte in der Zeit des Bilderstreits ein Goldgrundmosaik mit Kreuzornament den Kuppelscheitel.

Die **Apsismosaiken** scheinen zur frühesten nachikonoklastischen Bildausstattung der Kirche zu gehören. Im Kuppelhalbrund thront die Gottesmutter mit dem segnenden Christuskind auf dem Schoß. Zu ihren Seiten, im Bema-Gewölbe, erscheinen die Engel Gabriel und Michael. Vom Letzteren ist bis auf die Flügelspitzen nichts mehr erhalten.

Auf dem Bema-Bogen sind einzelne Buchstaben zu erkennen, die mit einem Text aus der »Anthologia Palatina« in Verbindung gebracht wurden. Dort ist die Rede von »Heuchlern«, die seinerzeit Bilder zerstören ließen (Ikonoklasten, Bilderstürmer), und von frommen Kaisern (damit sind Michael III. und Basilius I. gemeint), die sie wieder neu erstehen ließen. Dies legt eine Datierung dieser Apsismosaiken in das Jahr 867 nahe.

Über die Rampe oder ein weiteres Treppenhaus am östlichen Ende der Nordempore geht es wieder hinab in den Narthex bzw. Hauptraum der Kirche.

wunder, stammen und die je zwei Porphyrsäulen in den Eckapsiden aus dem Jupitertempel von Baalbek (Libanon). Ihre proportional genaue Einpassung in den Bau und das Fehlen entsprechender archäologischer Zeugnisse in den genannten Städten erlauben aber die Vermutung, dass die Säulen eigens für die Hagia Sophia hergestellt wurden. Durch diese Überlieferung sollte wohl der Sieg des Christentums über die heidnischen Kulte propagiert und der Weltreichsgedanke untermauert werden.

Nahe dem südöstlichen Vierungspfeiler befindet sich ein **Bodenmosaik** in Opus-sectile-Technik. Schwarze, rote und grüne Steinscheiben schmücken das etwa 6 m^2 große Stück. Wahrscheinlich handelt es sich um das berühmte Omphalion, auf dem der Kaiserthron während der Krönungszeremonien stand.

Unter den Sultanen wurden muslimische Elemente im Inneren ergänzt. Sultan Süleyman I. (reg. 1520–66) etwa stiftete den nach Mekka ausgerichteten **Mihrab** in der Hauptapsis. Der **Minbar** (türk. *mimber)* rechts vor der Apsis ist ein Geschenk Murats III. (reg. 1574–95). Diesem sind auch die zwei großen **Alabastervasen** aus Pergamon neben der Kaisertür zu verdanken. Sie fassen je 1250 l und dienten als Reinigungsbrunnen. Die acht an den Pfeilern hängenden **Rundschilde** ersetzten im 19. Jh. die älteren des Kalligrafen Tekneci Hattat İbrahim (um 1678). Neben Allah und Mohammed sind die Namen der Kalifen Abu Bekr, Othman, Husein, Hasan, Ali und Omar aufgezeichnet. Die von kleinen Säulen getragene **Sultanstribüne** links der Apsis stammt aus der Zeit Ahmets III. (reg. 1703–30).

Heute werden die Besucher durch die **Porta Orea,** die Schöne Tür, an der Südseite der inneren Vorhalle wieder hinausgeleitet. Oberhalb dieser Tür ist ein Widmungsmosaik (10. Jh.?) eingelassen: Die thronende Gottesmutter, als Schutzherrin der Stadt, mit dem Christuskind auf dem Schoß, empfängt zwei Kaiser. Rechts bringt ihr Konstantin der Große die Stadt dar, links reicht ihr Justinianus die Hagia Sophia.

Garten der Hagia Sophia

Die Osmanen fügten der Kirche vier **Minarette** hinzu, deren westliche zwei vom berühmten Baumeister Mimar Sinan (1491–1587) stammen. Das überkuppelte **Baptisterium** rechts neben dem Südeingang mit einer Vorhalle aus justinianischer Zeit dient als Türbe für Mustafa I. (gest. 1638) und İbrahim I. (gest. 1648). Vier weitere **Türben** befinden sich im Vorgarten. An weiteren Außenbauten sind noch der **Şadırvan** mit weit vorgezogenem Dach aus dem 18. Jh., das nördlich liegende **İmaret** des 15. Jh. und ein überkuppelter Rundbau an der nordöstlichen Ecke der Kirche zu nennen. Dieser stammt noch aus der Zeit Konstantios' II. (reg. 337–361) und war das **Skeuophylakion,** die Schatzkammer der Hagia Sophia.

Ahmet III Çeşmesi 2

Bab-ı Hümayun Cad.

Hinter der Hagia Sophia, direkt vor dem Eingang zum ersten Hof des Topkapı Sarayı, steht der **Brunnen Ahmets III.** 1728 ließ der Sultan ihn im Stil des türkischen Rokoko errichten. Fayencen, reliefierte Ornamente und Verse des Dichters Seyit Vehbi, die das Wasser des Brunnens rühmen und mit dem des Paradieses vergleichen, überziehen großflächig die Wände dieses schönen Brunnenhauses.

Hagia Sophia, Topkapı-Palast und Gülhane-Park

Sehenswert
1 Hagia Sophia (Ayasofya Müzesi)
2 Ahmet III Çeşmesi
3 Topkapı Saray Müzesi
4 Aya İrini Kilisesi Müzesi (Hagia Eirene)
5 Eski Şark Eserleri Müzesi
6 Arkeoloji Müzesi
7 Çinili Köşkü
8 Islam Bilim ve Teknoloji Tarihi Müzesi (IBTTM)
9 Gotlar Sütunu (Gotensäule)
10 Atatürk Heykeli (Statue Kemal Atatürks)
11 Şepetçiler Köşkü
12 Bâb-i Ali
13 Alay Köşkü
14 Caferağa Medresesi
15 Yerebatan Sarnıcı Müzesi
16 – 24 s. Cityplan S. 147

Essen & Trinken
1 Konyalı Lokantası
2 Setüstü Çay Bahçesi
3 Sarnıç Restaurant
4 – 8 s. Cityplan S. 147

Einkaufen
1 – 3 s. Cityplan S. 147

Aktiv
1 – 2 s. Cityplan S. 147

Abends & Nachts
1 – 2 s. Cityplan S. 147

Topkapı Sarayı ! (Topkapı-Palast)

Eingang Bab-ı Hümayun Cad., Tel. 0212 512 04 80, www.topkapisarayi.gov.tr, Tram T1 Sultanahmet, Museum/Harem 15. April–14. Okt. 9–19, 15. Okt.–14. April 9–17 Uhr, letzter Einlass 1 Std. früher, 25 TL, Harem 15 TL, Audioguides sind erhältlich, s. S. 60

Der Topkapı-Palast ist die ehemalige Machtzentrale des Osmanischen Reiches. Hier residierte der Sultan, hier war das Lager der gefürchteten Janitscharen-Elitetruppen, hier lebten auch die Frauen und Kinder des Herrschers im Harem, einem abgeschlossenen Wohntrakt. Fast unverändert sind die Räumlichkeiten bis heute erhalten, und in zahlreichen Museen bewundert man die Schätze der Osmanenkaiser.

Der Serail umfasste urspünglich ein riesiges Gebiet von etwa 70 ha auf der strategisch wichtigen Landspitze vor dem Goldenen Horn. Um 1465 ließ Mehmet II. Fatih (1451–81) eine mit 28 Türmen verstärkte Mauer um die Akropolis des alten Byzantion mit beidseitiger Anbindung an die Seemauer ziehen. In dem parkähnlichen Gelände wurden die Gebäude der Reichsverwaltung *(divan)* und eine Schule zur Ausbildung ihrer höchsten Beamten untergebracht. Der Sultan selbst wohnte jedoch im Eski Saray (Alter Palast), den Mehmet II. gleich nach Eroberung der Stadt auf dem Gebiet der heutigen Istanbul-Universität (s. S. 171) errichten ließ. Erst als ein großer Brand 1540/41 diesen Palast zerstörte, verlegte Süleyman der Prächtige den Harem in den Topkapı Sarayı.

Die Anlage des Palasts um vier hintereinander liegende Höfe geht noch auf Mehmet Fatih zurück. Alle Bauten waren ursprünglich aus Holz. Zahlreiche Pavillons mit offenen Loggien spiegelten alttürkische Traditionen wider, die Janitscharen des Sultans waren gar in einer großen Zeltstadt

Virtueller Besuch im Palast

Der Palast ist beim ersten Besuch immer ziemlich erschlagend und auch eher verwirrend. Zur Vorbereitung empfiehlt sich daher die Website **www.topkapisarayi.gov.tr** mit zahlreichen Bildern und Videos. So lässt sich der Palast schon vor der Reise virtuell besuchen.

im **Ersten Hof** untergebracht. Erst die großen Brände in den Jahren 1574 und 1665 zwangen die Architekten, diese Gebäude in Stein nachzubauen.

Der Erste Hof beherbergte ein Hospital, Arsenale, die Münze und die Wirtschaftsgebäude des Palasts; er war für jedermann frei zugänglich. Im **Zweiten Hof** lagen die Räume der Reichsverwaltung. Ohne dienstliche Angelegenheit war kein Eintritt möglich. Außerdem beherbergte dieser Hof Küchen und Stallungen. Im **Dritten Hof** wurden die Beamten ausgebildet, und der **Vierte** diente allein der Entspannung des Sultans. Der Harem erhielt seine Gestalt unter den Sultanen Murat III. (reg. 1574–95), Mehmet IV. (reg. 1648–87)

Im Kubbe Altı, dem Ratssaal des Topkapı Sarayı, tagte der Staatsrat des Sultans

und Osman III. (reg. 1754–57). Um die Mitte des 17. Jh., zur Blütezeit des Reiches, waren an die 40 000 Menschen auf dem Palastareal beschäftigt.

Der Topkapı Sarayı blieb die Residenz der Sultane, bis Abdülmecit 1853 in den neu erbauten Dolmabahçe Sarayı (s. S. 241) umzog. Um 1900 wohnten nur noch einige alte Frauen des Harems in dieser Geisterstadt; seit 1924 ist der Topkapı Sarayı ein Museum. Seinen Namen, Kanonentor-Palast, erhielt der Serail übrigens nach einer Kanonenstellung am Tor der Seemauer auf der Landspitze.

Der Erste Hof

Man betritt den Ersten Hof, das äußere Serailgebiet, durch das **Bâb-i Hümayun** (Tor des Reiches). Auf der rechten Seite blieb der Richtblock für die Würdenträger, die vom Sultan zum Tode verurteilt worden waren, erhalten. Rechts neben dem nächsten Tor, dem **Bâb-üs Selâm** (Tor der Begrüßung, auch Orta Kapı, Mittleres Tor, genannt), ist der **Cellat Çeşmesi** (Henkerbrunnen) in die Mauer eingelassen, an dem die Scharfrichter nach getaner Arbeit Schwert und Hände reinigten. Treppen in der großen Torkammer führen zu den Räumen der Wache und den Verliesen der zum Tode Verurteilten. Nur der Sultan durfte dieses Tor zu Pferd passieren.

Entlang der Mauer rechts vor dem Tor liegen die Ticketschalter, meist steht man hier eine ganze Weile in der Schlange. Da im Palast die heiligsten Reliquien der islamischen

Welt verwahrt werden, ist auch der Andrang frommer Muslime immer sehr hoch.

Topkapı Sarayı Müzesi 3 (Topkapı-Palastmuseum)

s. Topkapı Sarayı S. 122

Durch das **Bâb-üs Selâm** gelangt man in den engeren Palastbezirk um den Zweiten, Dritten und Vierten Hof, heute das Topkapı Sarayı Müzesi. Nicht nur baugeschichtlich ist dieser größte erhaltene Palast der osmanischen Profanarchitektur interessant, sondern auch durch die zahlreichen ausgestellten Objekte. Eine große Porzellansammlung, Miniaturen, Kalligrafien, Schmuck und Edelsteine aus dem Besitz der Sultane, alte Waffen und wunderschöne Textilien machen ihn zu einem der größten Museen der Welt.

Der Zweite Hof

Strahlenförmig angeordnete, von Zypressen und Platanen gerahmte Wege erschließen den Zweiten Hof. Zeitgenössische Quellen berichten, dass in diesem Hof Gazellen und Pfauen lebten und kleine Brunnen plätscherten, während bei Anwesenheit des Sultans Redeverbot herrschte. Links führt ein Tor in den **Hof der Beilträger** (Baltacılar), in dem einst die Leibwache des Sultans untergebracht war. An diesem Hof liegen die **Beşir Ağa Camii,** die Moschee eines Kommandanten der Schwarzen Eunuchen aus dem 18. Jh., und der **Marstall,** in dem heute Zaumzeug und Kutschen ausgestellt sind. Durch das **Meyit Kapısı** (Tor des Todes) im Süden wurden die Verstorbenen aus dem Palast gebracht.

Die Arkadenhalle vor dem Beilträger-Hof führt zum **Arabacılar Kapısı** (Equipagentor), dem Eingang zum Harem (s. Entdeckungstour S. 130). Der 41 m hohe **Turm der Gerechtigkeit** gleich nebenan ist mit seinem achteckigen Kegeldach ein typisches Markenzeichen des Palasts.

Davor liegt das **Kubbe Altı** (wörtl. unter der Kuppel), der Ratssaal, wo der Großwesir die Versammlungen des Divans (Staatsrats) leitete. Der erste Raum diente den Ratssitzungen, dort konnte der Sultan in einer Loge mit vergittertem Fenster oberhalb des Sitzes des Großwesirs unbemerkt den Versammlungen beiwohnen.

Rechts nebenan, in der Ecke des Hofes, befand sich **İç Hazine** (Innere Kasse), die Finanzverwaltung des Reiches. Ihre Kellergewölbe dienten zur Aufbewahrung der Staatsschätze. Heute beherbergen diese Räume eine Waffensammlung.

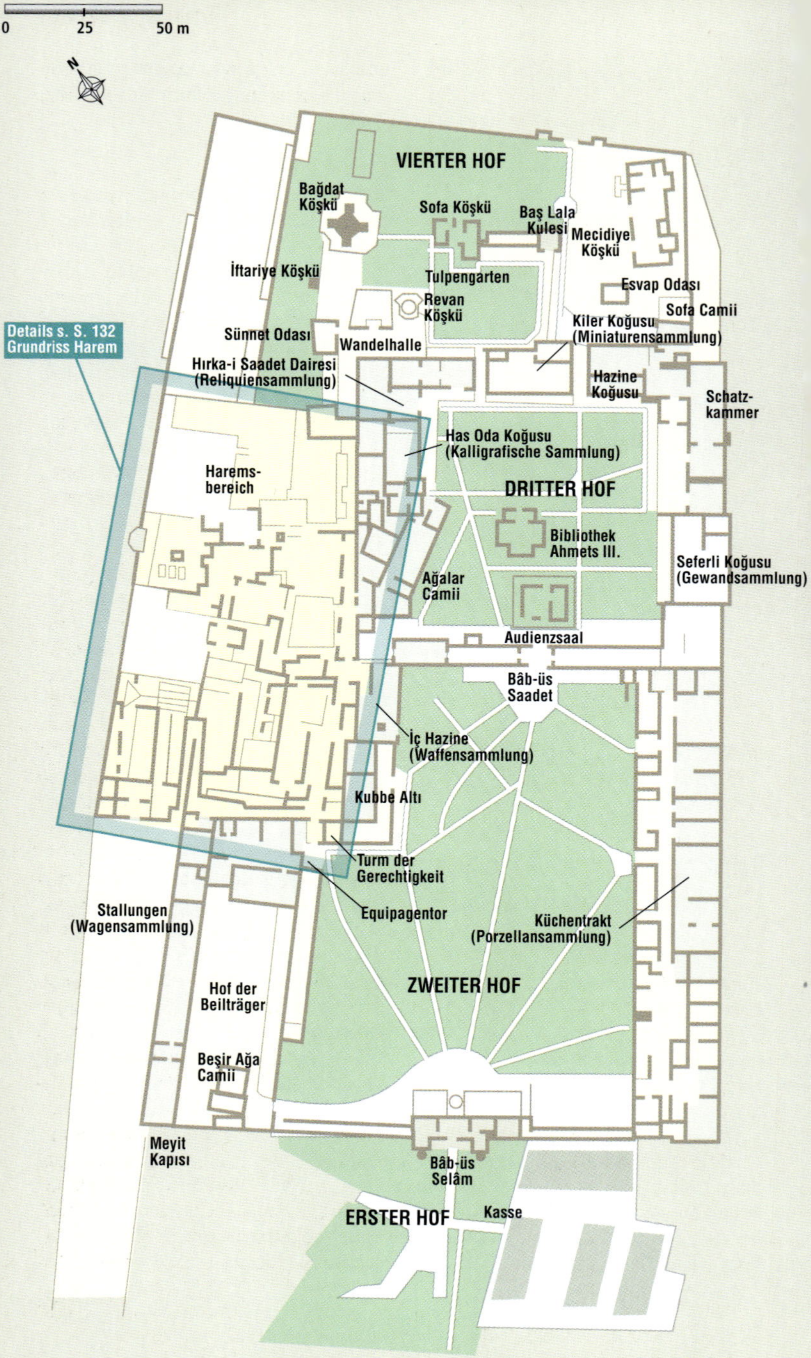

0
25
50 m
N
VIERTER HOF
Bağdat Köşkü
Sofa Köşkü
Baş Lala Kulesi
Mecidiye Köşkü
İftariye Köşkü
Tulpengarten
Esvap Odası
Revan Köşkü
Sofa Camii
Details s. S. 132 Grundriss Harem
Sünnet Odası
Wandelhalle
Kiler Koğusu (Miniaturensammlung)
Hırka-i Saadet Dairesi (Reliquiensammlung)
Hazine Koğusu
Schatzkammer
Has Oda Koğusu (Kalligrafische Sammlung)
Haremsbereich
DRITTER HOF
Bibliothek Ahmets III.
Seferli Koğusu (Gewandsammlung)
Ağalar Camii
Audienzsaal
Bâb-üs Saadet
İç Hazine (Waffensammlung)
Kubbe Altı
Turm der Gerechtigkeit
Equipagentor
Stallungen (Wagensammlung)
Küchentrakt (Porzellansammlung)
Hof der Beilträger
ZWEITER HOF
Beşir Ağa Camii
Meyit Kapısı
Bâb-üs Selâm
ERSTER HOF
Kasse

Auf der Hofseite gegenüber sind die **Küchenquartiere** angeordnet. Die Rückseite der Arkadenhalle nehmen die Wohnungen der Köche und die Magazine ein. Jenseits des schmalen Ganges erstreckt sich der **Küchentrakt.** In zehn hintereinander liegenden Räumen, die eine zylindrische Bedachung mit auffälligen Schornsteinen und Lüftungsschächten besitzen, walteten zur Glanzzeit des Osmanischen Reiches 1200 Köche, die die erlesensten Speisen für den Sultan herrichteten. Heute beherbergt der Küchentrakt nach Peking und Dresden die größte Sammlung altchinesischen Porzellans der Welt, aber auch Keramik aus der osmanischen Welt und aus Europa.

Der Dritte Hof

Das **Bâb-üs Saadet** (Tor der Glückseligkeit) führt in den Dritten Hof. Unter dem vorspringenden, von vier Säulen gestützten Dach fand die Inthronisation der Sultane statt, an Festtagen nahm der Padischah hier Glückwünsche entgegen. In den Flügeln rechts und links befanden sich die Wohnräume der Weißen Eunuchen.

Direkt gegenüber vom Tor steht das **Arz Odası** (Audienzsaal) aus der Zeit Selims I. (reg. 1512–20). Die Innenausstattung ist im 19. Jh. nach einem Brand vollkommen erneuert worden. Nur der Thron, der sich inschriftlich in das Jahr 1596 datieren lässt, und der vergoldete Kaminaufsatz im Hauptraum gehören zur ursprünglichen Ausstattung. In diesem Saal empfing der Sultan den Großwesir und andere Würdenträger, um ihnen seine Entscheidungen mitzuteilen. Auch die Gesandten fremder Herrscher wurden hier empfangen.

Der Dritte Hof diente als Palastschule. Aus dem ganzen Reich wurden durch die *devşirme* (Knabenlese) intelligente Jungen ausgewählt und hier von den Weißen Eunuchen zu Ingenieuren, Beamten oder Bediensteten ausgebildet. Im Türkischen wurden sie als *ağa* (hoher Herr) bezeichnet, davon leitet sich das Wort Page ab. Viele von ihnen waren Kinder christlicher Familien. Ihr Eintrittsalter lag bei etwa zwölf Jahren, der Übertritt zum Islam war obligatorisch. Manche konnten in sehr hohe Ränge aufsteigen, zum Wesir oder wie Sinan zum Hofbaumeister.

Die **Ağalar Camii,** die Moschee der Pagen, nimmt den westlichen Bereich des Hofes ein. Ihre schräg gestellte Lage verdankt sie der Ausrichtung ihrer Kiblawand gen Osten. Heute dient sie als Palastbibliothek. 1718 entstand in der Mitte des Hofes, an der Stelle eines früheren Pavillons mit Wasserbrunnen, die **Bibliothek Ahmets III.**

Im **Seferli Koğusu,** der ersten Halle auf der rechten Hofseite, lebten die Pagen, die den Sultan auf seinen Reisen begleiteten. Der dreischiffigen Halle mit Tonnengewölbe ist eine Arkadenhalle mit byzantinischen Verde-antico-Säulen vorgelagert. Eine Sammlung reich verzierter Gewänder von Sultanen und Prinzen seit Mehmet Fatihs Zeiten ist hier ausgestellt.

Die anschließenden vier überkuppelten Säle mit einer vorgelagerten Säulenhalle dienten als **Schatzkammer.** Sie entstanden unter Beyazıt II., nachdem 1509 ein Erdbeben den früheren Pavillon Mehmets II. zerstört hatte. Zuerst fanden hier Audienzen statt, in den Gewölben darunter bewahrten die Sultane ihre Privatschätze. Selim I. bestimmte schließlich den ganzen Gebäudetrakt, trotz seiner reizvollen Lage am Abhang der Akropolis, zur Schatzkammer. Kriegsbeute, Geschenke, aber auch käuflich erworbene Gegenstände füllen die Räume. Neben den prachtvollen Thronen sind der mit Brillanten besetzte Spazierstock, ein Geschenk Wilhelms II. an Sultan Abdülhamit II. (erster Raum), und der durch die Krimi-Persiflage »Topkapi« (1964) mit Peter Ustinov und Maximilian Schell weltberühmt gewordene Dolch aus dem 18. Jh. (vierter Raum) zu erwähnen. Ursprünglich war der mit riesigen Smaragden besetzte Dolch als Geschenk für den Perser Nadir Schah gedacht. Als dieser jedoch bei einem Aufstand ums Leben kam, verblieb er im Besitz des Sultans.

Das an der Nordseite anschließende Gebäude, das **Hazine Koğusu,** beherbergte die Schatzkammerpagen. Heute ist dort die Museumsverwaltung untergebracht. Die Halle des **Kiler Koğusu** links vom Durchgang zum tiefer gelegenen Vierten Hof bewohnten die Kommissariatspagen. Eine **Miniaturgemäldesammlung** zeigt Szenen des höfischen Lebens, der folgende Raum präsentiert kostbare Uhren.

Der **Hırka-i Saadet Dairesi** (Saal des heiligen Mantels) in der Nordecke des Hofes bewahrt die heiligsten Reliquien des Islam. Selim I. brachte sie 1517 von seinem Ägyptenfeldzug nach Istanbul, als er die Mameluken besiegt und die Kalifenwürde auf das osmanische Sultanat übertragen hatte.

Der Mantel des Propheten und die heilige Fahne, die stets bei den Feldzügen gegen Ungläubige mitgeführt wurden, sind in einem silbernen Schrein hinter vergitterten Türen verwahrt. Weitere Hinterlassenschaften Mohammeds wie Schwert und Siegel, Fußabdruck, Barthaar und ein Zahn, die Schwerter der ersten vier Kalifen Abu Bekr, Omar, Othman und Ali sowie der auf Gazellenleder geschriebene Koran des Kalifen Osman sind in Vitrinen ausgestellt.

Die Kammerpagen des Sultans, die oberste Klasse der Pagen, wohnten im **Has Oda Koğusu** nebenan. Heute ist dort eine **kalligrafische Sammlung** untergebracht.

Der Vierte Hof

Der terrassenartig angelegte Vierte Hof lässt die ursprüngliche Anlage zahlreicher offener Pavillons gut erkennen; hier befand sich auch der berühmte Tulpengarten Ahmets III. Linker Hand auf Höhe der Räume des heiligen Mantels steht der Pavillon **Revan Köşkü.** Murat IV. ließ ihn zur Erinnerung an die Eroberung von Eriwan, der heutigen Hauptstadt Armeniens, im Jahr 1635 errichten.

Westlich des Pavillons schließt sich eine Terrasse mit einem Wasserbassin an, die im Osten durch eine L-förmig verlaufende **Wandelhalle** begrenzt wird. Ihre Säulen schmücken schöne frühosmanische Kapitelle und Basen. Der Engländer Thomas Dallam soll hier 1599 eine mechanische Orgel, ein Geschenk der Königin Elisabeth I. an Sultan Mehmet III., aufgestellt und gespielt haben.

In der Verlängerung der Wandelhalle liegt das **Sünnet Odası,** der Beschneidungspavillon der osmanischen Prinzen. Sultan İbrahim I. ließ ihn 1641 restaurieren. Die Eingangsfassade schmücken schöne Schmelzfarbenfliesen aus dem 16. Jh.

Auf vier dünnen Säulen erhebt sich am Rand der Terrasse der **İftariye Köşkü,** ein goldglänzender Pavillon in Form eines Baldachin, von dem aus sich ein herrlicher Blick über das Goldene Horn bietet. Sultan İbrahim nahm hier das *iftar,* seine abendliche Mahlzeit im Fastenmonat Ramadan, ein.

Den Nordabschluss dieser Marmorterrasse bildet der prächtige **Bağdat Köşkü,** den Murat IV. 1638 nach der Eroberung Bagdads bauen ließ. Vier Iwane öffnen sich auf das Kuppeloktogon, drei Türen verbinden den Innenraum mit einer umlaufenden Säulenhalle. Ein großer Bronzekamin verbirgt die vierte Wandseite. Innen ist der Pavillon mit Fliesentableaus, die Ranken über Vasen und Fabelhirschen zeigen, ausgeschmückt. Ihre Gestaltung folgt Vorbildern des 16. Jh., die technische Qualität ist jedoch nicht so gut. Perlmuttintarsien zieren die Türen.

Geht man die Treppe zwischen Bağdat Köşkü und Revan Köşkü hinunter, gelangt man in den ehemaligen **Tulpengarten Ahmets III.** (reg. 1703–30). Zur Linken liegt der **Sofa Köşkü** (Terrassenpavillon), der islamische und westliche Architekturformen vereint. An der Ostecke steht der **Baş Lala Kulesi,** ein Turm, der noch zur ersten Bauphase unter Mehmet Fatih gehört.

Das **Mecidiye Köşkü** am östlichen Rand des Vierten Hofes ist der jüngste Pavillon im Topkapı Sarayı. Sultan Abdülmecit I. ließ ihn 1840 in einem stark westlich orientierten Stil errichten. Das untere Stockwerk beherbergt heute das Restaurant **Konyalı Lokantası** 1 mit prächtiger Aussicht über den Bosporus. Das kleinere Gebäude südlich dieses Pavillons, **Esvap Odası,** diente als Umkleideraum für Audienzen. Die südliche Terrassenecke nimmt die kleine **Sofa Camii** ein, von Mahmut II. 1809 an der Stelle des Silahtar Ağa Köşkü (Schwertbewahrerpavillon) errichtet.

Der Harem

s. S. 122, Entdeckungstour S. 130

Der Harem (arab. für: das Verbotene) wurde erst unter Süleyman dem Prächtigen (reg. 1520–66) nach einem Brand im Alten Palast (Eski Saray) auf Bitten seiner Frau Roxelane (in der Türkei Haseki Hürrem genannt) in das Topkapı-Areal verlegt.

Er war der absolut private Bereich des Sultans. Schwarze Eunuchen sorgten für die Sicherheit der Frauen und ihrer Kinder. Sie waren mit ihrem Leben dafür verantwortlich, dass kein Unbefugter den Harem betrat. Jeder Herrscher vergrößerte diesen Wohnbereich und gestaltete vorhandene Räume um, sodass im Laufe der Zeit ein wahres Labyrinth von über 300 teils mehrstöckigen Räumlichkeiten entstand.

Aya İrini Kilisesi Müzesi (Hagia Eirene) 4

Topkapı Sarayı, Erster Hof, nur zu Veranstaltungen geöffnet, bzw. für Gruppen ab 30 Personen mit Voranmeldung, Tel. 0212 512 04 80

Die Kirche Hagia Eirene (Heiliger Frieden) diente vor dem Bau der Hagia Sophia als Kathedrale Konstantinopels. Ein erster Bau wurde bereits in vorkonstantinischer Zeit errichtet. Im Jahr 381 tagte hier unter Theodosius I. das Zweite Ökumenische Konzil, bei dem das heute noch gebräuchliche Glaubensbekenntnis formuliert wurde.

Wie die Hagia Sophia ist auch die Hagia Eirene im Nika-Aufstand von 532 durch Brand zerstört und von Justinianus I. wiederaufgebaut worden. Bis in heutige Zeit hat sich die Gestalt der Kirche kaum verändert – nur wenige Reparaturarbeiten wurden vorgenommen. Die bald nach der Eroberung durch Mehmet II. errichtete Topkapı-Mauer bezog die Hagia Eirene in das Palastgebiet mit ein. Dadurch entging die Kirche der Umwandlung in eine Moschee, vielmehr diente sie nun den Janitscharen als Waffenarsenal. Heute finden in der Hagia Eirene, die seit 1948 als Museum klassifiziert ist, häufig Klassik- oder Jazzkonzerte und auch die Veranstaltungen des Istanbul International Music Festival (s. S. 54) statt.

▷ S. 136

Auf Entdeckungstour:
Der Harem im Topkapı Sarayı

Geschichten von legendären Schönheiten, erbitterten Rivalitäten und bösartigen Intrigen umwehen die verschachtelten Gemäuer des Harems, der Privatgemächer des Sultans. Hier lebten, liebten und starben über vier Jahrhunderte die Frauen der Sultane.

Cityplan: S. 122
Planung: Mi–Mo 15. April–14. Okt. 9–18/19, 15. Okt.–14. April 9–17 Uhr, 15 TL. Eingang und Ticketverkauf befinden sich im Zweiten Hof des Topkapı Sarayı 3 beim Equipagentor, der Ausgang ist im dritten Hof.
Dauer: etwa 60 Min.

In der verbotenen Stadt, von Schwarzen Eunuchen streng bewacht, lebten die Frauen, Kinder und Sklavinnen des Sultans. Außer ihm hatten nur Händlerinnen manchmal Gelegenheit, die ›Welt hinter dem Schleier‹ zu betreten. Zeugnisse über das wirkliche Haremsleben sind dementsprechend rar.

Bei den Schwarzen Eunuchen

Der Haremsrundgang beginnt beim **Equipagentor** im zweiten Hof, wo die Frauen im 19. Jh. die Kutsche bestiegen, wenn sie Ausfahrten in die Stadt machen wollten. Links neben dem Wachraum liegt die kleine **Mescit (1),** wo die Schwarzen Eunuchen beteten. Am folgenden Hof lagen die **Quartiere der Schwarzen Eunuchen (2):** An einem Gang mit türkis-grünem Fliesenschmuck erstrecken sich über drei Etagen die winzigen Schlafkammern. Auch die **Prinzenschule (3)** und die **Gemächer des Kızlar Ağası (4),** des Obersten der Schwarzen Eunuchen, sind vom Hof aus zugänglich. Der *kızlar ağası* (Herr der Mädchen) war in der Regel der ehemalige Erzieher des amtierenden Herrschers und nach dem Sultan der mächtigste Mann im Palast. Die Eunuchen erfuhren häufig die intimsten Geheimnisse des Harems, sie hatten aber auch Zugang zur Außenwelt. Sie waren umgeben von schönen Frauen, doch ihrer Manneskraft hatte man sie beraubt. Unter den Eunuchen fanden sich die korruptesten Mitglieder der Palastgesellschaft und raffinierte Intriganten.

Durch das einst streng bewachte Haupttor, das **Cümlü Kapısı (5)** am Ende des Hofes, betritt man die inneren Haremstrakte. Nach links führt hier ein schmaler Gang zum **Hof der Kadınefendi (6),** der Hauptfrauen des Sultans. **Bad (7), Küche (8),** ein gemeinsamer **Schlafsaal der Nebenfrauen (9)** und drei **Zimmer für die Kadınefendi (10)** sind darum angeordnet.

Die Odalisken

Die Frauen, Odalisken (Frauen des Zimmers) genannt, kamen stets als Sklavinnen in den Harem, besonders begehrt waren solche aus Europa und Russland. Sie waren teils Geschenke von Statthaltern oder wurden von ärmeren Familien freiwillig in die Obhut des Harems gegeben. Die Eltern erhofften sich so gesicherte Lebensverhältnisse für ihre Töchter. Die Mädchen mussten eine harte Ausbildung in Palastetikette und islamischer Kultur absolvieren. Zimmer-, Küchen- und Wäschedienst waren obligatorisch. Die besonders begabten und schönen Odalisken lernten tanzen, musizieren, Gedichtrezitation und erotische Fertigkeiten. Einige von ihnen kamen danach in den Dienst des Sultans, servierten ihm das Essen, sorgten sich um seine Kleidung und konnten als Konkubine auserwählt werden. Andere traten in den Dienst der Sultansmutter, der *kadın* (Hauptfrau des Sultans) oder des Obereunuchen.

Den höchsten Rang im Harem als Sultansmutter *(valide sultan)* konnte eine Odaliske erreichen, indem sie dem Sultan einen Sohn gebar und dafür sorgte, dass er den Thron besteigen konnte. Die Sultansmutter war die mächtigste Frau im Reich und hatte gemeinsam mit dem Schwarzen Obereunuchen, der die Erziehung der Prinzen übernahm, enormen Einfluss auf das politische Geschehen im Land.

Die Gemächer der Sultane

Der **Trakt der Valide Sultan (11)** schließt nördlich an den Hof der Kadınefendi an. Die **Bäder der Valide Sultan und des Sultans (12)** liegen parallel zueinander am Übergang zum Sultanstrakt. Massage-, Umkleide- und Baderaum sind ganz aus weißem Marmor. Das Eisengitter im dritten Bereich des Bades sollte den Herrscher vor Attentaten schützen.

Das Zentrum des Harems war die **Hünkar Sofası (13),** die Sultanshalle. Hier erholte sich der Padischah mit seinen Lieblingsfrauen von den Regierungsgeschäften. Er thronte unter dem Baldachin, auf der Empore spielten die Musikanten – mit verbundenen Augen. Vermutlich ist

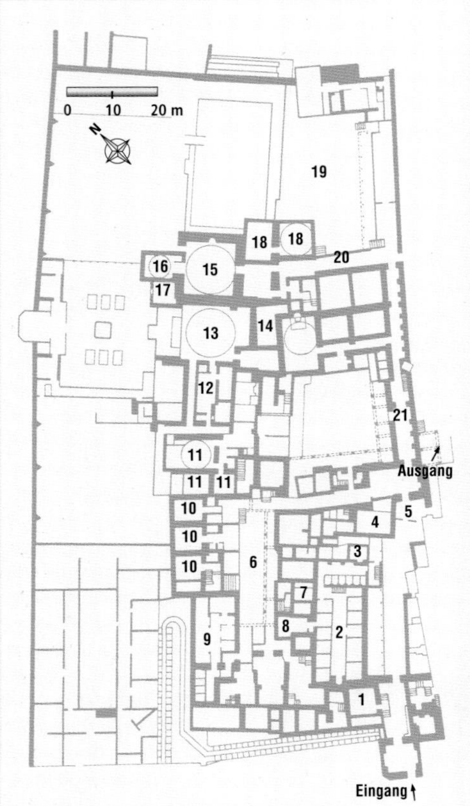

Plan des Harems

1 Mescit der Schwarzen Eunuchen
2 Quartiere der Schwarzen Eunuchen
3 Prinzenschule
4 Gemächer des Kızlar Ağası
5 Cümlü Kapısı
6 Hof der Kadınefendi
7 Frauenbad
8 Küche
9 Schlafsaal der Nebenfrauen
10 Zimmer der Kadınefendi
11 Trakt der Valide Sultan
12 Bäder der Valide Sultan und des Sultans
13 Hünkar Sofası
14 Çeşmeli Oda
15 Salon Murats III.
16 Pavillon Ahmets I.
17 Yemiş Odası
18 Çifte Köşk
19 Hof der Favoritinnen
20 Cin Yeri
21 Altın Yol

dieser Salon unter Mehmet IV. (reg. 1648–87) entstanden; die heutige Ausstattung im Stil des türkischen Rokoko stammt jedoch aus der Mitte des 18. Jh.

Durch das reich mit Fliesen ausgeschmückte **Çeşmeli Oda (14;** Brunnenzimmer) und einen entsprechend ausgestalteten Vorraum gelangt man in den **Salon Murats III. (15;** reg. 1574–95). Abgesehen von den Bettbaldachinen aus dem 18. Jh. erscheint der Raum in seiner ursprünglichen Ausstattung, die auf Sinan zurückgeht. Gegenüber dem großen, schlichten Bronzekamin plätschert auch heute noch das Wasser über die abgestuften Becken des Brunnens. Ein Schriftfries zieht sich unterhalb der Kuppel entlang, İznik-Kacheln mit zarten Pflaumenblütenmotiven rahmen die Nischen.

Nördlich schließt ein kleiner **Pavillon Ahmets I. (16;** reg. 1603–17) an, der häufig als Bibliothek gedeutet wird. Rund hundert Jahre später ließ Ahmet III. (reg. 1703–30) das links folgende **Yemiş Odası (17;** Früchtezimmer) mit gemalten Tafeln, die ornamentale Fruchtstillleben wiedergeben, ausstatten. Hier nahm er seine Mahlzeiten zu sich.

Der **Çifte Köşk (18;** Doppelpavillon) entstand rund 20 Jahre später als der Salon Murats III. Die Wände sind reich mit Kacheln geschmückt, die Fensterscheiben aus buntem Glas. Früher wurde dieser Pavillon als *veliaht dairesi,* also Prinzengefängnis, gedeutet. Tatsächlich lebten die Prinzen in den Obergeschossen über den Räumen der *haseki sultan.* Die *haseki* waren die Favoritinnen des Sultans, die ihm einen Sohn geboren hatten und jenseits des **Cin Yeri (20;** Gang der Geister) wohnen durften.

Selim II. verfügte 1566, dass die Sultansbrüder am Leben bleiben durften, aber unter ständigem Hausarrest standen. Sie hatten keinen Kontakt zur Außenwelt und wurden von Taubstummen bedient, sodass sie in ständiger Angst um ihre Zukunft lebten. Die Prinzen reagierten unterschiedlich auf ihr Leben im Goldenen Käfig: İbrahim I. (reg. 1640–48) meinte, in wilden Ausschweifungen die verlorenen Jahre nachholen zu müssen. Süleyman II. (reg. 1687–91) entwickelte sich in seiner 39-jährigen Gefangenschaft zu einem Meister der Kalligrafie und vermisste später sehr das asketische Leben.

Favoritinnen und Intrigen am Sultanspalast

Der **Hof der Favoritinnen (19;** Gözdeler Taşlığı) mit einer großen offenen Terrasse und Pool war sicherlich der angenehmste Platz des von engen Zimmerfluchten geprägten Harems. Aber auch ihr Leben war von Angst geprägt. Intrigen und Fehden bestimmten den Alltag, keine wollte die Gunst des Sultans verlieren. Sobald ein Sohn geboren wurde, blieb dieser bis zum zwölften Lebensjahr bei seiner Mutter. Das Leben der beiden war ständig bedroht.

Roxelane, die Favoritin von Süleyman I., schlug einen konsequenten Weg ein. Nach einem Streit mit Gülbahar, der ersten *kadın* und Mutter von Mustafa, dem ältesten Sohn Süleymans und dessen potenzieller Nachfolger, verlangte sie von Süleyman, sie nach islamischem Gesetz zu heiraten. Roxelane erreichte ihr Ziel und wurde die erste offizielle Frau eines Sultans. Mustafa wurde mitsamt seiner Mutter als Statthalter nach Manisa verbannt. Doch seine Erfolge und Beliebtheit bei Volk und Armee stärkten seine Position bei Süleyman. Roxelane musste ihres eigenen Sohns zuliebe handeln. Sie ließ einen Brief fälschen, der Mustafa des Hochverrats beschuldigte, woraufhin Süleyman seinen Lieblingssohn eigenhändig tötete. Trotz aller Intrigen war es Roxelane nicht vergönnt, die mächtige Position der Sultansmutter zu erlangen. Sie starb 1558, lange bevor ihr Sohn Selim Anspruch auf den Thron erheben konnte.

Schließlich mündet der Gang der Geister in den **Altın Yol (21;** Goldpfad). Der Name des 46 m langen, eher unansehnlichen Korridors erinnert an die Sitte der Sultane, hier an Festtagen oder vor Kriegen Gold auszustreuen. Über diesen Korridor kamen aber auch die Mörder der Sultane İbrahim I. (gest. 1648), Selim III. (gest. 1808) und Mustafa IV. (gest. 1808).

Am **Kuşhane Kapısı,** dem mit durchaus ironischem Zungenschlag Vogelhaustor genannten Ausgang zum dritten Hof des Palasts, endet der Haremsrundgang.

Lieblingsort

Skulpturengarten im Archäologischen Museum 6

Eine Oase der Ruhe ist der kleine Teegarten mitten im Skulpturenpark. Während oder nach dem Besuch der umfangreichen und immer wieder beeindruckenden Sammlungen des Museums kann man im Schatten der Bäume zwischen Säulen, Statuen, Weihreliefs und Sarkophagen aus verschiedenen Jahrhunderten wunderbar entspannen. In diesem beschaulichen Garten ist die historische Bedeutung von Byzanz, Konstantinopel, Istanbul zum Greifen nah.

4458

Die architektonische Konzeption der Kirche verbindet ein dreischiffiges Langhaus mit kuppelüberdachtem Zentralraum. Damit stellt sie eine kleinere Variante zur zeitgleich entstandenen Hagia Sophia dar. Den Oberbau beherrschen seit dem Wiederaufbau im 8. Jh. zwei Kuppeln, von denen nur die eine durch einen Fensterkranz den Zentralraum erhellte, doch sind die meisten Fenster heute vermauert. Bemerkenswert ist die Mosaik- und Marmorausstattung, da sie im 8. Jh., zur Zeit des Bilderverbots des Ikonoklasmus, entstand. Das Apsisgewölbe ist mit einem Kreuz auf Goldgrund geschmückt. Verse aus den Psalmen 33 und 65 rahmen die Konche.

Neben der Hagia Eirene steht das **Darphane,** die Ende des 17. Jh. vom Eski Saray in das Gebiet des Topkapı Sarayı verlegte Münze. Gelegentlich wird ein Teil der Räumlichkeiten für Ausstellungen genutzt.

Im und rund um den Gülhane Parkı

Im Gülhane-Park, dem früheren Garten des Topkapı-Palasts, reihen sich osmanische und byzantinische Bauten, aber auch antike Überreste und die bedeutendsten Museen zur frühgeschichtlichen und antiken Kultur in der Türkei. Nicht zuletzt ist der Gülhane ein grünes Refugium in prominenter Lage am Bosporus, eine Oase mitten im quirligen Istanbul.

Arkeoloji Müzeleri (Archäologische Museen)

Talemdar Cad., Osman Hamdi Bey Yokusu, www.istanbularkeoloji.gov.tr, Tram T1 Gülhane, Di–So 9–17, im Sommer bis 19 Uhr, letzter Einlass 1 Std. früher, 10 TL, *s. S. 58*

Die archäologische Sammlung ist heute auf zwei Gebäudekomplexe aufgeteilt. Gegründet wurde das Museum 1896 von dem türkischen Archäologen und Maler Osman Hamdi Bey, dem auch die bedeutenden Funde aus der Nekropole von Sidon (Libanon) zu verdanken sind.

Die altorientalischen Stücke aus den Grabungen in Mesopotamien und Ostanatolien sind im **Eski Şark Eserleri Müzesi** 5, erbaut 1883 als Kunstakademie, untergebracht. Zwei große hethitische Basaltlöwen flankieren den Eingang, monumentale Skulpturwerke der Assyrer, Mitanni und Babylonier, aber auch Relikte der Urartäer und Hethiter bilden den Bestand. Zu den herausragenden Funden gehört der Vertrag von Kadesh, eine hethitische Keilschrifttafel aus der Mitte des 13. Jh. v. Chr., gefunden in Hattuscha (Boğazköy). Sie ist eine der drei erhaltenen Ausfertigungen des bisher ältesten bekannten schriftlichen Friedensvertrages, geschlossen zwischen Großkönig Hattušili III. (Hethitisches Reich) und Pharao Ramses II. (Ägypten).

Das **Arkeoloji Müzesi** 6 (s. auch Lieblingsort S. 134) im imposanten Bau des französischen Architekten Alexandre Valaury vom Ende des 19. Jh. beherbergt zahlreiche wunderbare griechische und römische Antiken aus Kleinasien. Einzigartig sind die Funde aus der Nekropole von Sidon (Libanon) im nördlichen Flügel des Museums. In zwei unterirdischen Grabkammern fand Osman Hamdi Bey neben interessanten anthropoiden (menschengestaltigen) Sarkophagen auch zwei Meisterwerke der griechischen Klassik: den Klagefrauensarkophag (ein vorzügliches Beispiel der sog. Säulensarkophage, Mitte 4. Jh. v. Chr.) und den sog. Alexandersarkophag (letztes Viertel 4. Jh. v. Chr.). Alexander der Große, erkennbar an einem Löwenkopfhelm, kämpft auf der einen Längsseite gemeinsam mit dem Satrapen Abdalonymos gegen die Perser. Deutliche Farbspuren zeigen, dass diese Sarkophage einst bunt bemalt waren. Bestattet waren in ihnen phönizische Herrscher.

Die anderen Räume des Nordflügels beherbergen weitere Sarkophage (erwähnenswert ist der über 3 m hohe Sarkophag aus Sidamara, 1. Hälfte 3. Jh., Namensgeber für eine ganze Sarkophaggruppe) und Grabstelen sowie die architektonischen Figurenfriese aus Lagina und Magnesia am Mäander. Der Südflügel widmet sich herausragenden Stücken der griechischen und römischen Plastik.

Im dreigeschossigen Anbau sind eine lohnenswerte Ausstellung über Istanbul im Wandel der Zeit (1. Obergeschoss), zur Frühgeschichte Anatoliens u. a. auch mit Funden aus Troia (2. Obergeschoss) und eine Ausstellung zu dessen Nachbarkulturen (3. Obergeschoss) untergebracht. Nur wenig Platz wird im Erdgeschoss spektakulären Monumenten aus byzantinischer Zeit eingeräumt. Sie teilen sich den Platz mit antiken Funden aus Chalkedon und dem thrakischen Perinth. Im Zwischenbereich finden Wechselausstellungen statt.

Der **Çinili Köşkü** 7 (Fayencen-Pavillon) ist das dritte Gebäude des Museumskomplexes. 1472 unter Mehmet II. Fatih errichtet, ist es der älteste islamische Profanbau Istanbuls. Die ursprünglich hölzerne Vorhalle wurde 1737 nach einem großen Brand in Steinbauweise wiedererrichtet. Von der ursprünglichen Fliesenverkleidung ist nur noch wenig erhalten. Seit 1953 beherbergt der Çinili Köşkü die bedeutende Fayencensammlung aus dem Topkapı-Palast, darunter Keramik aus İznik und Kütahya sowie seldschukische Wandfliesen.

İslam Bilim ve Teknoloji Tarihi Müzesi (IBTTM, Museum für Geschichte der Wissenschaft und Technik im Islam) 8

www.ibttm.org, Mi–Mo 9–17 Uhr, 5 TL, *s. S. 59*

Im ehemaligen Marstall der Sultane kommen die wissenschaftlich epochalen arabisch-islamischen Errungenschaften des 9.–17. Jh. zur Anschauung, die auch in Europa ihren Niederschlag fanden. Sie sind zum großen Teil nur durch arabische Handschriften überliefert, deren Beschreibungen aber so genau sind, dass die Instrumente detailgetreu nachgebaut werden konnten. Eine große Weltkugel vor dem Eingang des Museums lädt zum Besuch desselben ein. Sie gibt ziemlich genau das geografische Weltbild des 9. Jh. wieder.

Gülhane Parkı und Sarayburnu

Der Gülhane Parkı (Rosenhauspark) erstreckt sich unterhalb des Topkapı-Palasts an den Hängen des antiken Akropolis-Hügels. Den Eingang bildete das **Soğuk Çeşme Kapısı** (Tor des Kühlen Brunnens). Ursprünglich gehörte der Park zur befestigten Serailanlage; Sultan Mehmet V. (reg. 1908–18) schenkte ihn der Stadt. Zum Volkspark umfunktioniert, bevölkern ihn besonders am Wochenende ganze Familien, um hier gemütlich zu picknicken. Der Park erstreckt sich über 1 km bis zum Kap des Sarayburnu.

An der Mauer des inneren Palastbezirks entlang führt der Weg zur **Gotlar Sütunu** 9 (Gotensäule). Die 15 m hohe monolithische Marmorsäule krönt ein korinthisches Kapitell, auf dem eine Statue des mythischen Stadtgründers Byzas gestanden haben soll. Die Inschrift des Sockels verweist möglicherweise auf den Gotenzug des Constantinus II., eines Sohnes von Konstantin dem Großen, im Jahr 332,

Lieblingsort

Teatime mit Aussicht
Die Terrasse des Setüstü-Teegartens bietet einen herrlichen Blick über den Bosporus auf die asiatische Seite. Stundenlang könnte ich den kleinen Passagierfähren beim Pendeln zwischen den Stadtteilen, den Containerschiffen beim Durchqueren der Meeresfurt und den großen Kreuzfahrtdampfern, die im Hafen von Karaköy einlaufen, zusehen. Bestellen Sie Tee! Er wird im *semaver,* der typischen Doppelkanne, serviert. Die obere enthält einen sehr starken Teesud, die untere heißes Wasser, mit dem man ihn verdünnt.
Setüstü Çay Bahçesi 2 **:** Gülhane Parkı, tgl. 9–22 Uhr.

doch fehlt eine eindeutige Datierung. Unterhalb der Gotensäule, beim Nordausgang des Parks, sind noch weitere byzantinische Baureste zu sehen.

Jenseits der Kennedy Caddesi steht auf dem Sarayburnu, das den Anfang des Goldenen Horns markiert, die 1926 von dem Österreicher Heinrich Krippel geschaffene **Atatürk Heykeli** 10, die Kemal-Atatürk-Statue.

Etwas weiter in Richtung Galata-Brücke liegt am Ufer der **Şepetçiler Köşkü** 11 (Korbflechter-Pavillon). Sultan İbrahim I. ließ diesen Pavillon mit Bootshaus 1642 erweitern; den Namen erhielt er nach den im Untergeschoss angesiedelten Korbflechtern. Dies ist der letzte Pavillon von vielen, die sich in osmanischer Zeit am Saray-Kap entlangzogen und später der neuen Verkehrsführung zum Opfer fielen.

Bâb-i Ali (Hohe Pforte) 12

Verlässt man den Gülhane Parkı durch das Soğuk Çeşme Kapısı, liegt rechts unterhalb des Tores, auf der gegenüberliegenden Seite der Alemdar Caddesi, das Bâb-i Ali, die berühmte Hohe Pforte. Sie führte zum Amtssitz des Großwesirs, der dort seit dem 17. Jh. die Regierungsgeschäfte tätigte, und wurde daher zum Synonym für den osmanischen Staat und seine Politik. Ihre jetzige Gestalt mit dem barock geschwungenen Dach stammt jedoch erst aus dem 19. Jh. Die verschiedenen Gebäude hinter dem Tor beherbergen heute die Verwaltung der Provinz *(vilayet)* Istanbul.

Gegenüber an und auf der Saraymauer befindet sich der große, polygonale **Alay Köşkü** 13 (Pavillon der Festaufzüge). Von hier aus konnte der Sultan die Umzüge und Militärparaden beobachten, aber auch das Kommen und Gehen zum Amtssitz des Großwesirs beobachten und kontrollieren lassen. Sein heutiges Aussehen verdankt der Alay Köşkü Mahmut II., der ihn 1819 vollständig restaurieren ließ.

Soğukçeşme Sokağı

Zwischen Palastmauer und Hagia Sophia erstreckt sich die kopfsteingepflasterte Soğukçeşme Sokağı mit ihren farbenfroh im osmanischen Stil neu errichteten Holzhäusern (s. S. 90). Unter Leitung des TTOK-Automobilclubs wurden die Häuser in den 1980er-Jahren zu einem stimmungsvollen Hotel, dem **Ayasofya Konakları** (s. S. 27), umgebaut. Dazu gehört auch das sehr stilvoll in einer ehemaligen unterirdischen Zisterne eingerichtete **Sarnıç Restaurant** 3 (s. S. 154) und im größten Haus der Straße eine **Bibliothek,** die mit ihren über 10 000 Werken allein der Geschichte Istanbuls gewidmet ist.

Caferağa Medresesi 14

Von der Soğukçeşme Sokağı unterhalb der Hagia Sophia in die Caferiye Sokağı einbiegend, geht es rechter Hand hinab zu einer kleinen Medrese, die Baumeister Sinan 1559 im Auftrag von Cafer Ağa, dem Chef der Schwarzen Eunuchen unter Süleyman dem Prächtigen, erbaute. Nach aufwendigen Restaurierungsarbeiten bietet hier seit einigen Jahren die Türkische Kulturstiftung wöchentliche Workshops zu traditionellen türkischen Kunsthandwerken (s. S. 155). Im Innenhof serviert man Getränke und kleine Gerichte in netter Atmosphäre.

Yerebatan Sarnıcı Müzesi (Basilika-Zisterne) 15

s. S. 60, Entdeckungstour S. 142

Schräg gegenüber der Hagia Sophia, am Beginn der Yerebatan Caddesi, liegt links der unscheinbare Eingang zu einer unterirdischen byzantinischen Zisterne, die im Volksmund den Namen Yerebatan Sarayı, Versunkener Palast, erhielt.

Vom Hippodrom zur Blauen Moschee

Das Viertel Sultanahmet, benannt nach der Sultan Ahmet Camii, ist das einstige Viertel der Kaiserpaläste. Unter osmanischen Bauten und ihren modernen Zutaten stößt man daher überall auf antike Überreste aus jener Zeit, als hier die Nachfolger der römischen Imperatoren herrschten.

At Meydanı (Hippodrom) 16

Die Alemdar Caddesi führt an der Hagia Sophia vorbei zum At Meydanı, dem antiken Hippodrom von Konstantinopel. Weil Byzantion den Gegenkaiser Pescennius Niger unterstützt hatte, eroberte Kaiser Septimius Severus die Stadt im Jahr 196 und befahl ihre Zerstörung. Auf Fürsprache seines 10-jährigen Sohnes Bassianus, des späteren Kaisers Caracalla, baute Septimius Severus Byzantion jedoch wieder auf – prächtiger, als es vorher gewesen war. So entstanden ein Tetrastoon, ein von Säulenhallen umfasster Markt, das Zeuxippos-Bad und – um das Volk zu versöhnen – im Jahr 203 auch ein Hippodrom, eine elliptische Bahn für Wagen- und Pferderennen.

Von den Bauten des Septimius Severus überdauerte nur dieses **Hippodrom,** das Konstantin der Große (306–337) auf 400 m Länge und 150 m Breite erweitern ließ, als Byzantion zur Hauptstadt des Reiches ausgebaut wurde. 2-stöckige Tribünen, auf denen 100 000, vielleicht sogar 150 000 Besucher Platz fanden, umschlossen die Kampfbahn. Am 11. Mai 330 fand die Gründungsfeier der neuen Hauptstadt im Hippodrom statt, das in seinem Aufbau weitgehend dem Circus Maximus in Rom entsprach.

Das gewaltige **Tribünenrund** war kein Erdwall, sondern baute sich aus mächtigen Substruktionen auf, mit zahlreichen Kammern und Tonnengewölben. An den Längsseiten zogen sich Wandelhallen mit Läden und Speiselokalen hin; unter der Sphendone, dem großen Halbrund am Südwestende, dort, wo das Gelände zum Meer hin abfällt, lagen die Pferdeställe und die Remisen für die Wagen. Mauerreste der Sphendone sind noch heute auf dem Weg zur Küçük Ayasofya Camii zu sehen. Die Spina, ein schmales, niedriges, 390 m langes Podest mit zahlreichen Siegerdenkmälern, verband in der Mitte der Rennbahn die Wendepunkte wie eine Barriere.

Ein repräsentativer Torbau mit der **Porta Triumphalis** schloss das Hippodrom im Nordosten ab. Hier befanden sich die Räume der Circusparteien, der Wagenlenker, Reiter und Trainer. Aus den rivalisierenden, nach Farben benannten Rennparteien entwickelten sich mit der Zeit politische Gruppierungen. Ähnlich wie heute beim Fußball identifizierten sich die Zuschauer mit den einzelnen Parteien und trugen ihre Farben, sogar die Kaiser bekannten sich manchmal zur einen oder anderen Seite. So verwandelte sich das Hippodrom zum Forum des Volkswillens. Und alle Revolutionen begannen fortan auf seinen Tribünen.

Kaiser Justinianus (527–565) versuchte schließlich, die beiden Hauptparteien, die Blauen und die Grünen, als Stifter immerwährender Unruhen aufzulösen. Daraufhin verbündeten sich Blaue und Grüne und zogen im Jahr 532 mit dem Kampfruf »Nika!« (»Siege!«) randalierend und mordend durch die Stadt. Justinianus hätte sich dem Willen des Volkes gebeugt, doch seine Gemahlin Theodora, die schöne Tochter eines Pferdeknechts, erteilte dem Feldherrn Belisar ▷ S. 145

Auf Entdeckungstour:
Yerebatan Sarnıcı – der Versunkene Palast

Lebenswichtig waren für die byzantinische Bevölkerung die unterirdischen Wasserspeicher, die über das gesamte Stadtgebiet verteilt sind. Am beeindruckendsten und für die Öffentlichkeit zugänglich ist die Basilika-Zisterne (Bild oben). Mit ihrem im Wasser stehenden Säulenwald gleicht die Yerebatan Sarnıcı einem versunkenen Palast und wird daher im Volksmund auch Yerebatan Sarayı genannt.

Cityplan: S. 122
Yerebatan Sarnıcı 15: www.yerebatan.com, Tram T1 Sultanahmet, tgl. 9–18.30 Uhr, 10 TL, s. S. 60, 140.
Der Eingang befindet sich in der Yerebatan Caddesi 13. Man verlässt die Zisterne über die Alemdar Caddesi.
Dauer: 30–45 Min.

Über Treppen steigt man hinab ins Dunkle. Wassertropfen fallen von der Decke. Auf Holzstegen lässt sich die ganze Tiefe der Zisterne abschreiten. Karpfen und Goldfische schwimmen im klaren Wasser unter den Stegen. Die feuchten, weitläufigen Gewölbe erhalten durch Lichtspiele und musikalische Klänge etwas Mystisch-Romantisches.

Wasser für die Kaiser

Die Anlage der Yerebatan Sarnıcı soll auf Konstantin den Großen zurückgehen, ihre Größe und Ausstattung verdankt die Zisterne jedoch einem Ausbau unter Kaiser Justinianus I. (527–565). Sie bildete die Substruktion für eine heute abgetragene Basilika (Markthalle), die Justinianus nach dem Nika-Aufstand 532 neu errichten ließ; daher wurde sie in byzantinischer Zeit auch Cisterna Basilica genannt.

Der Wasserspeicher diente hauptsächlich zur Versorgung des Kaiserpalasts. In osmanischer Zeit, kurz nach der Eroberung der Stadt, wurde er noch zur Bewässerung der Palastgärten genutzt, geriet dann aber bald in Vergessenheit. Erst Petrus Gyllius, ein Humanist und Reisender, der nach Altertümern in der Stadt forschte, entdeckte 1545 die Zisterne. Ihm war zu Ohren gekommen, dass Anwohner im Umfeld der Hagia Sophia ihr Wasser erhielten, indem sie einfach durch ein Loch im Fußboden ihrer Behausungen Eimer hinabließen. Auch Fische sollen sie gefangen haben. Die Gewölbedecke der Zisterne wurde über die Jahrhunderte mehr oder weniger instand gehalten. Eine grundlegende Restaurierung erfolgte allerdings erst im 20. Jh., um sie als Museum der Öffentlichkeit zugänglich zu machen.

Der Wasserspeicher hat eine Grundfläche von 138 x 64,5 m. 336 Säulen, jeweils ca. 8 m hoch, in zwölf Reihen tragen die aus Ziegeln gemauerte Gewölbedecke. Sein Fassungsvermögen betrug etwa 80 000 m^3. Auffallend sind die sehr unterschiedlichen Säulenschäfte und Kapitelle in dorischer und vor allem korinthischer bzw. frühbyzantinischer Form. Im hinteren, nordwestlichen Bereich der Zisterne dienen große Blöcke mit umgedrehten Reliefs von Medusenhäuptern als Säulensockel. Diese Bauglieder stammen zum Teil als fehlerhafte Stücke aus den stadtnahen Prokonnesos-Brüchen oder wurden älteren, dem Verfall überlassenen Gebäuden entnommen. Übrigens stakte auch schon James Bond in »Liebesgrüße aus Moskau« mit einem Boot durch den Säulenwald der Zisterne.

Die Wasserversorgung der Stadt

Bei der Gründung neuer Siedlungen kommt der Wasserversorgung eine entscheidende Rolle zu. So ist es nicht verwunderlich, dass sich aus der kleinen Siedlung in strategisch und wirtschaftlich günstiger Lage am Eingang des Bosporus erst relativ spät eine bedeutende Stadt entwickelte: Bäche und stärkere Quellen sind auf der felsigen Halbinsel des alten Byzanz nicht vorhanden. Das Goldene Horn, Mündungsbecken der Flüsse Alibey und Kagithane, enthält wegen des Drucks durch den Bosporus bis tief ins Landesinnere Salzwasser; daher musste das Trinkwasser über lange Leitungen aus den umliegenden Bergen und Wäldern herangeführt werden.

Die früheste Überlieferung einer derartigen Wasserzufuhr stammt aus hadrianischer Zeit (117–138 n. Chr.). Die Kapazität dieser Leitung reichte jedoch nach Erhebung der Stadt zur Residenz im Jahr 324 n. Chr. und dem damit verbundenen Bevölkerungswachstum bei Weitem nicht mehr aus. Neben dem Ausbau der alten Wasserleitungen entstanden in der folgenden Zeit neue, die das Gebiet im Nordwesten der Stadt erschlossen. Zu ihnen gehört auch die von Kaiser Valens (reg. 364–378) in Auftrag gegebene Leitung. Im alten Stadtkern stehen noch die imposanten Bögen des Aquädukts aufrecht (s. S. 192). Aus der Literatur ist eine über 100 km lange Fernleitung bekannt, die bis nach Bulgarien gereicht haben soll. Evliya Çelebi, der berühmte Reiseschriftsteller des 16. Jh., schreibt, dass sie mit Wasser aus der Donau gespeist worden sei. Hier wird deutlich, mit welchem Aufwand bereits in byzantinischer Zeit die Wasserversorgung der Stadt betrieben werden musste.

Zusätzlich wurden zahlreiche weitere offene und überdeckte Zisternen im Stadtgebiet angelegt. Die offenen Sammelbehälter speicherten Nutzwasser zur Bewässerung von Grünanlagen und – im Belagerungsfall – von Gemüsegärten. Zudem fanden häufig die Substruktionen privater und öffentlicher Gebäude, die zur Ausgleichung unebenen Geländes dienten und durch Gewölbekonstruktionen erdbebensicher waren, als Trinkwasserspeicher Verwendung.

Für das alte Stadtgebiet sind 71 überdeckte Zisternen überliefert. Auch unter der Hagia Sophia fand man ausgedehnte Wasserspeicher. Das Fassungsvermögen und die Güte des Wassers in einer Zisterne war auch ausschlaggebend für die Wohnqualität eines Viertels.

Bevor Sie die Zisterne verlassen und wieder in die Hitze und den Trubel der Stadt zurückkehren, können Sie noch einen Moment in dem kleinen angeschlossenen Café verweilen und die Kühle oder die baugeschichtliche Bedeutung dieses Ortes genießen.

Das Valens-Aquädukt versorgte die Zisterne mit Wasser aus dem Belgrader Wald

kaltblütig den Befehl, den Aufstand niederzuschlagen. Als die beiden Parteien einen Gegenkaiser ausriefen, metzelten die kaiserlichen Truppen die auf der Rennbahn versammelten 30 000 Aufständischen nieder. Justinianus war gerettet.

Unter den Osmanen wurde das Hippodrom im 15. Jh. zum **At Meydanı,** dem Rossplatz, auf dem die Janitscharen, die Leibgarde des Sultans, jeden Freitag ihr Kampfspiel Çeri Oyun austrugen. Im Lauf der Jahrhunderte verschwanden die Prunktore und Tribünen, die Steine verwendete man zum Bau des Topkapı Sarayı und der Blauen Moschee.

Doch nach wie vor diente die Rennbahn als Aufmarschstätte, und so gab es dort 1826 ein zweites Blutbad: Als Sultan Mahmut II. die Auflösung der inzwischen allzu anmaßend gewordenen Janitscharen-Truppe verkündete, versammelten sich diese im Hippodrom, forderten den Kopf des Sultans und schickten sich an, den Palast zu stürmen. Darauf hatte Mahmut nur gewartet, denn das ganze Stadtviertel war mit europäisch geschultem und modern ausgerüstetem Militär umstellt. Er ließ das Janitscharenkorps zusammenschießen; keiner der Männer überlebte das Massaker.

Am Nordende des At Meydanı steht unter schattigen Bäumen der elegante **Alman Çeşmesi** (Deutscher Brunnen). Kaiser Wilhelm II. schenkte den mit Mosaiken geschmückten oktogonalen Bau Sultan Abdülhamit II. bei seinem Staatsbesuch 1895 – als Dank dafür, dass deutsche Wissenschaftler die Hagia Sophia erforschen durften.

Von den Denkmälern, die einst die Spina des Hippodroms schmückten, sind noch drei *in situ* erhalten: ein ägyptischer Obelisk, die Schlangensäule und der Gemauerte Obelisk. Sie deuten den ursprünglichen Verlauf der Rennbahn an, die etwa 3,5 m unter dem heutigen Straßenniveau lag.

Den **Ägyptischen Obelisken** (Dikilitaş) holte Kaiser Theodosius I. im Jahr 390 aus Karnak (Theben) vom großen Amun-Tempel. Die fast 20 m hohe Steinnadel (ursprüngliches Maß ca. 32 m) aus rosafarbenem Granit ließ Thutmosis' III. im 15. Jh. v. Chr. anfertigen. Auf allen vier Seiten sind oben die Namen des thebanischen Reichsgotts Amun und des Pharaos Thutmosis III. eingeschnitten. Der reliefierte Steinsockel stammt aus theodosianischer Zeit. Der untere Fries berichtet von der Aufstellung des Obelisken im Hippodrom; der zweite verherrlicht den Kaiser und seine Familie. Man erkennt Hofbeamte und Leibgardisten, Musikanten und Gesandte fremder Völker, die dem Herrscher vor der Kaiserloge des Hippodroms huldigen.

Die bronzene **Schlangensäule** (Yılan Sütun) hatte Konstantin der Große aus dem Apollonheiligtum in Delphi in seine neue Hauptstadt bringen lassen. Sie war ursprünglich ein Weihegeschenk der 31 griechischen Städte, die am Sieg über die Perser 480 v. Chr. beteiligt waren. Von der ehemals 8 m hohen Säule steht heute nur noch das 5,5 m hohe Mittelstück. Ein Schlangenkopf ist im Archäologischen Museum ausgestellt.

Der aus großen Kalksteinquadern bestehende **Gemauerte Obelisk** (türk. Örme Sütun) ist dagegen kein Beutestück und stammt vermutlich aus spätrömischer Zeit. Kaiser Konstantin VII. Porphyrogennetos (reg. 913–959) ließ ihn zu Ehren seines Großvaters Basileios I. wieder herrichten und mit vergoldeten Bronzeplatten umkleiden, auf denen die Taten von Basileios gerühmt wurden. 1204 wurden die Platten zusammen mit unzähligen anderen Denkmälern im Vierten Kreuzzug von den Venezianern geraubt.

Türk ve İslam Eserleri Müzesi (Museum für Türkische und Islamische Kunst) 17

Tram T1 Sultanahmet, At Meyd. 46, Tel. 0212 518 18 05, www.tiem.gov.tr, Di–So April–Okt. 9–19, Nov.–März 9–17 Uhr, letzter Einlass 30 Min. früher, 10 TL; zzt. wg. Renov. geschl.; s. S. 60

Dort wo früher die Nordränge des Hippodroms waren, gegenüber der Sultan Ahmet Camii, erhebt sich das Empfangsgebäude des İbrahim Paşa Sarayı. Seit 1983 ist hier das Museum für Türkische und Islamische Kunst untergebracht.

Das Gebiet um das Hippodrom, dem Schauplatz großer Festaufzüge, hatte sich im 16. Jh. zum beliebten Wohnbereich der Würdenträger des Reiches entwickelt. Sultan Süleyman ernannte kurz nach Regierungsantritt (1522) seinen Jugendfreund İbrahim Paşa zum Großwesir und schenkte ihm zur Hochzeit mit seiner Schwester Hatice Sultan 1524 den Palast, den dieser noch erweitern ließ. Politischer Streit oder Intrigenspiel bei Hofe führten jedoch 1536

Hippodrom bis Bukoleon-Palast

Sehenswert

1 – 15 s. Cityplan S. 122
16 At Meydanı (Hippodrom)
17 Türk ve İslam Eserleri Müzesi
18 Sultan Ahmet Camii (Blaue Moschee)
19 Sultanahmet Arkeolojik Parkı
20 Mozaik Müzesi
21 Substruktionen des Hippodroms
22 Sokullu Mehmet Paşa Camii
23 Küçük Ayasofya Camii (Hagioi Sergios kai Bakchos)
24 Fassade des Bukoleon-Palasts

Essen & Trinken

1 – 3 s. Cityplan S. 122
4 Khorasani Grill House
5 Pudding Shop Lale Restaurant
6 Yeşil Ev Garden Bar-Café
7 Rami
8 Palato Restaurant

Einkaufen

1 Galeri Kayseri
2 Arasta Bazaar
3 İstanbul Sanatları Çarşısı

Aktiv

1 Ayasofya Hürrem Sultan Hamamı
2 Kochkurse im Sarnıç Hotel

Abends & Nachts

1 Sultan Pub
2 Bodrum Lokantası

zur Hinrichtung von İbrahim Paşa: Süleyman ließ seinen Großwesir nach dem gemeinsamen Essen erdrosseln. Danach hatten die unterschiedlichen Nutzungen des Palasts als Eliteschule, Archiv, Stall und Menagerie zahlreiche Umbauten zur Folge. Erst 1965 unterzog man den Palast einer gründlichen Restaurierung, um ihn als Museum herzurichten.

Die Räume gruppieren sich um vier Arkadenhöfe, die durch Rampen miteinander verbunden sind. Im Süden des zweiten Hofes liegt ein großer Saal (Divanhane), dessen Decke von hölzernen Pfeilern gestützt wird, die äußeren Wände besitzen Erker. In dem Saal empfing der Großwesir seine Gäste, von hier aus konnte er auch die Festaufzüge im Hippodrom beobachten. Der vierte Hof ist 1939 zugunsten eines Palastes (Adliye Sarayı) abgerissen worden.

Die **Ausstellungsräume** in der Galerie des Obergeschosses bieten dem Besucher in zeitlicher Abfolge Exponate vom 8. Jh. v. Chr. bis in die heutige Zeit. Verschiedene Gerätschaften dokumentieren Handwerk und Kunsthandwerk; die Miniaturmalerei, die Entwicklung der Kalligrafie und die Keramikproduktion werden durch hervorragende Stücke

repräsentiert. Besonders eindrucksvoll ist die Sammlung seldschukischer und osmanischer Teppiche im großen Saal am Ende der Galerie. Im Erdgeschoss des zweiten Hofes sind Schauräume eingerichtet, die den Wandel im Wohnstil der Türken vom Nomadenzelt bis zu den Prunkvillen des 20. Jh. zeigen. Die **Aussichtsterrasse** mit Blick über das Hippodrom auf die Sultan Ahmet Camii und das traditionelle türkische Café rechts hinter dem Aufgang zur Galerie laden zum Verweilen ein.

Sultan Ahmet Camii ! (Blaue Moschee) 18

Südlich des At Meydanı erhebt sich die großartige Sultan Ahmet Camii, der berühmteste osmanische Bau Istanbuls. Sie wird auch Ahmediye genannt, in Reiseführern nach der weitgehend verlorenen Ausstattung mit blauen Fliesen oft auch noch Blaue Moschee.

Sultan Ahmet I. (reg. 1603–17) stellte dem Hofarchitekten und Sinan-Schüler Mehmet Ağa die Aufgabe, eine neue Hauptmoschee zu schaffen, die in Größe und Ausstattung die alte Hagia Sophia noch übertreffen sollte. Als Standort wählte der Sultan das Gebiet südöstlich des Hippodroms. Die Reste der byzantinischen Kaiserpaläste und die noch vorhandenen Sitzreihen der alten Rennbahn wurden eingeebnet. Im Jahr 1609 erfolgte im Beisein des Sultans die Grundsteinlegung. Sultan Ahmet I. schlug sein Lager sogar an der Baustelle im Sultan Köşkü auf, um die Arbeiten besser überwachen zu können. Kurz vor seinem frühen Tod konnte der junge Herrscher 1617 noch die Moschee feierlich einweihen.

Die Moschee Sultan Ahmets, die heiligste Moschee Istanbuls

Mein Tipp

Geschichte light
Zwischen Mai und Oktober findet nach Sonnenuntergang vor der Sultan Ahmet Camii eine Sound & Light-Show statt. Die Geschichte Istanbuls wird unter besonderer Berücksichtigung der Ahmediye jeweils an bestimmten Tagen in Deutsch, Englisch und Französisch vorgeführt. Die Zeiten erfahren Sie auf Schautafeln vor der Blauen Moschee.

In der Folgezeit war sie Schauplatz der zentralen religiösen Kundgebungen im Beisein der Sultane, von hier brachen auch die Pilgerzüge in Richtung Mekka auf. 1826 verkündete Mahmut II. vom Minbar der Ahmediye die Auflösung des Janitscharenkorps.

Vom Vorhof aus betrachtet, türmen sich oberhalb einer spitzbogigen **Arkadenhalle** die zahlreichen **Kuppeln** des Gebetshauses zu einem sorgfältig abgestimmten Stufenbau. Haubenbekrönte Pfeiler und die spitz aufragenden Minarette setzen den seitlichen Rahmen. Der stufenförmige Charakter wird auch in der Gestaltung der **Fenster** deutlich. Ihre Laibungen sind in der untersten Reihe schlicht gehalten, in der mittleren hat der Architekt durch eine Tiefenabstufung derselben verstärkte Schlagschatten hervorgerufen, und in der oberen Reihe bewirken schräg gestellte Fensterumrandungen optisch eine Vergrößerung der Fenster.

Der rechteckige **Vorhof** nimmt eine gleich große Grundfläche wie das Gebetshaus ein. Er ist von drei Seiten über Treppenanlagen zugänglich. Säulenhallen rahmen den Hof, in dessen Mitte der sechseckige **Şadırvan** steht. Die Gläubigen reinigen ihre

Mit Blick auf die Blaue Moschee – Rami

Zur Mittagspause oder auch am Abend (mit Blick auf die Sound & Light Show vor der Sultan Ahmet Camii) lädt das Rami mit traditioneller türkisch-osmanischer Küche ein. Von der Dachterrasse des nostalgisch eingerichteten Hauses vom Ende des 19. Jh. blickt man auf die illuminierte Blaue Moschee. Werke des Impressionisten Rami Uluer (1913–88) schmücken die Wände.

Rami 7: Utangaç Sk. 6, Tel. 0212 638 53 21, www.ramirestaurant.com, Tram T1 Sultanahmet, tgl. 11–24 Uhr, 3-Gänge-Menü ohne Getränke ca. 35 €.

Hände und Füße heute jedoch an den Brunnenanlagen entlang der äußeren Seitenmauern des Vorhofes.

Die Architektur der Moschee wirkt in sich geschlossen. Sechs **Minarette** stechen als markante Punkte hervor, je eines an den Ecken des Gebetshauses, zwei kleinere binden, die äußere Begrenzung markierend, den Vorhof in den Gesamtkomplex ein. Warum hier jedoch sechs statt der für Sultansmoscheen üblichen vier Minarette errichtet wurden, erklärt eine Legende: Sultan Ahmet I. soll vier goldene Minarette für seinen Stiftungskomplex verlangt haben. Da jedoch das Geld dafür niemals gereicht hätte, behalf sich der Baumeister Mehmet Ağa mit dem Gleichklang der Worte *altın* (golden) und *altı* (sechs) und errichtete statt der vier goldenen sechs steinerne Minarette. Wahrscheinlicher ist jedoch, dass der Bau durch die optische Einbindung des Vorhofes an Monumentalität gewinnen sollte. Jedenfalls kam es in der Folge zu Protesten aus Mekka. Die dortige Kaaba-Moschee hatte zuvor als einzige über sechs Minarette verfügt. So musste der Sultan dort schließlich noch einen siebten Turm stiften.

Das **Innere der Moschee** beeindruckt durch seine ungeheure Weiträumigkeit. Die große **Kuppel** wird von vier markanten, 5 m dicken Pfeilern (Elefantenfüßen) getragen. Bei einem Durchmesser von 23,50 m erreicht die Kuppel 43 m Scheitelhöhe. Einen Teil ihrer Last tragen vier Halbkuppeln, die wiederum jeweils von drei Konchen unterstützt werden. Im Verhältnis zu den massigen Pfeilern wirken diese Konchen unproportional. Die vier Eckjoche sind ebenfalls mit kleineren Kuppeln bekrönt. An drei Seiten des Gebetsraums verlaufen zusätzlich schmale Gänge.

Ursprünglich schmückten 21 000 Fliesen mit blau-grünen **İznik-Fayencen** die Innenwände der Moschee. Sultan Ahmet I. verbot den Werkstätten von İznik, vor der Fertigstellung der Moschee andere Auftraggeber zu beliefern. Unter diesem Großauftrag litt jedoch die Qualität, und so sieht man neben sehr hochwertiger Ware auch Fliesen minderer Qualität. Große Flächen, wo die Kacheln im Laufe der Zeit abgefallen waren, wurden im 19. Jh. nachgemalt. Besonders schöne Fayence-Arbeiten mit Blütenarrangements und Zypressen mit Weinranken schmücken die Wände der Galerien. Die 260 **Fenster** des Gebetshauses waren ursprünglich mit farbigem venezianischem Glas gefüllt. Der **Minbar** ahmt die Form der Kanzel von Mekka nach, und in den **Mihrab** ist ein Bruchstück des schwarzen Steins der Kaaba eingelassen.

Der **Külliye-Komplex** der Ahmediye ist in einen mauerumfriedeten Garten eingebunden. Von seinen Gebäuden sind nur die **Koranschule,** eine **Medrese** und die **Türbe Sultan Ahmets** (tgl. 9.30–16.30, Eintritt frei) im Osten der Moschee erhalten. Neben dem Sultan selbst sind seine Frau Kösem (Mâhpeyker) sowie seine Söhne Murat IV.,

Osman II. und der von seinem Bruder Murat ermordete Prinz Beyazıt in der Türbe beigesetzt.

Ayasofya Hürrem Sultan Hamamı (Bäder der Hürrem Sultan) 1

Bab-ı Hümayun Cad. 1, www. ayasofyahamami.com, Tram T1 Sultanahmet, Sommer tgl. 7–24, Winter 8–22 Uhr, 150 TL
Das **Haseki Hürrem Hamamı**, zwischen Hagia Sophia und Sultan Ahmet Camii gelegen, ist eine Stiftung der Gattin Süleymans I., Haseki Hürrem (Roxelane), aus dem Jahr 1556. Der berühmte Baumeister Sinan erbaute das Bad in unkonventioneller Weise, indem er die beiden Abteilungen nicht parallel, wie sonst üblich, anordnete, sondern sie in der Längsachse aneinanderreihte.

Durch den *camekan* (Entkleidungsraum) gelangt man in den *soğukluk* (Übergangsraum) und anschließend in das *hararet* (Schwitzbad) mit vier Nischen sowie vier kleinen Eckräumen. Früher diente es als Verkaufsausstellung für Teppiche, nun kann man nach 100 Jahren die Räumlichkeiten wieder in ihrer ursprünglichen Nutzung als Bad genießen. Das Hamam wurde aufwendig und überaus luxuriös restauriert und bietet nun nicht nur vergoldete Waserschalen, sondern auch modernste Wellness-Anwendungen.

Im Bereich der Kaiserpaläste

Südöstlich unterhalb der Blauen Moschee kommt man zum Areal des alten Kaiserpalasts. Seit Konstantin der Große (reg. 323–337) Byzanz zur Hauptstadt des Römischen Reiches erhoben hatte, erstreckten sich im Gebiet zwischen Hippodrom, Hagia Sophia und Marmarameer die Palastbauten der Kaiser. Theodosius II. (reg. 408–450) ließ den Bukoleon-Palast (s. S. 154) an der Küste errichten und verbot gleichzeitig den Bau von Privathäusern in dem weiträumigen Palastareal.

Erst unter Kaiser Alexios I. Komnenos (reg. 1081–1118), der mit dem Ausbau des Blachernenpalasts (s. S. 204) im Norden der Stadt begann, hörten die Baumaßnahmen auf. Die alten Kaiserpaläste verfielen, und als die Osmanen die Herrschaft übernahmen, errichteten sie auf dem Gebiet neue Wohnhäuser. Im 17. Jh. entstanden hier die Markthallen des **Arasta Bazaar** 2, die heute als Touristenbasar für Kunsthandwerk und Teppiche dienen.

Sultanahmet Arkeolojik Parkı (Archäologischer Park) 19

Tram T1 Sultanahmet, das Gelände war bei Redaktionsschluss noch nicht zugänglich, s. S. 60
Östlich der Hagia Sophia, angrenzend an das Four Seasons Hotel im ehemaligen osmanischen Gefängnis (s. S. 26), erstrecken sich großräumige Ausgrabungen von Teilen des Palastareals, das von der Hagia Sophia bis hinab zum Marmarameer reichte. Bei den Grabungen wurde das große Eingangstor, das den Palast mit der Außenwelt verband, entdeckt, dazu kamen Säle mit Mosaiken aus dem 5. Jh. und Fresken des 7. und 9. Jh. zum Vorschein sowie Badeanlagen, eine weitere Kirche, zahlreiche Skelette und unzählige Kleinfunde aus den verschiedenen Zeithorizonten.

Mozaik Müzesi (Mosaikenmuseum) 20

Torun Sk., muze.gov.tr/mosaic, Tram T1 Sultanahmet, Di–So April–Okt. 9–19, Nov.–März 9–17 Uhr, 8 TL, s. S. 59

In den 1930er- und 1950er-Jahren fand man südöstlich der Sultan Ahmet Camii Teile eines großen Peristylhofes mit südlich anschließendem Absidensaal. Den Hof umgaben auf allen Seiten 8 m tiefe Säulenhallen, deren Fußböden mit Mosaiken ausgelegt waren. Ein großes zusammenhängendes Stück aus der Nordosthalle kann man im Mozaik Müzesi besichtigen, das um die Fundstelle gebaut wurde.

Die teilweise sichtbar gelassenen Mauerzüge und die Mosaiken lassen noch etwas von der Pracht des Kaiserpalasts erahnen. Der Mosaikboden gilt als das umfangreichste Naturmosaik der Antike. Es entstand wohl im 5. oder 6. Jh. Neben Jagd- und Tierbildern sowie Darstellungen von Landleuten, Hirten und Fischern erscheinen auch Fabel- und mythologische Wesen. Zu deuten ist der 45 m lange Bilderfries im Zusammenhang mit Tierparks und Landschaftsgärten, die in hellenistischer Zeit in Mode kamen und dann von den Römern übernommen wurden. 1997 wurde die Restaurierung der Mosaiken fertig – Experten hatten in 14 Jahren 70 Mio. Steine gereinigt und an ihrem alten Platz neu verlegt.

Substruktionen des Hippodroms 21

Südlich des At Meydanı, in der Straßenbiegung der Şehit Mehmet Paşa Sokağı, liegt links der Eingang zu einer größeren **Aussichtsterrasse.** Diese befindet sich auf den südlichen Substruktionen des Hippodroms, die die Aufgänge zu den einzelnen Rängen und Kammern beherbergten. Von hier hat man einen hervorragenden Blick über das zum Meer hin abfallende Stadtviertel. Rechts im Vordergrund steht die Sokullu Mehmet Paşa Camii, weiter links, fast direkt am Meer, die Küçük Ayasofya Camii, die durch das gewellte Kuppeldach auffällt. Bei gutem Wetter sieht man weit über das Marmarameer mit den Prinzeninseln und einen Teil der asiatischen Stadtviertel.

Sokullu Mehmet Paşa Camii 22

Özbekler Sk., Tram T1 Sultanahmet

Die beeindruckende architektonische Wirkung der Moschee des Sokullu Mehmet Paşa wird dem Besucher schon beim Eintritt durch den Torbogen an der Özbekler Sokağı deutlich. Sokullu Mehmet Paşa war unter Sultan Süleyman Oberfalkner auf der bosnischen Burg Sokol (daher sein Beiname Sokullu), wurde Großadmiral und durchlief die verschiedenen Wesirsränge, bis er kurz vor dem Tod des Sultans zum Großwesir ernannt wurde. Dies blieb er auch unter den folgenden zwei Sultanen, Selim II. und Murat III., und spielte damit politisch eine bedeutende Rolle im Osmanischen Reich.

Der Moscheekomplex ist eine Stiftung von Sokullu Mehmet und seiner Frau Esmahane Sultan, einer Tochter Selims II. Sinan hat die abfallende Lage hervorragend umgesetzt und für die Verbindung der einzelnen Gebäudeteile eine überzeugende Lösung gefunden. 1571 war die Moschee fertiggestellt. Sie ist über den Resten einer byzantinischen Kirche errichtet; einzelne Spolien sind in den Mauern des Komplexes wiederzufinden.

Der **Vorhof** der Moschee ist auf drei Seiten von einer Medrese umgeben. Die nordwestlichen Räume ruhen auf hohen Substruktionen, die auch den steilen Treppenaufgang unterhalb des Unterrichtsraumes *(dershane)* ermöglichten. Dieser ist im Inneren des Hofes durch einen gesonderten Torpavillon mit Kuppeldach hervorgehoben.

Eine Lösung fand Sinan auch für die architektonisch meist unbefriedigende Verbindungsstelle von Medrese (Schule) und Gebetsraum, indem er die Höhendifferenz der beiden Architekturen durch einen Torbau überbrückte, der im Obergeschoss eine zusätzliche Kammer aufweist. Die Medresenhallen sind seit einigen Jahren verglast, in ihnen findet heute wieder der Unterricht einer Koranschule statt.

Die Kuppelkonstruktion spiegelt im **Inneren der Moschee** den sechseckigen Grundriss wider. Je zwei schräg zu den Außenwänden gestellte Halbkugeln rahmen die Mittelkuppel. Die Wände sind zweifach horizontal gegliedert, an drei Seiten verläuft eine Galerie. Fliesenschmuck tragen nur die Fenster, die Pendentifs und vor allem die Kiblawand. Zwei Blumenfelder und verschiedene Schriftzüge auf blauem Grund rahmen hier den steinernen Mihrab. In diesen wie auch in den Minbar sind kleine, in Gold gefasste Steine von der Kaaba in Mekka eingefügt.

Mein Tipp

Kunsthandwerksmarkt

Links unterhalb der Sultan-Ahmet-Moschee hat der Türkische Automobilclub eine alte Koranschule, die Cedid Mehmet Efendi Medresesi, restauriert. Im **İstanbul Sanatları Çarşısı** kann man Künstlern bei der Herstellung typisch osmanischer Kunsthandwerkserzeugnisse zusehen und ihre Produkte auch kaufen, z. B. Kalligrafien, marmoriertes Papier oder auch handbemalte Gläser.

İstanbul Sanatları Çarşısı 3: Sultanahmet, Kabasakal Cad., neben dem Yeşil Ev Hotel, Tram T1 Sultanahmet, tgl. 9.30–18.30 Uhr.

Küçük Ayasofya Camii (Hagioi Sergios kai Bakchos) 23

Küçük Ayasofya Cad., Tram T1 Sultanahmet

Die kleine Kirche Hagioi Sergios kai Bakchos, seit der Umwandlung in eine Moschee Küçük Ayasofya Camii (Kleine Hagia Sophia) genannt, liegt südlich des Hippodroms, direkt vor der Bahnlinie. Sie war Teil eines größeren Palastkomplexes aus dem 4. Jh. Zur Zeit Kaiser Justins I. (reg. 518–527) wohnte hier sein Neffe Justinianus, der 519 im Palast eine Kirche bauen ließ, die Petrus und Paulus geweiht war.

Schon bald nach seinem Regierungsantritt (527) stiftete Justinianus zusammen mit seiner Frau Theodora eine zweite Kirche, die mit der ersten Vorhalle und Atrium gemeinsam hatte. Diese wurde den Märtyrern Sergios und Bakchos gewidmet und war spätestens 536 fertiggestellt. Unter Beyazıt II. (reg. 1481–1512) wurde die Kirche in eine Moschee umgewandelt, und der Chef der Weißen Eunuchen, Hüsyin Ağa (im Amt 1506–12), ließ Vorhalle und Arkadenhof neu erbauen.

Von den byzantinischen Bauten steht heute nur noch die ehemalige Kirche. Ihr **äußerer Aufbau** ist kaum bemerkenswert, da sie zum großen Teil in die Mauerzüge der anderen Bauten einbezogen war. Während der äußere Grundriss daher sehr ungleichmäßig ist, erhebt sich die **Kuppel** symmetrisch auf acht Pfeilern. Wie John Freely, der Architekturspezialist für Istanbul, schrieb, »schwimmt« die innere Raumgliederung also regelrecht zwischen den schiefen Außenmauern. Der **Innenraum** wird durch Säulenpaare zwischen den Pfeilern in runde und eckige Nischen gegliedert, eine Stifterinschrift schmückt den Architrav. Die Säulen des Obergeschosses enden in Arkaden. Konchen und Schildbogen, die den durch die Pfeilerstellung bedingten achteckigen Grundriss auflösen, schließen die architektonische Gliederung ab. Ohne Überleitung setzt die aus 16 Lamellen gebildete Kuppel auf.

Ein kleiner **Teegarten** in der benachbarten Medrese lädt zu einer Pause ein. Künstler und Kunsthandwerker nutzen die weiteren Räume, um ihre selbstgemalten Bilder, Keramiken, aber auch Tücher, Kleider und Bücher anzubieten.

Fassade des Bukoleon-Palasts 24

Kennedy Cad.

Unten an der Uferstraße kann man die Mauerreste einer Fassade des aus der Literatur berühmten Bukoleon-Palasts entdecken. Er wurde nach einer einst am Ufer stehenden Stier-Löwen-Gruppe benannt. Wahrscheinlich integrierte man den anfangs isoliert stehenden Bau später in das Areal der großen Kaiserpaläste. Von den fünf erhaltenen Fenstern der Seefassade haben die mittleren noch ihre ursprünglichen Marmorrahmen. Tragsteine weisen darauf hin, dass sich unterhalb der Fensterreihe ein Balkon entlangzog. Im unteren Bereich der Mauer sind dorische Kapitelle des 5. Jh. v. Chr. eingelassen. Direkt vor der Seefassade des Palasts lag der heute von der Uferstraße überbaute Bukoleon-Hafen.

Essen & Trinken

Palastküche – **Konyalı Lokantası 1**: Sultanahmet, Topkapı Sarayı, vierter Hof, s. S. 35, 129.

Teatime mit Aussicht – **Setüstü Çay Bahçesi 2**: Gülhane Parkı, s. Lieblingsort S. 138.

In der Zisterne – **Sarnıç Restaurant 3**: Sultanahmet, Soğukçeşme Sk., Tel. 0212 512 42 91, www.sarnicrestaurant.com, Tram T1 Sultanahmet, tgl. 12–24 Uhr, 3-Gänge-Menü mit Getränken ab ca. 50 €. Nobles Restaurant in einer alten byzantinischen Zisterne. Moderne türkische, stark westlich beeinflusste Küche bei Kerzenschein und gediegener Atmosphäre.

Fleischloses Kebap – **Khorasani Grill House 4**: Ticarethane Sk. 39; s. S. 39.

Legendär – **Pudding Shop Lale Restaurant 5**: Sultanahmet, Divanyolu Cad. 6, Tel. 0212 522 29 70, www.puddingshop.com, Tram T1 Sultanahmet, tgl. 7–23 Uhr, Hauptgerichte ab 5 €. Der Pudding Shop zehrt vor allem von seinem legendären Ruf. Was heute wie ein durchschnittliches Restaurant aussieht, war einmal der Treffpunkt der Hippies und Aussteiger auf dem Weg nach Kabul und Katmandu. In einer Zeit ohne Internet und Handys fanden sie hier eine Informationsbörse und eine Sammelstelle für Fahrgemeinschaften.

Elegante Stadtoase – **Yeşil Ev Garden Bar-Café 6**: Cankurtaran, Kabasakal Cad. 5, s. S. 40.

Mit Blick auf die Blaue Moschee – **Rami 7**: Cankurtaran, Utangaç Sk. 6; s. Mein Tipp S. 150.

Nett und gut – **Palato Restaurant 8**: Cankurtaran, Akbıyık Cad. 40 A, Tel. 0212 458 58 79, www.palatorestaurant. com, Salate 6–12 €, Hauptgerichte 8– 13 €. Kleines, schick mit Schmiedestahlelementen dekoriertes Lounge-Restaurant, das neben Fisch und Pizza auch gute türkische Küche bietet. Die Akbıyık-Straße unterhalb der Sultan Ahmet Camii ist die Ausgehmeile des Touristenviertels; dort reiht sich ein Lokal ans andere.

Einkaufen

Kunsthandwerker – **Caferağa Medresesi 14**: Sultanahmet, Caferiye Sk., Tram T1 Sultanahmet, tgl. 10–20 Uhr. In der von Sinan erbauten Koranschule ist heute ein schönes Restaurant eingerichtet; in einigen Zellen kann man

Kunsthandwerkern bei der Arbeit zusehen und ihre Werke kaufen.
Bücher – **Galeri Kayseri** 1: Sultanahmet, Divanyolu Cad. 11, tgl. 9–21 Uhr. Die beste Adresse für Bücher über Istanbul und die Türkei, viel zu den Sehenwürdigkeiten des Landes.
Kunsthandwerk und Teppiche – **Arasta Bazaar** 2: Sultanahmet, Torun Sk., neben dem Mozaik Müzesi; s. S. 42, 151.
Kunsthandwerk – **İstanbul Sanatları Çarşısı** 3: Sultanahmet, Kabasakal Cad.; s. Mein Tipp S. 153.

Aktiv

Kunsthandwerk selbermachen – **Workshops des TKHV** 14: Sultanahmet, Caferağa Medresesi, www.tkhv.org. Kurse zu Kalligrafie, Miniaturmalerei, Sticken, aber auch zur osmanischen Sprache und Musik. Buchbar über die türkische Website; auf der Startseite laufen im Mittelfenster die Kurse durch.
Historisches Hamam – **Ayasofya Hürrem Sultan Hamamı** 1: Sultanahmet, Bab-i Hümayun Cad. 1, s. S. 99, 151.
Kochkurse – **Sarnıç Hotel** 2: Sultanahmet, Küçük Ayasofya Cad. 26; s. S. 56.

Abends & Nachts

Bistro-Stil – **Sultan Pub** 1: Sultanahmet, Divanyolu Cad. 2; s. S. 47.
Ausgehmeile – **Bodrum Lokantası** 2: Sultanahmet, Şeftalı Sk. 16, Tel. 212 526 94 71. Mit dem historischen Holzhaus, beginnt eine quirlige Ausgehmeile; im Bodrum aber blickt man am schönsten auf das erleuchtete Panorama von Hagia Sophia und Sultan Ahmet Camii.

Der Arasta Bazaar, einst Pferdestall, heute viele Souvenir- und Teppichlädchen

Das Beste auf einen Blick

Cağaloğlu, Beyazıt und Eminönü

Highlight !

Süleymaniye Camii: Die Moschee für Süleyman den Prächtigen ist das Meisterwerk der unzähligen Bauten, die der berühmte Architekt Sinan in Istanbul errichtete. 14 S. 172

Auf Entdeckungstour

Der Große Basar – das erste Einkaufszentrum der Geschichte: Seit über 500 Jahren herrscht im Kapalı Çarşı, im überdachten Basar, ununterbrochenes Markttreiben. Die Goldpreise werden hier festgelegt, es wird zäh, aber mit Humor gehandelt und dabei immer sehr viel Tee getrunken. 10 S. 165

Die Vollkommene – die Süleymaniye-Moschee: Rund um die schönste Moschee Istanbuls haben sich die zur ursprünglichen Stiftung des Sultans gehörenden Gebäude so gut erhalten wie sonst nirgendwo. Vom Grab des Stifters führt der Weg zur Armenküche – wo heute noch nach osmanischen Rezepten gekocht wird. 14 S. 173

Kultur & Sehenswertes

Theodosius-Forum: Wenig blieb vom zentralen Platz Konstantinopels. Die Steine der einstigen Gebäude finden sich nun in den Nebenbauten der Beyazıt Camii. 7 S. 162

Rüstem Paşa Camii: Ein Kleinod unter den Istanbuler Moscheen. Hier sind die verschiedensten und schönsten Blumenkacheln aus der Glanzzeit İzniks auf engstem Raum versammelt. 17 S. 172

Mısır Çarşısı: Im Ägyptischen Basar kann man sich in der Welt der Gewürze und Spezereien verlieren. 18 S. 44, 177

Aktiv unterwegs

Bootsfahrt auf dem Goldenen Horn: Eindrucksvolle Ausblicke vom Fährschiff, das im Zickzack-Kurs von Eminönü bis hinauf nach Eyüp pendelt. S. 179

Genießen & Atmosphäre

Erenler Çay Bahcesi: Bei Tee und Wasserpfeife können Sie dem Trubel auf der Divanyolu Caddesi und um den Großen Basar entfliehen. 3 S. 40, 162

Orient Express: Das Bahnhofslokal ist immer noch genauso mondän wie einst der Luxuszug Orient Express: Belle-Époque-Flair vom Feinsten! 10 S. 182

Abends & Nachts

Orient House: Türkische Musik, Folkloredarbietungen, Bauchtanz, und das alles zum Dinner. 1 S. 183

Orientalisches Markttreiben

Von der Ordu Caddesi, der Verlängerung der Divanyolu Caddesi, bis hinab zum Goldenen Horn, beherrschen geschäftiges Treiben und eine unüberschaubare Fülle von Waren das Bild der Stadt.

Nicht nur die legendären Markthallen des Großen Basars und des Ägyptischen Basars laden zum Bummeln und Kaufen ein, auch in den unzähligen Straßenzügen dazwischen, in denen hauptsächlich die einheimische Bevölkerung kauft, beeindruckt das Warenangebot. Hier muss man sich Zeit nehmen und sich ziellos treiben lassen. Sehenswerte Moscheen und auch die Parkanlage der ältesten Universität der Stadt bieten Ruhe und Erholung im Umfeld der Basare.

In Eminönü am Goldenen Horn schlägt das Herz der Stadt, denn hier liegt der wichtigste Verkehrsknotenpunkt: die Vorortbahnen enden am Bahnhof Sirkeci, die Tramvay überquert auf der Galata-Brücke das Goldene Horn, Fährschiffe setzen nach Kadıköy und Üsküdar über, fahren den Bosporus und das Goldene Horn hinauf und Busse bringen die Menschen in die äußeren Stadtbezirke.

Am Rande des beständigen Menschenstroms wechseln an Marktständen alle denkbaren Waren den Besitzer. An fahrenden Ständen gibt es gegrillte Maiskolben, Bratfisch, frittierte Muscheln, geheimnisvolle Düfte liegen in der Luft.

Infobox

Reisekarte: ▶ H 5/7, E6, G5

Information
Im Bahnhof Sirkeci, tgl. 9–17 Uhr.

Planung/Routenverlauf
Der Rundgang beginnt westlich des Ayasofya Meydanı, in der Straßenbiegung, wo die Alemdar Caddesi in die Divanyolu Caddesi übergeht. Die nächste Haltestelle der Tram T1 ist Sultanahmet. Über die Divanyolu Caddesi geht es Richtung Beyazıt Camii und von dort zum Großen Basar. Ein Abstecher führt zur Nuruosmaniye Camii und zum Cağaloğlu Hamamı. Anschließend führt der Weg von der Istanbul-Universität zur Süleymaniye-Moschee. Von dort geht es durch das geschäftige Viertel Eminönü zum Sirkeci-Bahnhof. Einplanen sollte man auf jeden Fall viel Zeit für den Großen Basar.

Cağaloğlu und Beyazıt

Entlang der Divanyolu Caddesi

Die Divanyolu Caddesi folgt dem Verlauf der **Mese** (Mittelweg), der alten, einst prachtvoll ausgebauten Hauptverkehrsstraße des byzantinischen Konstantinopel. Teilweise mit Säulengängen gerahmt, führte sie am Konstantin- und Theodosius-Forum vorbei und teilte sich, um später auf die alte Römerstraße Richtung Adrianopel (Edirne) bzw. auf die Via Egnatia nach Thrakien und Makedonien zu treffen.

Im Winkel zwischen Divanyolu und Yerebatan Caddesi sind 1967/68 die Fundamente des **Milliarium Aureum** 1, des Goldenen Meilensteins,

Im Basarviertel der Altstadt bilden viele kleine Lädchen ein riesiges Einkaufsviertel

entdeckt worden. Dieser kurz Milion genannte Tetrapylon, ein römischer Triumphbogen, lag am Augusteum, dem öffentlichen Vorhof des Kaiserpalasts. Er gab, wie in Rom, die Länge der Wegstrecken innerhalb des Reiches an. Der wieder aufgerichtete Marmorpfeiler lässt keine genaue Rekonstruktion des Triumphbogens zu, der wahrscheinlich noch bis zur türkischen Eroberung aufrecht stand. Heute dominiert der in osmanischer Zeit errichtete Wasserturm **Suterazisi** den Platz.

Auf der linken Seite, hinter der kleinen Firuz Ağa Camii, stehen in einem parkähnlichen Gelände die Grundmauern des **Antiochos-Palasts** und des **Lausos-Palasts** 2, beide vom Anfang des 5. Jh. Der oktogonale Hauptsaal des Antiochos-Palasts wurde bereits im 6. Jh. in eine Kirche, geweiht der heiligen Euphemia, umgewandelt. Das **Tarihi Sultanahmet Köftecisi** 1 schräg gegenüber galt einmal als zweite Heimat Istanbuler Presseleute. Hier bekommt man die besten Hackfleischbällchen der Stadt.

Binbirdirek Sarnıcı (Binbirdirek-Zisterne) 3

İmran Öktem Cad. 4, www.binbirdirek.com, Tram T1 Sultanahmet, tgl. 8–17 Uhr, 10 TL, Getränk inkl.; s. S. 58

Die Binbirdirek Sarnıcı ist nach der Yerebatan Sarnıcı (s. Entdeckungstour S. 142) der zweitgrößte unterirdische Wasserspeicher der Stadt, präsentiert sich aber längst nicht so romantisch wie diese. Vermutlich wurde die Zisterne der 1001 Säulen im 4. Jh. erbaut. Tatsächlich ruht das große Ziegelgewölbe auf nur 224 Säulen, die eine beachtliche Höhe von 12,4 m erreichen. Die Säulen bestehen jeweils aus zwei übereinander stehenden, mit einem steinernen Wulstring verbundenen Schäften und tragen schlichte Kämpferkapitelle mit Monogrammen.

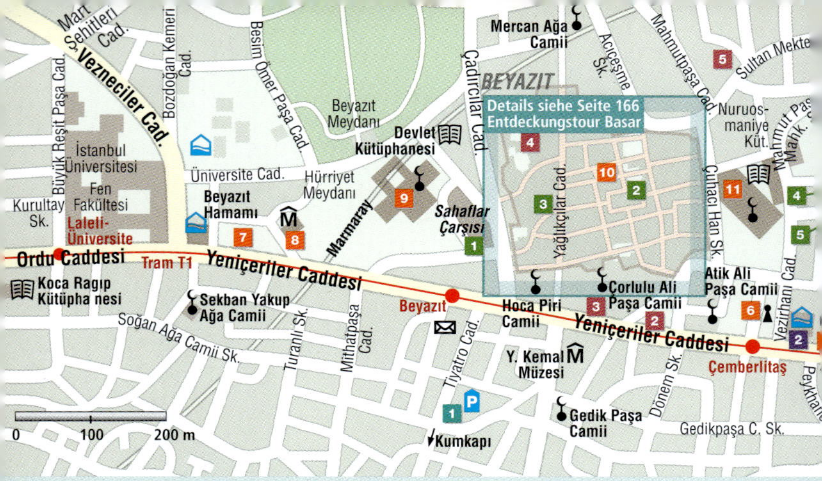

Sehenswert

1 Milliarium Aureum
2 Paläste des Antiochos und des Lausos
3 Binbirdirek Sarnıcı
4 Sultan Mahmut II Türbesi
5 Basın Müzesi
6 Çemberlitaş)
7 Theodosius-Forum
8 Vakıf Hat Sanatları Müzesi
9 Beyazıt Camii
10 Kapalı Çarşı (Großer Basar)
11 Nuruosmaniye Camii
12 – 21 s. Cityplan S. 171

Nachdem die Zisterne im 19. Jh. von Spinnereiarbeitern genutzt wurde und dann verfiel, restaurierte man sie 2002. Heute nutzt man sie für Ausstellungen, Modeschauen und Hochzeiten. Ein Café verkauft Getränke.

Sultan Mahmut II Türbesi 4 (Mausoleum von Sultan Mahmut II.)

Divanyolu Cad., Tram T1 Çemberlitaş

Westlich der Einmündung der Bab-ı Ali Caddesi, steht die Türbe von Mahmut II., also jenes Reformsultans, der 1826 die Janitscharen auf dem At Meydanı zusammenschießen ließ. Neben ihm sind sein Sohn Abdülaziz und sein Enkel Abdülhamit II. bestattet.

In der hinteren Ecke dieses Friedhofs mit vielen schönen osmanischen Gräbern liegt ein **Teegarten,** in dem man abseits des Trubels bei einem Getränk oder einer Nargile gut entspannen kann.

Basın Müzesi (Pressemuseum) 5

Divanyolu Cad. 84, www.tgc.org.tr, Tram T1 Çemberlitaş, Mo–Sa 10–17 Uhr und zu gelegentlichen Veranstaltungen, Eintritt frei, s. S. 58

Das Pressemuseum erinnert daran, dass das Viertel Cağaloğlu einst Standort vieler Verlage und Zeitungsredaktionen war. Aus Platzgründen sind allerdings die meisten Büros und Druckereien in die modernen Stadtviertel, nach Merter und Levent, ausgewichen. Vom türkischen Journalistenverband eingerichtet, sind hier Druckerpressen und eine Dokumentation zum türkischen Zeitungswesen zu sehen. Außerdem finden mitunter Sufi-Konzerte und Vorführungen der Tanzenden Derwische statt.

Çemberlitaş (Konstantinssäule) 6

Yeniçeriler Cad., Tram T1 Çemberlitaş

In byzantinischer Zeit bezeichnete diese Säule, heute **Çemberlitaş** genannt,

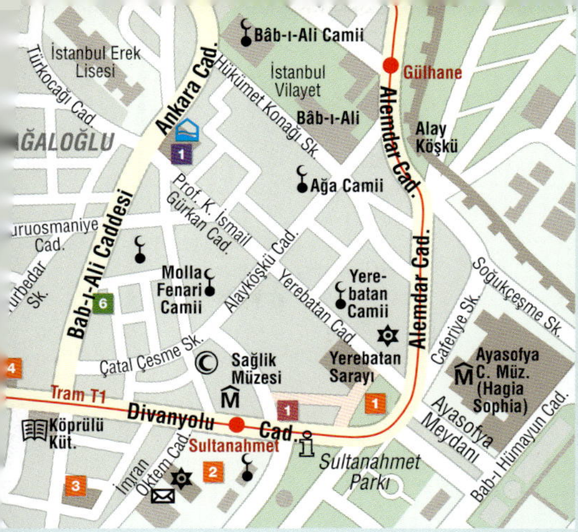

Cağaloğlu und Beyazıt

6 – 11 s. Cityplan S. 171

Einkaufen
- 1 Sahaflar Çarşısı
- 2 Old Bazaar
- 3 Bazaar Alibaba
- 4 Kashif Sofa
- 5 Punto
- 6 Gördes Halı
- 7 s. Cityplan s. S. 171

Aktiv
- 1 Cağaloğlu Hamamı
- 2 Çemberlitaş Hamamı
- 3 s. Cityplan S. 171

Essen & Trinken
- 1 Tarihi Sultanahmet Köftecisi Selim Usta
- 2 Teehaus im Hof der Koca Sinan Paşa Medresesi
- 3 Erenler Çay Bahçesi
- 4 Kara Mehmet Kebap Salonu
- 5 Ottoman Hamam Nargile Café

Abends & Nachts
- 1 Orient House
- 2 s. Cityplan S. 171

den Mittelpunkt eines Forums, das Kaiser Konstantin der Große im Zuge der Stadterweiterung bauen ließ. Säulenhallen umgaben den runden, mit großen Platten gepflasterten Platz. Die Einmündungen der Mese-Straße, der heutigen Divanyolu Caddesi, waren mit statuengeschmückten Torbauten hervorgehoben. Die Säule wurde im Jahr 328 aufgestellt. Sie war etwa 50 m hoch, setzte sich aus sieben Porphyrtrommeln zusammen und trug ein Standbild des Kaisers in Gestalt des Helios. Konstantin soll im Fundament heidnische und christliche Reliquien, wie das Palladium des Aeneas, die Axt Noahs und den Wasser spendenden Stein Moses', selbst eingemauert haben. Hierin wird seine politische Haltung deutlich: Er sah die zukünftige Macht der christlichen Religion, wollte aber auch die Gunst der heidnischen Bevölkerung nicht verlieren.

Brände beschädigten später mehrfach die Säule. Bei einem Unwetter im Jahr 1105 stürzte die Konstantinsstatue mit den drei oberen Säulentrommeln herab. Dabei wurden, wie die Chronisten berichten, zahlreiche Menschen erschlagen. Nach einer weiteren schweren Brandkatastrophe ließ Sultan Abdülhamit I. im Jahr 1779 die Säule mit starken eisernen Reifen sichern; daher der Name Çemberlitaş (bereifter Stein). Der anschließende

Kleine Betrügereien

Weil Leser immer wieder darauf hinweisen, sei hier ausdrücklich gewarnt: Zwischen der Sultanahmet-Moschee und dem Großen Basar wird man stets und ständig von Souvenirverkäufern, Schuhputzern oder Geldwechslern angesprochen, die mit vielerlei Tricks arbeiten. Also Vorsicht, auch vor Taschendieben!

Mein Tipp

Chillen bei einer Wasserpfeife – Erenler Çay Bahçesi
Der ruhige Teegarten mit niedrigen Hockern im Hof der Çorlulu Ali Paşa Medresesi ist der ideale Ort, um abseits vom Trubel bei Tee oder Wasserpfeife *(nargile)* zu entspannen. Obwohl sich Teppich-, Kleider- und Kunsthandwerkshändler in den kleinen Räumen der alten Medrese niedergelassen haben, treffen sich hier immer noch überwiegend Studenten der nahen Universität.
Erenler Çay Bahçesi 3: Çemberlitaş, Yeniçeriler Cad. 36, Çorlulu Ali Paşa Medresesi am Großen Basar.

Platz nimmt einen Teil des ehemaligen Forums ein.

Ein Stück weiter auf der Yeniçeriler Caddesi, westlich der Atik Ali Paşa Camii, lädt der beschauliche **Hof der Koca Sinan Paşa Medresesi** 2 zu einer Teepause ein. Der Zugang erfolgt durch das Tor zur Türbe des Koca Sinan Paşa, eines Großwesirs unter Sultan Selim II.

Rund um die Beyazıt-Moschee

Theodosius-Forum 7

Yeniçeriler Cad., Tram T1 Beyazıt oder Laleli-Universite

393 weihte Kaiser Theodosius I. (reg. 379–395) das neu gestaltete Theodosius-Forum (das frühere Forum Tauri) ein. 1927/28 kamen bei Abbrucharbeiten eines türkischen Han an der Ordu Caddesi, westlich der Beyazıt Camii, Postamente und Säulenfragmente eines dreitorigen Triumphbogens für den Kaiser zum Vorschein.

Den Mittelpunkt des Forums markierte eine große Ehrensäule. Ein Bandrelief, das die Siege des Theodosius über die Barbaren verherrlicht, und ein Standbild des Kaisers schmückten die Säule. Sie stand über 1000 Jahre aufrecht und stürzte erst nach einem Unwetter im Jahr 1517 um. Zahlreiche Bruchstücke der Säule wurden im selben Jahr, aber erst nach dem Tod des Sultans, im **Beyazıt Hamamı** verbaut. In den freigelegten Südfundamenten des Bades sind Reliefstücke erhalten, die voll bewaffnete Soldaten zeigen. Sie verbeugen sich vor dem Kaiser, wahrscheinlich, um Auszeichnungen in Empfang zu nehmen.

Beim Bau des Hamam und auch der Medrese (s. u.), die zur Beyazıt Camii gehörten, wurden zahlreiche weitere byzantinische Gebäude am Theodosius-Forum zerstört.

Vakıf Hat Sanatları Müzesi (Kalligrafiemuseum) 8

Yeniçeriler Cad., Hürriyet Meyd., Tram T1 Beyazıt, Laleli-Universite, zzt. wegen Renovierung geschl.

In einer alten Koranschule, der **Beyazıt Medresesi,** ist das Vakıf Hat Sanatları Müzesi untergebracht. Texte aus dem Koran, Diplome, Herrscherembleme *(tuğra)* in schönen Kalligrafien, dazu Buchbindearbeiten und Schreibutensilien sind hier ausgestellt. Eindrucksvoll ist die Arbeit von Şeyh Mehmed Selim el Kadırı, der 1880–87 den ganzen Koran auf eine Tafel geschrieben hat.

Beyazıt Camii (Moschee des Sultan Beyazıt) 9

Beyazıt Meyd., Tram T1 Beyazıt

Die Beyazıt Camii überragt weithin sichtbar den Beyazıt-Platz. Inschriften über dem Portal und im Hof zufolge ließ Sultan Beyazıt II. (reg. 1481–1512) diese Moschee zwischen 1500 und 1506 errichten. Sie ist damit die äl-

Im Basarviertel der Altstadt bilden viele kleine Lädchen ein riesiges Einkaufsviertel

teste erhaltene Sultansmoschee Istanbuls. Ursprünglich lag sie direkt neben dem Eski Saray, dem alten Sultanspalast, dessen Platz heute das Universitätsgelände einnimmt.

Vorhof und **Moschee** bilden zwei gleich große Quadrate. Der gestaffelte Aufbau der Kuppeln des Gebetshauses, der beim Eintreten so beeindruckt und der bei der Sultan Ahmet Camii seinen Höhepunkt findet, hat hier noch keine Bedeutung. Vorhof und Moschee sind zwei eigenständige Raumeinheiten; dazu kommen die seitlich angegliederten **Tabhane** (Gästehäuser) mit je fünf Kuppeln. Die Architektur der Moschee weist neben der frühosmanischen Tradition dieser drei Gebäudeteile auch byzantinische Elemente auf; sie sind in der seitlichen Abstützung der Hauptkuppel durch Halbkuppeln in der Längsachse wie bei der Hagia Sophia zu finden. Diese Übernahme aus dem Kirchenbau und ihre Weiterentwicklung im Sinne des osmanischen Einheitsraums bleibt bis ins 17. Jh. richtungweisend.

Die zwei **Minarette** stehen weit auseinander an den Ecken der *tabhane,* am rechten sind noch die ursprünglichen geometrischen Terrakottaornamente erhalten. Der Baldachin über dem **Şadırvan** (Reinigungsbrunnen) in der Mitte des Vorhofes ist eine spätere Hinzufügung aus der Zeit Murats IV. (reg. 1623–40). 1736 baute Şeyh-ül-islam Veliyüddîn Efendi am westlichen *tabhane* eine kleine Bibliothek an.

In dem mit einer Mauer umfriedeten Bezirk südlich des Gebetshauses befinden sich zwei **Türben.** Hier sind Sultan Beyazıt II. und seine Tochter Selçuk Hatun bestattet. In einem dritten Grabbau am südwestlichen Mauereck ruhen der 1857 verstorbene Großwesir Reşit Paşa und seine Söhne.

Die vielen Tauben auf dem Hürriyet Meydanı gaben der Moschee auch den Namen Güvercin Camii (Taubenmo-

Mein Tipp

Tee an der Beyazıt-Moschee 9
Der Teegarten zwischen der Beyazıt Camii und deren altem *imaret* lädt zu einer Rast unter mächtigen Platanen ein. Das Treiben auf dem benachbarten Flohmarkt und dem Bücherbasar lässt bereits die Nähe des Großen Basars erahnen. An den Ständen werden Schmuck, Taschenuhren, alte und neue Armbanduhren, Metallbeschläge und Münzen, darunter Münzen aus verschiedensten Ländern, aber auch Fälschungen und echte Antiken angeboten. Vorsicht: Antiquitätenausfuhr nur mit Genehmigung (s. S. 22).

schee). Man sagt, einst habe Sultan Beyazıt II. einer armen Frau ein Taubenpaar abgekauft und es freigelassen; von dem stammen nun die vielen Vögel auf diesem Platz ab.

Die ehemalige **İmaret** (Armenküche), 1880 in eine Bibliothek umgebaut, begrenzt den Platz im Osten der Moschee. Vor der Beyazıt Camii, an einem Teegarten, liegt der Zugang zum **Sahaflar Çarşısı** 1 (Büchermarkt, s. S. 43, 167, Lieblingsort S. 169). Hier kann man in kleinen Läden nicht nur Bücher und Miniaturmalereien, sondern auch die aus dünnen Lederhäuten gefertigten Karagöz-Schattenspielfiguren günstig erwerben.

Großer Basar und Nuruosmaniye Camii

Kapalı Çarşı (Großer Basar) 10

Tram T1 Beyazıt, Çemberlitaş, Mo–Sa 8.30–19 Uhr

Der Kapalı Çarşı (Überdachter Basar), oft auch Büyük Çarşı (Großer Basar) genannt, erstreckt sich zwischen der Nuruosmaniye und der Beyazıt Camii und gleicht einer Stadt in der Stadt, die allerdings nur zu Geschäftszeiten geöffnet ist. Seine Errichtung geht auf Mehmet II. Fatih (reg. 1451–81) zurück, der eine große Pfeilerhalle, den **Eski Bedesten** (Alte Tuchhalle), bauen ließ. Diese Halle, überwölbt mit 15 Kuppeln auf acht Pfeilern, war fest verschließbar und wurde ständig bewacht. Hier sollten wertvolle Güter gelagert und verkauft werden. Später galt der Eski Bedesten auch als sicherster Aufbewahrungsort für privates Geld in ganz Istanbul, er übernahm also praktisch die Funktion der heutigen Banktresore.

Unter Süleyman I. entstand in der Nähe eine zweite Halle, der **Yeni Bedesten** (Neue Tuchhalle; heute Sandal Bedesten genannt), mit 20 Kuppeln über zwölf Pfeilern. Diese beiden Bauten waren von überwölbten Ladenstraßen umgeben, sodass eine Fläche von ca. 32 000 m² gänzlich dem Handel diente. Brände zerstörten jedoch immer wieder die Holzbauten. Mustafa II. (reg. 1695–1703) ließ deshalb nach einem schweren Brand das gesamte Marktviertel in Stein wieder aufbauen.

17 Tore, die allabendlich geschlossen werden, gewähren Einlass in diesen orientalischen Handelsbereich. Seit alters steht jedem Gewerbezweig ein eigenes Viertel oder ein Straßenzug zur Verfügung. Der bequeme Warenvergleich und ein angemessenes Preisniveau sind damit für den Kunden gewährleistet. Viele der traditionellen Berufe, wie z. B. Turbanmacher, Reiherbuschbinder oder Perlenhändler, sind längst ausgestorben und leben nur noch in den Straßennamen des Basars fort. Statt dessen haben sich Kunstgewerbe- und Souvenirläden ▷ S. 170

Auf Entdeckungstour: Der Große Basar – das erste Einkaufszentrum der Geschichte

Der Kapalı Çarşı 10 ist das weltweit älteste und größte ›Shopping Center‹ – ein labyrinthisches Gassengewirr mit mehr als 4000 Läden, Ateliers, Kaffeehäusern und Restaurants. Vom kostbaren Teppich bis hin zum handgefertigten Kupfergefäß und Goldschmuck ist alles im Angebot.

Cityplan: S. 161
Planung: Tram T1 Çemberlitaş,
Dauer: 3–4 Std. (Ich empfehle unbedingt eine Pause in einem der einfachen *lokanta* einzulegen, allein schon, um die Augen zu beruhigen.

Der Rundgang zu den Spezialitäten des Großen Basars (Kapalı Çarşı) beginnt dort, wo die meisten Besucher in die Welt des orientalischen Handels eintauchen, nämlich am **Nuruosmaniye-Tor**. Die Kalpakçılarbaşı Caddesi, die man durch dieses Tor betritt, ist eine der Hauptadern des Marktes und wird als Goldstraße tituliert. Hier reiht sich ein Juwelier an den anderen, doch die Läden gleichen mehr den Shops auf der Düsseldorfer Königsallee als einem traditionellen Handelsplatz in der Türkei. Die Spur zu den wahren Goldschätzen führt deshalb schon bald nach rechts, und zwar unmittelbar hinter dem **Sandal Bedesten** in die gleichnamige Gasse.

Die Spur des Goldes

Nach vielleicht 200 m, hinter der Muhafazacılar-Gasse, liegt auf der rechten Seite ein kleiner, völlig unscheinbarer Laden, **Topaloğlu,** wo plötzlich Gold so auftaucht, wie es im Basar schon immer gehandelt wurde. In Barren oder Ringen oder als ausgewalztes Blattgold wird es auf die Waage gelegt und verkauft nach Gewicht wie anderswo Lammkoteletts oder Hühnerschenkel. Denn Gold ist hier nicht in erster Linie ein Schmuckstück, sondern eine Währung und ein Investment.

Das wird, je weiter wir die Gasse entlanggehen, umso deutlicher. Denn rund um die Aynacılar Sokak kommen jetzt die Geschäfte, wo normalerweise nicht ausländische Gäste kaufen, sondern türkische Familien ihre Brautgeschenke. Die ausgestellten Goldringe oder Halsgeschmeide glänzen nicht durch ihre individuelle Anfertigung, sondern durch die schiere Masse. Denn hier wird auch nach Gewicht gekauft, um es anschließend, am Hochzeitstag, der Braut zu offerieren, die das Gold als ihre persönliche Sozialversicherung bekommt.

Die Teppichfalle

Vom Goldviertel aus nach links, über die größere Kuyumcular Caddesi hinweg, nähern wir uns dem Herz des Basars. Noch einmal extra abgeteilt liegt hier der berühmte **Eski Bedesten** oder **Old Bazaar.** Rund um diese Alte Markthalle konzentrieren sich die Straßen der Teppichhändler. Wenn in Europa ein Politiker sagt: »Wir sind hier doch nicht auf dem Basar«, dann will er damit sagen, er lässt sich nichts abhandeln. Was dort abschätzig gemeint ist, gilt auf dem Basar als hohe Kunst. Richtiges Handeln gehört zum Geschäft. Und zweifellos sind die Teppichhändler die Größten in dieser Disziplin. Denn einen Teppich kauft man nicht mal eben so im Vorbeigehen.

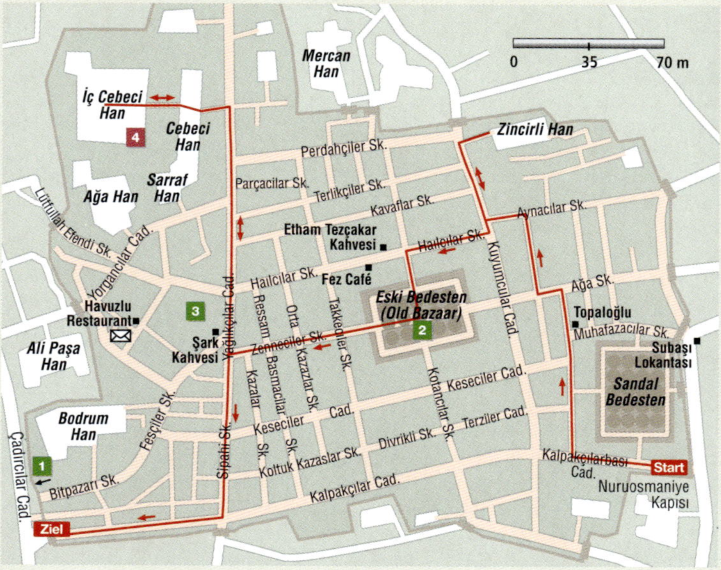

Es kann Stunden dauern, bis ein Teppichhandel abgeschlossen ist, aber Teppichhändler haben alle Zeit der Welt. Es gibt erst einmal Tee, dann wird erzählt und geplaudert, denn fast alle Händler sind auch kleine Fremdsprachengenies. Danach beginnt die große Teppichschau. Es gibt im Großen Basar vom billigen Kelim bis zum handgeknüpften antiken persischen Kunstwerk alles, was das Herz begehrt.

Etwas abseits der quirligen Gassen beim Eski Bedesten, die Kuyumcular Caddesi hinauf, liegt der **Zincirli Han,** in dem der Teppichkönig Şişko Osman residiert. In diesem wunderschönen ruhigen Innenhof kann man sich ohne Sorge um die Qualität auf einen gediegenen Teppichhandel einlassen.

Elfenbein und antikes Nebelhorn

Wer statt nach den Klassikern Gold und Teppichen eher auf der Suche nach echten Raritäten ist, muss sich im **Old Bazaar** 2 umschauen, der auch Cevahir Bedesteni (Juwelierbasar) genannt wird. Neben vielem Schmuck gibt es hier die schönsten Entdeckungen zu machen. Elfenbeinzähne von Walrossen aus Russland, bizarr geschnitzte Meerschaumpfeifen und sogar Meerschaum in noch unbearbeitetem Zustand sind in diversen Läden oft in Fußhöhe versteckt. Wer griechisch-orthodoxe Ikonen sucht, wird hier genauso fündig wie Ausstatter von Marinemuseen. Ein Nebelhorn, mit einem Blasebalg betrieben, dürfte so leicht nicht woanders zu finden sein.

Dieses Schmuckkästchen innerhalb des Basars ist der älteste Teil des Marktes; die Halle hat vier Tore und eine sehr schön restaurierte Kuppeldecke. Ursprünglich saßen die Händler hier nur vor ihren Nischen, in denen die Ware gestapelt war. Nachts schloss der Eski Bedesten seine eigenen Tore.

Die Herren der Kupferringe

Über die Zenneciler-Gasse erreicht man die Yağlıkçılar Caddesi, an dieser findet sich, etwa 100 m nach rechts, auf der linken Seite der **Cebeci Han.** Im ersten Hof haben sich eine Reihe kleinerer Lokale eingerichtet. Es folgt ein zweiter Hof, der **Iç Cebeci Han,** in dem sich die letzten aktiven Meister der ehrbaren Kupferschmiede befinden. Hier entstehen die großen gehämmerten Kupfertabletts, große Kannen oder auch kleine Öllämpchen.

Die Werkstätten sind offen und Besucher meist willkommen. In den kleinen zugehörigen Läden macht das Stöbern zwischen alten Kupferwaren ebenfalls viel Spaß. Stärken kann man sich dann im **Kara Mehmet Kebap Salonu** 4 (s. S. 181), dessen Plätze im sonnigen Hof eine erholsame Pause versprechen.

Bauchtanzkleider und mehr

Auf der Yağlıkçılar Caddesi zurück lohnt nach wenigen Metern ein Blick nach oben rechts. Von einem Minarett-Balkon ruft der Muezzin die Muslime zum Gebet. Ein schmale Treppe darunter führt hinauf zur Moschee.

Kurz vor dem **Şark Kahvesi,** einem gemütlichen orientalischen Café, öffnet sich dann die Tür zum **Bazaar Alibaba** 3**,** dem mit 350 m² größtem Kaufhaus im Gedeckten Basar. Von Wasserpfeifen, Bauchtanzkostümen, traditioneller Kleidung, Keramik und Lampen ist hier alles zu bekommen.

Allahs Bibliothek

Auf der Kalpakçılar Caddesi, etwa auf Höhe des Nuruosmaniye-Tors, kann man den Basar durch eines von drei eng beieinander liegenden Toren verlassen. Dahinter schließt der **Sahaflar Çarşısı** 1 an, wo seit Jahrhunderten die Bücherhändler versammelt sind (s. S. 43, Lieblingsort S. 169).

ENGLISH GRAMMAR
YDS
DGS
Photoshop
ALMANCA
GENEL İNGİLİZCE

Lieblingsort

Der Büchermarkt – Sahaflar Çarşısı

Miniaturmalereien, Kalligrafien (die ›historischen‹ sind fast alle neu!), Stiche mit orientalischen Stadtansichten von Istanbul, auch religiöse Schriften und natürlich Bücher – neue und antiquarische, türkische und internationale … Hier verweilen Büchernarren gern länger. Es geht viel beschaulicher zu als im oft überfüllten Großen Basar.

Sahaflar Çarşısı 1 : Beyazıt Meyd., Tram T1 Beyazıt, tgl. 7–20 Uhr.

in den Räumlichkeiten niedergelassen. Auch die Handwerksbetriebe wurden weitgehend ausgelagert. So kann man nur noch selten den Teppichflickern oder Silberschmieden bei der Arbeit zusehen. Dennoch fasziniert dieser Markt durch seine Atmosphäre und sein unüberschaubares Warenangebot (s. Entdeckungstour S. 165).

Nuruosmaniye Camii 11

Die Nuruosmaniye-Moschee wurde unter Mahmut I. 1748 begonnen, aber erst 1755 von Osman III. fertiggestellt. Ihm verdankt die Moschee auch ihren Namen: Licht des Hauses Osman. Die Nuruosmaniye ist die erste Moschee, die mit der Tradition Sinans brach und barocke Elemente aufnahm. Große Tragebogen rahmen die hohen Seitenwände des rechteckigen Gebetshauses; kleine Türmchen krönen die Eckpfeiler. Der mit Fenstern durchsetzte Kuppelring wird durch geschwungene Strebepfeiler auf den quadratischen Unterbau bezogen. Die Steinspitzen der Minarette ahmen gedrechselte Formen nach. Ein Halbrund bildet auf ungewöhnliche Art den Vorhof.

Zahlreiche Fenster, Balkone und Loggien prägen das **Innere der Moschee.** Die Mihrab-Nische springt aus der Mauerflucht hervor und weist in Parallele zum Vorhof eine sechsfache Brechung der Wand auf. Moschee und Vorhof liegen erhöht auf einer Terrasse und sind nur über unsymmetrische Stufenfluchten zu betreten. Zahlreiche Schuhputzer, Losverkäufer und vor allem Straßenhändler lassen den Besucher im Garten der Moschee die Nähe des Großen Basars spüren.

In den Nebenstraßen östlich der Nuruosmaniye Camii liegt übrigens das traditionelle **Presseviertel** der Türkei; zahlreiche Zeitschriftenverlage und Druckereien haben dort ihren Sitz (s. auch Basın Müzesi S. 160). Noch

Süleymaniye und Eminönü

Sehenswert

1 – 11 s. Cityplan S. 161
12 İstanbul Üniversitesi
13 Beyazıt Kulesi
14 Süleymaniye Camii
15 Sitz des Mufti von Istanbul
16 Mimar Sinan Türbesi
17 Rüstem Paşa Camii
18 Mısır Çarşısı
19 Yeni (Valide) Camii
20 Galata Köprüsü
21 Sirkeci Garı

Essen & Trinken

1 – 5 s. Cityplan S. 161
6 Darüzziyafe Lokanta
7 Lale Çay Bahçesi
8 Pandeli
9 Hamdi Et Lokantası
10 Orient Express
11 Paşazade Restaurant

Einkaufen

1 – 6 s. Cityplan S. 161
7 Hacı Bekir

Aktiv

1 – 2 s. Cityplan S. 161
3 Süleymaniye Hamamı

Abends & Nachts

1 s. Cityplan S. 161
2 Nargile-Cafés unter der Galata-Brücke
3 Hocapaşa Kültür Merkezi

heute, über 75 Jahre, nachdem Ankara Hauptstadt wurde, werden die öffentliche Meinung und die Kultur in Istanbul gemacht.

Cağaloğlu Hamamı 1

Prof. Kazim İsmail Gürkan Cad. 34, www.cagalogluhamami.com.tr, Tram T1 Sultanahmet, tgl. Männer 8–22, Frauen 8–20 Uhr, 72–120 TL; s. auch S. 99

Von der Moschee führt die Nuruosmaniye Caddesi, eine Fußgängerzone mit teuren Boutiquen, ziemlich direkt zum Cağaloğlu Hamamı. Sultan Mahmut I. ließ dieses alttürkische Bad, das heute noch in Betrieb ist, 1741 errichten.

Vom Aufbau her entspricht es den römischen Thermalanlagen (s. S. 98). Der Frauen- und der Männertrakt des Cağaloğlu Hamamı liegen parallel nebeneinander. Architektonisch am interessantesten ist der *hararet,* der Heißluftraum, ausgestattet. Den kreuzförmigen Saal deckt eine große Zentralkuppel, die von sieben kleinen Kuppeln umgeben ist.

Süleymaniye und Eminönü

İstanbul Üniversitesi (Istanbul-Universität) 12

Tram T1 Beyazit, Laleli-Üniversite

Hinter der Beyazıt Camii begrenzt das großartige Monumentaltor der İstanbul Üniversitesi in orientalisierendem Stil den Platz. Dahinter erstreckte sich vormals bis zur Süleymaniye-Moschee der Eski Saray des Sultans Mehmet II. Heute befindet sich in dem Park das alte Universitätsgebäude.

Zwischen 1866 und 1870 von dem französischen Architekten Auguste Bourgeois geschaffen, diente das Gebäude zunächst als Kriegsministerium *(seraskerat);* ab 1924 beherbergte es Einrichtungen der Universität. Seit dem Bau der Neuen Universität westlich der Beyazıt-Moschee an der Ordu Caddesi, die von dem deutschen Architekten Paul Bonatz (1877–1956) entworfen wurde, dient es nur noch als Verwaltungsgebäude der ältesten der zahlreichen Istanbuler Hochschulen.

Der ebenfalls auf diesem Areal stehende 50 m hohe **Beyazıt Kulesi** 13, ein Feuerwachturm, löste 1828 den früheren Holzturm ab. Seine Kegelspitze ist nachts illuminiert und zeigt an, wie das Wetter wird: blau = Sonne, gelb = Nebel, grün = Regen, rot = Schnee.

Süleymaniye Camii !
Moschee des Sultan Süleyman 14

Geöffnet tgl., zu den Gebetszeiten ist der Betsaal jedoch nicht zugänglich; s. auch Entdeckungstour S. 173

Nördlich des Universitätsgeländes steigt man zum dritten Hügel der Stadt hinauf, auf dem sich weithin sichtbar die Süleymaniye Camii erhebt.

Zwischen 1551 und 1557 errichtete Hofarchitekt Sinan (s. S. 91) im Auftrag des Sultans Kanuni Süleyman (im Westen ›der Prächtige‹ genannt) die schönste Sultansmoschee Istanbuls und zugleich die größte osmanische Architekturanlage überhaupt. Der Brand im Eski Saray von 1540/41 und die dadurch veranlasste Verlegung der Privatgemächer des Herrscherhauses in den Neuen Palast machten den Baugrund für einen Stiftungskomplex *(külliye)* in exponierter Lage frei.

Die Moschee liegt in der Mitte eines 200 x 140 m großen, von einer Mauer eingefassten Areals. Vier **Minarette** mit zwei bzw. drei Galerien auf der Seite zum Bethaus erheben sich an den Ecken des Vorhofs. Der Überlieferung nach bezieht sich ihre Vierzahl auf die Tatsache, dass Süleyman der vierte Sultan Istanbuls war, und die insgesamt zehn Galerien bestätigen ihn als den zehnten Sultan des Hauses Osman.

Sitz des Mufti von Istanbul 15

s. Entdeckungstour S. 173

Mimar Sinan Türbesi (Sinan-Mausoleum) 16

s. Entdeckungstour S. 173

Rüstem Paşa Camii 17

Hasırcılar Cad., Tram T1 Eminönü

Durch ein Gewirr kleiner Gassen steigt man hinab zur ebenfalls sehr sehenswerten Rüstem-Paşa-Moschee.

Rüstem Paşa war der Großwesir und zugleich Schwiegersohn von Sultan Süleyman dem Prächtigen, auch er beauftragte den Hofarchitekten Sinan (s. S. 91) mit dem Bau einer *külliye,* einer Moscheestiftung. Damit sie an diesem geschäftigen Ort vom Alltagstrubel abgeschieden ist, erhebt sie sich auf einer Terrasse über einem Podium mit Geschäftsräumen. Die dort erzielten Einnahmen sicherten zugleich den Unterhalt der Stiftung. In der Architektur ist eine Vorstudie für die Selimiye in Edirne, dem Meisterwerk ▷ S. 177

Mein Tipp

Einkaufen zum Spottpreis

Lassen Sie sich durch die Straßen des Viertels an der **Tahtakale Caddesi** treiben. Hier kaufen die Einheimischen und Sie können sicher sein, dass Sie auch etwas Nützliches oder weniger Nützliches zu einem Spottpreis ergattern. Von Haushaltsdingen über Stoffe, Kleider und Hemden mit allen möglichen Accessoires bis zu Gegenständen für Küche und Bad oder Werkzeugen und Gartengeräten findet man alles.

Auf Entdeckungstour: Die Vollkommene – die Süleymaniye-Moschee

Die Süleymaniye Camii 14 gilt als das vollkommenste Beispiel osmanischer Sakralarchitektur. Mit ihren Stiftungsbauten bildet sie einen eindrucksvollen Gesamtkomplex, der die Idee der religiösen Stiftung (Vakıf) im Osmanischen Reich widerspiegelt.

Planung: Tram T1 Beyazıt. Sie gehen über den großen Platz der Universität und folgen der Außenmauer. Die Süleymaniye liegt etwas versteckt hinter dem Universitätsgelände.
Dauer: Für den Rundgang benötigen Sie 2–3 Std.
Süleymaniye Camii: s. S. 172.
Süleymaniye Hamamı: s. S. 99.
Darüzziyafe Lokanta 6: Şifahane Sk. 6, www.daruzziyafe.com.tr, Tel. 0212 511 84 14, tgl. 12–15, 18–23 Uhr, Menü 18 €.
Lale Çay Bahçesi 7: Şifahane Sk., neben dem Darüzziyafe Lokanta.

Die Külliye

Eine Moschee, zumal eine große Sultansmoschee, bestand nie nur aus einem singulären Gebäude, sondern immer aus einem ganzen **Stiftungskomplex** *(külliye)*, der sozialen Aufgaben diente. Dazu gehören in der Regel **Schulen** *(medrese)*, ein Hospital *(darüşşifa/hastane)*, die Armenküche *(imaret)*, ein Gästehaus (*tabhane/han*)

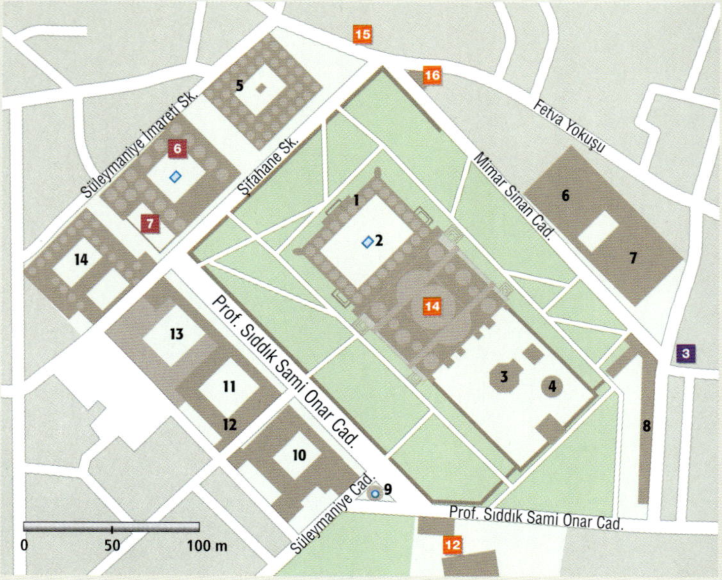

und ein Hamam. Der Komplex der Süleymaniye ist ein besonders gutes Beispiel für die Umsetzung einer *külliye*. Die eigentliche Moschee ist im gesamten Karree umgeben von Stiftungsgebäuden, die fast alle noch existieren, auch wenn sie nicht mehr der ursprünglichen Bestimmung dienen.

Den Mittelpunkt des gesamten Stiftungskomplexes des Sultans Süleyman bildet die auf quadratischem Grundriss erbaute **Süleymaniye Camii** 14. Ihren Hauptzugang bildet ein hoher Torbau an der Nordwestseite des Vorhofes. Seine dreigeschossigen Seitenräume beherbergten das **Observatorium** (**1**; *muvakkithane*) zur genauen Bestimmung der Gebetszeiten und des Ramadanbeginns. Das Portal der Moschee erreicht man durch den von Arkaden eingerahmten Vorhof, mit seinem zentralen **Brunnen** (**2**; *şadirvan*), an dem die Gläubigen vor dem Gebet ihre Waschungen vornehmen.

Das Licht Gottes

Betritt man den Hauptraum des Gotteshauses, beeindruckt vor allem die lichtdurchflutete Höhe des Gebäudes. Erreicht wird dieser Eindruck durch 130 farbige Steinglasfenster, die fast alle noch im Original erhalten sind, und die mächtige, scheinbar frei schwebende Kuppel als Himmelsdach.

Als Süleyman, der mächtigste und, was nicht ganz unwichtig für den Bau war, auch reichste Sultan des osmanischen Imperiums, seinem Baumeister Mimar Sinan den Auftrag für seine Moschee gab, war klar, dass diese vierte große Sultansmoschee der Stadt dieses Mal endlich auch die bereits 1000 Jahre alte Hagia Sophia an Größe und Ausstrahlung übertreffen sollte. Zwar blieb Sinan in den Ausmaßen der Kuppel hinter der einstigen Hauptkirche der orthodoxen Christenheit zurück – die Kuppel der Moschee ist 53 m hoch und hat einen Durchmesser von 27 m, während die Kuppel der Hagia Sophia eine Höhe von 56 m und einen Durchmesser von 31 m erreicht. Dennoch hat der Betrachter das Gefühl, einen wesentlich größeren Raum zu betreten. Sinan stützt die gesamte Konstruktion auf vier mächtige Säulen, die für den Bau unter großem Aufwand aus einem angeblichen Tempel Salomons im libanesischen Baalbek-Tal und aus Alexandria geholt worden waren. Zwei weitere Säulen stammen wahrscheinlich aus den Ruinen des byzantinischen Kaiserpalasts.

Die Innenausstattung der Moschee besticht durch ihre Schlichtheit. Kein überflüssiger Zierrat, sondern edelste Fayencen aus den berühmten İznik-Werkstätten schmücken die Wände in der Gebetsnische und hinter der Predigerkanzel. Der Sultan war jedenfalls zufrieden, als sein Prachtbau nach nur dreijähriger Bauzeit eingeweiht wurde, und ließ Sinan das Eröffnungsgebet sprechen.

Tatsächlich war der Bau ein Kraftakt ohnegleichen. Mehr als 3000 Handwerker, Spezialisten und Janitscharen arbeiteten auf der größten Baustelle der Stadt rund um die Uhr. Allein die Terrassierung des Hügels und die komplizierten Fundamente, die für den Bau gegossen werden mussten, waren eine architektonische Meisterleistung.

Ewiger Frieden

Rings um die Moschee als Zentrum der *külliye* liegt ein Garten, der auf terrassiertem Gelände angelegt und daher von hohen Stützmauern umgeben ist. Hinter der Moschee finden sich die **Türben des Herrschers (3)** und seiner Frau **Haseki Hürrem (4)**, die in die europäische Geschichtsschreibung unter dem Namen Roxelane eingegangen ist. Roxelane, eine Tscherkessin, die der Sultan sehr geliebt haben soll, war in der Geschichte des Osmanischen Reiches eine der einflussreichsten Frauen hinter dem Thron. Ihre Türbe ist deshalb kaum weniger prächtig als die des Sultans. Zartes Buntglas und blumengeschmückte Fliesen geben dem Innern eine heitere Ruhe. Für den Sultan, der in seinem Leben etliche Kriege führte und in Europa auch durch die Belagerung Wiens im Gedächtnis geblieben ist, symbolisiert die mit Edelsteinen geschmückte Decke des Mausoleums den Himmel des ewigen Friedens.

Speisung der 5000

Wenn man den inneren Bereich der Moschee durch den Vorhof wieder verlässt, blickt man auf den Eingang des **Darüzziyafe Lokanta** 6. Dieses Restaurant befindet sich in einem schönen Innenhof, der früheren *imaret*, auf dem zu Zeiten der Sultane die Speisung der Armen stattfand. Ringsum, in den Großküchen der Stiftung, wurde täglich für Tausende Bedürftige gekocht, die sich hier eine Mahlzeit abholen konnten. Heute verspricht die Speisekarte des *lokanta* osmanische Palastküche, ist aber auf jeden Fall sehr umfangreich. Das Flair, besonders bei gutem Wetter im Hof, lohnt die Einkehr.

In dem westlich anschließenden, tiefer gelegenen Innenhof bietet der besonders bei Studenten beliebte **Lale Çay Bahçesi** 7 kleine, einfache Gerichte, Tee und Wasserpfeifen an.

Auch die beiden ehemaligen Medresen südwestlich der Moschee beherbergen heute gut gehende *lokanta.*

Das rechts an das Darüzziyafe Lokanta, also an die ehemalige Armenküche, anschließende Gebäude, das heute nicht genutzt wird, war in früheren Jahrhunderten das **Gästehaus (5;** *tabhane*) beziehungsweise die Karawanserei *(han),* in der Gläubige von auswärts für einige Tage unterkommen konnten.

Geist und Glauben

Wir setzen den Rundgang um die Moschee nun im Uhrzeigersinn immer nach rechts fort. An der ersten Ecke, wo früher der General der Janitscharen residierte, ist nun der **Sitz des Mufti von Istanbul** 15. Im selben Komplex liegen auch verschiedene Institute der Istanbuler Universität, unter anderem zwei der vier theologischen Schulen, die bei Gründung der Süleymaniye die Moschee geradezu einrahmten. Heute liegen diese ehemaligen Medresen hinter einer Mauer und sind nicht zugänglich.

Dafür kann man direkt gegenüber dem Amt des Obergeistlichen die Grabstätte von Mimar Sinan, die **Mimar Sinan Türbesi** 16, der sich hier, am Fuße seines wichtigsten Bauwerkes, beisetzen ließ, besuchen. Von ihm selbst errichtet, bildet die Türbe mit ihrem Brunnenhaus in dem kleinen Garten eine ansprechende Gedenkstätte. Eine Inschrift an der südlichen Gartenmauer, verfasst von seinem Dichterfreund Mustafa Sa'i, preist das große Werk des Baumeisters (s. S. 91).

Wir gehen auf der Mimar Sinan Caddesi weiter nach Südosten, linker Hand liegen hier zwei ehemalige Medresen, die **Sâlis (6)** und die **Râbi Medrese (7),** des Süleymaniye-Komplexes. Schließlich erreichen wir am anderen Ende der Straße, unterhalb der Moschee, das **Hamam der Süleymaniye** 3 (s. S. 99, 182). Es ist nach wie vor in Betrieb.

Hier folgen wir dem Sträßchen nach rechts, auf der rechten Seite erstreckt sich die **Darülhadis Medrese (8),** bis zur Prof. Sıddık Sami Onar Caddesi, die wir – wiederum nach rechts – aufwärts gehen. Hier liegt hinter der Mauer links das **Hauptareal der Istanbuler Universität** 12. Wie bei der Gründung sind Geist und Glauben immer noch räumlich eng verschränkt.

Am oberen Ende der Straße steht ein offener **Brunnen (9),** der quasi den Eingang zu den folgenden, in der nach links abzweigenden Süleymaniye Caddesi auf der rechten Straßenseite liegenden Häusern bildet. Hinter den Restaurants und Teegärten, die sich heute hier befinden, lagen früher die beiden wichtigsten theologischen Hochschulen der damaligen Zeit. Auf der Prof. Sıddık Sami Onar Caddesi passiert man linker Hand zunächst die **Evvel Medrese (10).** Zwischen ihr und der **Sani Medrese (11)** öffnet sich eine schmale Gasse, in der heute auf der rechten Seite der Eingang zur **Bibliothek (12;** *kütüphane*) der Süleymaniye-Moschee liegt. Diese enthält mehr als 70 000 Schriften aus der osmanischen Zeit. Letzte frühere Lehranstalt an der Sıddık Sami Onar ist dann die **Tıp Medrese (13).** Die beiden letztgenannten Medresen beherbergen heute *lokanta.*

Heute ist dort die Am unteren Ende der Gasse, kurz bevor wir wieder auf die Armenküche treffen, befand sich der medizinische Komplex. Das **ehemalige Krankenhaus (14;** *darüşşifa*) wird gerade restauriert; im Garten des früheren Hospizes befindet sich heute ein schöner **Teegarten,** den man erreicht, wenn man eine lange Treppe in den Hof des Gebäudes hinabsteigt.

Sinans, zu erkennen. Er versuchte, einen möglichst großen Kuppelraum ohne störende Innenstützen zu schaffen. Diese sind als Pfeiler an die tragenden Wände gestellt worden.

Besonders beeindruckend ist der überaus reiche, gut erhaltene Fliesenschmuck, der die Wände der Vorhalle und des Innenraums überzieht und aus der Glanzzeit der Werkstätten von İznik stammt. In kräftigen Rot- und Blautönen erkennt man stilisierte Blüten und Rosetten, geometrische Muster, aber auch ganze Amphoren mit Blütenbuketts.

Am Goldenen Horn

Das Goldene Horn, türkisch Haliç genannt, ist eine 7 km lange und bis 35 m tiefe Meeresbucht, die aus einem versunkenen Flusstal entstand. Bereits die Griechen erkannten es als idealen Naturhafen. Die Uferstreifen des Horns wurden Ende der 1980er-Jahre zum großen Teil mit Parks begrünt, zahlreiche Häuser und Fabriken, die ihre Abfälle direkt in den Haliç leiteten, mussten dafür abgerissen werden. Mit Fährbooten, die die schmale Bucht im Zickzackkurs kreuzen, gelangt man von Eminönü bis hinauf nach Sütlüce und Eyüp.

Unzählige Menschen strömen am frühen Morgen mit Bahn, Bus, *dolmuş*, Taxi oder per Schiff aus den verschiedenen Stadtvierteln nach Eminönü, um zu ihrer Arbeitsstätte zu gelangen oder die ersten Einkäufe zu besorgen. Lebensmittel werden um den Ägyptischen Basar angeboten, Töpfe und Pfannen stehen in den Straßenzügen unterhalb der Süleymaniye Camii zum Verkauf, Stoffe, Kleider und sonstige Haushaltswaren wechseln in den Gassen bis hinauf zum Großen Basar ihren Besitzer. Mit bunten Plastikbehältern und riesigen Paketen bepackte Träger suchen sich ihren Weg durchs Gedränge der Kunden. Vor der Yeni Camii verkaufen alte Frauen Vogelfutter für die zahllosen Tauben, von überall hört man laute Rufe und das ständige Hupen der Autos.

Mısır Çarşısı (Ägyptischer Basar) 18

Tram T1/Fähre Eminönü, tgl. 8–19.30 Uhr

Die große L-förmige Halle des Ägyptischen Basars gehört zum Stiftungskomplex der Yeni (Valide) Camii und wurde 1660 auf dem Platz eines alten osmanischen Gewürzbasars errichtet. Abgesehen von einzelnen Haushaltswaren und Schmuckläden bestimmen noch immer die Gewürzhändler das Bild. In großen Säcken oder Plastikeimern preisen sie die verschiedensten Kräuter, Gewürze, Kaffee- und Teesorten an. Aber es gibt auch Nüsse, alle Arten von Trockenfrüchten, sauer eingelegtes Gemüse in hohen Glasflaschen und zahlreiche Wurst- und Käsesorten. Auch die verschiedenen kosmetischen Öle und Duftessenzen verleiten zum Kauf.

Yeni (Valide) Camii (Moschee der neuen Sultansmutter) 19

Nahe dem südlichen Brückenkopf der Galata-Brücke erhebt sich die markante Yeni Valide Camii, die meist nur kurz Yeni Camii genannt wird. Safiye Sultan (1550–1605), die Mutter Mehmets III. (reg. 1595–1603), stiftete diesen Baukomplex; Davut Ağa, ein Schüler Sinans, begann die Arbeiten. Erste Schwierigkeiten ergaben sich schon bei der Umsiedlung der überwiegend jüdischen Bevölkerung, die hier in Ufernähe den Gewürzmarkt der Genuesen und Venezianer übernommen hatte. Dann starb Davut Ağa 1599 an der Pest, und Ahmet Ağa übernahm die Leitung der Bauarbeiten. Er erhielt durch die technische Überwindung des hohen Grundwasserspiegels den Beinamen Dalgıç, der Taucher.

Gerade war das Erdgeschoss der Moschee vollendet, als Mehmet III. 1603 starb und sein Nachfolger Ahmet I. die Bauarbeiten einstellen ließ, da er das Geld für seine große Moschee am Hippodrom benötigte. Erst 60 Jahre später, 1663, wurde die Moschee im Auftrag von Hatice Turhan Sultan (gest. 1683), der Mutter Sultan Mehmets IV. (reg. 1648–87), vollendet.

Ihr Grundriss ist dem der Şehzade Camii (s. S. 189) ähnlich. Über einem quadratischen **Betsaal** mit 41 x 41 m erhebt sich die 36 m hohe **Hauptkuppel**, deren Last von vier Stützpfeilern und vier Halbkuppeln aufgefangen wird. İznik-Fliesen verkleiden die Pfeiler und Wände bis zum unteren Gesims. Den Mihrab umgeben vergoldete Stalaktiten, der **Minbar** ist mit schönen Rosetten und Geflechtornamenten geschmückt. Im Vorhof ist der achteckige **Reinigungsbrunnen** mit seinen Skulpturen und einem Bronzegitterwerk sehenswert. Die beiden **Minarette** tragen jeweils drei Galerien auf Mukarnas-Konsolen.

An die Ostecke der Moschee schließt ein kleiner **Palast** (Hünkar Kasrı) an, von dem ein überdeckter Zugang zur Sultansloge im Innern des Bethauses führt.

Von der *külliye* sind nur der **Türbengarten** mit den Gräbern der Stifterin Hatice Turhan Sultan, ihres Sohnes Mehmet IV. und fünf weiterer Herrscher, ein **Bibliotheksgebäude** Ahmets III. (reg. 1703–30) und das **Muvakkithane**, ein kleines Observatorium zur genauen Bestimmung der Gebetszeiten und anderer Zeitberechnungen, erhalten.

Galata Köprüsü (Galata-Brücke) 20

Die Galata Köprüsü am Ausgang des Goldenen Horns verbindet die beiden Stadtteile Eminönü und Karaköy. 1992 musste die berühmte Pontonbrücke einer neuen Konstruktion weichen, die 1984–92 als moderne Doppelklappbrücke unter Federführung von Thyssen gebaut worden war (s. Lieblingsort S. 185).

Bereits unter Sultan Beyazıt II. (reg. 1481–1515) sollte eine erste massive Brücke über das Goldene Horn geschlagen werden. Hierzu reichte 1502 auch Leonardo da Vinci seine Pläne ein: »Ich, Euer Sklave, habe vernommen, dass Ihr beabsichtigt habt, eine Brücke von Galata nach Stambul zu errichten, dass Ihr sie aber nicht gemacht habt, weil sich kein Kenner fand. Ich, Dein Sklave, weiß wie. Ich werde sie ausführen (...) ich habe daran gedacht, dass ich einen Bretterverschlag herstelle, hernach das Wasser heraushole und sie auf Pfähle setze. So mache ich es, dass ein Schiff mit gespannten Segeln unten durchfahren kann.« Neuere Untersuchungen ergaben, dass Leonardos Pläne durchaus realisierbar gewesen wären.

Neben der Galata-Brücke verbinden heute zwei weitere Brücken die durch den Haliç getrennten europäischen Stadtteile Istanbuls, eine vierte für die neue Metro ist in Bau.

Mein Tipp

Fisch frisch vom Schiff

Links der Galata-Brücke auf der Eminönü-Seite wird auf osmanisch gestylten Barkassen köstlich duftender Bratfisch in Fladenbrot angeboten. Dazu schmeckt sauer eingelegtes Gemüse.

Tanzende Derwische in der großen Halle des Sirkeci-Bahnhofs

Sirkeci Garı (Sirkeci-Bahnhof) 21

Am Ausgang des Goldenen Horns, den Schiffsanlegestellen gegenüber, liegt der Sirkeci Garı. Ab 1889 war er die Endstation für den aus Paris kommenden Orient Express, den ersten großen europäischen Luxuszug, legendäres Transportmittel der Diplomaten, Spione, Könige und Hochstapler. Am 22. Mai 1977 kehrte er zum letzten Mal fahrplanmäßig nach Paris zurück. Seither hat man nur selten die Gelegenheit, eine Nostalgiereise mit den historischen Wagen des Orient Express nach Istanbul zu erleben, nun meist aber auf der Strecke über Budapest und Bukarest.

Heute enden in Sirkeci die Vorortbahnen und auch der neue Marmaray-Bahnhof wurde in seinem Umfeld unterirdisch angelegt. Besonders zur Rushhour herrscht ein reges Treiben auf den Bahnsteigen von Sirkeci. Das Gebäude im orientalisierenden Stil der Zeit um 1900 ist behutsam restauriert und beeindruckt im Inneren durch die Helligkeit und die farbigen Glasfenster. Im Garten vor dem Bahnhof steht eine alte Dampflok, die an die Zeiten des Orient Express und der Bagdadbahn erinnert. In der Ausstellungshalle führen die Tanzenden Derwische mitunter eine *sema* (ritueller Tanz) vor.

Bootstour auf dem Goldenen Horn

Fähre Haliç Hattı (www.sehirhatlari.com.tr/en) ab Eminönü Mo–Fr stdl. ab 7.50 Uhr (Sa/So ab 10.50 Uhr), ab Eyüp Mo–Fr stdl. ab 7.30 Uhr (Sa/So ab 10.30 Uhr). Die Zeiten variieren zwischen Sommer- und Wintermonaten, 3 TL (reduziert mit İstanbulkart/Akbil), bei jedem Umsteigen ist ein neuer Fahrschein nötig.

Links von der **Galata Köprüsü** 20 (s. S. 178) in Eminönü legen die Fährboote ab, mit denen man im Zickzackkurs die schmale Bucht des Goldenen Horns bis hinauf nach Eyüp kreuzen kann.

Hinter der zwischen 1935 und 1940 als Pontonbrücke errichteten **Atatürk Köprüsü,** die heute die Schnellstraße zwischen Alt-Stambul und Beyoğlu trägt, erreichen wir unseren ersten Halt, den **Kasımpaşa Vapur İskelesi.** Das schöne historische Gebäude am Anleger untersteht der türkischen Marine. Geht man von hier bergan nach rechts, so gelangt man zur **Evliya Çelebi Türbesi.** Das Hauptwerk des hier beigesetzten osmanischen Schriftstellers Evliya Çelebi (1611–83) ist das Reisebuch »Seyahatnâme«, eines der wichtigsten Dokumente über die osmanische Welt des 17. Jh. Im Jahr 2013 wurde es von der UNESCO zum Weltdokumentenerbe erklärt.

Weiter geht es mit der Fähre den Haliç hinauf. Rechter Hand, am Ufer von Beyoğlu, sind die eindrucksvollen Gemäuer der osmanischen Schiffswerften, der **Tersâne-i Âmire,** zu sehen. Direkt nach der Eroberung 1453 errichtet, trug ihre Expansion im 16. Jh. dazu bei, dass das Osmanische Reich zu einer der größten militärischen Industrienationen des frühen Europa aufstieg. Heute werden hier unter dem Namen **Haliç Tersâneleri** Schiffe gebaut. Weiter den Halic hinauf säumen weitere Werftbauten das Ufer, z. B. **Cimialtı Tersâneleri.**

Am gegenüberliegenden Ufer zeichnet sich im Häusermeer ein riesiges rotes Backsteingebäude ab, das **Griechische Gymnasium** (s. S. 198). Es liegt mitten in Fener, dem Stadtteil Konstantinopels, in dem sich nach der Eroberung die Griechen niederließen (s. S. 195). Dahinter folgt Balat, das einstige jüdische Viertel. Am Ufer er-

Bootstour auf dem Goldenen Horn

hebt sich hier die ganz aus Eisen errichtete **Bulgar Kilise** (s. S. 199).

Direkt hinter den hierher verbrachten Anschlussstücken der alten Pontonbrücke über den Haliç, der **Eski Galata Köprüsü** (Alte Galata-Brücke) befindet sich der **Hasköy Vapur İskelesi,** die Anlegestelle, von der aus man zu Fuß das **Rahmi M. Koç Müzesi** (s. Mein Tipp S. 183) erreicht.

Die nächste Anlegestelle ist der **Ayvansaray Vapur İskelesi** am gegenüberliegenden Ufer. Wer der **Theodosianischen Landmauer** (s. Entdeckungstour S. 206) zu Fuß bis in die Nähe des Goldenen Horns gefolgt ist, kann hier in ein Fährschiff steigen und geruhsam zurück nach Eminönü fahren.

Hinter der als Teil der 1973 fertiggestellten Autobahn errichteten **Haliç Köprüsü** hält das Schiff in **Sütlüce** mit dem großen **Haliç Congress Center** (Haliç Kongre Merkezi).

Endstation ist der **Eyüp Vapur İskelesi.** Der Besuch von Eyüp, dem muslimischen Wallfahrtsort mit der **Eyüp Sultan Camii** (s. S. 276) ist ein Muss. Der Weg durch das Gräberfeld und eine Teepause im **Café Pierre Loti** mit herrlichem Blick über das Goldene Horn bilden den krönenden Abschluss der Haliç-Tour.

Zurück geht es mit dem Fährschiff oder mit dem Bus Richtung Eminönü.

Essen & Trinken

Köfte – **Tarihi Sultanahmet Köftecisi Selim Usta** **1**: Sultanahmet, Divanyolu Cad. 12/A, Tel. 0212 513 64 68, www.sultanahmetkoftesi.com, Tram T1 Sultanahmet, tgl. 10.30–22 Uhr, *köfte, piyaz*-Salat und Wasser ca. 12 €. Bekanntes *kebap*-Haus mit nur wenigen Gerichten. Spezialität sind die Hackfleischröllchen *(köfte)* mit Salat. Es diente lange als Treffpunkt der Istanbuler Presse. In Erinnerung an diese Tradition sind die Wände mit Artikeln, Fotos und Karikaturen verziert, im ersten Stock mit Gedichten.

Teepause – Im **Hof der Koca Sinan Paşa Medresesi** **2** kann man bei einem Tee entspannen.

Chillen bei einer Wasserpeife – **Erenler Çay Bahçesi** **3**: s. Mein Tipp S. 162.

Kebaps der besonderen Art – **Kara Mehmet Kebap Salonu** **4**: im Großen Basar, İç Cebeci Han 92, Tel. 0212 527 05 33, Mo–Sa So 11–17 Uhr, Adana Kebap 6 €. Ideal für eine Stärkung zwischendurch. Mitten im Großen Basar gibt es die schmackhaftesten *kebap* der Stadt, u. a. auch Nieren- und Leber-*kebap* frisch zubereitet für Mutige.

Im Hamam ohne zu schwitzen – **Ottoman Hamam Nargile Café** **5**: Eminönü, Mahmutpaşa Cad., Hamam Sk. 20, Yarim Han, Tel. 0212 511 23 54, tgl. 8–20 Uhr. Im 1466/67 errichteten und heute zu einem gemütlichen Café umgebauten Hamam lässt es sich gut bei kaltem oder regnerischem Wetter pausieren. Es liegt etwas versteckt im hinteren Bereich des Yarim Han.

Riesige Auswahl im Moscheekomplex – **Darüzziyafe Lokanta** **6**: Süleymaniye, Şifahane Sk. 6, im Süleymaniye-Komplex; s. Entdeckungstour S. 173.

Teegarten – **Lale Çay Bahçesi** **7**: Şifahane Sk., im Süleymaniye-Komplex; s. Entdeckungstour S. 173.

Der beste Mittagstisch – **Pandeli** **8**: Eminönü, Mısır Çarşısı; s. Mein Tipp S. 182.

Kebaps aus der Stadt Urfa – **Hamdi Et Lokantası** **9**: Eminönü, Kalçın Sk. 17, Tel. 0212 528 03 90, Tram T1/Bus/Fähren Eminönü, tgl. 11–24 Uhr, Urfa Kebap 5 €. Das auf südosttürkische Gerichte spezialisierte Restaurant liegt mitten im Gewühl von Eminönü. Die Dachterrasse bietet guten Blick über das Treiben auf dem Eminönü-Platz und der Galata-Brücke. Abends reservieren.

Belle Époque – **Orient Express** 10: Sirkeci, im Bahnhof, Tel. 0212 522 22 80, Marmaray/Banliyö B1 Sirkeci/Tram T1/Bus/Fähren Eminönü, tgl. 11.30–23 Uhr, *kuzu şiş* 8 €. Das alte, vornehme Bahnhofsrestaurant bietet ordentliche türkische Küche in stilechtem Flair der Zeit des Orient Express. Man kann auch nur auf einen Drink kommen.

Wie beim Pascha – **Paşazade Restaurant** 11: Sirkeci, İbni Kemal Cad. 5 A, Tel. 0212 513 37 50, www.pasazade.com, Anfahrt s. Orient Express, Menüs 14–19 €. Eingerichtet im türkischen Stil des 19. Jh., nahe dem Bahnhof an einer Fußgängerzone. Abwechslungsreiche Küche nach osmanischen Rezepten, viele vegetarische Gerichte.

Einkaufen

Der Büchermarkt – **Sahaflar Çarşısı** 1: Beyazıt Meyd.; s. S. 43, Lieblingsort S. 169.

Mein Tipp

Der beste Mittagstisch – Pandeli
Einen herrlichen Blick über das Goldene Horn oder auf das Treiben im Inneren der Markthalle des Ägyptischen Basars bietet das Pandeli im ersten Stock über dem Eingang des Basars. Der Treppenaufgang, wie das gesamte Restaurant mit originalen blau-weißen İznik-Kacheln von 1926 verkleidet, liegt am Nordausgang. Berühmt ist der *kagitta levrek* (Seebarsch in Papier gebacken). Kein Alkoholausschank.
Pandeli 8: Eminönü, Mısır Çarsısı, Tel. 0212 522 55 34, Tram T1/ Fähre Eminönü, Marmaray/Banliyö B1 Sirkeci, Mo–Sa 11.30–14 Uhr, Hauptgerichte ab ca. 12 €.

Alter Basar im Großen Basar – **Old Bazaar** 2: Kapalı Çarşı; s. S. 41, Entdeckungstour S. 167.

Shishas, Kostüme, Keramik – **Bazaar Alibaba** 3: Fesciler Cad. 119, Kapalı Çarşı, www.bazaaralibaba.com; s. Entdeckungstour S. 167.

Türkische Kunst am Basar – **Kashif Sofa** 4: Cağaloğlu, Nuruosmaniye Cad. 53/A; s. S. 42.

In historischem Han – **Punto** 5: Cağaloğlu, Gazi Sinanpaşa Sk. 17; s. S. 43.

Teppiche – **Gördes Halı** 6: Cağaloğlu, Nuruosmaniye Cad. 85–87, s. S. 43.

Gewürzbasar – **Mısır Çarşısı (Ägyptischer Basar)** 18: s. S. 44, 177.

Türkischer Honig – **Hacı Bekir** 7: Eminönü, Hamidiye Cad. 83, www.hacibekir.com.tr, Tram T1/Fähre Eminönü, Mo–Sa 8–20, So 9–20 Uhr. Echter türkischer Honig, wie ihn Hadschi Bekir im 18. Jh. erfand: Pur oder mit Pistazien schmeckt er am besten. Man kann hübsche Geschenkpackungen ab 5 TL erwerben und mit nach Hause nehmen.

Aktiv

Türkische Bäder – In diesem Teil der Stadt liegen drei interessante Hamams: **Cağaloğlu Hamamı** 1, Cağaloğlu, Prof. Kazim İsmail Gürkan Cad. 34, s. S. 171. **Çemberlitaş Hamamı** 2: Çemberlitaş, Vezirhanı Cad. 8, s. S. 99. Das Hamam wurde 1584 von Sinan, dem Baumeister des Sultans, entworfen – und seither wenig verändert. Historisches Flair, aber inzwischen sehr touristisch. **Süleymaniye Hamamı** 3: Çemberlitaş, Mimar Sinan Cad. 20, s. S. 99.

Abends & Nachts

Fürs Nachtleben bietet Eminönü generell nicht allzuviel. Viele bessere Hotels, z. B. an der Hüvendigar oder Ebusuut Caddesi haben Hotelbars.

Mein Tipp

Ausflug zum Rahmi M. Koç Müzesi (Industriemuseum) ► E 1
Technikbegeisterte – ob groß oder klein – kommen in diesem Museum voll auf ihre Kosten. Der Großindustrielle Rahmi M. Koç hat in den 1990er-Jahren das Gebiet einer historischen Werft von 1861 am Ufer des Goldenen Horns erworben. Er ließ die Gebäude einschließlich des architektonisch eindrucksvollen *lengerhane* (Ankerhaus) aus dem frühen 18. Jh. restaurieren und als Schauräume für seine umfangreiche Sammlung neu gestalten.
Neben faszinierenden Modellen von Schiffen und Lokomotiven sowie technischem Spielzeug im *lengerhane* finden sich in den weiteren Ausstellungsräumen wissenschaftliche Instrumente, ein großer historischer Fuhrpark und ein Bereich, in dem den Besuchern anschaulich die Funktionen von diversen Maschinen und Motoren erklärt werden. Auf der Freifläche stehen alte Eisenbahnwaggons, Flugzeuge und Schiffe.
Als zusätzliche Attraktionen werden die Fahrt mit der von einer Dampflok betriebenen **Hasköy Sütlüce Railway** (nur am Wochenende) oder die Besichtigung eines **U-Boots** geboten. Letzteres war während des Zweiten Weltkriegs für zwei Jahre im Dienst der US-Marine und diente von 1971 bis 2001 dem türkischen Militär.
Das **Halat Restaurant** mit guter mediterraner Küche direkt am Wasser, der **Barbarossa Pub** und das **Café du Levent** mit ausgezeichneter französischer Küche sind auch am Abend geöffnet.
Rahmi M. Koç Müzesi: Hasköy Cad. 5, Hasköy, Tel. 0212 369 66 00, www.rmk-museum.org.tr, Di–Fr 10–17 Uhr, Sa/So 10–18 (April–Sept. bis 20) Uhr, 12,50 TL (erm. 6 TL), U-Boot 7 TL (5 TL, erst ab 8 Jahren), Planetarium 2 TL.
Anfahrt: ab Taksim Bus 54 HT Hasköy, ab Eminönü Bus 47 bis Kırmızı Minare, Fähre ab Eminönü (Anlegestelle nördlich des Busbahnhofs): stdl. ab 7.45 Uhr (10.45 Uhr am Wochenende) bis Hasköy İskelesi.

Ansonsten ist Sultanahmet nicht weit entfernt.
Bauchtanz und anderes – **Orient House** 1: Beyazıt, Tiyatro Cad. 27, Tel. 0212 517 61 63, www.orienthouseistanbul.com, Tram T1/Bus Beyazıt, Show plus Menü 65 €/Person. Unweit des Großen Basars wird ein sehenswerter Querschnitt orientalischen Kulturschaffens vorgeführt: Bauchtanz, Janitscharenkapelle, Tanzende Derwische, Hochzeit etc.
Unter der Brücke – **Nargile-Cafés** 2: Galata-Brücke, tgl. bis ca. 23 Uhr. Die Galata-Brücke ist nicht nur einfach eine Straße, sondern auch eine große Ausgehmeile. Im Untergeschoss reiht sich ein Lokal an das andere. Man sitzt auf großen, bunten Kissen auf der Erde oder auf langen Sofas und genießt den Anblick der historischen Halbinsel bei Sonnenuntergang. Im Freien darf geraucht werden, beliebt sind hier auch Wasserpfeifen.
Folklore im Hamam – **Hocapaşa Kültür Merkezi** 3: Sirkeci, Hocapaşa Hamam Sk. 3B, s. S. 47.

neptun
MER

Lieblingsort

Restaurants mit Traumblick
Die zahlreichen Angler auf der Galata Köprüsü 20 (s. S. 178) gehören zum Stadtbild wie die Hagia Sophia oder der Genuesenturm von Galata. Es sind meist Arbeitslose oder Rentner, und sie werfen ihre Angeln aus, um in Gesellschaft zu sein und um ihre Alltagssorgen zu vergessen. Eine kleine Fischmahlzeit ist dabei ein willkommener Nebeneffekt. Es gibt keinen besseren Ort, als sich hier die unvergleichliche Lage Istanbuls am Wasser vor Augen zu führen. Während der Mittagszeit kann man in Gesellschaft zahlreicher Geschäftsleute in den Fischrestaurants im Untergeschoss der Brücke essen und den Blick Richtung Osten über den Bosporus bis nach Üsküdar genießen. Die Lokale auf der anderen Seite der Brücke laden eher am Abend, wenn die Sonne untergeht, zu einem Drink mit Blick zur Süleymaniye ein.

Das Beste auf einen Blick

Fatih und Fener

Highlight !

Chora-Kloster: Der Mosaik- und Freskenschmuck der Chora-Klosterkirche, heute das Kariye Camii Müzesi, gehört zu den Meisterwerken der paiaiologischen Renaissance. Jahrhundertelang waren die Kunstwerke von Holztafeln und Tünche verdeckt und blieben so bis in heutige Zeit bewahrt. 14 S. 200

Auf Entdeckungstour

Fener – das griechische Erbe: Griechen sind die älteste Bevölkerungsgruppe Istanbuls, das als griechische Kolonie gegründet wurde. Heute leben nur noch wenige Griechen in der Stadt. Ihr geistlicher Mittelpunkt ist das Patriarchat im Stadtteil Fener. S. 196

Die Theodosianische Landmauer: Über 1000 Jahre hielt sie allen Angriffen stand, bis Mehmet Fatih kam. Er ließ im Jahr 1453 eine tiefe Bresche in die Mauer schießen und eroberte Konstantinopel im Sturm. S. 206

Kultur & Sehenswertes

Hafengrabung in Yenikapı: Die aktuellen Ausgrabungen des spätantiken Theodosianischen Hafens zählen zu den wichtigsten Neuentdeckungen in der Türkei. 5 S. 96, 192

Bulgar Kilise: Alles aus Eisen – aus Fertigteilen wurde die Stephanskirche der Bulgaren am Goldenen Horn zusammengesetzt. 12 S. 199

Fethiye Camii (Pammakaristos-Kirche): Die Mosaik- und Freskenausstattung des Parekklesions gehört zu den wichtigen Zeugnissen aus der Palaiologenzeit. 13 S. 199

Genießen & Atmosphäre

Vefa Bozacısı: Ein Glas *boza,* und Sie haben wieder genug Energie für den Rest des Tages. 2 S. 190

Terrassencafé Zeyrekhane: Mal ein anderer Blick auf die Altstadt und bis hinüber nach Beyoğlu. 3 S. 193, 211

İtfaiye Caddesi: Eine Marktstraße wie in alten Zeiten mit Nahrungsmitteln aller Art. 1 S. 211

Abends & Nachts

Gar Müzikhol: Für Bauchtanz und türkische Shows eine beliebte Adresse. 1 S. 47, 211

Das Istanbul der konservativen Muslime

Die wichtigste Nord-Süd-Achse im Altstadtbereich, der Atatürk-Boulevard, trennt die geschäftige touristische Zone im Osten von den ruhigeren Wohnvierteln im Westen. Diese sind in zunehmendem Maße durch eine islamisch-konservative Nachbarschaft geprägt, Frauen sollten sich mit dezenter Kleidung (Schultern und Knie bedeckt) den Erwartungen anpassen. Geradezu beschaulich wirkt die Stadt um ihren fünften und sechsten Hügel. Hier warten bedeutende spätbyzantinische Mosaikzyklen und natürlich die beeindruckende Theodosianische Landmauer, die über 1000 Jahre allen Angriffen der ›Barbarenvölker‹ standhielt.

Mit dem Stadtviertel Fatih verlässt man die Geschäftszone des alten Istanbul – ganz plötzlich findet man sich in den Wohnbezirken der ärmeren Bevölkerungsschichten wieder. Die Einwohner sind hier deutlich konservativer eingestellt, was besonders durch die Kleidung der Frauen auffällt. Sie tragen Kopftücher und lange, dunkle Mäntel, die orthodoxen Muslima sogar den schwarzen *çarşaf* mit tief verhülltem Gesicht, sodass nur die dunklen Augen den Fremden taxieren.

Die Straßen sind hier meist leer, bunte Wäsche hängt aus den Fenstern, Geschäfte und Kioske liegen weit auseinander. Spielende Kinder, das Gespräch zweier Nachbarinnen im Hauseingang, arabische Klänge aus einem offenen Fenster, streunende Katzen und das Knattern eines Mopeds unterbrechen zuweilen die Stille der Seitengassen.

Infobox

Reisekarte: ▶ E 4/7 – A 4/10

Planung/Routenverlauf

Für den Spaziergang rund um **Prinzenmoschee und Valensaquädukt** fährt man mit der Tram T1 bis zur Station Laleli-Üniversite. Von dort zu Fuß weiter die Büyük Reşit Paşa Caddesi entlang bis zur Şehzadebaşı Caddesi. Vom Aquädukt gelangt man auf der İtfaiye Caddesi zur Zeyrek-Moschee. Nach Besichtigung der Fatih-Moschee führt der Weg über die Darüşşafaka Caddesi. Über die Yavuz Selim Caddesi kommt man zum orthodoxen Patriarchat, via die Manyasizade zur Fethiye-Moschee. Den **nördlichen Bereich der Landmauer** erreicht man mit der Tram T1 Topkapı oder Metro M1 Ulubatlı, den **südlichen** mit dem Banliyö B1 Yedikule.

Rund um Prinzenmoschee und Valens-Aquädukt

Kalenderhane Camii 1

16 Mart Şehitleri Cad. 16, Tram T1 Laleli-Universite

Etwa 250 m östlich der Prinzenmoschee (s. S. 189) liegt versteckt die Kalenderhane Camii, eine byzantinische Klosterkirche, die bereits kurz nach der Eroberung dem Derwischorden der Kalenderiye als Moschee diente. Die Kreuzkuppelkirche aus dem späten 12. Jh. beeindruckt durch

Traditionelle Muslime auf dem Markt in Fatih

ihre wundervolle, mit der Architektur harmonisierende Marmorausstattung, die in Istanbul ihresgleichen sucht.

Kunstgeschichtlich bedeutsam ist besonders der Fund eines Mosaiks mit der Darstellung Christi im Tempel. Es stammt aus einer Vorgängerkirche und wird um 700 n. Chr. datiert, entstand also vor dem Beginn der Bildersturmepoche (726) und ist somit die älteste erhaltene christlich-figürliche Darstellung in der Stadt. Heute befinden sich die Fresken und Mosaiken der Kirche im Archäologischen Museum (s. S. 136).

Şehzade Camii (Prinzenmoschee) 2

Şehzadebaşı Cad., Metro M1/Tram T1 Aksaray/Tram T1 Laleli-Üniversite/Bus Şehzadebaşı

Als Süleyman der Prächtige 1543 von seinem erfolgreichen Ungarnfeldzug zurückkehrte, erfuhr er, dass sein 22-jähriger Lieblingssohn, Thronprinz Mehmet, an den Pocken gestorben war. Der Sultan beschloss den Bau einer Gedächtnismoschee und beauftragte den Baumeister Sinan, der sich bei den Janitscharen als einfallsreicher Architekt qualifiziert hatte. Für Sinan begann damit die intensive Auseinandersetzung mit der byzantinischen Sakralarchitektur, die ihn zum berühmtesten aller osmanischen Baumeister werden ließ. 1548 war das Werk vollendet.

Die Prinzenmoschee beeindruckt durch ihren klaren Aufbau. Vorhof und Betsaal beschreiben je ein gleich großes Quadrat. Über vier Pfeilern erhebt sich die Hauptkuppel, deren Durchmesser von 19 m genau der Hälfte einer Seitenlänge entspricht, während ihre Höhe von 38 m die volle Seitenlänge erreicht. An den vier Seiten setzen Halbkuppeln an, die jeweils von zwei kleineren Wölbungen begleitet werden. Kuppeln erheben sich auch über den vier Ecken des Bethauses.

Das **Innere** der Moschee ist ausgesprochen schlicht und weiträumig. Statt Galerien auf Säulen laufen einfache Arkaden an den Wänden entlang. Nur das Mukarnaswerk und die feinteilige Durchbrucharbeit am Minbar korrespondieren mit der Schmuckfreude des Außenbaus: Neben dem bauplastischen Ornament, das sich u. a. an den Minaretten mit geometrischem Dekor und Terrakottaeinlagen zeigt, sind hier erstmals eingeschossige offene Loggien vor die Seitenwände des Bethauses gesetzt. Diese verdecken die sonst wahrnehmbaren Außenmauern mit ihren Strebepfeilern. Die vier Pfeiler im Inneren der Moschee setzen sich nach außen in Form kleiner Türmchen fort. Zum ersten Mal ist hier eine Steigerung von Baumassen und Kuppeln verwirklicht, die ihren Höhepunkt in der Sultan Ahmet Camii finden sollte.

Zur *külliye* gehören ferner *medrese, tabhane* und *imaret,* die sich im Nordosten an den Moscheehof anschließen, und ein Türbengarten jenseits der Kiblawand.

Besonders sehenswert ist die **Türbe Prinz Mehmets** im Garten der Anlage. Kuppelbemalung, Fliesenverkleidung in den Farben Grün und Gelb und einige Buntglasfenster gehören zur originalen Ausstattung. Neben Mehmet sind hier sein 1553 verstorbener Bruder Çihangir und seine Tochter Humaşah Sultan bestattet.

Äußerst stilvoll nach osmanischen Traditionen kann man im **Şehzade Mehmed Sofrası** 1, in den kleinen Schülerzellen der alten Koranschule der Prinzenmoschee (s. S. 189), speisen.

Polyeuktos-Kirche 3

Schräg gegenüber der Şehzade Camii erhebt sich das aus den 1960er-Jahren stammende Rathaus, der **Belediye Sarayı** (Şehzadebaşı Cad. 25). Beim Bau der Straßenunterführung des Atatürk Bulvarı nebenan kamen Fundamentreste einer byzantinischen Kirche zum Vorschein. Diese konnte aufgrund einer Versinschrift, die einst das Innere des Hauptschiffes geschmückt hatte, als die aus der Literatur berühmte **Polyeuktos-Kirche** identifiziert werden.

Anfang des 6. Jh. hatte die byzantinische Prinzessin Anicia Juliana das mächtige Gotteshaus gestiftet, das in seinen Maßen und der reichen Ausschmückung dem Tempel Salomons in Jerusalem nacheifern sollte und in der antiken Literatur ausführlich beschrieben war. Fundamentreste sind heute nur noch auf der Westseite der Unterführung zu sehen; viele Bauglieder lie-

Mein Tipp

Erfrischend säuerlich: Boza

Das weiße, leicht angegorene Getränk aus Hirse ist eins der beliebtesten türkischen Genussmittel. Die Geschmackspalette ist breit, aber mit Zimt findet es die meisten Anhänger. In den Wintermonaten wird das Hirsegetränk häufig von Straßenhändlern angeboten. Das ganze Jahr über kann es beim **Vefa Bozacısı** genossen werden. Er bietet es an diesem Ort in dem schön restaurierten Haus seit 1876 an. Sogar Atatürk kam hierher, um sich bei einem Glas *boza* zu stärken. Sein Glas ist in einer weit oben hängenden Vitrine im Schankraum ausgestellt.

Vefa Bozacısı 2: Şehzadebaşı, Katip Çelebi Cad. 104/1, Tel. 0212 519 49 22, www.vefa.com.tr, tgl. 8.30–23 Uhr.

Fatih und Fener

Sehenswert

1 Kalenderhane Camii
2 Şehzade Camii (Prinzenmoschee)
3 Polyeuktos-Kirche
4 Bozdoğan Kemeri (Valens-Aquädukt)
5 Theodosianischer Hafen
6 Zeyrek Camii (Pantokrator-Kloster)
7 Fatih Camii (Moschee des Sultans Mehmet II. Fatih)
8 Rum Ortodoks Patrikhanesi (Ökumenisches Patriarchat)
9 Fener Rum Erkek Lisesi (Griech. Gymnasium)
10 Meryem Ana Rum Kilisesi (Griech. Marienkirche)
11 Panayia Vlaherna Rum Kilisesi (Wallfahrtskirche)
12 Bulgar Kilisesi (Bulgarische St. Stephanskirche)
13 Fethiye Camii (Pammakaristos-Kirche)
14 – 22 s. Cityplan S. 205

Essen & Trinken

1 Şehzade Mehmed Sofrası
2 Vefa Bozacısı
3 Zeyrekhane
4 Barba Vasili Restaurant
5 Fener Köşkü
6 – 7 s. Cityplan S. 205

Einkaufen

1 İtfaiye Caddesi
2 Horhor Bit Pazarı

Abends & Nachts

1 Gar Müzikhol

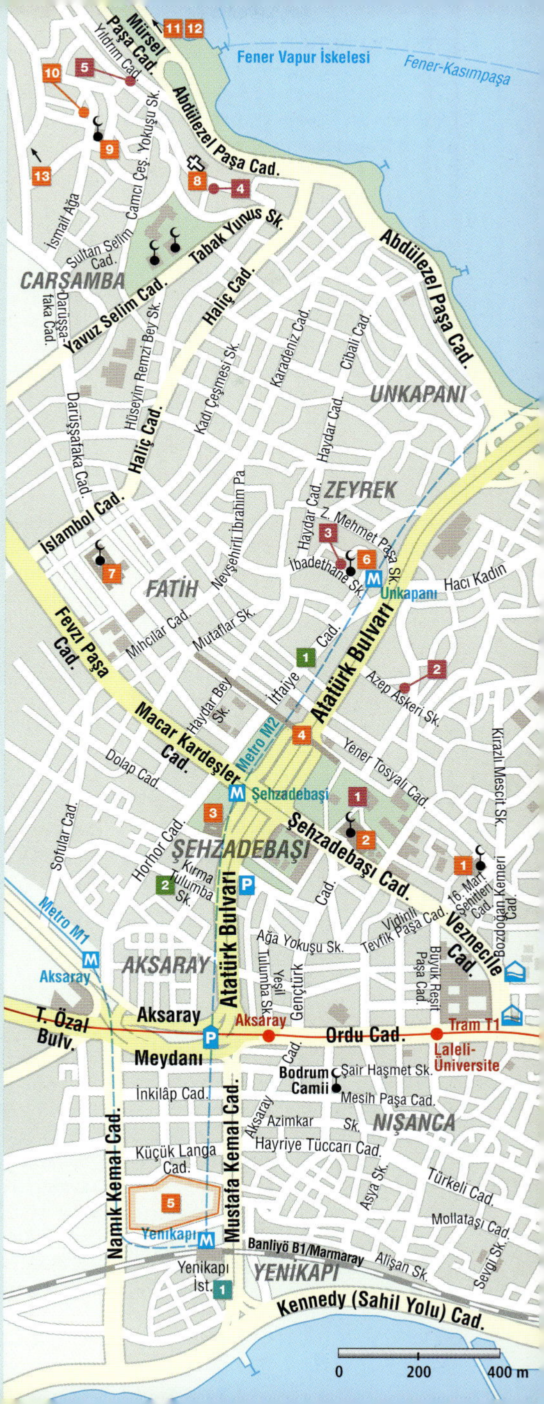

gen im Archäologischen Museum (s. S. 136). Zwei der reich ornamentierten Pfeiler mit Kapitellen sind übrigens bei der Plünderung der Stadt durch den Vierten Kreuzzug nach Venedig entführt worden, wo sie heute als Pilastri Acritani vor San Marco stehen.

Bozdoğan Kemeri (Valens-Aquädukt) 4

Westlich der Şehzade Camii überbrückt der fast 1 km lange Valens-Aquädukt (türk. Bozdoğan Kemeri = Bogen des Grauen Falken) das Tal zwischen dem dritten und vierten Stadthügel. Kaiser Valens ließ ihn als Verlängerung einer unterirdischen Leitung, die Wasser von außerhalb des Stadtgebietes heranführte, in den Jahren 368–373 errichten. Das Wasser floss in zwei Kanälen über eine zum Teil zweigeschossige Bogenarchitektur mit einem Gefälle von 1 : 1000 in eine große Brunnenanlage am Forum Tauri beim heutigen Universitätsplatz, von wo es zu Brunnen und Badehäusern weitergeleitet wurde.

Der aus grob gehauenen Quadern errichtete Aquädukt hatte bis zu 29 m Höhe. Wegen erheblicher Erdbebenschäden ließ Mehmet II. das Versorgungsnetz überholen. Der Aquädukt belieferte nunmehr hauptsächlich den Privatpalast (Eski Saray) und den Topkapı-Palast mit Trinkwasser.

Zur Fatih Camii

Zeyrek Camii (Pantokrator-Kloster) 6

Tram T1 Laleli-Üniversite, nur nach den Gebetszeiten in Begleitung des Imam zu besichtigen, Bakschisch, bei Redaktionsschluss wegen Renovierung geschl., s. S. 60

Dem Atatürk Bulvarı in Richtung Goldenes Horn folgend, erhebt sich zur Linken, am Abhang des vierten Hügels durch hohe Stützmauern deutlich erkennbar, die Zeyrek Camii, das byzantinische Pantokrator-Kloster.

Gestiftet von Kaiser Johannes II. Komnenos (reg. 1118–43) und seiner Frau Eirene-Piroska, Tochter des Ungarnkönigs Ladislaus, umfasste die Anlage neben zwei Kirchen, die durch eine Kapelle verbunden sind, mehrere karitative Einrichtungen wie Hospital, Medizinschule, Altersheim, Geisteskrankenasyl sowie Wirtschaftsanlagen. Die Innenausstattung mit Malereien und Mosaiken zog sich bis in die Zeit Kaiser Manuels I. (reg. 1143–80) hin.

Mein Tipp

Der Theodosianische Hafen in Yenikapı 5

Beim Ausbau des Bahnhofs Yenikapı im Zuge des Marmaray-Projekts (s. S. 96) entdeckte man den von Kaiser Theodosius I. ausgebauten Hafen von Konstantinopel. Seit 2004 erforschen Archäologen in drei Schichten Tag und Nacht das Gebiet. Neben den wichtigen Mauerabschnitten kamen auch sensationelle Schiffsfunde zu Tage. Geplant ist nun ein Museum zur Stadtgeschichte, in dem die interessanten Funde ausgestellt, aber auch die Mauerzüge konserviert und die Grabungen als archäologischer Park dem Publikum zugänglich gemacht werden sollen.

Nach der Machtübernahme durch die Kreuzfahrer im Jahr 1204 diente das Kloster den Venezianern als Sammelstelle für die Kunstschätze und Reliquien, die sie aus anderen Kirchen zusammentrugen, um sie von dort in den Westen weiterzuverkaufen: So wurde hier der größte Kunstraub der Geschichte organisiert.

Unter den Palaiologenkaisern gewann das Kloster seine alte Bedeutung zurück. Nach der Eroberung 1453 richtete Mehmet II. Fatih hier bis zur Fertigstellung seines Stiftungskomplexes (Fatih Camii, s. u.) eine Medrese ein. Danach wandelte deren *müderri* (Professor) Zeyrek Molla Mehmet Efendi den Bau in eine Moschee um.

Bis auf die Kirchenbauten und eine Zisterne blieb von den Klosterbauten nichts erhalten. Die dem Pantokrator (Christus als Allesbeherrscher) geweihte **Südkirche** besitzt einen Kreuzkuppelraum über vier Säulen (sie wurden Ende 18./Anfang 19. Jh. durch Pfeiler ersetzt) mit drei Apsiden, dem ein zweigeschossiger Narthex vorgelagert ist. Dieser war auf beiden Seiten mit Arkosolien (Grabnischen) ausgestattet. Nach dem Tod von Eirene-Piroska ließ Johannes II. die etwas kleinere, der Theotokos Eleousa geweihte **Nordkirche** mit gleichem Grundriss errichten. Der Narthex wurde über die ganze Breite verlängert und ein zweiter vor die Südkirche gesetzt.

Die **Grabkapelle,** das Heroon, mit zwei ungleichen Kuppeln fand zwischen den beiden Kirchen Platz. Ihre Seitenwände wurden durch Bogen geöffnet. Die Nordkirche war dem Erzengel Michael geweiht und enthielt u. a. die Grabstätten von Eirene-Piroska († 1124), Johannes II. († 1143), Eirene (Bertha von Sulzbach, † 1158), Gemahlin Manuels I. und Schwägerin des deutschen Kaisers Konrad III., Manuel I. († 1180), Manuel II. († 1425) und Johannes VIII. († 1448). Der schwarze Marmorsarkophag Kaiser Manuels I. soll nahe einer roten Steinplatte gestanden haben, die als Salbstein Christi verehrt und vom Kaiser als Reliquie aus Ephesos geholt worden war.

Die Innenausstattung der Kirchen ist weitgehend verloren. Reste von Mosaik-Fußboden, marmorner Wandverkleidung und farbigen Glasfenstern lassen jedoch den ursprünglichen Reichtum erahnen. Der Marmorboden der Südkirche zeigte in feiner Einlegearbeit Ornamentfelder mit figürlichen Motiven, wie die Tierkreiszeichen, Jahreszeiten und Taten Salomos (Wegtragen der Stadttore von Gaza, Löwenkampf).

Nebenan ist dass Restaurant **Zeyrekhane** 3 mit einer großen Aussichtsterrasse für eine Pause empfehlenswert (s. S. 211).

Fatih Camii (Moschee Sultan Mehmets II. Fatih) 7

Fatih Cad. 1, Metro M1/Tram T1 Aksaray

Auf dem vierten Hügel der Stadt erhebt sich die Fatih Camii (Moschee des Eroberers), ein in großen Teilen neu errichteter Bau aus dem 18. Jh.

Ursprünglich hatte hier die Apostelkirche Konstantins des Großen gestanden, die unter Justinianus I. neu gebaut worden war und bis ins 11. Jh. als Grablege der byzantinischen Kaiser diente. Zur Zeit der türkischen Eroberung war die Apostelkirche baufällig; ihre Zuweisung als Amtssitz für den Patriarchen stieß nicht nur wegen der hohen Kosten, sondern auch wegen ihrer ungünstigen Lage auf wenig Begeisterung. Der Patriarch zog bereits im Jahr 1456 in das Pammakaristos-Kloster (Fethiye Camii; s. S. 199) um; 1561 wurde die Apostelkirche abgerissen.

Zwei Jahre später beauftragte Mehmet II. Fatih (reg. 1451–81) den Baumeister Atik Sinan (wahrscheinlich ein

Die Fatih Camii, Moschee des Eroberers Mehmet

konvertierter Grieche namens Christodoulos, also nicht mit dem Sinan des 16. Jh. zu verwechseln) mit der Errichtung eines großen Stiftungskomplexes. Beschädigungen durch Erdbeben brachten die Moschee 1766 zum Einsturz. Mustafa III. (reg. 1757–74) ließ an ihre Stelle den heutigen barockisierenden Bau setzen. Dieser kopiert mit seiner Hauptkuppel, um die vier Halbkuppeln gruppiert sind, an die wiederum jeweils zwei bzw. drei Wölbungen anschließen, weitgehend die Sultan Ahmet Camii.

Der **Stiftungskomplex** Mehmet Fatihs erstreckte sich über ein ca. 11 ha großes Gebiet. Die Moschee mit Vorhof und Türbengarten war an beiden Längsseiten von je zweimal vier Medresen flankiert; die äußeren acht fielen im 20. Jh. Sanierungsarbeiten zum Opfer. Die Medresen im üblichen Hoftypus mit *dershane* (Vortragssaal) an einer Schmalseite boten Wohnraum für bis zu 1000 Studenten und waren praktisch Vorgänger der Istanbuler Universität. Die besten islamischen

Lehrer integrierten hier die byzantinischen Wissenschaften in ihre Lehre.

Südlich der Umfassungsmauer liegen das *tabhane,* Reste des *imaret* und die Substruktionen der Karawanserei. Das *darüşşifa* (Hospital) im Südosten ist nach dem Erdbeben von 1766 nicht wieder aufgebaut worden. Von der Moschee sind lediglich der achteckige *şadırvan* mit Säulenumgang und spitzem Dach im Vorhof und das Hauptportal aus der Zeit Mehmets erhalten. Die Säulen des Vorhofs aus Rosengranit und Verde antico haben sich als Spolien der Apostelkirche erwiesen.

Nur anhand von Stadtansichten und Beschreibungen des 16./17. Jh. lässt sich das ursprüngliche Gebetshaus rekonstruieren: Die Hauptkuppel schloss demnach mit einer Halbkuppel über der Kiblawand ab. Die Längsseiten trugen jeweils drei kleine Kuppeln.

Die **Türben** für Mehmet II. und seine Gemahlin Gülbahar (Rosenduft, die Mutter Beyazıts II.) im Garten hinter dem Bethaus sind 1782 mit deutlich barockisierenden Zügen neu errichtet worden. Das Grab des Eroberers wird heute noch wie eine Pilgerstätte verehrt. Gülbahar hingegen war der Legende nach eine Tochter des französischen Königs Karl VII., die dem letzten byzantinischen Kaiser Konstantin XII. Dragases versprochen war. Nach der Eroberung kam sie in den Harem von Mehmet II., der ihr sogar die Ausübung des christlichen Glaubens zugestanden haben soll.

Fener

Als Sultan Mehmet II. nach der Eroberung Konstantinopels die Zwangsumsiedlung vieler Völkerschaften zur Neubelebung der Stadt anordnete, ließen sich die Griechen im Stadtteil an der Porta Phanari (Tor des Leuchtturms) am Goldenen Horn nieder. Daher wurden sie später Phanarioten genannt, im Türkischen bekam das Viertel den Namen **Fener.** Noch heute künden die ehemals prachtvollen Häuser des 19. Jh. und das seit 1601 hier ansässige griechisch-orthodoxe Patriarchat von einer Zeit, in der die Griechen einen wohlhabenden und sehr einflussreichen Bevölkerungsteil der Stadt bildeten.

Bei der Republikgründung unter Atatürk erhielten die Grie- ▷ S. 199

Auf Entdeckungstour:
Fener – das griechische Erbe

Die Griechen sind die älteste Bevölkerungsgruppe Istanbuls, das unter dem Namen Byzantion vor knapp 3000 Jahren als griechische Kolonie gegründet wurde. Heute leben nur noch knapp 3000–5000 Griechen in der Stadt, ihr geistlicher Mittelpunkt ist das Patriarchat im Stadtteil Fener.

Anfahrt: Busse 36 CE, 99, 44B ab Eminönü oder Taxi (ca. 3 €) zum Anleger Fener (Fener İskelesi); Fähre ab Eminönü, stdl. ab 7.45, am Wochenende ab 10.45 Uhr.
Rum Ortodoks Patrikhanesi: Dr. Sadık Ahmet Cad. 44, www.patriarchate.org, tgl. 9–17, Kirche Hagios Georgios bis 16.30 Uhr. Gottesdienste Mo–Fr 8, 16.30, Sa 8, 16, So, Fei 8, 9.30, 16 Uhr.
Dauer: ca. 2 –3 Std.
Essen & Trinken: Barba Vasili Restaurant 4, im Troya Balat Hotel, s. S. 211.

Seit der Eroberung Konstantinopels waren die griechischen ebenso wie die armenischen Bewohner über lange Zeit eine geachtete Minderheit. Erst im 20. Jh., vor allem seit der Zypernkrise 1974 und den darauf folgenden Spannungen zwischen Griechen und Türken, ging ihre Zahl drastisch zurück.

Gegenüber der Anlegestelle Fener betritt man durch eine Gasse mit Souvenirläden das Viertel. Auf der Yıldırım Caddesi wendet man sich nach links in die Dr. Sadıt Ahmet Caddesi und steht nach 100 m vor einem durch hohe Mauern abgeschirmten Gebäudekomplex. Hier im **Ökumenischen Patriarchat (Rum Ortodoks Patrikhanesi)** 8 residiert seit 1991 Seine Allheiligkeit Bartholomäus I.

Der orthodoxe Papst

Der 1940 auf der Ägäisinsel Gökçeada (griech. *Imbros*) geborene Patriarch wird zwar von der türkischen Regierung nur als Erzbischof von Istanbul anerkannt, ist aber nach dem Verständnis der gesamten Orthodoxie der Ökumenische Patriarch von Konstantinopel und damit so etwas wie der orthodoxe Papst. Seine bedeutendsten Metropolien befinden sich in Nordgriechenland, auf Kreta und der Inselgruppe Dodekanes. Zum anderen steht Bartholomäus I. allen autokephalen (d. h. selbstbestimmten) orthodoxen Christen symbolisch vor – von Finnland bis Australien, von Kanada bis Mexiko.

Da Konstantinopel seit den Zeiten des byzantinischen Kaiserreichs das führende orthodoxe Patriarchat ist, gilt Batholomäus als *pater inter pares,* als erster unter den gleichen Erzbischöfen und Kirchenführern der Orthodoxie. Im Gegensatz zu vielen seiner Kollegen ist er ein aufgeschlossener, liberaler Mann, der nicht nur den Ausgleich mit anderen Religionen sucht, sondern sich auch als ›grüner‹, ökologisch engagierter Bischof einen Namen gemacht hat.

Goldblitzende Ikonostase

Man betritt das Patriarchat durch eine hohe Pforte und landet direkt auf dem großen Vorplatz. Die linke Hofseite bildet die Fassade der Kirche Hagios Georgios. Im Vergleich mit der Hagia Sophia, der früheren Hauptkirche der Orthodoxie, ist die dem heiligen Georg geweihte heutige, 1720 errichtete Patriarchatskirche der Istanbuler Griechen nur ein bescheidener Bau. 1720 wurde sie im architektonischen Stil einer dreischiffigen frühchristlichen Basilika errichtet. Die umliegenden Wohn- und Verwaltungsgebäude mit Bibliothek stammen weitgehend aus dem 20. Jh.

Man betritt zunächst den Narthex, den Vorraum des Hauptschiffes. In großen sandgefüllten Kästen kann man Kerzen als Lichtgebet aufstellen. Drei Tore führen in die eigentliche Kirche, das mittlere große Tor ins Hauptschiff und die beiden kleineren Tore in die Seitenschiffe. Neben Heiligenreliquien im rechten Seitenschiff ist im Inneren der Kirche vor allem der aus spätbyzantinischer Zeit stammende prachtvolle Thron des Patriarchen sehenswert.

Was orthodoxe Kirchen am auffälligsten von katholischen oder protestantischen Gotteshäusern unterscheidet, ist die Ikonostase, eine große, mit Ikonen geschmückte Wand, die den Altarraum von der übrigen Kirche abtrennt. Die Ikonostase der Patriarchatskirche ist prächtig vergoldet und mit wertvollen Heiligenbildern bestückt; so zeigt sie zumindest im Inneren noch etwas vom alten Glanz der Konstantinopler Griechen.

Auch der vergoldete Doppeladler auf der Pforte, die durch die Ikonastase in den Altarraum führt, erinnert an bessere Zeiten: Es ist das Wappen der byzantinischen Kaiser. Obwohl orthodoxe Gottesdienste sich über Stunden hinziehen, wird hier Gott im Stehen verehrt. Statt der Kirchenbänke gibt es nur einige hochbeinige Stühle, in die die Gläubigen sich aber eher hineinlehnen, als sich zu setzen. Dafür ist der Ablauf des Gottesdienstes nicht so streng. Man kann durchaus die Kirche zwischendurch einmal verlassen und später wieder kommen. Die meisten Griechen machen das so.

Griechisches Gymnasium

Nach Verlassen des Patriarchats folgen Sie der Yıldırım Caddesi weiter parallel zur Uferstraße, bis Sie an der Akçin Sokak links ins Viertel einbiegen. Hier überqueren Sie die Vodina, die Hauptgasse von Fener, und steigen steil den Hügel hoch. Schon von Weitem erkennt man auf dem Hügel einen riesigen roten Backsteinbau: die **Fener Rum Erkek Lisesi** 9 (Sancaktar Ykş. 36), die größte griechische Jungenschule Istanbuls. Von den einst über 1000 Schülern sind nur noch knapp 100 geblieben, die den Riesenbau nur zu einem kleinen Teil auslasten. Wir folgen der Straße am unteren Schultor vorbei weiter nach oben (die Schule liegt auf der rechten Seite) und biegen dann in die erste Gasse rechts ein, um wenig später den ganzen Bau von oben betrachten zu können.

Über die Tevkii Cafer Mektebi Sokak geht es dann den Hügel wieder hinab. Nach ca. 100 m taucht links ein ummauertes Areal auf, aus dem eine kleine rot gestrichene Kirchenkuppel herausragt. Die **Meryem Ana Rum Kilisesi** 10 (Fırketeci Sk. 5), der Mutter Maria gewidmet, ist die älteste griechische Kirche. Seit byzantinischen Zeiten wird sie trotz Eroberung, Vertreibung und Krieg unverändert als solche genutzt. Die heutige Gemeinde ist klein, weswegen die Kirche unter der Woche oft verschlossen ist. Man kann jedoch klingeln und erreicht dann meist den Küster, der eine Besichtigung ermöglicht.

Ein gesegnetes Wässerchen

Die Kirche, die die Istanbuler Griechen und auch viele Besucher aus der orthodoxen Welt jedoch am liebsten besuchen, liegt ungefähr 20 Gehminuten vom Gymnasium und Patriarchat entfernt. Über die Vodina Caddesi und die Hızır Çavuş Köprübaşı Sokak, dann über die Makheme Altı Caddesi und zum Schluss über die Mustafapaşa Bostanı Sokak durchqueren Sie das Viertel, das nach der Vertreibung der ursprünglichen griechischen und jüdischen Bevölkerung nun ziemlich heruntergekommen erscheint. Schließlich führt links die Ayvansaray Kuyusu Sokak wiederum ins Viertel hinein.

Nach 100 m laufen Sie direkt auf das Tor einer Kirche, der **Panayia Vlaherna Rum Kilisesi** 11 zu. Durch das Tor geht es in einen großen Garten, an dessen Ende die Kapelle steht. Sie ist über einer heiligen Quelle gebaut worden und heute ein orthodoxer Wallfahrtsort, zu dem an jedem Freitag ebenso wie an Feiertagen viele Gläubige pilgern, um das gesegnete Wasser zu trinken oder sich ein Fläschchen abzufüllen. Auch nicht-orthodoxe Besucher dürfen sich gerne etwas abzapfen.

chen Istanbuls durch den Lausanner Vertrag 1923 Bleiberecht, doch aufgrund von staatlichen Repressionen und Furcht vor Pogromen sind sie in den letzten Jahrzehnten seit Beginn der Zypernkrise bis auf wenige Tausend abgewandert. Fener, wie auch die anderen Stadtteile entlang der Landmauer, ist zunehmend ein Wohnviertel zugewanderter Bauernfamilien geworden, die aufgrund der anhaltenden Landflucht in der Türkei zu Millionen aus ganz Anatolien kommen.

Das nördlich anschließende **Balat** war einst das Judenviertel Istanbuls. Hier ließen sich die 1492 aus Spanien vertriebenen und von Sultan Beyazıt II. freundlich aufgenommenen Juden nieder und sorgten für Aufschwung in Handwerk und Handel. Außer vereinzelten Familien und einigen Synagogen erinnert nichts mehr an ihre jahrhundertelange Vorherrschaft im Stadtteil. Die Istanbuler Juden sind, soweit nicht nach Israel ausgewandert, in das moderne Viertel Şişli nördlich vom Taksim-Platz umgezogen.

Fener – das griechische Erbe

8 –11

s. Entdeckungstour S. 196

Bulgar Kilisesi (Bulgarische St. Stephanskirche) 12

Mürsel Paşa Cad. 85, Bus/Fähre Fener tgl. 8–17 Uhr, Eintritt frei

Die bulgarische Kirche des hl. Stephan ist eine der wenigen noch erhaltenen Kirchen, die in vorgefertigten Teilen ganz aus Eisen konstruiert ist. Diese Bauweise war im 19. Jh. bei Briten und Franzosen beliebt, die entsprechende Bausatz-Kirchen in ihren Kolonien errichten ließen. Die bulgarische Minderheit, die unter osmanischer Herrschaft in der Stadt lebte, nutzte vorerst für ihre Gottesdienste die Kirche des griechisch-orthodoxen Patriarchats. Im 19. Jh. wurde ihnen aber erlaubt, eine eigene nationale Kirche zu errichten. So weihte man 1849 ein hölzernes Gotteshaus. In ihm verlas man gut 20 Jahre später, am 28. Februar 1870, das osmanische Dekret zur Gründung eines bulgarischen Exarchates.

Nachdem die hölzerne Kirche in Flammen aufgegangen war, plante der armenische Architekt Housep Aznavur einen eisernen Bau mit neugotischen und neubarocken Elementen. Sie wurde von der österreichischen Firma R. Ph. Waagner in gusseisernen Fertigteilen vorfabriziert. Schiffe brachten die je 500 Tonnen schweren Teile von Wien über die Donau und das Schwarze Meer bis nach Istanbul. Dort benötigte man noch weitere eineinhalb Jahre für die Auf- und Fertigstellung der Kirche, bis sie am 8. September 1898 durch den bulgarischen Exarchen Joseph geweiht werden konnte.

Über einem **Stahlskelett** sind beidseitig eiserne Platten befestigt. Die dreischiffige Kirche ist mit dem Altar zum Goldenen Horn hin ausgerichtet. Bei der inneren Bemalung meint man, dass die Wände zum Teil doch mit Marmorplatten verkleidet wären. Erst wenn man dagegen klopft, erweist sich, es ist alles aus Eisen. Im gepflegten **Garten** liegen die Metropoliten der bulgarisch-orthodoxen Kirche Istanbuls begraben. İskelesi

Fethiye Camii (Pammakaristos-Kirche) 13

Fethiye Cad., Fethiye Kapısı Sk., Bus/ Fähre Fener, Do–Di 9–16.30 Uhr, 5 TL, s. S. 59

Auf dem Nordhang des fünften Hügels liegt die ehemalige Pammakaristos-Klosterkirche, die heutige Fethiye Camii. Erst 130 Jahre nach Eroberung der Stadt übertrug Sultan Murat III. 1591 die ehemalige Kirche der islamischen Religion. Aus Dankbarkeit über die gerade errungenen Siege in Georgien und Aserbeidschan erhielt sie den Namen Fethiye Camii (Eroberungsmoschee).

Die Gründung des byzantinischen Klosters geht auf Johannes II. Komnenos zu Anfang des 12. Jh. zurück. Ende des 13. Jh. unterstand das Kloster Michael Doukas Glabas Tarchaneiotes, der dem Kaiser als hoher Beamter bei Hofe diente und sich durch militärische Erfolge auszeichnete. Von den zu seiner Zeit errichteten Klosteranbauten ist heute nichts mehr vorhanden. Nach Glabas' Tod im Jahr 1315 stiftete seine Witwe Maria Dukaina ihm zu Ehren eine Grabkapelle, das Parekklesion; die Kapelle wurde an der Südseite der Kirche angebaut. Wenige Jahre später folgten die südliche und nördliche Halle und der Exonarthex.

Nach der Eroberung war das Kloster für fast 150 Jahre (bis 1591) Residenz des orthodoxen Patriarchen. Nach Umwandlung in eine Moschee ersetzte die Mihrabnische aus zwei spitz zulaufenden Wänden mit Kuppeldach das Bema der Kirche; an die Südwestecke wurde ein Minarett gestellt.

Die einstige Klosterkirche dient noch immer als Moschee, nur das **Parekklesion** mit seiner reichen Ausstattung wurde nach den Restaurierungsarbeiten in den 1950er-Jahren zu einem **Museum** umgewidmet. Es hat die Gestalt einer kleinen Kreuzkuppelkirche mit vorgelagertem Narthex. Über diesem erhebt sich eine Frauenempore mit zwei Kuppeltürmchen.

Die ornamenthafte Verwendung von roten Ziegeln und grauen Hausteinen setzt sich in der plastischen Gestaltung der Wände fort. Ein scharf profiliertes Marmorgesims trennt die Sockelzone von den beiden oberen Geschossen. An der Südseite sind hier noch Reste eines **Epigramms** des byzantinischen Dichters Manuel Philes (1275–1346) erhalten, das den Bau als Grabkapelle für Michael Glabas ausweist.

Im **Inneren** ruht die Hauptkuppel auf vier **Säulen,** von denen zwei schöne Blattkapitelle aufweisen. Die untere **Wandzone** ist mit Marmorplatten verkleidet, die obere trägt Mosaikschmuck. Dieser ist leider nicht mehr vollständig erhalten, zählt aber zu den wichtigen Zeugnissen der palaiologischen Kunst Konstantinopels. Die **Hauptkuppel** zeigt ein Medaillon des von zwölf Propheten umgebenen Pantokrators. Maria und Johannes der Täufer wenden sich dem in der Apsis thronenden Christus zu. Mosaiken mit den Darstellungen der vier Erzengel Michael, Raphael, Gabriel und Uriel schmücken die Kreuzgewölbe darüber. Kirchenlehrer, Patriarchen und Bischöfe sind in den Eckfeldern zu sehen, und die Taufe Christi im Jordan erscheint an einer Seitenwand. Die Außenwände des inneren Narthex schmückten Fresken, die sich auf das Leben Marias bezogen.

Chora-Kloster !

Kariye Camii Müzesi 14

Kariye Camii Sk. 26, www.choramuseum.com, Tram T4 Edirnekapı, 15. April–Sept. 9–19, Okt.–15. 14. April 9–17 Uhr, letzter Einlass 1 Std. früher, 15 TL, s. S. 59

Auf der Anhöhe des sechsten Stadthügels, kurz vor der Landmauer, liegt das schön restaurierte Viertel um die Kariye Camii mit alttürkischen Cafés und Holzhäusern.

Das Chora-Kloster gehört neben der Hagia Sophia zu den bedeutendsten byzantinischen Relikten der Stadt. Seine reiche Mosaik- und Freskenausstattung ist nach Umwandlung in eine Moschee Ende des 15. Jh. mit Holztafeln und Tünche verdeckt und somit bis in heutige Zeit bewahrt worden. 1948/49 begann das Byzantine Institute der Universität Boston mit der Freilegung und Konservierung des Wandschmucks. Seitdem ist die Kariye Camii ein Museum.

Das Gründungsdatum des Klosters ist bis heute unklar. Ende des 11. Jh. stiftete Maria Dukaina, die Schwiegermutter des Kaisers Alexios I. Komnenos, eine neue Kirche auf dem Klostergebiet. Im 12. Jh. wurde sie umgebaut und mit Mosaiken ausgestattet. Seine letzte Blütezeit erlebte das Kloster im 14. Jh., als Theodoros Metochites (1270–1332) die ganze Kirche umbauen und mit Marmorplatten, Mosaiken und Malereien völlig neu ausschmücken ließ. Nach seiner Stifterinschrift am Kuppelgesims im Kirchenraum muss sie im Jahr 1321 fertiggestellt worden sein. Metochites, Rhetoriker und Philosoph, war Großlogothet und damit direkter Vertreter des Kaisers. Er vermachte dem Kloster seine große Bibliothek, die bedeutendste der Stadt, und lebte dort die letzten Jahre vor seinem Tod als Mönch. Ende des 15. Jh. wandelte der Großwesir Ali Paşa unter Sultan Beyazıt II. die Kirche in eine Moschee um.

Der Kirchenbau in seiner heutigen Gestalt geht weitgehend auf die Veränderungen unter Metochites im 14. Jh. zurück, der kreuzförmige **Naos** mit breiter Apsis stammt allerdings noch aus der Zeit Isaak Komnenos'. Links und rechts der Apsis liegen zwei überkuppelte kleine Räume mit Apsidiolen. Der zweigeschossige **Nordflügel** ist vom inneren Narthex aus zugänglich. Im Süden ließ Metochites ein **Parekklesion** anbauen, dem ein äußerer **Narthex** vorgelagert ist, der sich L-förmig um die Front der Kirche zieht.

Fünf unterschiedlich große **Kuppeln** auf hohem Tambour mit Fenstern in Blendbogennischen erheben sich über den einzelnen Räumen des Gebäudes. Regelmäßige Ziegelschichten durchziehen die **Außenwände,** die ebenfalls von Blendnischen schmückend gegliedert werden.

Der **Bilderschmuck** des Klosters gehört zu den Meisterwerken der palaiologischen Renaissance, und er steht in nichts den großartigen Mosaiken von San Marco in Venedig oder Monreale auf Sizilien nach. Leider wurden die Künstler nicht genannt, aber aufgrund technischer und stilistischer Unterschiede muss man von einer größeren Werkstattgemeinschaft ausgehen. Die Bilder verehren gleichermaßen Christus und Maria. Über dem Eingang, in den Bogenfeldern des Exonarthex, erscheinen auch der Pantokrator und die betende Maria mit den Beischriften »Jesus Christus, Heimstatt der Lebenden« und »Muttergottes, Heimstatt des Unfassbaren« (von dem für Heimstatt verwendeten Wort *chora* leitet sich übrigens der Klostername ab). In

Mein Tipp

Klassisch osmanische Küche am Chora-Kloster

Direkt neben dem Chora-Kloster bietet das **Asitane** im Kariye Hotel gute türkische Küche in stilvoller Atmosphäre. Das Hotel befindet sich in einem renovierten osmanischen Holzhaus. Viele Rezepte stammen aus der kaiserlichen Palastküche der Osmanen. Gelegentlich finden Sonderveranstaltungen zu kulinarischen Themen statt (wie z. B. Fischgerichte des 15. Jh.). Mit Restaurantgarten und klassischer türkischer Musik, abends auch Livemusik. Reservieren!

Asitane Restaurant 6: Fatih, Kariye Camii Sk. 6, Tel. 0212 635 79 97, www.asitanerestaurant.com, Tram T4 Edirnekapı, tgl. 12–14, 19–23 Uhr, Hauptgerichte ab 9 €.

diesen Beischriften wird das Programm des Mosaikschmucks vorweggenommen: die Menschwerdung Gottes.

Im Bogenfeld des inneren Narthex ist das **Stiftermosaik des Theodoros Metochites** angebracht. Der kniende Logothet mit einer für den Berufsstand typischen, turbanartigen Kopfbedeckung überreicht Christus ein Modell seiner Kirche. Rechts und links stehen in eigenen Mosaikfeldern die Apostel Petrus und Paulus.

An der Ostwand des südlichen Kuppelraumes im inneren Narthex befand sich das größte Mosaik der Kirche mit der **Deesis.** Leider sind nur noch die Köpfe mit einem Teil des Körpers erhalten: Maria nähert sich fürbittend dem Jesus Chalkites (ein ikonografischer Typus, benannt nach einer berühmten Darstellung über dem Hauptportal zum Kaiserpalast). Zu ihren Füßen erscheinen zwei Stifter, die sich ebenfalls im Gestus der Fürbitte an Christus wenden. Es sind Isaak Komnenos, der Anfang des 12. Jh. die Renovierung des Klosters veranlasste, und die Nonne Melane, Maria Palaiologos, eine Schwester oder Tochter des Kaisers Andronikos II.

Im Mittelfeld der Kuppel erscheint **Jesus Christus als thronender Pantokrator** (Allesbeherrscher). In 24 Sektoren umgeben ihn seine Vorfahren von Adam bis Jakob. Im nördlichen Kuppelpendant des inneren Narthex ist **Maria mit dem Jesuskind** dargestellt. Diesmal erscheinen in nur 16 Sektoren David und die folgenden alttestamentlichen Könige. Unterhalb der Kuppel beginnt ein Zyklus mit **Szenen aus dem Leben Marias,** die sich über die ersten drei Joche des inneren Narthex hinziehen. Im Exonarthex werden **Begebenheiten aus dem Leben Christi** ins Bild gefasst.

Einzigartige byzantinische Mosaiken im Narthex Chora-Kirche

Der Mosaikschmuck im Hauptraum ist weitgehend zerstört. Nur Darstellungen von **Maria und Christus** in den östlichen Ecken des Naos und ein von bunter Marmortäfelung eingerahmtes **Marientod-Mosaik** über dem Eingang sind erhalten. Das Thema dieses Raumes umfasste einen Festbildzyklus.

Das Parekklesion ist mit hervorragenden **Fresken,** die in der oberen Zone Themen wie die Auferstehung und das Jüngste Gericht, in der unteren Zone Heilige und Märtyrer aufnehmen, ausgestattet. In den vier Wandnischen rechts und links des Gangs waren Sarkophage eingestellt und die Nischen selbst mit Malereien und teils mit Mosaiken ausgestattet.

An der Landmauer

Die gewaltige Mauer, vor der die Ostgoten und Attilas Hunnen, aber auch Bulgaren, Tartaren und Araber scheiterten, zählt zu den bedeutendsten Zeugnissen des byzantinischen Konstantinopel. Mit der Tramvay kann man einfach und günstig dorthin gelangen (s. Entdeckungstour S. 206).

Mihrimah Camii 15

Tram T4 Edirnekapı

Fast direkt an der Landmauer erhebt sich weithin sichtbar die Mihrimah Camii. Den Komplex, der aus Moschee, Medrese, *mektep* (Grundschule) und einem Hamam besteht, stiftete Prinzessin Mihrimah, Tochter Süleymans des Prächtigen und Gemahlin des Großwesirs Rüstem Paşa, in den 1550er-Jahren. Wieder war es Baumeister Sinan, der diese monumentale Einkuppelmoschee errichtete, und zwar an der Stelle einer älteren Kirche.

Die fast 20 m weite **Kuppel** mit 37 m Scheitelhöhe ruht direkt auf den Außenwänden, die an den Ecken durch kuppelbekrönte Turmpfeiler verstärkt werden. Den Kuppeltambour bildet ähnlich wie bei der Hagia Sophia ein Fensterkranz zwischen Pfeilern. Auch die hohen **Schildwände** sind reich mit Fenstern ausgestattet, sodass viel Licht den Innenraum durchflutet – dies gab dem Bau den Beinamen Moschee der 1000 Fenster. Die seitlichen Schildwände ruhen auf jeweils zwei monolithischen Säulen. Hier erweitern zwei Seitenschiffe, die mit je drei kleineren Kuppeln überdeckt sind, den Betraum. Die hohe **Vorhalle** wird durch überkuppelte Seitenpassagen optisch mit den tiefer liegenden Hallen des Vorhofes und den Studentenwohnungen verbunden.

Nach Beschädigungen durch Erdbeben im 18. und 19. Jh. wurde die Moschee renoviert, wobei das Minarett wieder aufgebaut und der Innenraum neu ausgestattet wurde. Moschee und Medrese standen zur Straße hin auf einer mit überwölbten Läden erhöhten Terrasse. Ein großer Teil dieser Läden wurde bei Straßenbauarbeiten im 20. Jh. abgerissen, sodass der Gesamteindruck des Komplexes seither stark verändert ist.

Tekfur Sarayı (Porphyrogennetos-Palast) 16

Derzeit nur von außen zu besichtigen; Tram T4 Edirnekapı

Am Nordende der Theodosianischen Landmauer erhebt sich die eindrucksvolle Ruine eines byzantinischen Palasts, die den bedeutendsten erhaltenen weltlichen Bau aus dem kaiserlichen Konstantinopel darstellt. Der Bau steht im Winkel zwischen Theodosius-Mauer und der zum Goldenen Horn abfallenden Blachernenmauer und wird als Porphyrogennetos-Palast (nach einem Palaiologen-Prinzen) oder türkisch Tekfur Sarayı (Kaiserpalast) bezeichnet.

Ein langer **Hof,** geschützt durch die beidseitigen Mauerzüge, erstreckt sich vor dem Palast und bietet durch zwei Doppelarkaden Zugang in das Gebäude. Die Zwischendecken des dreigeschossigen Baus fehlen, aber die in den Wänden sichtbaren Ansätze von Kuppelrundungen besagen, dass das **Erdgeschoss** mit Kuppeln auf sechs Stützen überwölbt war, während die **Obergeschosse** flache Balkendecken hatten. Bekrönt war der Palast, wie auf alten Stadtansichten zu sehen ist, mit einem **Satteldach.** Die **Hoffassade** ist mit zwei Reihen von fünf bzw. sieben großen Fenstern gegliedert. Die zur Stadt gewandte Seite trägt nur eine Fensterreihe im Obergeschoss mit einem kleinen vorkragenden Balkon.

Ruine des Blachernenpalasts beim Eğrikapı 17

Der Tekfur Sarayı stand mit dem Blachernenpalast in Verbindung, der mittelalterlichen Kaiserresidenz, die seit dem 11. Jh. ins nördlich gelegene Blachernenviertel verlagert worden war. Seit Mitte des 5. Jh. waren dort um eine berühmte Marienkirche, in der das Kleid Mariens aufbewahrt wurde, kaiserliche Wohnbauten entstanden. Schon während des Arabersturms im 8. Jh. zogen sich die Kaiser hierher zurück, denn die antiken Paläste lagen direkt im Angriffsbereich der arabischen Flotten.

Alexios I. Komnenos (reg. 1081–1118) begann Ende des 11. Jh. mit dem Ausbau des Palasts. Nach 1204 residierten die lateinischen Kaiser in den Bauten, danach die Palaiologen, die umfangreiche Erneuerungen unternahmen. Bei der Eroberung durch die Türken wurde die Residenz geplündert. Heute sind nur noch wenige Mauern erhalten, die ohne Nachgrabungen kein einheitliches Bild der Palastanlage ermöglichen. Die reiche Verwendung von ▷ S. 209

Die Landmauer

Sehenswert

1 – 13 s. Cityplan S. 191
14 Kariye Camii Müzesi (Chora-Klosterkirche)
15 Mihrimah Camii (Moschee der Prinzessin Mihrimah)
16 Tekfur Sarayı (Porphyrogennetos-Palast)
17 Ruine des Blachernenpalasts am Eğrikapı
18 Panorama 1453 Müzesi
19 Topkapı
20 Edirnekapı
21 Yedikule Hisarı
22 Mermer Kule (Marmorturm)

Essen & Trinken

1 – 5 s. Cityplan S. 191
6 Asitane Restaurant
7 Develi

Einkaufen

s. Cityplan S. 191

Abends & Nachts

s. Cityplan S. 191

Entdeckungstour s. S. 206

Auf Entdeckungstour: Die Theodosianische Landmauer

Über 1000 Jahre wehrte die unter Kaiser Theodosius II. errichtete Landmauer alle Angreifer ab, bis im 15. Jh. Mehmet II. Fatih das Bollwerk des christlichen Abendlandes erstürmte.

Cityplan: S. 205
Anfahrt: Mit der Tram T1 von Eminönü oder Sultanahmet bis Topkapı. Zurück via Edirnekapı (Tram T4) zur Metrostation Ulubatlı, von dort mit der M1 in die Altstadt.
Dauer: etwa 3 Std.
Panorama 1453 Tarih Müzesi: Topkapı Kültür Parkı Merkez Efendi Mh., www.panoramikmuze.com, tgl. 9–18.30/19 Uhr, 10 TL

Mit der Tramvay durchquert man auf dem Turgut Özal Bulvarı eines der berühmtesten Bauwerke des Antike. Die Landmauer Konstantinopels ließ Kaiser Theodosius II. (reg. 408–450) auf der gesamten Inlandseite der Stadt errichten. Sie zog sich etwa 1,5 km westlich der konstantinischen Stadtmauer über eine Länge von 5,7 km vom Marmarameer bis zur bereits bestehenden Festungsmauer des Blachernenviertels und sicherte ein neues Wohngebiet von 1300 ha Größe. Zudem ordnete der Kaiser im Jahr 439 auch den Bau der Seemauern am Goldenen Horn und am Marmararmeer an.

Obwohl zahlreiche Erdbeben Schäden verursachten und ständige Reparaturen nötig waren, trotzte diese Befestigungsanlage über ein Jahrtausend lang den häufigen Angriffen auf das byzantinische Konstantinopel.

Die Eroberung Konstantinopels

An der Station Topkapı verlassen wir die Tramvay. Südlich liegt – eingebettet in eine schöne Grünanlage – das Anfang 2009 eröffnete Geschichtsmuseum **Panorama 1453** 18. Die entscheidende Schlacht am 29. Mai 1453 ist hier in einem 3000 m^2 großen Panoramabild festgehalten (s. Bild links). Bis in alle Einzelheiten sind Tausende von osmanischen und byzantinischen Soldaten beim erbitterten Kampf um die Stadt wiedergegeben. Sultan Mehmet hoch zu Ross gibt den Befehl zur Stürmung der Befestigungsanlage, die bereits in weiten Bereichen stark beschädigt ist. Im Vordergrund stehen die riesigen Kanonen, die ein gewisser Urban aus Siebenbürgen im Auftrag des Sultans extra für die Eroberung Konstantinopels gefertigt hatte. Die größte Kanone hatte eine Rohrlänge von über 8 m und einen Durchmesser von etwa 75 cm. Die zugehörigen Kugeln mit ihrer enormen Durchschlagskraft wogen fast 600 kg. In diesem Panoramabild wird deutlich, mit welcher Übermacht an Soldaten zu Fuß und zu Pferde Mehmet II. Fatih den kaum 9000 Verteidigern gegenübertrat.

Zuvor hatte er alle Dörfer im näheren Umland zerstört und 1452 die Sperrfeste Rumeli Hisarı (s. S. 257) errichtet. Damit hatte er den Bosporus unter Kontrolle. Das Goldene Horn, in dem die byzantinische Flotte lag, war durch eine Sperrkette gesichert und für ihn vorerst uneinnehmbar. Nach vergeblichen Angriffen vom Marmarameer her befahl Sultan Mehmet im April 1453, die Armee hinter Pera heimlich über die Hügel ziehen zu lassen und an das obere Ende des Goldenen Horns zu verlegen. Als auch hier Angriffe erfolgten, war Kaiser Konstantin XII. gezwungen, Truppen von der Landmauer abzuziehen, um diesen Mauerabschnitt zu verteidigen. Es half alles nichts: Wenige Wochen später war Konstantinopel erobert, die Stadt wurde drei Tage lang geplündert. Während die einfache Bevölkerung in Scharen aufs Land floh, ließ der Sultan die byzantinischen Adligen, die nicht zum Islam übertreten wollten, köpfen, die Frauen führte er in großer Prozession nach Edirne in seinen Harem.

Mehmet II. Fatih kannte den Nutzen der Landmauer und ließ sie gleich nach der Eroberung wieder instand setzen. Weitere 400 Jahre lang sorgten die Osmanen für ihren Erhalt. Nur durch die Zolltore Topkapı und Edirnekapı war die Wareneinfuhr erlaubt. Hinter der Porta Aurea, am Südende der Mauern, ließ der Sultan die Festung Yedikule errichten (s. S. 209).

Das Festungswerk

Nach dem Besuch des Panorama 1453 Tarih Müzesi bietet die Grünanlage Ruhebänke mit einem schönen Blick auf die Theodosianische Landmauer.

Das Festungswerk bestand aus drei Teilen: der Hauptmauer, der Vormauer und – an gefährdeten Stellen – einem Graben. 96 Türme verstärkten die 4,8 m dicke und 11 m hohe Hauptmauer. Die Vormauer, eine mächtige Kasemattenanlage, wurde im Abstand von 14,5 m errichtet und erreichte eine Höhe von 8 m. Ihre Verstärkungstürme standen auf Mitte versetzt zu denen der Hauptmauer. Vier kleinere und sieben große, beide

Mauerzüge umfassende Toranlagen gewährten neben zahlreichen Pforten, die an den Seiten der Türme zu finden sind, die Ein- und Ausfahrt. Das bedeutendste Stadttor war die Porta Aurea (s. S. 209). Durch ihren mittleren Durchgang zu reiten war allein dem Kaiser als Triumphator nach einem Sieg gestattet.

Die noch aufrecht stehenden Mauerzüge theodosianischer Zeit sind sorgfältig aus Kleinquadermauerwerk mit fünfschichtigen Ziegelbändern errichtet. Der Graben war 12–15 m von der Vormauer entfernt in den Fels eingetieft. Bei einem Angriff konnte er in kurzer Zeit mit Wasser gefüllt werden. Heute sichtbare Reste des Grabens mit beidseitiger Mauereinfassung stammen jedoch aus späterer Zeit.

Entlang der Mauer

Nördlich des Turgut Özal Bulvarı (Millet Caddesi) kann man an der Außenseite der Mauer (durch die stark befahrene Straße leider etwas laut) oder besser auf der Sulukule Caddesi im Inneren der theodosianischen Stadt ein Stück an der Befestigungsanlage entlanggehen.

Zwischen Turgut Özal Bulvarı und Adnan Menderes Bulvarı vermutete man einst das Romanos-Tor, das beim Generalangriff am 29. Mai 1453 fast vollständig zerstört wurde. In älteren Quellen wird es als das heutige **Topkapı** 19 (Kanonentor) identifiziert, jedoch wurde 2003 eine Bauinschrift entdeckt, die das sogenannte 4. Nebentor weiter Richtung Mevlanakapı als Ort des Romanos-Tores nahelegt. Hier kam die berüchtigte Riesenkanone des Urban zum Einsatz, hier soll auch morgens gegen 5.30 Uhr der erste Durchbruch der Janitscharen in die Stadt erfolgt sein. Anschließend rückten die türkischen Truppen innen an der Mauer entlang vor, um weitere Tore zu öffnen, während die Truppen der Verteidiger sich rasch auflösten. Kaiser Konstantin XII. fiel an der Spitze seiner Leibgarde. Auch Urban überlebte den Tag nicht, er starb bei der Explosion seiner überhitzten Kanone, nachdem der Sultan eine schnellere Schussfrequenz befohlen hatte.

Zum Edirnekapı

Mit der Metro am Adnan Menderes Bulvarı (M1 Ulubatlı) kann man wieder in die Altstadt bis nach Aksaray zurückfahren.

Doch es bieten sich zwei weitere Alternativen an. Entweder nehmen Sie ein Taxi und fahren an der Mauer entlang Richtung Süden bis zur **Yedikule Hisarı** 21 (s. S. 209) oder aber Sie gehen weiter nach Norden in Richtung Goldenes Horn.

An diesem Teilstück der Theodosianischen Landmauer sind die Abschnitte am **Edirnekapı** 20, das Anfang der 1990er-Jahre renoviert wurde, besonders gut erhalten. Früher hieß es Charsus-Tor oder auch Adrianopler Tor. Hier endete die Heerstraße von Edirne, dem alten Adrianopel – vielleicht deshalb stehen in der Umgebung die Türme sehr viel enger als in den südlichen Bereichen der Mauer. Nachdem Sultan Mehmet II. seine Soldaten drei Tage lang die Stadt hatte plündern lassen, ritt er durch dieses Tor in die Stadt ein. Eine Gedenkplakette erinnert jetzt daran.

Nicht weit von hier, zwischen Edirnekapı und **Tekfur Sarayı** 16 (s. S. 204) kann man über eine steile Treppe die Mauer erklimmen und von oben eine herrliche Aussicht über die Häuserdächer bis zum Goldenen Horn genießen.

Ziegelornamenten in den oberen Mauerabschnitten spricht für eine Datierung in die Palaiologenzeit.

Die Theodosianische Landmauer (Teodos II Suru/ Topkapı Surları) 18 – 20

s. Entdeckungstour S. 206

Yedikule Hisarı 21

Yedikule Meydanı Sk. 4, Banliyö B1 Yedikule, tgl. 9–18 .30Uhr, 10 TL, *s. S. 60*

Die Festung Yedikule (Sieben Türme) wurde 1457/58 von Mehmet II. Fatih am Südende der Landmauer unter Einbeziehung der Porta Aurea und eines Teils der Befestigungsanlagen errichtet.

Die **Porta Aurea** (Goldenes Tor) verband die Via Egnatia, die aus Thrakien kommende altrömische Heer- und Handelsstraße, mit der Mese, Konstantinopels Prachtstraße, die beim Augusteion, dem Zentrum der alten Stadt, endete (s. S. 158). Sie besaß als einziges Tor des Festungswerks drei Durchgänge und erhielt ihren Namen nach den vergoldeten Türflügeln, die zum Dank für einen Sieg im Jahr 425 angebracht wurden. Der mittlere und größte Durchgang war dem Kaiser als Triumphtor vorbehalten. Statuen Kaiser Theodosius' II., der Siegesgöttin Nike und eine Elefantenquadriga bekrönten das Goldene Tor. Seitlich standen zwei mit Marmorplatten geschmückte Türme. Das im 13. Jh. ausgebaute Vortor erhielt im 14. Jh., als die Toranlage zu einer kleinen Festung umgestaltet wurde, eine neue Fassade. Wiederverwendete antike Reliefplatten mit mythologischen Szenen, wie den Taten des Herakles (1./2. Jh.), schmückten die seitlichen Wände.

Mit Errichtung der Festung Yedikule wurden die Durchgänge des ehemaligen Triumphtors zugemauert. Zu den vier Türmen der Stadtmauer fügte Mehmet II. drei große Rundtürme auf der Stadtseite hinzu. Im Knick geführte Mauern verbanden sie sternförmig. Die Festung entsprach den neuesten fortifikatorischen Erkenntnissen des 15. Jh. und wurde als Schatzhaus, Archiv und Gefängnis genutzt.

Der **Eingang** befindet sich oberhalb des östlichen Turmes. Von der **Innenbebauung** sind nur die Reste einer Moschee erhalten. Im Turm links des Eingangs sind an den Wänden Graffiti der Häftlinge, unter ihnen auch Gesandte fremder Länder, zu entdecken. Der südliche Turm des Goldenen Tores enthielt die Verliese mit dem Richtblock. Hier wurden neben anderen auch Sultan Osman II. (reg. 1618–22) und sein Großwesir Davut Paşa hingerichtet.

Im Sommer 2013 wurden die **Osmanischen Gärten** vor den Mauern von Yedikule trotz eines Aufschreis der Bevölkerung niedergewalzt. Hier soll eine neue Parkanlage entstehen, die das angrenzende Wohnviertel aufwertet. Schriftlich sind diese Gemüse- und Obstgärten im Bereich der Theodosianischen Landmauer bereits in arabischen Dokumenten von 1733 erwähnt. Der Anbau reicht aber bis in byzantinische Zeit unter Kaiser Theodosius II. zurück. Viele Anwohner verdienten sich bis dahin mit dem hiesigen Anbau und Verkauf von Obst und Gemüse ihren Lebensunterhalt. Die Mauer und der sie begleitende Grünstreifen sind Teil des Unesco-Weltkulturerbes.

Die Seemauern

Zu den Befestigungsanlagen der theodosianischen Zeit gehörte auch eine Mauer entlang dem Goldenen Horn, die teils in spätere Bauten eingebunden, teils der Uferstraße gewichen ist. Man weiß, dass sie 5,4 km lang war und dass noch im 18. Jh. Reparaturarbeiten an ihr durchgeführt wurden.

Mit dem Bau der Seemauer am Marmarameer wurde ebenfalls unter

outline
0216
545
9097

Theodosius II. begonnen, im 8./9. Jh. wurde sie verstärkt. Der 8,5 km lange, 12–15 m hohe Mauerzug hatte 103 Türme und 36 Tore. Im 19. Jh. fielen große Teile dem Bau der Eisenbahnlinie zum Opfer. Einer der wenigen Reste ist der **Mermer Kule** 22 (Marmorturm; Kennedy Cad., Banliyö B1 Yedikule), der einst wohl zu einem kaiserlichen Lustschlösschen gehörte.

Essen & Trinken

In der Koranschule – **Şehzade Mehmed Sofrası** 1: Şehzadebaşı, Saraçhane Parkı, Tel. 0212 536 26 68, Metro M1/Tram T1 Aksaray/Tram T1 Laleli-Üniversite/Bus Şehzadebaşı, tgl. 9.30–23.30 Uhr, Hauptgerichte ab ca 8 €. In den kleinen Zellen und im Hof werden die Gerichte stilvoll nach osmanischer Tradition auf großen runden *tepsi* (Tabletts) dargeboten. Dazu spielt ein osmanisches Orchester. Bei Kaffee und *nargile* lässt es sich hier auch prima entspannen. Reservierung empfohlen; kein Alkohol.

Erfrischend säuerlich: Boza – **Vefa Bozacısı** 2: Şehzadebaşı, Katip Çelebi Cad. 104/1; s. Mein Tipp S. 190.

Tolle Aussicht – **Zeyrekhane** 3: Fatih-Zeyrek, Sinanağa Mah., İbadethane Arkası 10, Tel. 0212 532 27 78, www.zeyrekhane.com, tgl. 10–22 Uhr, 3-Gänge-Menü mit einem Getränk ca. 25 €. Ein Café und Restaurant in stilvoller Umgebung. Auf der einen Seite die byzantinische Pantokratorkirche, auf der anderen die Süleymaniye-Moschee und unter sich eine große Zisterne. Bei gutem Wetter ist die Terrasse zu jeder Jahreszeit ein Genuss. Kein Alkohol.

Vornehmes Griechenhaus – **Barba Vasili Restaurant** 4: Fener, Dr. Sadık Ahmet Cad. 12, im Troya Hotel Balat (s. S. 28), Tel. 0212 531 48 58, www.troyahotelbalat.com, tgl.ab 7.30 Uhr bis spät in die Nacht, Hauptgericht ab 8 €. Wer Calamares mag, kommt hier auf seine Kosten. Sie werden gegrillt, frittiert oder auch in Wein gekocht angeboten.

Mediterrane Küche – **Fener Köşkü** 5: Fener, Abdülezel Paşa Cad. 311, Tel. 0212 621 90 25/26, www.fenerkosku.net, Bus/Fähre Fener, tgl. 10–2 Uhr, 3-Gänge-Menü mit Wein ca. 40 €. Hübsches historisches Griechenhaus zwischen dem Patriarchat und der Bulgar Kilise. Serviert werden türkische und griechische *mezeler* und mediterrane Küche mit Fisch und Fleisch.

Klassisch osmanische Küche – **Asitane Restaurant** 6: Fatih, Kariye Camii Sk. 18; s. Mein Tipp S. 201.

Geheimtipp unter den türkischen Restaurants – **Develi** 7: Samatya, Balıkpazarı, Gümüşyüzük Sk. 7.; s. S. 37.

Noch heute ein mächtiges Bauwerk: die Landmauer des Kaisers Theodosius II.

Einkaufen

Traditionelles Markttreiben – **İtfaiye Caddesi** 1: Fatih, zwischen Valens-Aqädukt und Zeyrek-Moschee, tgl. 10–19 Uhr. Eine Markstraße der Metzger, Gewürzhändler, anatolischen Naturkostläden und Käse- und Wurstverkäufer. Alles so, wie es vor 100 Jahren war: Im konservativen Fatih gehen die Uhren langsamer, was Einblick in die altorientalischen Marktsitten bietet.

Der beliebteste Flohmarkt – **Horhor Bit Pazarı** 2: Aksaray, Kırma Tulumba Sk. 13, Tram T1 Aksaray, tgl. 9–19 Uhr. Auf sechs Stockwerken sind an die 200 Läden ›gestapelt‹. Der Horhor ist der älteste Floh- und Antiquitätenmarkt Istanbuls. Handeln ist hier angesagt. Defekte Stücke werden im Keller meisterhaft repariert.

Abends & Nachts

Bauchtanz – **Gar Müzikhol** 1: Yenikapı, Mustafa Kemal Cad. 3, s. S. 47.

Das Beste auf einen Blick

Beyoğlu

Highlight !

Galata Kulesi: Der Galata-Turm, einst Teil der genuesischen Befestigungsmauer, ist heute das Wahrzeichen von Beyoğlu. Die Aussicht von oben ist fantastisch, ringsum entdeckt man hippe Lädchen. 11 S. 222, 225

İstiklal Caddesi: Die Straße der Unabhängigkeit führt quer durch Beyoğlu und ist ein Gesamtkunstwerk der Belle Époque Istanbuls. Schicke Boutiquen, Marken-Outlets und die verschiedensten Lokale säumen den Weg entlang prachtvoller Jugendstilfassaden. S. 225

Auf Entdeckungstour

İstanbul Modern – zeitgenössische Kunst der Türkei: Das Museum beherbergt eine einzigartige Kunstsammlung. Dort kann man die Entwicklung der türkischen Moderne eindrucksvoll nachvollziehen. 3 S. 218

Die Belle Époque in Beyoğlu: Das heutige Beyoğlu zwischen der Galata-Brücke am Goldenen Horn bis hin zum Taksim-Platz teilte sich im 19. Jh. in Galata und Pera. Vor allem Pera, entlang der İstiklal Caddesi, war im frühen 20. Jh. das mondäne Europäerviertel Konstantinopels. Wir werfen einen Blick auf die architektonischen Spuren der Epoche. S. 228

Kultur & Sehenswertes

500. Yil Vakfı Türk Musevileri Müzesi: Das Museum der türkischen Juden in der ehemaligen Zülfaris-Synagoge informiert über jüdisches Leben in Istanbul. 6 S. 221

Galata Mevlevihanesi Müzesi: Das Museum im Mevlevihane, dem Kloster der Tanzenden Derwische, zeigt Koranschriften und informiert über das Wirken der Derwische. Auch Vorführungen der Tanzzeremonie *(sema)* kann man besuchen. 12 S. 225

Pera Müzesi: Alltägliche Szenen und schöne Stadtansichten vom 17. bis 20. Jh. bewahren das Istanbul osmanischer Zeit. 17 S. 231

Aktiv unterwegs

Dancentrum: Nördlich vom Taksim-Platz kann man bei einer berühmten Tänzerin Bauchtanzkurse belegen. 2 S. 237

Genießen & Atmosphäre

Çukurcuma: Das Viertel der Antiquitätenhändler, inzwischen aber ganz schön teuer! 8 S. 42, 232

Çiçek Pasajı: In der alten Passage fließen heute Bier und Rakı in Strömen. 10 S. 233, 236

Balık Pazarı: Der Fischmarkt an der İstiklal-Straße präsentiert ein reiches Angebot – außer im Sommer während des Fischfangverbots. 9 S. 43, 233

Limonlu Bahçe: Ein nettes Gartenlokal, ruhig gelegen hinter dem Galatasaray-Gymnasium. 7 S. 40

Abends & Nachts

Dulcinea Mania: Kneipe, Party-Location und Ausstellungsort. 12 S. 237

5. Kat: Das Dachrestaurant mit toller Aussicht ist Treffpunkt von Künstlern und Intellektuellen. 19 S. 47, 237

Jenseits des Goldenen Horns

Das Istanbul, das niemals schläft; die hippe Stadt am Bosporus – hier in Beyoğlu, rund um die İstiklal Caddesi, ist sie zu finden. Tag und Nacht zieht sich ein unaufhörlicher Menschenstrom die Fußgängerzone hinauf und hinunter. Trendige Modeboutiquen, historische Cafés, nationale wie internationale Imbisse, gute Restaurants, Clubs, Theater, Kino, alles ist hier auf engstem Raum vereint und zieht die junge Bevölkerung rund um die Uhr in ihren Bann.

Bereits unter Kaiser Theodosius II. (reg. 408–450) wurde das Gebiet nördlich des Goldenen Horns als 13. Bezirk der Hauptstadt zugeschlagen, da es enorme strategische Bedeutung für die Verteidigung der Stadt und ihres Hafens hatte. Eine Sperrkette, die auf Höhe der heutigen Galata-Brücke zwischen den beiden Landspitzen angebracht werden konnte, sollte zusätzlich die Einfahrt feindlicher Schiffe verhindern.

Infobox

Reisekarte: ▶ G 4–K 1/3

Information

Touristeninformation: Am Taksim Meydanı, Taksim, tgl. 9–16.30 Uhr.

Routenverlauf

Mit der Tram T1 fahren Sie bis zur Station Tophane. Von hier laufen Sie zurück, zuerst parallel zum Marmarameer, dann entlang dem Goldenen Horn, bis es hinauf zum Galata-Turm geht. Über die İstiklal Caddesi verläuft die Tour dann weiter bis zum Taksim-Platz.

Im 10. Jh. betrieben die italienischen Stadtstaaten einen regen Handel mit den östlichen Mittelmeerländern, der auch die Errichtung von Niederlassungen in der byzantinischen Hauptstadt verlangte. Sie lagen zuerst nahe den Schiffsanlegestellen im heutigen Eminönü, zwischen Sirkeci-Bahnhof und Galata-Brücke. Venedig und Genua entwickelten sich rasch zu den führenden Handelsmächten, Venedig gelang Anfang des 13. Jh. in Vereinbarung mit den Rittern des Vierten Kreuzzugs sogar die Machtübernahme in der Hauptstadt des politisch und wirtschaftlich geschwächten Byzantinischen Reiches. Erst nach knapp 50-jähriger Herrschaft der ›Lateiner‹ eroberte Michael VIII. Palaiologos 1261 mit Unterstützung der Flotte Genuas, des Erzfeindes von Venedig, Konstantinopel zurück.

Neben anderen Konzessionen für Genuas Hilfe musste er dem Stadtstaat auch die Errichtung einer eigenen Handelskolonie in der Hauptstadt zugestehen. Die Genuesen siedelten sich jenseits des Goldenen Horns in der Vorstadt an, die zu dieser Zeit Sykai (Bei den Feigen) hieß. Der Kaiser untersagte allerdings den Wiederaufbau einer Befestigungsmauer, die bereits unter Justinianus (reg. 527–565) bestanden hatte. 1296 griff eine venezianische Flotte diese Kolonie an und brannte sie nieder. So ist es nicht verwunderlich, dass die Genuesen trotz des Verbots die Bürgerkriegswirren des 14. Jh. nutzten und eine Schutzmauer errichteten. Der markante, 1348 erbaute Galata-Turm ist ein Überrest dieser Befestigungen.

Nach der Eroberung 1453 erhielt der Sohn des Kaisers einen Landsitz

Eng staffeln sich Häuser am Galata-Hang, überragt vom 700 Jahre alten Genuesenturm

auf dem Hügel über Galata, davon leitet sich der Name Beyoğlu (Sohn des Herrn) ab. Die Genuesen aber mussten ihre Mauern wieder schleifen, da sie die Osmanen nicht eindeutig unterstützt hatten. Auch wurden Genuas Privilegien stark eingeschränkt, sodass sich auch andere europäische Handelsvertretungen und Gesandte niederlassen konnten. Bald war daher ein buntes Sprachen- und Völkergemisch in den engen Gassen der Stadt anzutreffen, die griechisch Pera (Gegenüber) genannt wurde.

Galata und Tophane

Das Galata-Quartier zwischen Goldenem Horn und Galata-Turm nennen die Türken Karaköy, Schwarzes Dorf, wegen seiner vom Qualm der früheren Fährdampfer geschwärzten Häuser. Schmale, steile Gassen mit hohen Fassaden charakterisieren diesen Stadtteil, der heute zumeist Werkstätten, Fabriken und Bürohäuser beherbergt.

Östlich der Galata-Brücke liegt das Viertel Tophane (Kanonenhaus), das

Sehenswert

1 Tophane Binası
2 Kılıç Ali Paşa Camii
3 İstanbul Modern
4 Yeraltı Camii
5 Tünel-Bahn
6 500. Yil Vakfı Türk Musevileri Müzesi (Zülfaris-Synagoge)

nach dem **Tophane Binası** 1 (Meclis-i Mebusan Cad. 24) benannt ist, einer Geschützgießerei, die hier bereits unter Mehmet Fatih ihren Standort hatte. Sie war die wichtigste Fertigungsstätte für Kanonen im gesamten Osmanischen Reich. Zahlreiche Um- und Neugestaltungen bestimmten die Geschichte der Fabrik. Der heute als **Tophane-i Amire Kultur- und Kunstzentrum** unter Verwaltung der Mimar-Sinan-Universität der Schönen Künste stehende, restaurierte Rechteckbau mit seinem markanten Kuppeldach ist unter Selim III. (reg. 1789–1807) errichtet worden. Er beeindruckt auch durch sein schönes Ziegel-Haustein-Mauerwerk und dient gelegentlich als Kunst- und Ausstellungsraum.

Jenseits der Straßenkreuzung vor der Kılıç Ali Paşa Camii steht ein Brun-

Galata und Tophane

12 Galata Mevlevihanesi Müzesi
13 – 22 s. Cityplan S. 227

Essen & Trinken
1 Karaköy Liman Lokantası
2 Tünel Lokantası
3 – 19 s. Cityplan S. 227

Einkaufen
1 Namlı Gurme
2 Librairie de Péra
3 Artrium
4 – 11 s. Cityplan S. 227

Aktiv
s. Cityplan S. 227

Abends & Nachts
1 Nardis Jazz Club
2 – 20 s. Cityplan S. 227

7 Arap Cami
8 Azapkapı Camii
9 Camondo-Stiege
10 Schneidertempel Sanat Merkezi
11 Galata Kulesi (Turm)

nen, der schöne, 1732 im osmanischen Rokokostil erbaute **Tophane Çeşmesi.**

Kılıç Ali Paşa Camii 2

Necatibey Cad./Hamam Sk.

Die Kılıç Ali Paşa Camii ist ein Spätwerk des Baumeisters Sinan. Direkt am Bosporusufer (heute verläuft die Uferlinie 200 m weiter südlich) ließ Kılıç Ali Paşa einen Stiftungskomplex mit Moschee, Medrese, Türbe und Hamam errichten. Die **Moschee** war 1580 fertiggestellt, eine verkleinerte Kopie der Hagia Sophia, mit Seitenschiffen und einem durch Säulenarkaden abgetrennten Emporengeschoss. Der lichtdurchflutete Gesamtraum, wie Sinan ihn bei anderen Werken anstrebte, war hier offensichtlich nicht gewollt. Dunkel und schwer wirkt die Architektur, die im byzantinischen Original für ein fast dreimal so großes Gebäude ▷ S. 220

Auf Entdeckungstour: İstanbul Modern – zeitgenössische Kunst der Türkei

Das Museum İstanbul Modern 3 beherbergt eine einzigartige Sammlung moderner und zeitgenössischer Kunst aus der Türkei. Anhand der hier präsentierten Werke kann man die Entstehung und Weiterentwicklung der türkischen modernen Kunst eindrucksvoll nachvollziehen.

Anfahrt: Tram T1 Tophane.
İstanbul Modern Sanat Müzesi (Istanbuler Museum für Moderne Kunst): Meclisi Mebusan Cad., Liman İsletmeleri, Antrepo 4, Di/Mi, Fr–So 10–18, Do bis 20 Uhr, www.istanbulmodern.org, 15 TL, s. S. 59.
Kino: Filme zu den Ausstellungen, Programm: s. Website
Einkehren: Das Museum besitzt ein trendiges Café-Restaurant (10–24 Uhr) mit tollem Blick auf den Bosporus.

Schon der Ort ist etwas Besonderes. Ein wenig versteckt, in einer ehemaligen Lagerhalle direkt am Bosporus, wird heute ein repräsentativer Querschnitt der modernen und zeitgenössischen Malerei der Türkei präsentiert. Im Frühjahr 2004 erhielten die Initiatoren im die Nutzungsrechte für eine alte Halle im Hafen von Karaköy, direkt vor den Anlegern der großen Kreuzfahrtschiffe. Innerhalb weniger Monate entstand dort eine avantgardistische Kunsthalle mit 8000 m^2 Ausstellungsfläche.

Türkische und internationale Kunst

Man betritt das Museum über eine lange Rampe im oberen Stockwerk, in dem die **Dauerausstellung moderner und zeitgenössischer Kunst** gezeigt wird. Der größte Teil der ausgestellten Bilder stammt aus der Kunstsammlung der Industriellenfamilie Eczacıbaşı, die auch heute noch der wichtigsten Sponsor des Museums ist. Alle wichtigen türkischen Künstler der letzten 150 Jahre sind hier mit Werken versammelt.

Das untere Geschoss ist dagegen **wechselnden Ausstellungen internationaler Künstler** gewidmet. So versuchen die Kuratoren des Museums den Besuchern nicht nur die Entwicklung türkischer Gegenwartskunst nahezubringen, sondern kontrastieren diese immer wieder mit dem Blick von Draußen.

In der ständigen Ausstellung, die zwar auch ihre Exponate gelegentlich austauscht und thematische Umbauten vornimmt, kann man die Entwicklung der modernen Malerei in der Türkei gut nachvollziehen. Bedingt durch das Bilderverbot im Islam wurde bis ins 18. Jh. vor allem die aus Persien stammende Miniaturmalerei gepflegt, die ihren Figuren keinen individuellen Ausdruck gestattet (davon handelt übrigens der philosophisch anspruchsvoll angelegte Roman »Mein Name ist Rot« des türkischen Nobelpreisträgers Orhan Pamuk).

Die erste Generation türkischer Maler, die Kunst im westlichen Sinn schuf, holte sich ihre Inspiration vor allem in Paris. Aus diesen Pionieren rekrutierten sich dann die Lehrmeister der Istanbuler Kunstakademie, die bis heute die führende Kunsthochschule der Türkei ist. Waren die frühen Bilder deshalb noch stark an westeuropäischen Vorbildern orientiert, bildete sich mit der Zeit ein eigener Stil heraus, der zunächst die Erfahrungen und Landschaften des Landes verarbeitete, um sich dann auch einen abstrakten Ausdruck anzueignen.

Die Kunstszene der Stadt

Heute hat Istanbul eine rege und stark boomende Kunstszene, die durch weitere Museen, wie z. B. das Santral İstanbul (s. S. 60), durch Ausstellungen und ständig neu aus dem Boden schießende Galerien, durch die Kunstmesse Contemporary Istanbul und die alle zwei Jahre stattfindende İstanbul Bienal international mit anderen Großstädten, wie New York oder Berlin, mithalten kann. Aus verschiedenen Ländern kommen auch immer mehr Stipendiaten in die Stadt. Die Kunstszene hier ist unverbraucht, es gibt noch den direkten Kontakt zwischen Künstlern und Galeristen. Für den deutsch türkischen Austausch »Kultur erleben – Kunst schöpfen« steht seit 2012 die Künstlerakademie in Tarabya (s. S. 260). Zu ihren ersten Stipendiaten gehörten der Lyriker Gerhard Faulkner und der Fotograf Jim Rakete, beide aus Berlin.

Die Kunstszene Istanbuls spiegelt sich auch in den prominent besetzten Wechselausstellungen im Untergeschoss des İstanbul Modern wieder, die regelmäßig für großes Interesse sorgen. Außerdem sind auf der unteren Etage noch eine kleine, aber feine Kunstbibliothek sowie einige Arbeitsplätze untergebracht, wo Interessierte ihre Eindrücke vertiefen können.

Nicht zuletzt das **Café-Restaurant** des Museums macht einen Besuch zu einem Erlebnis. Die Terrasse liegt direkt an dem Kai, wo die Kreuzfahrtschiffe anlegen – wenn nicht gerade ein Schiff die Aussicht versperrt, bietet der Platz einen spektakulären Blick auf die Halbinsel mit dem historischen Zentrum.

konzipiert war. Die Fliesenausstattung des Mihrabs beeindruckt jedoch durch die strenge Kalligrafie der Inschriften.

Ali Paşa war als italienischer Kriegsgefangener in die osmanische Marine gekommen und diente sich bis zum Admiral hoch. Für seine erfolgreiche Rückführung der Flotte aus der Niederlage gegen Venezianer und Spanier bei Lepanto 1571 ernannte ihn Selim II. zum Großadmiral. Die Wahl der Hagia Sophia als Vorbild seiner Moscheestiftung gab aber Anlass zu Spekulationen über die Ernsthaftigkeit seines Übertritts zum Islam.

Östlich der Moschee, im Park bei der Tramvay-Haltestelle, reiht sich ein romantisches Wasserpfeifencafé ans andere – ein beliebter Treffpunkt junger Istanbuler. Das Kunstmuseum **İstanbul Modern** 3 (s. Entdeckungstour S. 218) ist direkt dahinter in einer alten Lagerhalle aus dem 19. Jh. untergebracht.

Karaköy Limanı (Karaköy-Hafen)

In der Kemankeş Caddesi bietet das noch sehr volkstümliche **Karaköy Liman Lokantası** 1 im Obergeschoss des Denizyoları Yolcusalonu (Passagierlounge des Fährterminals) einen einfachen und ziemlich preiswerten Mittagstisch. Östlich liegt der Hafen für die großen Kreuzfahrtschiffe, die mitunter riesenhaft groß am Kai liegen.

Blick auf die Galata-Brücke, im Vordergrund das einstige britische Seemanns-Hospital

Ein Stück weiter kommen Sie beim **Karaköy Güllüoğlu** vorbei. Hier kann man bei *börek* oder *baklava* eine Pause einlegen. Nebenan gibt es ein Feinkostgeschäft, das **Namlı Gurme** 1, mit anderen leckeren Snacks.

Yeraltı Camii 4

Kemankeş Cad., Tram T1/Tünel Karaköy

Ein unscheinbarer Eingang führt in die Yeraltı Camii (Unterirdische Moschee). Sie wurde 1757 in den düsteren Gewölben eines byzantinischen Verlieses mit 54 Pfeilern eingerichtet. Darüber stand einst ein Turm der Befestigungsmauer von Galata. Von ihm konnte bei Gefahr die berühmte, das Goldene Horn sichernde Sperrkette bis zur Sarayburnu (Serailspitze) hinübergezogen werden.

Tünel-Bahn 5

Tersane Cad., Tram T1/Tünel Karaköy

Westlich der Galata-Brücke liegt auf der rechten Straßenseite der Eingang zum Tünel, einer der ältesten Untergrundbahnen Europas. Von französischen Architekten entworfen, wurde die Standseilbahn 1875 in Betrieb genommen. Auf einer Strecke von 614 m überwindet sie in kurzer Zeit einen Höhenunterschied von nahezu 200 m; die Endstation liegt gegenüber vom Galata-Mevlevihanesi-Museum (s. S. 225), wo dann die İstiklal-Tram beginnt.

500. Yil Vakfı Türk Musevileri Müzesi (The Quincentennial Foundation Museum of Turkish Jews) 6

Karaköy Meyd., Perçemli Sk. 1, www.muze500.com, Tram T1/Tünel Karaköy, Mo–Do 10–16, Fr, So 10–14 Uhr, an jüdischen Feiertagen und am 29. Okt. geschl., 10 TL, s. S. 58

Ganz in der Nähe hat 2001 das Museum der türkischen Juden, das erste jüdische Museum der Türkei, seine Tore in der ehemaligen Zülfaris-Synagoge geöffnet. Der Bau stammt aus dem 19. Jh., aber bereits für das Jahr 1671 ist eine Synagoge an diesem Ort namentlich belegt. 1985 fand hier der letzte Gottesdienst statt. Schrift- und Fotozeugnisse sowie zahlreiche historische Gegenstände verdeutlichen die guten Beziehungen zwischen den Muslimen und den sephardischen Juden, die nach ihrer Vertreibung aus Spanien durch die Katholischen Könige 1502 in großer Zahl im Osmanischen Reich Zuflucht fanden.

Arap Cami 7

Galata Mahkemesi Sk., Tram T1/Tünel Karaköy

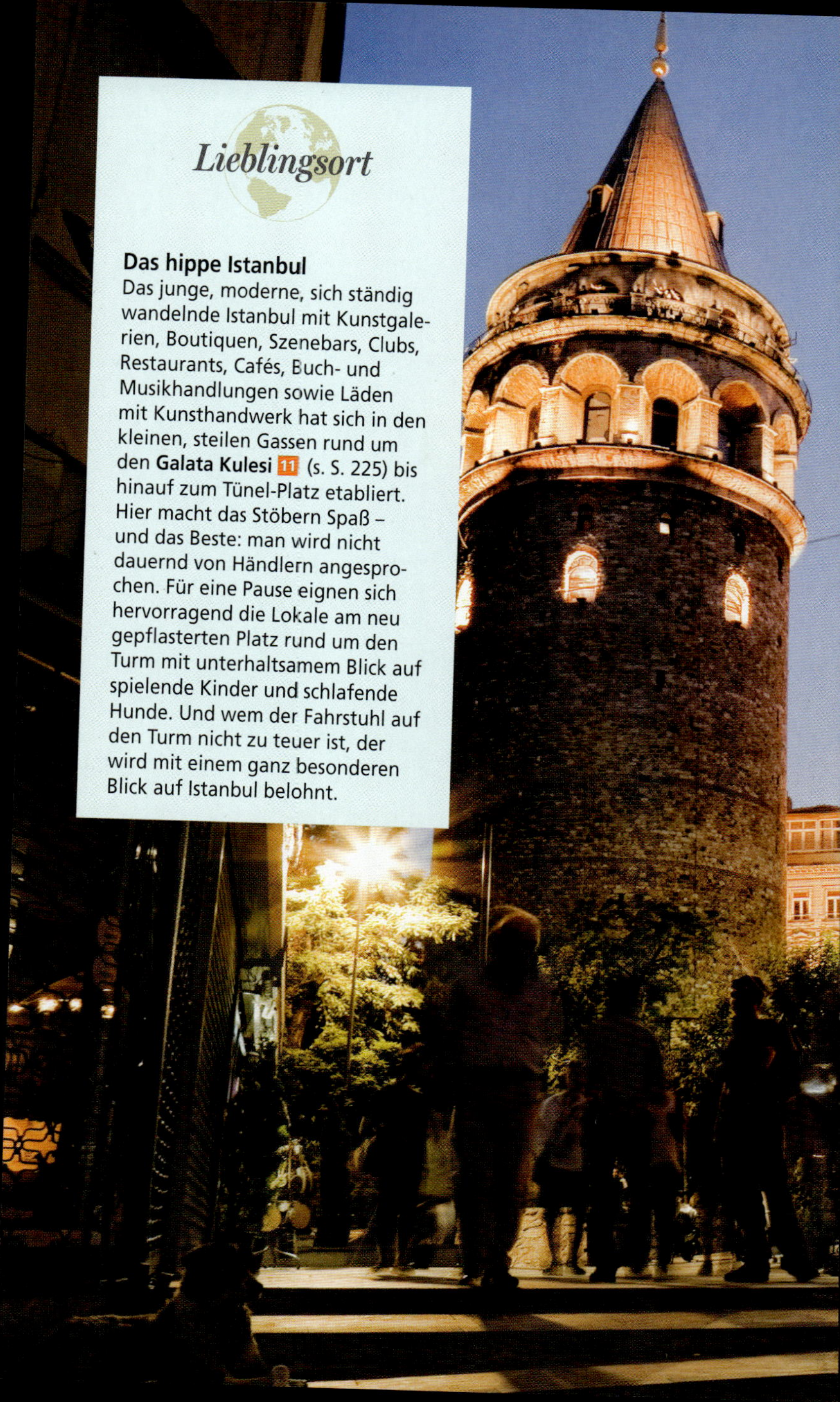

Lieblingsort

Das hippe Istanbul

Das junge, moderne, sich ständig wandelnde Istanbul mit Kunstgalerien, Boutiquen, Szenebars, Clubs, Restaurants, Cafés, Buch- und Musikhandlungen sowie Läden mit Kunsthandwerk hat sich in den kleinen, steilen Gassen rund um den **Galata Kulesi** 11 (s. S. 225) bis hinauf zum Tünel-Platz etabliert. Hier macht das Stöbern Spaß – und das Beste: man wird nicht dauernd von Händlern angesprochen. Für eine Pause eignen sich hervorragend die Lokale am neu gepflasterten Platz rund um den Turm mit unterhaltsamem Blick auf spielende Kinder und schlafende Hunde. Und wem der Fahrstuhl auf den Turm nicht zu teuer ist, der wird mit einem ganz besonderen Blick auf Istanbul belohnt.

Die Arap Cami war vormals die Dominikanerkirche San Paolo. Dieser längsrechteckige Bau mit mächtigem Glockenturm wurde Anfang des 14. Jh. anstelle einer älteren byzantinischen Kirche in der Art italienischer Bettlerordenskirchen errichtet.

Entgegen dem Vertrag mit Genua ließ Mehmet II. die Kirche um 1475 in eine Moschee umwandeln. Ende des 15. Jh. wurde sie den aus Spanien vertriebenen Muslimen zugewiesen und erhielt daher den Namen Arap Cami (Arabische Moschee). Ihren gotischen Charakter konnte sie im Kern aber bewahren.

Azapkapı Camii 8

Üstüpçüler Sk., an der Atatürk Köprüsü, Tram T1/Tünel Karaköy

Noch etwas weiter westlich, am Fuß der Atatürk-Brücke, steht die Azapkapı Camii, der zweite Stiftungskomplex des Großwesirs Sokullu Mehmet Paşa in Istanbul (s. S. 152). Sinan vollendete sie 1577. Ihr Name erinnert an das einst in der Nachbarschaft stehende westliche Haupttor Galatas, das Azapkapı (Tor der Qualen). Mit ihrer exponierten Lage bot die Moschee den Gläubigen einen weiten Blick über das Goldene Horn, seit den 1930er-Jahren beeinträchtigt jedoch die Atatürk-Brücke diese Wirkung.

Das **Gebetshaus** erhebt sich über einem hohen Sockel, dessen offene Räume als Ladenlokale dienten. Das Innere der Moschee ist hell und weiträumig. Acht Halbkuppeln über Pfeilern tragen die Last der Hauptkuppel, im Außenbau setzen sich die acht tragenden Pfeiler in Türmchen fort und lassen die Halbkuppeln kaum in Erscheinung treten. Diese ungewöhnliche Konstruktion wurde Ende des 18. Jh. für die neue Eyüp Sultan Camii kopiert.

Am Galata-Turm

Über die Camondo-Stiege zum Schneidertempel

Tram T1/Tünel Karaköy

Über die **Camondo-Stiege** 9 (Kamondo Merdivenleri), ein architektonisches Kleinod des späten 19. Jh., das ein reicher jüdischer Bankier stiftete, geht es von der Bankalar Caddesi den Hügel hinauf Richtung Galata-Turm. Rechter Hand liegt in der Felek Sokağı 1 das **Schneidertempel Sanat Merkezi** 10 (www.schneidertempel.com, variierende Öffnungszeiten), ursprünglich eine Synagoge, heute ein Kunstzentrum mit wechselnden Ausstellungen. In den Straßen Richtung Galata-Turm sind die Gassen noch von mittelalterlichen, teils

Mein Tipp

Tanzende Derwische

Jeden Sonntag finden im **Galata-Mevlevihanesi-Museum** 12 öffentliche Aufführungen der Tanzenden Derwische statt. In glockenförmigen weißen Mänteln und mit hohen Filzhüten auf dem Kopf drehen sich die Derwische zu einer esoterisch-schwebenden Musik mal langsam, mal schnell im Kreis. Da die Tänze eher ein rituelles Gebet als eine touristische Vorführung sind, sollte von Blitzlichtfotografie und Applaus Abstand genommen werden.

Die Termine sind am Tor angeschlagen, bzw. man kann sie auch telefonisch unter Tel. 0212 24541 41 erfragen. Vorführungen gibt es gelegentlich auch im Basın-Museum (s. S. 160) und im Sirkeci-Bahnhof (s. S. 179). Dort drehen sich mitunter auch Frauen in farbigen Gewändern im rituellen Gebet.

sehr vernachlässigten Häusern gesäumt. Vor allem oben am Galata-Turm haben sich aber ambitionierte Boutiquen und Geschäfte mit Kunsthandwerk niedergelassen.

Galata Kulesi (Galata-Turm) ! 11

Tram T1 Karaköy, Tram T5 Tünel, tgl. 9–20 Uhr, Auffahrt 25 TL

Das Wahrzeichen Galatas, der 60 m hohe Galata Kulesi (früher auch Christusturm genannt) ragt auf halber Höhe des Hügelhangs empor. 1348 erbauten ihn die Genuesen als Teil einer Befestigungsmauer, die ihre Niederlassung schützen sollte. 1446 wurde der Turm im Zuge der Verstärkung des Mauerrings erhöht. Holzaufbauten, die immer wieder Bränden zum Opfer fielen, bestimmten sein Aussehen in den folgenden Jahrhunderten, bis der Turm in den 1960er-Jahren durch Restaurierungsarbeiten seine ursprüngliche Gestalt zurückerhielt.

In osmanischer Zeit diente er als Gefängnis, Observatorium und später auch als Feuerwachturm. Außerdem wird berichtet, dass der Erfinder Ahmet Çelebi im 17. Jh. vom Turm aus einen Gleitflug über den Bosporus bis nach Üsküdar startete. Er kam zwar lebend an, aber Sultan Murat IV. (reg. 1623–40) dankte es ihm mit Verbannung, weil er sich vor Hexerei fürchtete. Mit dem Fahrstuhl kann man zur (leider sehr schmalen) Aussichtsbrüstung hochfahren, die den Panoramablick über ganz Istanbul ermöglicht.

Galata Mevlevihanesi Müzesi 12

Galip Dede Cad. 15, www.galatamevlevihanesimuzesi.gov.tr, Metro M2 Şişhane/Tram T5/Tünel Tünel, tgl. 15. April–Sept. 9–19, Okt.–14. April 9–17 Uhr, letzter Einlass 1 Std. früher, 5 TL, s. S. 59

In der **Galip Dede Caddesi** reihen sich zahlreiche interessante Antiquariate und Instrumentenhandlungen aneinander. Kurz vor der Einmündung der Straße in den Tünel Meydanı liegt rechts das **Mevlevihane-Museum,** ein ehemaliges Kloster der Mevlevi-Derwische (Galata Mevlevi Tekkesi), das 1492 gegründet wurde. Der heutige Bau entstand gegen Ende des 18. Jh. Links vom Eingang in den Klosterhof steht die Türbe des Galip Dede, eines Mevlevi-Dichters aus dem 17. Jh. Der Rundgang beginnt im Kellergeschoss des Klosters mit spärlich eingerichteten Zellen der Mönche. Im überwölbten Tanzsaal des Hauptbaus zeigen Vitrinen osmanische Hofliteratur und Musikinstrumente des Ordens; im oberen Stock sind wundervoll bestickte Decken, Trachten und Hausrat zu sehen.

Der Orden der Tanzenden Derwische wurde 1284 in Konya von Mevlana (Meister) Celaleddin Rumi gegründet. Derwische waren islamische Bettelmönche, die durch litaneiartige Gebete, besondere Körperhaltungen, Fasten und ekstatische Tänze eine mystische Gotteserfahrung anstrebten. Karitative Tätigkeiten, z. B. der Betrieb von Armenküchen, ermöglichten ihnen großen politischen Einfluss in der Bevölkerung. Seit der frühen Republikzeit, ab 1925, waren die islamischen Orden in der Türkei verboten. Seit den 1980er-Jahren ist aber eine Renaissance zu beobachten, auch hat die Verehrung des Ordensgründers Mevlana Celaleddin Rumi stark zugenommen.

İstiklal Caddesi !

Metro M2 Sishane oder Taksim/Tram T5 Tünel oder Taksim/Tünel Tüne/Füniküler Taksim

Das Stadtviertel Beyoğlu hatte seine große Zeit in der Belle ▷ S. 231

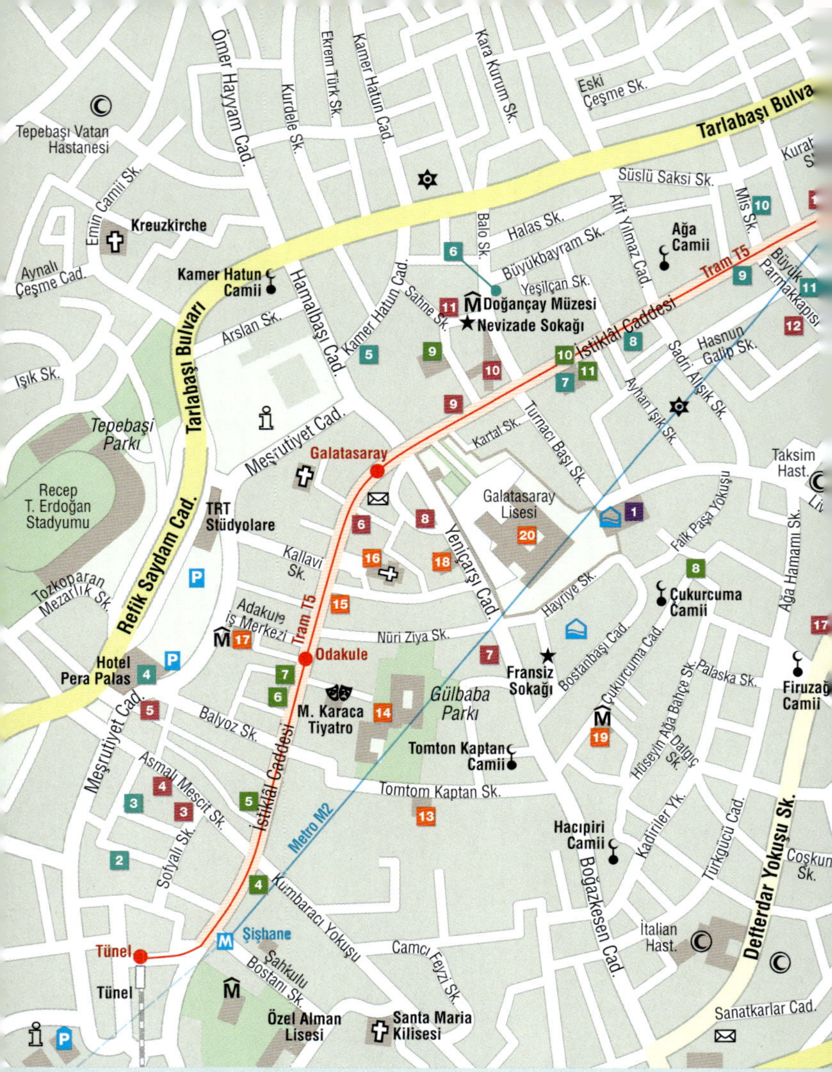

Sehenswert
1 – 12 s. Cityplan S. 217
13 Palazzo di Venezia
14 Palais de France
15 SALT
16 Sent Antuan Kilisesi
17 Pera Müzesi
18 Alman Kültür Merkezi
19 Masumiyet Müzesi
20 Galatasaray Lisesi
21 Aya Triada Kilisesi
22 Deutsches Generalkonsulat

Essen & Trinken
1 – 2 s. Cityplan S. 217
3 Refik
4 Yakup 2
5 Mikla
6 360° Istanbul
7 Limonlu Bahçe
8 Ara

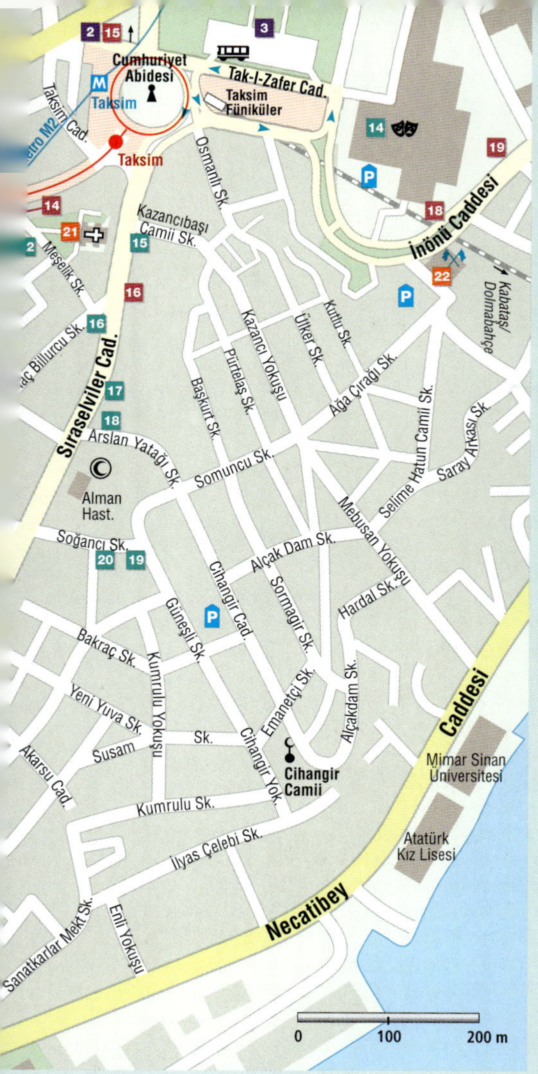

9 Şarabi
10 Çiçek Pasajı
11 Imroz
12 Nature and Peace
13 Borsa Fast Food
14 Hacıbaba Restaurant
15 Hai! Sushi
16 Changa
17 Doğa Balık
18 Fischer
19 Ayaspaşa Rus Lokantası

İstiklal Caddesi

Einkaufen

1 – 3 s. Cityplan S. 217
4 Türk-Alman Kitabevi
5 By Retro
6 Paşabahçe
7 Robinson Crusoe
8 Çukurcuma-Viertel
9 Balık Pazarı
10 Mavi Jeans
11 Antikart

Aktiv

1 Galatasaray Hamamı
2 Dancentrum
3 Taksim Gezi Parkı

Abends & Nachts

1 s. Cityplan S. 217
2 Babylon Lounge
3 Babylon
4 Orient Bar
5 Ghetto
6 Jolly Joker
7 Atlas Sineması (Kino)
8 Café Keyif/Alkazar Cinema
9 Borusan Kültür ve Sanat Merkezi
10 Bigudi
11 Hayal Kahvesi
12 Dulcinea Mania
13 Beyoğlu Sineması (Kino)
14 Atatürk Kültür Merkezi (AKM)
15 Erit'ta
16 Tek Yön
17 Andon Pera
18 Roxy
19 5. Kat
20 Barbahçe

Auf Entdeckungstour:
Die Belle Époque in Beyoğlu

Das heutige Beyoğlu zwischen der Galata-Brücke am Goldenen Horn bis hin zum Taksim-Platz teilte sich im 19. Jh. in Galata und Pera. Vor allem das Gebiet oberhalb von Galata entlang der İstiklal Caddesi war im frühen 20. Jh. das mondäne Europäerviertel Konstantinopels. Wir werfen einen Blick auf die architektonischen Spuren der Epoche.

Anfahrt: Tram T5/Tünel Karaköy. Der Spaziergang beginnt auf dem Platz vor dem **Galata Kulesi** 11 (Galata-Turm).
Dauer: 2–4 Std.
Einkehren: Lokale in der Fransız Sokağı, einer Ausgehstraße mit renovierten Häusern aus der Belle Époque (Bild oben; s. Mein Tipp S. 46, s. S. 232).

So unscheinbar die Serdarı Ekrem Sokak, die nahe dem Galata-Turm von der Galip Dede Caddesi abbiegt, auch erscheinen mag, beherbergt sie doch zwei Gebäude, die den vergangenen Glanz ebenso wie den Wiederaufstieg Galatas repräsentieren. Wir müssen nur rund 200 m die Serdarı Ekrem hineinlaufen, bis rechter Hand ein großes, gelb gestrichenes Gebäude auftaucht, das durch seinen guten Zustand aus der Umgebung heraussticht.

Frankreich am Bosporus

Dieses Gebäude heißt nach seinen

letzten Besitzern **Doğan Apartmanı.** Um seine Dimension zu erfassen, muss man das Gebäude umrunden. Erst wenn man zu der Gasse unterhalb des Gebäudes hinuntersteigt, wird klar, was für ein Klotz 1892 hier auf dem Hang zum Bosporus erbaut wurde.

Das Doğan wurde im neobarocken Stil nach französischen Vorbildern konzipiert, Bauherr war die belgisch-osmanische Bankiersfamilie Helbig. Das Haus war für damalige Verhältnisse, was heute ein Wolkenkratzer ist: Insgesamt 49 Wohnungen auf einer Gesamtwohnfläche von 6600 m^2. Es erstreckt sich in Hufeisenform um einen Innenhof, den man von der Serdarı Ekrem aus durch ein mit bunten Scheiben verziertes Tor betritt. Der Garten gibt einen schönen Blick auf den Bosporus frei. Fast alle Wohnungen bieten diesen Meerblick, weshalb die Doğan-Apartments heute, nach ihrer Sanierung, auch wieder sehr beliebt und teuer sind.

Niedergang und Wiederentdeckung

Das Gebäude ist auf einem Gelände errichtet, das die Helbigs von Preußen kauften, zuvor hatte hier die Preußische Gesandtschaft in einer Holzvilla residiert. Wie das gesamte Viertel erlebte es im 20. Jh. einen steten Niedergang. Die ursprünglichen Bewohner – Griechen, Armenier und viele Westeuropäer – verließen in mehreren Wellen die Stadt, zunächst nach dem Zusammenbruch des Osmanischen Reiches, später aufgrund eines stetig wachsenden, erst nationalistisch, dann religiös motivierten Vertreibungsdrucks gegenüber den nichttürkischen Minderheiten. Stattdessen rückten Binnenmigranten aus Anatolien nach. Erst seit Ende der 1980er-Jahre begann die Wiederentdeckung von Galata und Pera. Das Doğan Apartmanı wurde mit seiner Sanierung in den 1990er-Jahren zu einer Art Symbolprojekt der Gentrifizierung des Viertels und der Ansiedlung von Künstlern, Fernsehleuten und anderen wohlhabenden Bevölkerungsschichten.

Am Weg zurück Richtung Galata-Turm liegt ein weiterer Bankierspalast, der **Kamondo Hanı.** Das Haus der jüdischen Bankiersfamilie Camondo, einst die Rothschilds des Orients genannt, ist ebenfalls aus den Trümmern einer Ruine als Luxusimmobilie wiedererstanden. Eine kasachische Investmentgesellschaft hat den Wiederaufbau finanziert und die Apartments als Eigentumswohnungen verkauft.

Zurück auf der Galip Dede Caddesi, geht es nun hoch zur Flaniermeile İstiklal Caddesi. An diesem Weg liegt noch ein weiteres geschichtsträchtiges Gebäude. Ungefähr 150 m von der Ecke Galip Dede/ Serdarı Ekrem steht rechter Hand ein grauer wilhelminischer Klotz, der unter dem Namen **Teutonia** im späten 19. Jh. vom Verein der deutschen Gewerbetreibenden in Istanbul gebaut wurde und immer noch im Besitz einer Nachfolgegesellschaft sogenannter Bosporus-Deutscher ist. In den 1930er-Jahren war die Teutonia Schauplatz von Auseinandersetzungen zwischen deutschen Nationalsozialisten und deutschen Emigranten, die in Istanbul Schutz vor den Nazis gesucht hatten. Bis vor einigen Jahren war im Erdgeschoss noch die Dürer-Galerie, heute wird das Gebäude exklusiv vom Goethe-Institut und der Deutschen Schule genutzt. Gelegentlich finden auch noch Veran-

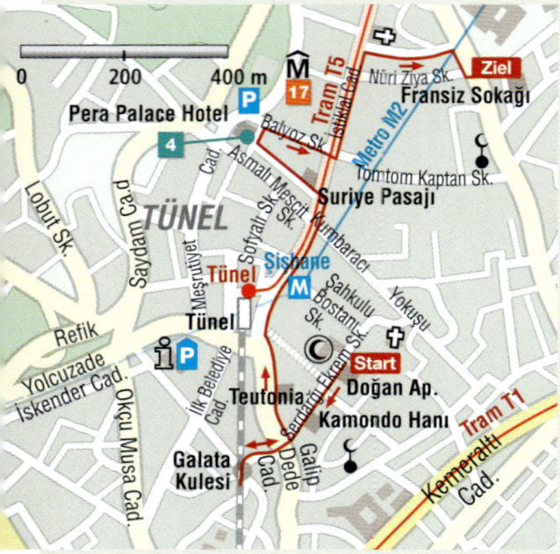

staltungen der deutschen Gemeinde statt, die in Istanbul auf bis zu 30 000 Personen geschätzt wird.

Passagen an der Grande Rue de Péra

Auf der İstiklal angekommen, liegen rechter Hand die ehemaligen Botschaften Schwedens, der Niederlande und Russlands. Die Botschaften, heute Konsulate, der europäischen Mächte entlang der Grande Rue de Péra, wie die İstiklal damals noch hieß, waren der Hauptgrund, warum sich die meisten Europäer auch privat hier niederließen. So entstanden hier gegen Ende des 19. Jh. die Prachtbauten im mondänen Belle-Époque-Stil, die die Straße bis heute architektonisch prägen. Eine davon ist die **Suriye Pasajı** (İstiklal Cad. 166), die 1880 ein osmanischer Pascha aus Syrien als lukratives Investment bauen ließ. Diese aus drei Flügeln bestehende Passage war damals so etwas wie ein Einkaufszentrum – mit Läden im Erdgeschoss und Luxuswohnungen in den oberen Stockwerken. Diese Wohnungen sollen die ersten in der Stadt mit Gas- und Elektrizitätsanschluss gewesen sein. Im Erdgeschoss wurde von 1880 bis 1964 die französische Zeitung Stamboul herausgegeben, heute wird die einzige griechische Zeitung der Stadt hier produziert. Auch die Suriye-Passage ist in den letzten Jahren mit hübschen Cafés und Läden zu neuem Leben erwacht.

Pera-Palast und Orient Express

Wenn wir die Passage zu der von der İstiklal abgewandten Seite verlassen, kommen wir auf die Meşrutiyet Caddesi; links steht das restaurierte Traditionshotel **Pera Palace** (Pera Palas). Eröffnet wurde es 1892 als bestes Haus der Stadt von den Betreibern des Orient Express, der seine Gäste erster Klasse von Paris bis Istanbul transportierte. In dem Haus schrieb Agatha Christie Teile ihres Romans »Mord im Orient Express«, hier logierten auch Mata Hari, Hitchcock und der Schah von Persien. Nach dem Ersten Weltkrieg diente es als Hauptquartier der Alliierten-Kommandantur, bis hier die Schlüssel der Stadt an Atatürk, den Sieger des türkischen Unabhängigkeitskriegs, übergeben wurden. Nach Jahrzehnten des Niedergangs drohte bereits das Ende, doch nach seiner kompletten Restaurierung in den Jahren 2008–2010 verbindet es als Pera Palace Hotel Jumeirah nun ehrwürdige Tradition mit modernem Luxus. Wer mag, kann hier in der **Orient Bar** 4 (s. S. 47, 237) noch dem Flair vergangener Zeiten nachspüren.

Abschließen kann man diesen Spaziergang mit dem Besuch des **Pera Müzesi** 17 (Pera-Museum; s. S. 231) auf der Meşrutiyet Caddesi, neben dem Bürohochhaus Odakule. Untergebracht im ehemaligen Belle-Époque-Hotel Bristol zeigt es eine Sammlung mit Gemälden aus dem 19. Jh.

Époque am Ende des 19. Jh., als das Osmanische Reich einen großen Modernisierungsschub erlebte. Hier lädt die İstiklal Caddesi, immer noch die Hauptgeschäftsstraße des modernen Istanbul, zum Bummeln, Staunen und Vergnügen ein.

Von der oberen Tünel-Station führt die İstiklal Caddesi hoch zum Taksim Meydanı. Die Straße der Unabhängigkeit wurde im 19. Jh. Grande Rue de Péra genannt und war das Zentrum des europäisch orientierten Istanbul. Seit der Wiederinbetriebnahme der alten Trambahn in den 1980er-Jahren hat sich die Straße zu einer modernen Einkaufsmeile entwickelt. Zu beiden Seiten reihen sich prachtvolle Gebäude; schicke Cafés, Modeboutiquen und ausländische Buchhandlungen erinnern eher an eine westliche Großstadt als an eine orientalische Metropole. Hier flanierten im 19. Jh. die Damen der Prominenten und trafen sich zum Fünfuhrtee in den Patisserien, die zum Teil noch heute bestehen.

Viertel der Botschaften

Metro M2 Şişhane/Tram T5 Tünel/ Tünel Tünel

An der İstiklal Caddesi biegt die kleine Şahkulu Bostanı Sokağı zum **Özel Alman Lisesi** (Deutsche Schule Istanbul, Hausnr. 10) ab. Danach folgt, nun auf der Istiklal Caddesi Richtung Taksim gehend, der Bereich mit den ehemaligen Botschaftsgebäuden der europäischen Nationen, die jetzt nur noch Konsulate beherbergen. Sie stammen aus dem 19. Jh., doch waren die Botschaften von Franzosen, Russen, Holländern und Schweden schon seit dem 16./17. Jh. dort ansässig.

Zu den frühesten Vertretungen zählen der **Palazzo di Venezia** 13 (Tomtom Kaptan Sk. 5) erbaut 1695, heute das italienische Generalkonsulat, sowie der Komplex des französischen Generalkonsulats (İstiklal Cad. 4) mit dem **Palais de France** 14, neu erbaut im 19. Jh.

Das Gebäude an der Ecke zur Eski Çiçekçi Sokak ist 2011 von der Garantie Bank zur Kulturinstitution **SALT** 15 (İstiklal Cad. 136, www.saltonline.org, Di–Sa 12–20, So 12–18 Uhr, Eintritt frei) ausgebaut worden. Neben einer Buchhandlung, wechselnden Ausstellungen zur modernen Kunst, einem Walk-in Cinema für unterschiedliche Performances und einem Café bietet die Institution auch Raum für Forschung, Austausch und Workshops. Einen Besuch wert ist auch der Dachgarten.

Wenige Schritte weiter liegt das Eingangsportal der katholischen **Sent Antuan Kilisesi** 16 (İstiklal Cad. 171, www.sentantuan.com), geweiht dem hl. Antonius von Padua. Seit 1725 waren die Franziskaner in Istanbul ansässig, die Kirche, in der noch lateinische Gottesdienste stattfinden, datiert jedoch vom Anfang des 20. Jh.

Pera Müzesi (Pera-Museum) 17

Meşrutiyet Cad. 65, www.peramuzesi.org.tr, Tram T5 Odakule/Tünel Tünel, Di–Sa 10–19, So 12–18 Uhr, 10 TL, *s. S. 59*

Zwischen Palais de France und der Sent Antuan Kilisesi biegt links die Adakule iş Merkezi ab. Über sie gelangt man zum Pera-Museum im ehemaligen Bristol Hotel. Die ständige Sammlung umfasst sehenswerte anatolische Gewichte und Messinstrumente von der Antike bis ins 19. Jh., Küthaya-Fliesen und -Keramik sowie ausgewählte Gemälde von europäischen und türkischen Künstlern des 17.–20. Jh. mit Istanbuler Stadtansichten und alltäglichen Szenen aus der osmanischen Welt, darunter »Der Schildkrötendresseur« von Osman Hamdi Bey, der für dieses Museum für die Rekordsumme von 3,5 Mio. Dollar ersteigert wurde. Die oberen drei Etagen stehen internationalen Wechselausstellungen zur Verfügung. Das gediegene Café lädt zum Verweilen ein.

Zur Fransız Sokağı

Tram T5 Galatasaray

In der Yeniçarşı Caddesi 32 befindet sich in einem alten Stadthaus das **Alman Kültür Merkezi** 18, die Istanbuler Vertretung des Goethe-Instituts (s. S. 19).

Ein Stück weiter gelangt man über die Hayriye in die **Fransız Sokağı** (www.fransizsokagi.com; s. Mein Tipp S. 46), eine steile Gasse, in der sich ein Lokal ans andere reiht. Das Mobiliar lässt bereits erahnen, dass sich in den Straßen des angrenzenden Viertels **Çukurcuma** 8 zahlreiche Trödler und Antiquitätenhändler niedergelassen haben. Hier lohnt sich das Stöbern.

Masumiyet Müzesi (Museum der Unschuld) 19

www.masumiyetmuzesi.org, Çukurcuma Cad., Dalgıç Çıkmazı 2, Tram T5 Galatasaray, Di–So 10–18, Fr bis 21 Uhr, 25 TL (oder Pamuks Buch als Eintrittskarte mitbringen), s. S. 59

Literaturnobelpreisträger Orhan Pamuk hat in den Räumen eines alten Stadthauses seinen Roman »Museum der Unschuld« visualisiert: Kemal aus begütertem Hause sammelt Gegenstände, die ihn an die aus armen Verhältnissen stammende und damit unerreichbare Füsün, seine große Liebe, erinnern, und beschließt nach ihrem Tod, für sie ein Museum einzurichten. Alle diese Gegenstände präsentieren sich nun als kleines Stadtmuseum, das dem Istanbuler Alltagsleben der 1960er- und 70er-Jahre gewidmet ist.

Die Objekte sind in Vitrinen nach den Kapiteln des Buches geordnet. Das Museum ist aber auch ohne Kenntnis des Romans sehenswert. Doch der Besucher wird durch die Ausstellung garantiert angeregt den Roman zu lesen – oder vielleicht wieder zu lesen und dabei vieles entdecken, was ihm beim ersten Lesen entgangen ist.

Interessant sind auch die **Originalhandschriften** von Orhan Pamuk zu seinem Buch, die an einer Zimmerwand unter dem Dach zu sehen sind.

Galatasaray Lisesi und Hamamı

Tram T5 Galatasaray

An einem kleinen Platz hinter einem prächtigen schmiedeeisernen Gittertor liegt das **Galatasaray Lisesi** 20 (İstiklal Cad. 159). Diese Schule, eine der berühmtesten der Türkei, geht auf eine bereits Ende des 15. Jh. von Beyazıt II. gegründete Pagenschule zurück.

In der Çiçek Pasajı ziehen Tsiganes von Tisch zu Tisch und spielen türkische Schlager

1868 richtete hier Sultan Abdülaziz ein Lyzeum nach französischem Vorbild ein; auch die Unterrichtssprache war überwiegend Französisch.

Ihm benachbart ist das **Galatasaray Hamamı** 1, ebenfalls von Beyazıt II. gestiftet. Der Eingang liegt in der Turnacıbaşı Sokağı.

Çiçek Pasajı 10

Metro M2/Füniküler Taksim/Tram T5 Galatasaray, tgl. 11–24 Uhr, Menü mit Getränken ca. 30 €.

Gegenüber vom Galatasaray Lisesi führt ein Portal in die Çiçek Pasajı (Blumenpassage). Eröffnet unter dem Namen Cité de Péra war sie in der Belle Époque eine der vornehmsten Adressen, wo die besseren Damen feinste Pariser Mode kaufen konnten. Heute lässt sich hier ein volkstümliches Istanbul entdecken. An den überdachten Gängen reihen sich Bierstuben und Restaurants aneinander. Nachts herrscht hier ein reges Treiben. Zu den vielen leckeren *mezeler* (Vorspeisen) und türkischen Grillgerichten fließen *rakı*-Schnaps und Bier in Strömen. Musiker, zumeist Tsiganes (Roma), ziehen von Tisch zu Tisch, und manchmal tanzen auch ein paar Männer unter dem Beifall der anderen Zecher auf offener Szene.

Verlässt man die Blumenpassage durch den Hinterausgang, kommt man zum **Balık Pazarı** 9, dem Fisch- und Gemüsemarkt, der mit seinem reichen Angebot viele Fotomotive bietet. Empfehlenswert sind auch die zahlreichen Restaurants in der anschließenden **Nevizade Sokağı**, die sich zu einer der angesagtesten Ausgehmeilen von Beyoğlu entwickelt hat.

Am Taksim-Platz

Vorbei an Modeboutiquen, modernen Fastfood-Lokalen und der **Aya Triada Kilisesi** 21 (Meşelik Sk. 11/1) einem griechischen Gotteshaus, verläuft die İstiklal Caddesi bis zum Taksim Meydanı. Hier endet die rote Trambahn, hier liegen die Haltestellen der Vorortbusse. Der Platz ist benannt nach einem Wasserverteiler *(taksim)* am höchsten Punkt von Beyoğlu, der diesen Stadtteil mit Wasser aus dem Belgrader Wald versorgt. Mahmut I. ließ ihn 1732 errichten.

Im Zentrum steht das **Denkmal der Republik** (Cumhuriyet Abidesi), ein 1928 vom italienischen Bildhauer Canonica errichtetes Monument. Atatürk, als Vater der Türken, schreitet mit seinen Kampfgefährten General İsmet İnönü und Marschall Fevzi Çakmak durch einen Bogen.

Die Ostseite des Taksim-Platzes wird vom **Atatürk Kültür Merkezi** 14

Die İstiklal Caddesi ist die schickste Flaniermeile Istanbuls

beherrscht, ein funktionalistischer Bau, der für Opern, Konzerte, Ballette und Kongresse genutzt wird.

Etwas unterhalb, in einem großen klassizistischen Gebäude rechts der İnönü Caddesi, befindet sich übrigens das **Deutsche Generalkonsulat** 22, das auch das Deutsche Archäologische Institut beherbergt.

Essen & Trinken

Schönes, altes Hafenlokal – **Karaköy Liman Lokantası** 1: Karaköy, Rıhtım Cad. 52/3, Tel. 0212 292 39 92, Tram T5/Füniküler/Fähre Karaköy, tgl. 11–24 Uhr, Hauptgerichte ab 12 €. Feines Hafenlokal im Obergeschoss des Wartesaals für die Überseepassagiere. Mittagstisch von 12 bis 15 Uhr mit guten, preiswerten türkischen und internationalen Gerichten.

Trendig – **Tünel Lokantası** 2: Beyoğlu, İstiklal Cad., Tünel Meyd. 186/A, Tel. 0212 245 57 43, Metro M2 Şişhane/Tram T5/Tünel Tünel, tgl. 8–23 Uhr, Filterkaffee 3 €. Das nette Café bietet den besten Blick auf das muntere Treiben am Tünel-Platz, einer seit ein paar Jahren sehr angesagten Gegend Istanbuls. Bei einem ausgezeichneten Cappucino hat man das Gefühl, mitten drin zu sein.

Eine Künstlerinstitution – **Refik** 3: Beyoğlu, Sofyalı Sk. 10; s. S. 36.

Ein Erlebnis – **Yakup 2** 4: Beyoğlu, Asmalımescit Cad. 35, Metro M2 Şişhane/Tram T5/Tünel Tünel, Tel. 0212 249 29 25, Mo–Sa 11–1 Uhr, drei Gänge mit Getränken ca. 40 €. Gutes türkisches Essen (viele Grillgerichte) mit einer reichen Vorspeisenauswahl. Gemälde und Plakate erinnern an berühmte Besucher, meistens bekannte Künstler. Die quirlige Atmosphäre hat den Komponisten Detlef Glanert zu seinem Yakup 2-Konzert inspiriert.

Beim Starkoch – **Mikla** 5: Beyoğlu, The Marmara Pera Hotel, Meşrutiyet Cad. 1; s. S. 35.

Rundumblick – **360° Istanbul** 6: Beyoğlu, İstiklal Cad. 163, Tel. 0212 251 10 42, www.360istanbul.com, Metro M2/Füniküler Taksim/Tram T5 Odakule, tgl. 12–2 Uhr, Fr–Sa bis 4 Uhr, Hauptgericht ab 13 €. Sehen und gesehen werden ist das Motto im berühmtesten Szenelokal der Stadt auf dem Dach eines alten Palasts, der im 19. Jh. für einen ägyptischen Pascha gebaut wurde. Hier trifft sich das hippe Istanbul, genießt eine Mischung aus türkischen und europäischen Gerichten und einen tollen Blick in jede Richtung.

Versteckt unter Zitronenbäumen – **Limonlu Bahçe** 7: Beyoğlu, Yeniçarşı Cad. 98; s. Mein Tipp S. 40.

Beim Fotografen – **Ara** 8: Beyoğlu, İstiklal Cad., Tosbağ Sk. 8; s. S. 40.

Weinlokal – **Şarabi** 9: Beyoğlu, İstiklal Cad. 174; s. S. 36.

Berühmte Kneipengasse – **Çiçek Pasajı** 10: Beyoğlu, Galatasaray Meyd., s. S. 233.

Voll, laut und gut – **Imroz** 11: Beyoğlu, Nevizade Sk. 24, Tel. 0212 249 90 73, www.krependekiimroz.com, Metro M2/Füniküler Taksim/Tram T5 Galatasaray, Mo–Sa 11–1 Uhr, drei Gänge mit Getränken ca. 30–40 €. Von der einst griechischen Insel Imbros (türk. Gökçeada) am Ausgang der Dardanellen stammt der Wirt Giorgos, der mit seinen Partnern ein gutes Restaurant in der kleinen Gasse beim Balık Pazarı, dem Fisch- und Gemüsemarkt, betreibt.

Vegetarisch, köstlich, günstig – **Nature and Peace** 12: Beyoğlu, Büyük Parmakkapı Sk. 15A; s. S. 39.

Schnell, aber ausgezeichnet – **Borsa Fast Food** 13: Beyoğlu, İstiklal Cad. 14; s. S. 37.

Authentisch – **Hacıbaba Restaurant** 14: Taksim, İstiklal Cad. 49/Ecke Meşelik Sk.; s. S. 37.

Sushi auf Türkisch – **Hai! Sushi** 15: Elmadağ, Cumhuriyet Cad. 2, Divan Hotel; s. S. 39.

Fusionküche – **Changa** 16: Taksim, Sıraselviler Cad. 47; s. S. 38.

Fisch in Beyoğlu – **Doğa Balık** 17: Cihangir, Sıraselviler Cad. 84, Mavi Plaza/6. Stock; s. S. 36.

Am Deutschen Generalkonsulat – **Fischer** 18: Gümüşsuyu, İnönü Cad. 51; s. S. 38.

Russisch-Ungarisch – **Ayaspaşa Rus Lokantası** 19: Gümüşsuyu, İnönü Cad. 77A; s. S. 37.

Einkaufen

Türkische Spezialitäten – **Namlı Gurme** 1: Karaköy, Rıhtım Cad./Ecke Kemankeş Cad., im Parkhaus, Tel. 0212 293 68 80, Tram T1/Tünel Karaköy, tgl. 6–22 Uhr. Große Auswahl an Feinkost (auch zum Mitnehmen geeignet), Frühstückscafé und Snacks.

Alte Bücher über Pera – **Librairie de Péra** 2: Beyoğlu, Galip Dede Cad. 22, Metro M2 Şişhane/Tram T5/Tünel Tünel, tgl. 10–19.30 Uhr. In dem kleinen Laden unweit vom Tünel-Platz finden sich vor allem Bücher aus dem späten 19. und frühen 20. Jh. in verschiedenen Sprachen – auch über das Osmanische Reich und die Anfänge der Türkei in deutscher Sprache.

Stilvolle Souvenirs – **Artrium** 3: Beyoğlu, Tünel Geçidi 3–7; s. S. 42.

Urlaubslektüre – **Türk-Alman Kitabevi** 4: Beyoğlu, İstiklal Cad. 395; s. S. 43.

Secondhand – **By Retro** 5: Beyoğlu, İstiklal Cad. 166, Suriye Pasajı; s. S. 44.

Glas und Porzellan – **Paşabahçe** 6: Beyoğlu, İstiklal Cad. 314; s. S. 43.

Reiseliteratur – **Robinson Crusoe** 7: Beyoğlu, İstiklal Cad. 195A (389); s. S. 43.

Antiquitäten und Secondhand – **Çukurcuma-Viertel** 8: Beyoğlu, Galatasaray, Çukurcuma Cad.; s. S. 42, 232.

Nicht nur Fische – **Balık Pazarı** 9: Beyoğlu, Sahne Sk.; s. S. 43, 233.

Türkische Jeans – **Mavi Jeans** 10: Beyoğlu, İstiklal Cad. 117; s. S. 44.

Antike Kelims – **Antikart** 11: Beyoğlu, İstiklal Cad. 209, Atlas Kuyumcular Çarşısı; s. S. 43.

Aktiv

Gestiftet von Beyazıt II. – **Galatasaray Hamamı** 1: Galatasaray, Turnacıbaşı Sk. 24; s. S. 99, 233.

Unterricht im Bauchtanz – **Dancentrum** 2: Elmadağ, Harbiye Çayırı Sk. 3/3. Stock, Tel. 0212 230 02 94, www.dancentrum.com. Nesrin Topkapı gilt in der Türkei als die beste Bauchtänzerin aller Zeiten. In ihrem Dancentrum in der Nähe des Taksim-Platzes gibt sie seit 2009 Kurse in drei Staffeln: tagsüber, abends und am Wochenende. Neben den 16 und 32 Std. dauernden Kursen können auch kürzere Einzeltermine gebucht werden.

Jogging – Über den **Gezi Parkı** 3 am Taksim-Platz, sofern er zugänglich ist, lohnt sich der Weg in den weitläufigen **Maçka-Park** (am Militärmuseum Askeri Müze, *dolmuş* von Beşiktaş oder Bus von Taksim bis Harbiye). Daneben bietet sich auch das **Bosporus-Ufer** ab Arnavutköy an. Hier ist der Bürgersteig breit und angenehm zu laufen. Morgens und abends zur Rush-Hour stört allerdings der Verkehr (Bus von Taksim oder Beşiktaş nach Arnavutköy).

Abends & Nachts

Jazzrestaurant – **Nardis Jazz Club** 1: Beyoğlu, Kuledibi Sk. 14; s. S. 48.

Relaxed – **Babylon Lounge** 2: Beyoğlu, Asmalımescit Mah., Jurnal Sk. 4; s. S. 46.

Indie-Club – **Babylon** 3: Beyoğlu, Şeyhbender Sk. 3; s. S. 48.

Echtes Pera-Flair – **Orient Bar** 4: Beyoğlu, Meşrutiyet Cad. 198; s. S. 47, s. auch Entdeckungstour S. 230.

Jazz, Soul, Retro – **Ghetto** 5: Beyoğlu, Kamer Hatun Cad. 10; s. S. 48.

Rock und Pop – **Jolly Joker** 6: ▶ Karte 2, J 2, Beyoğlu, Balo Sk. 22; s. S. 49.

Schönstes Kino – **Atlas Sineması** 7: Beyoğlu, İstiklal Cad. 209; s. S. 51.

Zwischendurch – **Café Keyif/Alkazar Cinema** 8: Beyoğlu, İstiklal Cad. 179, Metro M2/Tram T5/Füniküler Taksim, tgl. 12–3 Uhr. Das kleine Café, das sich abends in eine Bar verwandelt, liegt in einer Nische im Eingangsbereich zum Kino Alkazar (s. S. 51) und ist ein guter Treff zum Auftakt des Abends oder auch nachmittags.

Galerie & Klassik – **Borusan Kültür ve Sanat Merkezi** 9: Beyoğlu, İstiklal Cad. 213; s. S. 51.

Lesbian – **Bigudi** 10: Beyoğlu, Mis Sk. 5; s. S. 50.

Latin, Rock und Hip-Hop – **Hayal Kahvesi** 11: Beyoğlu, Büyükparmakkapı Sk. 19; s. S. 49.

Trendy – **Dulcinea Mania** 12: Beyoğlu, İstiklal Cad., Meşelik Sk. 20, www.dulcinea.org, Metro M2/Tram T5/Füniküler Taksim, tgl. 11–2 Uhr, am Wochenende open end. Die Bar ist ein Platz für alle, die sich zur künstlerischen und musikalischen Avantgarde zählen. Tagsüber Café und Kneipe, abends und nachts Party – zwischendurch werden Ausstellungen gezeigt.

Progammkino – **Beyoğlu Sineması** 13: Beyoğlu, İstiklal Cad. 140; s. S. 51.

Klassik, Oper, Ballett – **Atatürk Kültür Merkezi (AKM)** 14: Taksim Meyd.; s. S. 51, 234.

Ein Bier am Tresen – **Erit'ta** 15: Taksim, Sıraselviler Cad. 42, Metro M2/Tram T5/Füniküler Taksim, tgl. 12–2 Uhr. Nette, nicht allzu laute Kneipe, in der auch warmes Essen serviert wird. Der beste Platz ist allerdings am Tresen, wo man auch mal in Ruhe ein Bier trinken kann.

Bärentreff – **Tek Yön** 16: Beyoğlu, Sıraselviler Cad. 63/1; s. S. 50.

Mit Aussicht – **Andon Pera** 17: Beyoğlu, Sıraselviler Cad. 89; s. S. 46.

Für alle Altersklassen – **Roxy** 18: Taksim, Sıraselviler Cad., Aslan Yatağı Sk. 113; s. S. 50.

Stylish mit toller Aussicht – **5. Kat** 19: Cihangir, Soğancı Sk. 7; s. S. 47.

Traditionell gay – **Barbahçe** 20: Taksim, Sıraselviler Cad., Soğancı Sk. 7/1; s. S. 50.

Das Beste auf einen Blick

Harbiye, Dolmabahçe und Ortaköy

Highlight !

Dolmabahçe Sarayı: Luxuriöses Leben in der pompösen Manier europäischer Könige und Fürsten – so wohnten die letzten osmanischen Herrscher in einem riesigen Palast am Bosporus-Ufer. 3 S. 241

Auf Entdeckungstour

Der Yıldız-Parkı – Streifzug durch den Garten des Sultans: Der Yıldız Parkı ist die größte innerstädtische Grünanlage Istanbuls. Er verbindet einen Sultanspalast am Bosporus mit einem osmanischen Jagdschloss auf dem Hügelkamm. Die grüne Oase am Bosporus-Hang bietet gepflegte Gartenkultur ebenso wie ökologischen Wildwuchs; in zwei Schlösschen kann man einkehren. S. 248

Kultur & Sehenswertes

Aufspiel der Janitscharen: Orginal bekleidet präsentiert sich im Askeri Müze die Mehter-Kapelle, das älteste Militärorchester der Welt. 1 S. 240, 241

Deniz Müzesi: Das Marinemuseum behandelt die osmanische Seefahrt und verwahrt die alten Prunkbarken der Sultane. 7 S. 246

Aktiv unterwegs

Pürovel Spa & Sport im Swissôtel: Das beste Wellnessangebot der Stadt. 1 S. 57, 252

Suada: Das Inselbad in Kuruçeşme bietet einen Pool mit Meerwasser und Music-Bar. 2 S. 252

Genießen & Atmosphäre

Hanedan Beer Port: Eine beliebte Bierhalle mit einer großen Terrasse zum Wasser hin. 2 S. 46, 251

Dahill Restaurant: Am Hang des Yıldız-Park diniert man mit wunderbarem Bosporus-Brücken-Blick. 4 S. 250, 251

Ortaköy Sanat Pazarı: Bilder, Malerporträts und Trödel. 4 S. 43, 251

Abends & Nachts

City Lights Bar: Die noble Dachterrassenbar des Ceylan InterContinental Hotel am Taksim-Platz ist für ihren Nachtblick über das erleuchtete Istanbul berühmt. 4 S. 47, 253

Kuruçeşme: Kuruçeşme ist die Partymeile Istanbuls. Clubs wie **Reina** 8 und **Sortie** 10 bieten Bars, Restaurants und Openair-Floors in einer Anlage. Hier feiern die Reichen und die Schönen. S. 50, 253

Die Gärten des Sultans

Nördlich vom Taksim bis hinunter zum Bosporus-Ufer bei Ortaköy erstreckt sich das moderne Istanbul: Technische Universität, Kulturinstitutionen, Theater und moderne Luxushotels geben in Harbiye, unmittelbar angrenzend an den Taksim-Platz, den Ton an. Mit dem Maçka Parkı fällt das Relief steil zum Bosporus ab, wo das İnönü-Stadion Heimat des berühmten Vereins Beşiktaş ist. In den komfortablen Apartments von Nişantaşı entlang der Vali Konağı Caddesi wohnen vor allem die wohlhabenden Istanbuler. Entsprechend sind die Auslagen der Geschäfte, die Cafés und Restaurants hier um einiges schicker. Entlang der Cumhuriyet Caddesi fährt die moderne Metro hoch bis Maslak und Levent – das ist heute der Finanzdistrikt Istanbuls mit einer beeindruckenden Hochhaus-Skyline.

Infobox

Reisekarte: ▶ Karte 6, A 4/5–D 4/5

Information

Touristeninformation: Istanbul Hilton Hotel, Cumhuriyet Cad., Harbiye, tgl. 9–16.30 Uhr

Routenverlauf

Für den gut 1 km langen Weg vom Taksim-Platz entlang der Cumhuriyet Caddesi bis zum Askeri Müze bzw. 2 km bis Atatürk Müzesi nimmt man die Metro M2. Am Dolmabahçe Sarayı und am Yıldız Parkı hält jeder Bus, der am Taksim-Platz startet und den Bosporus hinauffährt. Alternativ fährt man mit der Füniküler-Seilbahn unterirdisch vom Taksim nach Kabataş.

Am Bosporus erinnern der Dolmabahçe-Palast und die Schlösser im Yıldız-Park an die osmanische Zeit. Ortaköy unterhalb der ersten Bosporus-Brücke (Boğaziçi Köprüsü) wurde dagegen als Künstler- und Studenten-Viertel bekannt und ist heute ebenso wie Kuruçeşme hinter der Brücke das angesagteste und teuerste Ausgehviertel der Stadt.

Harbiye

Askeri Müze (Militärmuseum) 1

Nişantaşı, Vali Konağı Cad., Metro M2 Osmanbey/Bus Harbiye, Mi–So 9–16.30 Uhr, 5 TL, Auftritt der Janitscharenkapelle (Mehter) um 15 Uhr, *s. S. 58*

An der Cumhuriyet Caddesi, die vom Taksim Meydanı ins nördliche Stadtviertel Şişli führt, reihen sich die Büros der Fluggesellschaften und die großen Hotels wie Sheraton, Divan und Hilton.

Ein kleines Stück oberhalb des Hilton liegt das Askeri Müze. Neben Waffen und Ausrüstungsgegenständen aus dem 12.–20. Jh. sind prachtvolle Sultansgewänder, Uniformen des Osmanischen Reiches und der Republik, Zeugnisse der deutsch-türkischen Beziehungen und nicht zuletzt Dokumente zum Krieg um Zypern ausgestellt. Die mit Wachsfiguren ausgestatteten Prunkzelte vermitteln eine Vorstellung vom Lagerleben während der Eroberungszüge der Osmanen. An der Ostseite des Museums sind zahlreiche unterschiedliche Kanonen aus osmanischer Zeit aufgestellt.

Atatürk Müzesi 2

Şişli, Halaskargazi Cad. 250, Metro M2/Bus Osmanbey/Bus Şişli, Di–Sa 9–16 Uhr, Eintritt frei, *s. S. 58*

Restaurantterrasse mit Blick zur Ortaköy-Moschee

Weiter nördlich in Şişli befindet sich das Atatürk-Museum. Nach seiner Rückkehr von der syrischen Front im Jahr 1918 wohnte Mustafa Kemal für ein knappes Jahr in dem dreistöckigen Haus und hielt dort nationale Konferenzen und Geheimtreffen ab. Heute sind hier zahlreiche Bilder und Dokumente des Befreiungskampfes, Fotografien aus seinem Leben, persönliche Gegenstände, Kleidungsstücke, eine Haarlocke und sogar das in Gold gefasste Gebiss des ›Vaters der Türken‹ ausgestellt.

Mein Tipp

Aufspiel der Janitscharen
Ein außergewöhnliches Erlebnis ist die Mehter, die Janitscharenkapelle, die Mi–So um 15 Uhr im Garten des Askeri Müze aufspielt. Die Mehter-Kapelle war das erste Militärorchester der Welt. Ihre Marschmusik regte Gluck, Mozart und Beethoven zu eigenen Kompositionen, den türkischen Märschen, an.

Rund um den Dolmabahçe-Palast

Dolmabahçe Sarayı ! 3

Beşiktaş, Dolmabahçe Cad., Tram T1 Kabataş/Bus/Fähre Beşiktaş oder Kabataş, Di/Mi, Fr–So 9–16, im Winter nur bis 15 Uhr, Selamlık 30 TL, Harem 20 TL, Kombi 40 TL, s. S. 59

Unterhalb des Taksim Meydanı, unmittelbar am Bosporus, liegt der dritte große Sultanspalast Istanbuls, der Dolmabahçe Sarayı. Der junge Sultan Abdülmecit I. (reg. 1839–61) beauftragte den Architekten Karabet Balyan, ei-

Lieblingsort

Grün und ruhig ▶ L 1
Warten in der Schlange und dann zwei Führungen durch die beeindruckenden Prunkgemächer des Dolmabahçe Sarayı ... was hat man sich danach mehr verdient als eine Pause unter den schattenspendenden Bäumen beim **Dolmabahçe Saatkulesi** 4 (Uhrenturm, s. auch S. 246) mit erholsamem Blick zu den langsam vorbeiziehenden Schiffen auf dem Bosporus. An diesem historischen Ort ließ Sultan Mehmet II. kurz vor der Eroberung der Stadt seine Schiffe über Land ins Goldene Horn tragen, um die byzantinische Sperrkette zu umgehen.

Harbiye, Dolmabahçe und Ortaköy

Sehenswert

1. Askeri Müze (Militärmuseum)
2. Atatürk Müzesi
3. Dolmabahçe Sarayı
4. Dolmabahçe Saatkulesi
5. Dolmabahçe Camii
6. Resim ve Heykel Müzesi
7. Deniz Müzesi
8. Çırağan Sarayı
9. Yıldız Sarayı
10. Çadır Köşkü
11. Malta Köşkü
12. Şale Köşkü (Yıldız Şale Müzesi)
13. Yıldız Porselen Fabrikası
14. Ortaköy Camii

Essen & Trinken

1. L'Entrecôte de Paris
2. Hanedan
3. Tuğra
4. Dahill Restaurant
5. Çınaraltı Restoran
6. Mado
7. Banyan

Einkaufen

1. Derishow
2. Büyük Beşiktaş Carsısı
3. Kabalcı
4. Ortaköy Sanat Pazarı
5. Galeri 310

Aktiv

1. Pürovel Spa & Sport
2. Suada

Abends & Nachts

1. Cemal Reşit Rey Konser Salonu
2. Touchdown
3. Kervansaray
4. City Lights Bar
5. Istanbul Jazz Center
6. Feriye Eurimages
7. Crystal
8. Reina
9. Blackk
10. Sortie

nen türkischen Armenier, und dessen in Paris lernenden Sohn Nikogos mit dem Bau dieses Palasts, der sich stark an westlicher Schlossarchitektur orientiert. Er wurde 1853 fertiggestellt und diente bis zum Ende des Osmanischen Reiches als Hauptresidenz des Sultans. Kemal Atatürk, der im Palast wohnte, wenn er sich in Istanbul aufhielt, starb hier am 10. November 1938.

In früherer Zeit nahm eine kleine Hafenbucht diesen Platz ein. Sultan Ahmet I. (reg. 1603–17) ließ aber die Bucht mit Steinen auffüllen, was dem Gebiet den Namen Dolmabahçe, Gefüllter Garten, eintrug. Ein neuer Pavillon diente fortan als Sommerresidenz der Sultane, bis er 1840 abbrannte und den Baugrund für Abdülmecits Serail freigab.

Der Palast erstreckt sich über 600 m am Ufer. Eine Marmorterrasse trennt ihn vom Meer, zur Straße hin schützt ihn eine Mauer. Der Bau, in Neobarock und -klassizismus ausgeführt, ist in drei Bereiche aufgeteilt: Im mittleren Trakt liegt der Thronsaal des Sultans, links davon befinden sich die Regierungsräume und rechts die Privatgemächer (Harem und Räume des Thronfolgers). Auf zwei Etagen verteilen sich 18 Salons und etwa 200 Zimmer. Den Palastpark gestaltete der deutsche Gartenbaumeister Sester. Durch die Besuchern zugänglichen Teile finden Führungen in verschiedenen Sprachen statt.

Die **Selamlık-Führung** (ca. 45 Min.) umfasst prunkvolle Säle mit Fresken, wertvollen Teppichen, riesigen Kronleuchtern und erlesenen Einrichtungsgegenständen, Gastgeschenke von Staatsmännern aus aller Welt und ein Bad komplett aus Alabaster. Das große Treppenhaus mit seiner Kristallbalustrade erinnert an die Pariser Oper.

Der **Haremstrakt** (Dauer der Führung ca. 30 Min.) birgt die Privatgemächer des Sultans und seiner Frauen. Die originale Ausstattung vermittelt ein lebendigeres Bild vom luxuriösen Leben der Sultansfamilie als der Topkapı-Palast. Im Sterbezimmer Atatürks steht die Uhr auf 9.05 Uhr, dem Todeszeitpunkt des Gründers der Türkischen Republik.

Im **Küchentrakt** ist eine Sammlung repräsentativer Gebrauchsgegenstände der Sultansfamilie zu sehen, inklusive Blick in das beeindruckende **Depot des Museums** (Zugang von der Beşiktaş Cad., Di/Mi, Fr–So 8.30–17 Uhr, 5 TL).

Westlich des Dolmabahçe-Palasts

Zwischen dem Palast und der Dolmabahçe Camii erhebt sich der 27 m hohe **Dolmabahçe Saatkulesi** 4 (s. auch Lieblingsort S. 243), der 1890 im neobarocken Stil unter der Regierung Abdülhamits II. erbaute Uhrenturm. Kleine Springbrunnen zieren die Ecken der etwas erhöhten Basis.

Die **Dolmabahçe Camii** 5 ist eine Stiftung von Bezmi-Ahlem Valide Sultan, der Mutter Abdülmecits. Nikogos Balyan baute sie zusammen mit dem Palast. Auch hier kommt sein typischer Historismus voll zur Geltung. Die Eckpfeiler des kubischen Baus enden in Barocktürmchen. Der Eingangstrakt zitiert die Palastarchitektur und trägt zwei schlanke Minarette, die wie korinthische Säulen erscheinen. Auch innen ist die Moschee in barocker Manier gehalten. Die Kuppel wird durch Malerei illusionistisch erhöht.

Östlich des Dolmabahçe-Palasts

Im historischen Thronfolgerpalais des Dolmabahçe-Palasts zeigt das **Resim ve Heykel Müzesi** 6 (Gemälde- und Skulpturenmuseum, bei Redaktionsschluss wegen Renovierung geschl.; s. S. 59) Arbeiten türkischer Künstler des 19. und 20. Jh. – häufig Istanbuler Motive, die hier so romantisch erscheinen, wie man sie in der Realität leider längst nicht mehr erleben kann.

Im **Deniz Müzesi** 7 (Marinemuseum, Hayrettin İskelesi Sk., www.denizmuzeleri.tsk.tr/idmk, Bus/Fähre Beşiktaş, bei Redaktionsschluss wegen Renovierung geschl.; s. S. 58) sind neben Dokumenten zur osmanischen und türkischen Seefahrt vor allem die Prunkbarken der Sultane und Haremsdamen sehenswert. Mit ihnen ließen sie sich über den Bosporus oder das Goldene Horn rudern.

Yıldız Parkı und Ortaköy

Zwischen Dolmabahçe und Ortaköy erstreckt sich der große **Yıldız Parkı,** der heute als Naherholungsgebiet dient und vor allem von Familien und jungen Pärchen frequentiert wird (s. Entdeckungstour S. 248).

Çırağan Sarayı 8

Cıragan Cad. 32

Nur wenig östlich von Dolmabahçe liegt der Çırağan-Palast, ein ebenso prachtvoller Bau. Unter Abdülaziz wurde der Palast 1874 in der heutigen Form fertiggestellt, bereits seit dem 17. Jh. bestand hier eine höfische Sommerresidenz. Sultan Abdülaziz verstarb hier nur zwei Jahre darauf, anschließend hielt sein Nachfolger Abdülhamit II. seinen Bruder Murat V., den rechtmäßigen, aber geisteskranken Thronerben, 1876–1904 dort gefangen. Dann tagte hier für zwei Monate die türkische Nationalver-

Prachtvolles Barocktor des Dolmabahçe-Palasts mit Blick zum Bosporus

sammlung, bis der Palast 1910 vollständig ausbrannte und anschließend nur noch als Baustofflager diente. Anfang der 1990er-Jahre wurde er restauriert und unter dem Namen Çırağan Palace Kempinski als luxuriöseste Adresse der Stadt eröffnet.

In den Bars mit höchst gepflegtem Ambiente kann jeder etwas Luxus schnuppern; die verschiedenen Cafés und Restaurants bieten erlesene Köstlichkeiten in entspannender Ruhe und mit herrlichem Blick auf den Bosporus.

Yıldız Sarayı 9

Barbaros Bulv., Yıldız Cad., Bus/Fähre Beşiktaş, www.yildizpalace.com.tr, Yıldız Sarayı Müzesi: Mi–Mo 9–19, letzter Einlass 18 Uhr, 5 TL, s. S. 60

Im Nordwesten des Yıldız-Parks liegen hinter hohen Mauern die Gebäude des Yıldız-Palasts, in den sich Sultan Abdülhamit II. aus Angst vor Mordanschlägen zurückzog (kein Zugang vom Park). Das Gebäude beherbergt heute das **Yıldız Sarayı Müzesi** mit Originalmobiliar, persönlichen Dingen des Sultans und dem privaten Palasttheater. ▷ S. 251

Auf Entdeckungstour: Der Yıldız Parkı – Streifzug durch den Garten des Sultans

Der Yıldız-Park ist die größte innerstädtische Grünanlage Istanbuls. Er verbindet einen Sultanspalast am Bosporus mit einem osmanischen Jagdschloss auf dem Hügelkamm. Die grüne Oase am Bosporus-Hang bietet gepflegte Gartenkultur und ökologischen Wildwuchs; in zwei Schlösschen kann man einkehren.

Cityplan: S. 244
Anfahrt: ab Anleger Beşiktaş per Bus bis Çırağan Sarayı oder zu Fuß.
Yıldız Parkı: Der Eingang liegt gegenüber dem Hotel Çırağan Palace Kempinski, Okt.–Mai tgl. 9–18, Juni–Sept. tgl. 9–20 Uhr, Eintritt frei.
Vom Park aus zugänglich sind **Çadır Köşkü** 10 (tgl. 9–18 Uhr), **Malta Köşkü** 11 (tgl. 9–18 Uhr), **Şale Köşkü** 12 (Yıldız Şale Müzesi, Di/Mi, Fr–So 9–17 Uhr, 10 TL) sowie die **Yıldız Porselen Fabrikası** 13 (Mo–Fr 9–15 Uhr).
Yıldız Sarayı/Yıldız Sarayı Müzesi 9 : separate Anfahrt, da nur von der Straße her (Barbaros Bulv., Yıldız Cad.) zugänglich; s. S. 247.
Dauer: 2–4 Std. (ohne Besichtigungen).

Tipp: Bevor Sie den Spaziergang in den Park beginnen, sollten Sie einen Versuch unternehmen, einen Blick in den **Çırağan Sarayı** 8 **,** früher ebenfalls eine Sultansresidenz, zu erhaschen s. S. 246).

Teatime beim Sultan

Direkt gegenüber dem Hotel **Çırağan Palace Kempinski** nimmt man den linken Weg – der Park ist übrigens nichts für Jogger, denn alle Wege führen ziemlich steil den Hang hinauf. Das Parkgelände erstreckt sich zu beiden Seiten einer Schlucht, durch deren Becken mit kleinen Wasserfällen im Frühjahr ein Bach in den Bosporus plätschert. Während die von unten aus gesehen linke Hälfte des Parks einem gepflegten Garten gleicht, hat man auf der rechten Seite der Schlucht den ursprünglichen Wildwuchs weitgehend naturbelassen. Hier stehen die schönsten Bäume des Parks, darunter uralte Platanen, Eichen und Buchen.

Hat man ungefähr zwei Drittel des Anstiegs bewältigt, erreicht man inmitten großer Bäume das kleinere der beiden Gartenschlösschen, den **Çadır Köşkü** 10 (*köşkü* = Pavillon). Unter einer Pergola ist hier ein angenehmer Teegarten mit Blick auf einen See entstanden – man versteht gut, warum dieses Gelände einmal für die Eliten des Reiches reserviert war.

Sowohl im Çadır Köşkü als auch im zweiten, größeren und darüber hinaus noch glanzvoller restaurierten **Malta Köşkü** 11, der auf ungefähr gleicher Höhe auf der anderen Seite der Schlucht liegt, kann man den gepflegtesten Tee oder Kaffee der Stadt trinken und hat dabei einen wunderbaren Blick in den Park und auf den Bosporus.

Beide Schlösschen sind ebenso wie der Çırağan-Palast in den 1980er-Jahren restauriert und so vor dem Verfall gerettet worden. Initiator war der damalige Vorsitzende des türkischen Automobilclubs TTOK, Çelik Gülersoy, der sich bis zu seinem Tod im Jahr 2003 um den Erhalt historischer Gebäude in Istanbul sehr verdient gemacht hat.

Die berühmteste Schreinerwerkstatt

Den oberen Rand des Parks im Westen begrenzt eine hohe Mauer, hinter der sich der **Yıldız Sarayı** 9 verbirgt. Dieses ehemalige Jagdschloss, das im 16. Jh. noch inmitten ausgedehnter Wälder lag, bevor die Stadt immer näher rückte, war von 1870 an der Rückzugsort für den letzten autokratisch regierenden Sultan, Abdülhamit II. Er verschanzte sich in diesem Schloss, weil er Angst vor einem Attentat hatte und sich im Dolmabahçe-Palast nicht mehr sicher fühlte. Die Monarchien Europas wankten, und auf den russischen Zaren war bereits erfolgreich ein politisches Attentat verübt worden. Abdülhamit verteidigte seine Macht in dem von nationalen Aufständen erschütterten Vielvölkerstaat mit allen Mitteln polizeilicher Repression – bis er durch den Putsch der Jungtürken seinen Thron verlor. In Erinnerung geblieben ist er aber auch als begeisterter Handwerker. Er ließ sich innerhalb des Palasts eine große Schreinerwerkstatt einrichten, in der er sich eifrig als Heimwerker betätigte.

Nur ein kleiner Teil des Yıldız-Palasts ist direkt vom Park aus begehbar und zu besichtigen. Der mit 50 Zimmern ausgestattete **Şale Köşkü** 12 im Norden des Parks erinnert etwas an die Architektur eines Schweizer Chalets. Schon zahlreiche Staatsgäste, u. a. Kaiser Wilhem II., Winston Churchill und Charles de Gaulle, wurden hier empfangen und standesgemäß bewirtet. Heute ist der Palast als Museum geöffnet. Eindrucksvoll sind der 24 x 13 m große und mehrere Tonnen schwere Hereke-Teppich im Hauptsalon sowie die schönen Deckenbilder mit Landschaftsmotiven.

Das Geschirr der Palastküche

Folgt man dem Weg an der Mauer des Yıldız-Palasts gelangt man am Ende zu einem Schlösschen ganz eigener Art. Es handelt sich um die wieder aufgebaute und 2009 neu eröffnete königliche Porzellanmanufaktur, die **Yıldız Porselen Fabrikası** 13 im Osten des Parks, die 1895 gegründet wurde. Hier wird heute in sorgfältiger Handarbeit das Geschirr des Sultans originalgetreu reproduziert. In einem Flügel werden die noch weißen Vasen, Teller oder auch kleine Skulpturen gebrannt und anschließend im Haus gegenüber nach festgelegten Motiven von Hand bemalt. Wie auch bei den Fayencen aus İznik oder Kütahya, die berühmte Paläste und Moscheen schmücken, überwiegt auch beim osmanischen Porzellan ornamentales Dekor.

Gleich am Eingang des Manufakturgeländes steht ein Verkaufspavillon. Man kann aber auch über die Anlage schlendern und durch die Fenster einen Blick auf die Herstellung erhaschen.

Ganz am Ende des Areals der Yıldız Porselen Fabrikası führt ein Weg zum **Dahill Restaurant** 4 (s. S. 251), wo eine große Terrasse geradezu über dem Bosporus schwebt. Der Platz ist wie geschaffen als krönender Abschluss des Spaziergangs durch den Garten des Sultans.

Der Yıldız-Park – Streifzug durch den Garten des Sultans 9 – 13
s. Entdeckungstour S. 248

Ortaköy

Bus/Fähre Ortaköy
Unterhalb der Bosporus-Brücke liegt Ortaköy, das sich mit seinen **Cafés, Restaurants und fliegenden Ständen** für *kumpir* (Backkartoffeln mit Salatfüllung nach Wahl) zu einem beliebten Ausflugsziel der Istanbuler entwickelt hat. Auch sonntags lohnt ein Besuch, da hier ein Kunst-(Floh-)markt, der **Ortaköy Sanat Pazarı 4**, stattfindet, wo man nach Trödel und Kunsthandwerk stöbern kann; Maler fertigen binnen 45 Minuten Porträts an.

Markant erhebt sich die kleine **Ortaköy Camii 14** (Mecidiye Köprüsü Sk., in Restaurierung bis mindestens Frühjahr 2014) auf einem Landvorsprung neben dem Schiffsanleger. 1854 erbaute Nikogos Balyan, der gemeinsam mit seinem Vater auch den Dolmabahçe-Palast errichtete, diese neobarocke Moschee. Der architektonische Historismus jener Bauten findet auch in der Ortaköy Camii auf gelungene Weise Ausdruck.

Im **Teegarten** *(çay bahçesi)* neben der Moschee kann man sich bei einem Glas Tee und einer Wasserpfeife ganz dem *keyif*, dem behaglichen Nichtstun, hingeben. Zu exzellenten Fischgerichten oder auch nur zu ein paar leckeren Vorspeisen lädt das **Çınaraltı Restoran 5** unweit der Fähranlegestelle ein.

Essen & Trinken

Französische Steaks – **L'Entrecôte de Paris 1**: Nişantaşı, Teşvikiye Cad. 162, City's Center, Kat. 5; s. S. 39.
Frisch gezapft – **Hanedan 2**: Beşiktaş, Barbaros Meyd., Çiğdem Sk. 3 (neben der Anlegestelle nach Üsküdar), www.hanedanrestaurant.com, Bus/Fähre Beşiktaş. Fleischrestaurant: Tel. 0212 260 48 54, Fischrestaurant: Tel. 0212 259 40 17, Dürümce: Tel. 0212 259 49 24, Beer Port: Tel. 0212 260 39 99, Barbaros Nargile: Tel. 0212 227 65 06. In den beiden oberen Etagen des Hauses direkt am Bosporus liegen das Fleisch- und das Fischrestaurant. Im Dürümcer gibt es vor allem *kebap* und *dürümler* (Rollos), tgl. 12–14 Uhr, Menü ab 15 €. Bekannt und beliebt aber ist vor allem der Beer Port (Bier 0,5 l ca. 4 €), eine gepflegte Bierhalle mit großer Terrasse zum Meer hin. Da in Istanbul Biergärten in schöner Lage ohne Essenszwang selten sind, ist hier immer etwas los.
Wie beim Sultan – **Tuğra 3**: Beşiktaş, Çırağan Palace Kempinski, Çırağan Cad. 32; s. S. 36.
Rast im Park – **Dahill Restaurant 4**: Beşiktaş, Palanga Cad., am Rand des Yıldız-Parks, Tel. 0212 227 49 28, Bus/Fähre Ortaköy, tgl. 11.30–24 Uhr, Menü ab 50 €. Modernes Styling, schöner Bosporus-Brücken-Blick, türkische und internationale Küche; s. Entdeckungstour S. 250.
Fischlokal mit Superblick – **Çınaraltı Restoran 5**: Ortaköy, İskele Meyd. 28, Tel. 0212 227 33 81, www.cinaralti.com, Bus/Fähre Ortaköy, tgl. 12–1 Uhr, Menü ca. 14–30 €, Wein um 30 €, *rakı* ab 15 €. Reiche Auswahl an Vorspeisen und köstliche Fischgerichte direkt am Bosporus mit Blick auf die illuminierte Ortaköy-Moschee.
Gutes Eis – **Mado 6**: Ortaköy, Osmanzade Sk. 26; s. S. 40.
Wie auf einem Schiffsdeck – **Banyan 7**: Ortaköy, Salhane Sk. 3; s. S. 39.

Einkaufen

Abendgarderobe – **Derishow 1**: Nişantaşı, Vali Konağı Cad. 20; s. S. 44
Stadtteilmarkt – **Büyük Beşiktaş Carsısı 2**: Beşiktaş, Beşiktaş İskelesi; s. S. 44.

Musik und Bücher – **Kabalcı 3**: Beşiktaş, Sinan Paşa Mah., Ortabahçe Cad. 8/A, www.kabalci.com.tr, Bus/Fähre-Beşiktaş, tgl. 9–21 Uhr. Unweit der Fähranlegestelle von Beşiktaş, in der Hauptstraße in den Ort hinein, verkauft das Kulturkaufhaus Kabalcı unter anderem Bücher, Bildbände (auch in Englisch), Schreibwaren, Postkarten und nicht zuletzt Musik-CDs und DVDs.

Kunstmarkt am Bosporus – **Ortaköy Sanat Pazarı 4**: Ortaköy Meyd., jeden Sonntag; s. S. 43, 251.

Miniaturen – **Galeri 310 5**: Ortaköy, Dereboyu Cad. 114/A, tgl. 9–20 Uhr. Die Inhaberin Sabine Buchmann sammelt und verkauft schöne Miniaturen mit oder ohne Rahmen. Die feine Malkunst, die ihre Ursprünge in Persien hat, kann hier auch in Kursen gelernt werden.

Aktiv

Fitness am Bosporus – **Pürovel Spa & Sport 1**: Beşiktaş, Bayıldım Cad. 2, im Swissôtel The Bosphorus, www.swissotel.com/hotels/istanbul/spa-fitness/, Tel. 0212 326 11 00, Schwimmbäder und Fitnesssalon tgl. 6.30–23 Uhr, Spa-Angebote 8–22 Uhr. Außenpool und Hallenbad, Gymnastikräume, türkisches Bad und Sauna bilden die Hauptbereiche im 4000 m² großen Wellnesszentrum des Swissôtel in Beşiktaş. Die Schönheitsfarm, der zum Bosporus hin abschüssige Sultanspark zum Joggen und diverse Sportangebote wie Tennis, Fechten, Yoga und Golf runden das Angebot ab. Man muss nicht Hotelgast sein, Anmeldung und Eingang im 5. Stock des Hotels.

Inselbad mit Restaurants – **Suada 2**: Kuruçeşme, Tel. 0212 263 73 00, www.suada.com.tr, Bus Kuruçeşme, dann Shuttle-Boot (ca. 35 €/Person). Es gibt einen Pool mit gereinigtem Meerwasser und verschiedene Restaurants, die von *kebap* (ab 9 €) über Fisch bis zu japanischer Küche verschiedenste Speisen anbieten.

Abends & Nachts

Konzerte – **Cemal Reşit Rey Konser Salonu 1**: Harbiye, Darülbedayi Cad. 1; s. S. 51.

After Shopping – **Touchdown 2**: Nişantaşı, Abdi İpekçi Cad. 61/11, Reasürans Çarşısı; s. S. 47.

Bauchtanz all inclusive – **Kervansaray 3**: Harbiye, Cumhuriyet Cad. 52/A; s. S. 48.

Im Reina tanzen die Schönen und Schicken bei bestem Bosporus-Blick

Nicht nur Business People – **City Lights Bar** 4: Ceylan InterContinental Hotel, Taksim, Asker Ocağı Cad.; s. S. 47.
Jazz & Blues – **Istanbul Jazz Center** 5: Ortaköy, Çırağan Cad. 46/Salhane Sk. 10; s. S. 48.
Elegant – **Feriye Eurimages** 6: Ortaköy, Çırağan Cad. 124; s. S. 51.
House & Techno – **Crystal** 7: Ortaköy, Muallim Nacı Cad. 65; s. S. 49.
Promi-Location – **Reina** 8: Ortaköy, Muallim Nacı Cad. 44; s. S. 50.
Edel-Club – **Blackk** 9: Kuruçeşme, Muallim Nacı Cad. 71; s. S. 48.
Die Schicken und die Schönen – **Sortie** 10: Kuruçeşme, Muallim Nacı Cad. 141/142, Tel. 0212 327 85 85, www.sortie.com.tr, Bus Kuruçeşme, tgl. 18–4 Uhr. Die (nicht nur) Freiluftanlage am Bosporus war die erste ihrer Art, die unterschiedliche Locations ›unter einem Dach‹ vereinte. Hier können Sie von Sushi bis zu *kebap* alles finden, was das Herz begehrt. Oder Sie nehmen einfach nur einen Drink an der Bar. In der Mitte gibt es eine offene Tanzpiste unter den Sternen (viel R'n'B). Die Lage am Bosporus macht das Ganze zu einem Erlebnis. Auch bei schlechtem Wetter oder Kälte dank der schicken Räumlichkeiten angesagt. Aber Achtung: ohne Reservierung kein Einlass!

Das Beste auf einen Blick

Ausflüge

Highlights !

Bosporus: Mit der städtischen Schifffahrtslinie von einem Ufer zum anderen pendeln und dabei die Aussicht auf glanzvolle Paläste, moderne Hotels, alte Holzvillen, Burgruinen, Parkanlagen und malerische Fischerhäfen genießen. S. 256

Büyükada: Die größte der Prinzeninseln wartet mit einem beschaulichen Rundweg und erholsamen Stränden auf. S. 280

Kultur & Sehenswertes

Beylerbeyi Sarayı: Einer der schönsten kleineren Sultanspaläste. S. 262

Valide-i Atik Camii in Üsküdar: Sinans zweitgrößte *külliye* in Istanbul wartet mit prachtvollen Fliesen aus den Werkstätten von İznik auf. S. 269

Eyüp, ein muslimischer Wallfahrtsort: Am Nordende des Goldenen Horns erstreckt sich der Istanbuler Vorort Eyüp, zu dem alljährlich Hunderttausende muslimische Gläubige pilgern. S. 276

Zu Fuß & mit dem Rad

Spaziergang zur Burgruine Yoros: Von den Fischrestaurants am Anleger führt ein Wanderweg durch Naturlandschaft zur Burg Yoros. S. 263

Mit dem Fahrrad oder zu Fuß die Büyükada erkunden: Schöne Holzhäuser und schattige Kiefernwälder, Entspannung vom Trubel der Großstadt. S. 281

Genießen & Atmosphäre

Tulpenblüte im Emirgan Parkı: Tausende von Tulpen erblühen jedes Jahr in den unterschiedlichsten Farben und Formen in den Beeten des Parks. S. 259

Beylerbeyi: Im Beylerbeyi İskele Restaurant genießt man frischen Fisch, während gegenüber die untergehende Sonne der Altstadt eine Strahlenkrone aufsetzt. S. 263, 265

Abends & Nachts

Kız Kulesi in Üsküdar: Die alte Zollstation wird tagsüber zum Restaurant, abends zum Club. Auch James Bond alias Pierce Brosnan war schon mal da. S. 267, 274

Der Bosporus !

Der Bosporus (Boğaziçi) ist die Nahtstelle zweier Kontinente, Europa und Asien, und die Verbindung zwischen dem Schwarzen Meer und dem Marmarameer. Die 32 km lange Wasserstraße hat eine Tiefe von 30 bis 120 m, eine Breite von etwa 700 m bis zu maximal 3 km und weist eine starke Gegenströmung auf. Die wasserreichen, ins Schwarze Meer mündenden Flüsse führen zu einem kräftigen Oberstrom Richtung Marmarameer, und das salzreiche und dadurch schwerere Wasser aus dem Marmarameer drängt in der Tiefe als Unterstrom ins Schwarze Meer. Der Wind weht meistens aus Norden.

Neben Kreuzfahrtschiffen, Segelbooten und dem allgemeinen Fährbetrieb durchfahren jährlich über 50 000 Frachtschiffe die Meerenge. Unfälle verwundern da nicht.

Infobox

Reisekarte: ▶ Karte 4, F/G 1/2; Karte 5, C/D 1/2; Karte 6 E–G 1/2

Routenverlauf
Ab Eminönü gibt es spezielle Ausflugsboote für die Bosporus-Tour (Anleger Boğaz İskelesi auf Höhe Sirkeci-Bahnhof). Schöner ist es jedoch, mit einem Passagierschiff nach Sarıyer oder Anadolu Kavağı zwischen den Ufern zu pendeln (tgl. 10.35, 13.35 Uhr). In Anadolu Kavağı hat man je nach Ankunftzeit 1–3 Std. Aufenthalt, bevor das Schiff wieder nach Eminönü zurückkehrt. Die ganze Fahrt dauert etwa 6 Std., aber man kann das Schiff an europäischen Anlegestellen verlassen und mit dem Bus zurückkehren.

Die Ufer des Bosporus säumen Paläste, Burgen und malerische Holzvillen. Die waldreichen kleinen Orte, die schon in osmanischer Zeit zu den schönsten Gebieten der Türkei zählten, sind heute längst als Wohnviertel der besseren Gesellschaft in die Metropole integriert.

Seinen Namen verdankt der Bosporus dem griechischen Mythos: Göttervater Zeus verliebte sich in Io, eine Priesterin der Hera, seiner Gemahlin. Um die eifersüchtige Hera zu täuschen, verwandelte Zeus Io in eine weiße Kuh. Hera ahnte jedoch die List und schickte eine Bremse, die die Kuh von Land zu Land trieb. Auf der Flucht durchschwamm die verwandelte Io die Wasserstraße, die seither Bosporus, Furt der Kuh, genannt wird.

Schon immer hatte der Bosporus für die Stadt politisch-strategische Bedeutung, die landschaftliche Schönheit und das im Sommer durch den Nordwind angenehme Klima lernten die Türken jedoch erst vom 17. Jh. an in größerem Maße schätzen. Seit dieser Zeit reihen sich malerische Holzvillen, *yalı* genannt, an den Ufern. Heute werden sie allerdings immer mehr von modernen Bauten verdrängt.

Europäische Küste

Über Ortaköy (s. S. 251) ragt die **Boğaziçi Köprüsü** (▶ Karte 6, E 5), Bosporus-Brücke, auf, die bei ihrer Eröffnung eine der längsten Hängebrücken der Welt war. Seit 1973 verbindet sie das europäische mit dem asiatischen Ufer. Zwei 165 m hohe Doppelpylonen tragen die sechsspurige, 1580 m lange Fahrbahn. Da diese Brücke den Verkehr nicht mehr aufnehmen konnte, ist weiter nördlich bei Rumeli Hisarı eine zwei-

Die Aussicht genießen in Bebek

te Brücke über den Bosporus geschlagen worden, die **Fatih Sultan Mehmet Köprüsü** (▶ Karte 4, F/G 1). Sie wurde 1988 für den Verkehr freigegeben.

Bebek ▸ Karte 6, E–G 1/2

Bebek gehört mit seinen weißen Villen, vielen Bäumen, Grünanlagen und Lokalen zu den schönsten Orten auf der europäischen Seite des Bosporus. Am Kai laden zahlreiche Ufercafés mit köstlichen Süßspeisen und herrlichem Blick auf den Bosporus zum Verweilen ein.

Kurz vor der Sultan-Mehmet-Brücke liegen erhöht die Gebäude der englischsprachigen **Boğaziçi University.** Sie ging 1971 aus dem alten Robert College hervor, das der amerikanische Missionar Cyrus Hamlin 1863 gegründet hatte und zu den besten und schönsten Lehranstalten seiner Zeit zählte.

Aşiyan Müzesi ▸ Karte 6, G 2

Aşiyan Yokuşu, Bus von Beşiktaş oder Taksim nach Bebek, Di–Sa 9–16 Uhr, Eintritt frei, s. S. 58

Kurz vor der Bushaltestelle Aşiyan weist ein Schild zum Aşiyan Müzesi, dem ehemaligen Wohnsitz des türkischen Dichters Tevfik Fikret (1867–1915). Ein steiler Weg zwischen dem Aşiyan-Friedhof und dem großen Portal der Boğazıçı-Universität, dem früheren Robert College, führt zu dem schmucken Haus des Dichters. Dieser ließ es 1906 bauen, als er an der Universität unterrichtete. Fikret gilt als Wegbereiter der türkischen Moderne. Seine Werke sind von der impressionistischen Lyrik Frankreichs beeinflusst. Er gehörte mit seinen u. a. auch sozialkritischen Texten zu den führenden Autoren der legendären Zeitschrift Servet-i Fünun (Reichtum des Wissens), bis diese 1901 von der osmanischen Regierung zensiert wurde.

Rumeli Hisarı ▸ Karte 6, G 1

Rumelihisarı, Yahya Kemal Cad. 42, Bus von Eminönü nach Sarıyer, Do–Di 9–18 Uhr, 5 TL, s. S. 60

Romantisches Gemäuer: die Burg Rumeli Hisarı

Auf der nächsten Landzunge erheben sich die mächtigen Türme und Mauern von Rumeli Hisarı, türkisch für Europäische Festung. Hier, an der schmalsten Stelle des Bosporus (etwa 700 m), soll 512 v. Chr. die berühmte Schiffsbrücke des persischen Königs Dareios I. auf seinem Feldzug gegen die Skythen errichtet worden sein. Sultan Mehmet II. ließ die Burg 1452, neun Monate vor der Eroberung Konstantinopels, erbauen. Zusammen mit der gegenüberliegenden Anadolu-Festung sollte sie die Byzantiner vom Nachschub abschneiden. Zum ersten Zwischenfall kam es im Herbst desselben Jahres, als ein venezianisches Schiff bei der Durchfahrt durch Kanonenbeschuss versenkt wurde. Nach dem Fall von Konstantinopel hatte Rumeli Hisarı seine Bedeutung verloren und diente fortan als Staatsgefängnis. 1953, 500 Jahre nach der Eroberung, wurde die Festung vollkommen restauriert und als Museum eingerichtet. Im Sommer finden hier Festspiele statt.

Die zwei Rundtürme auf dem Hügelkamm und der Polygonalturm am Wasser sind durch bastionenbewehrte Mauern miteinander verbunden. Im Osten, beim Seetor, schließt sich eine kleine Vorburg für die Artillerie an. Bis zum Jahre 1830 waren die großen Türme noch mit spitzen Bleidächern bekrönt. Sie tragen die Namen von drei Wesiren Mehmets II.: Sarıca Paşa, Halil Paşa und Zagonos Paşa.

Sehr gut frühstücken kann man in einem der Cafés, die nördlich unterhalb der Burg die Uferstraße säumen.

Iason und Medea
Der Name des Ortes Tarabya geht auf das gute Klima und die griechische Bezeichnung *therapeia* (Heilung) zurück, die ihm der Patriarch Acacius im 5. Jh. verlieh. Zuvor hieß der Ort *Pharmakeios* (Gift). Dazu berichtet eine Sage, dass die Zauberin Medea, die aus Eifersucht die neue Braut des Argonautenführers Iason, ihres Ehemanns, umgebracht hatte, hier Gift ausstreute, um ihre Verfolger abzuschütteln.

Emirgan ▶ Karte 4, F 1

Jenseits der Sultan-Mehmet-Brücke liegt der reizvolle Ort Emirgan mit hübschen *lokanta* und Teestuben und einer mächtigen Platane am Kai. Der Ortsname erinnert an den persischen Prinzen Emirgune, der Sultan Murat IV. 1638 die Stadt Eriwan kampflos übergeben hatte, daraufhin Asyl benötigte und hier einen Wohnsitz erhielt.

Seine Residenz legte den Grundstein für den **Emirgan Parkı,** das wohl schönste Gartenparadies der Stadt (mit einer großen Artenvielfalt von Tulpen wird hier im Frühjahr an die Herkunft dieser Blume aus der Türkei erinnert). Osmanische Würdenträger bauten hier prachtvolle Villen wie den **Sarı Köşkü,** den Gelben Pavillon.

Der **Atlı Köşkü** (Pferde-Pavillon, nach der markanten Reiterfigur so genannt) war Wohnsitz des Gründers der Sabancı Holding und beherbergt seit Mitte 2002 das **Sakıp Sabancı Müzesi** (http://muze.sabanciuniv.edu, Bus von Beşiktaş Richtung Sarıyer bis Emirgan, Di, Do, Sa/So 10–18, Mi, Fr 10–20 Uhr, 15 TL, Mi Eintritt frei, s. S. 60). Das Erdgeschoss der prachtvollen Residenz ist mit Möbeln und Sammlungsstücken der Familie (Porzellan und Gemälde mit Istanbuler Szenen des frühen 20. Jh.) ausgestattet. Im Obergeschoss ist eine kostbare Sammlung osmanischer Kalligrafien aus fünf Jahrhunderten zu sehen. Hauptanliegen des Museums ist jedoch die Präsentation internationaler Kunstausstellungen. Werkschauen von Picasso, Rodin, Dali und Beuys waren ein großer Publikumsmagnet.

Tarabya ▶ Karte 4, F 1

In der idyllischen Bucht von Tarabya schaukeln heute Yachten am Kai, ihnen gegenüber reihen sich die feinen Fischlokale. Hier hatten bis zum Ende des Osmanischen Reiches mehrere westliche Botschaften ihre Sommerresidenzen. Die verlassenen Villen sind in schöne Gärten eingebettet. Die **Villa der Deutschen Botschaft** wurde zwischen 1885 und 1887 unter Mitwirkung des damals in Athen archäologisch forschenden Architekten Wilhelm Dörpfeld unter besonderer Berücksichtigung osmanischer Bautradition errichtet. Heute dient die historische Sommerresidenz als Ort für kulturelle Veranstaltungen im Sinne des deutsch-türkischen Dialogs. Nach aufwendiger Renovierung wurde am

13. Oktober 2012 die Heimstatt der deutschen **Künstlerkademie** (unter Leitung des Goethe-Instituts) in Istanbul eröffnet.

Im Park der Sommerresidenz wurde nach 1916 ein **Soldatenfriedhof** (Besichtigung nach vorheriger Anmeldung, Tel. 0212 299 26 61) für die deutschen Gefallenen der Dardanellenschlacht eingerichtet, auf dem auch Generalfeldmarschall Colmar Freiherr von der Goltz bestattet ist. Er hatte das türkische Heer reformiert und starb als Armeeführer im Ersten Weltkrieg bei Bagdad. 1981/82 wurden die deutschen Gefallenen aus der ganzen Türkei hierher umgebettet. Die Gestaltung des Geländes mit dem beeindruckenden Denkmal eines sterbenden Kriegers auf den Knien eines Engels aus Muschelkalk geht auf Georg Kolbe zurück.

Büyükdere ▶ Karte 5, C 1

In **Büyükdere**, etwas weiter nördlich, ist in einer Holzvilla des 19. Jh. das **Sadberk Hanım Müzesi** (www.sadberkhanimmuzesi.org.tr, Bus Büyükdere, Do–Di 10–17 Uhr, 7 TL, s. S. 60) untergebracht. Die sehenswerte Privatsammlung von Gattin und Tochter des Großindustriellen Vehbi Koç zeigt neben prähistorischen, griechischen und römischen Antiken auch Kunsthandwerk sowie Trachten aus osmanischer Zeit.

Rumeli Kavağı ▶ Karte 5, C 1

Rumeli Kavağı ist die letzte Anlaufstation des Bosporusdampfers auf der europäischen Seite. Danach beginnt militärisches Sperrgebiet, das sich auf beiden Seiten der Meerenge bis zum Schwarzen Meer hinzieht.

Die hoch aufragende Felslandschaft erinnert an die Argonautensage, in der Iason, um das väterliche Erbe in Iolkos antreten zu können, das Goldene Vlies aus Kolchis holen sollte. Viele griechische Helden, wie Orpheus, Herakles, Theseus und die Dioskuren, begleiteten Iason auf dem Schiff Argo. Ihr größtes Hindernis vor der Einfahrt in das Schwarze Meer waren die Prallenden Felsen (gr. Symplegades), die zusammenschlugen, sobald sich ein Lebewesen zwischen sie wagte. Vom König Phineus erhielten die Argonauten den Rat, sie sollten erst eine Taube hindurchfliegen lassen, um die Felsen zu täuschen. Tatsächlich gelang der Argo die unbeschadete Durchfahrt; seither stehen die Symplegaden still.

Die mythischen Felsen liegen sich nicht direkt gegenüber, sondern um ca. 4 km versetzt: der asiatische Felsen gleich gegenüber von Rumeli Kavağı, der europäische weiter nördlich gegenüber von Poyazköy (▶ Karte 5, D 1). Kommt man mit dem Boot von Süden, scheint es tatsächlich, als wären die Prallenden Felsen geschlossen und eine Weiterfahrt unmöglich.

Belgrat Ormanı

▶ Karte 5, A–C 1

Westlich von Rumeli Kavağı erstreckt sich der Belgrader Wald (Belgrat Ormanı), dessen quellenreiches Gebiet schon in byzantinischer Zeit Konstantinopel mit Wasser versorgte. Sultan Süleyman ließ hier nach der Eroberung Belgrads 1521 Bürger der Stadt ansiedeln, die für den Erhalt der Aquädukte und des Baumbestandes zu sorgen hatten.

Heute zieht die größte Waldfläche im türkischen Thrakien mit ihren sehenswerten Resten von byzantinischen und osmanischen Wasserleitungsbauten und Staudämmen Erholung suchende Istanbuler an.

Kumköy (Kilyos)

Anfahrt per Minibus ab Sarıyer
Von **Sarıyer** (▶ Karte 5, C 1), einer kleinen Ortschaft am Bosporus mit guten Restaurants, ist es nicht weit zum Schwarzmeerbad **Kumköy** (▶ Karte 5, C 1), das unterhalb der Kilyos Kalesi liegt. Der feinsandige Strand und das noch leidlich saubere Wasser haben den Ort zu einer Art Freibad für Istanbul gemacht, viele Ferienhäuser sind entstanden. Allerdings gibt es im küstennahen Wasser gefährliche Strömungen, und weiter als bis zum Bauch sollte man nicht ins Wasser gehen.

Essen & Trinken

Beim König der Fischer – **Bebek Balıkçı:** Bebek, Cevdet Paşa Cad. 26 A; s. S. 34.
Fisch am Bosporus – **Kıyı:** Tarabya, Kefeliköy Cad. 126; s. S. 35.
Am Kai unter der Brücke – **Rumeli Hisarı İskelesi:** Rumelihisarı, Yahya Kemal Cad. 1; s. S. 37.
Originelle Fischgerichte – **Fishmekan:** Arnavutköy, Arnavutköy Cad. 60; s. S. 36.
Fajitas und Burritto – **Mexican Cantina:** Bebek, Cevdet Paşa Cad. 22; s. S. 39.
Der Fischer aus Smyrna – **İzmirli Balıkçı:** Yeniköy, Köybası Cad. 107–109, Tel. 0212 262 94 90, Bus/Fähre Yeniköy, tgl. 12–1 Uhr, Fischgerichte ab ca. 14 €. Traditionsreiches und beliebtes Gartenlokal, direkt am europäischen Bosporus-Ufer gelegen. Wie der Name schon andeutet, stammen die Köche aus İzmir – und pflegen die Küche der Ägäis-Küste: Fisch in Milchsauce *(sütlü balık)* und Meeresbohnensalat *(deniz börülcesi)* sind die Spezialitäten des Hauses, für die die Gäste bereit sind, auch weite Anfahrtswege in Kauf zu nehmen.

Einkaufen

Kunst anatolischer Zivilisationen – **Galeri Suav:** Yeniköy, Köybaşı Cad. 24, Tel. 0212 262 34 33, www.kusav.com, Bus/Fähre Yeniköy, Mo–Sa 10–19 Uhr. Die private Stiftung zur Erhaltung der Kunst- und Kulturschätze Küsav (Kültür Ve Sanat Varlıklarını Koruma Vakfı) unterhält am oberen Bosporus eine Galerie, in der Schmuck, Textilien und Objekte aus Kupfer oder Glas, antiken Vorbildern nachempfunden, verkauft werden.
Zeitungen und Bücher – **Türkü:** Bebek, Cevdet Paşa Cad. 57B, Tel. 0212 358 00 47, Bus/Fähre Bebek, Mo–Sa 10–18 Uhr. Seit dreißig Jahren werden in dem Geschäft in Bebek ausländische Zeitungen und Bücher verkauft. Schöne Bildbände über Istanbul!
Türkisches Marzipan – **Bebek Badem Ezmecisi:** Bebek, Cevdet Paşa Cad. 53C, Tel. 0212 263 59 84, tgl. 9–20 Uhr, ein Pfund mit Mandeln kostet ca. 15 €, mit Pistazien ca. 20 €. Die ›Mandelpaste‹, die diese Konditorei in Bebek herstellt, ist landesweit bekannt und ein beliebtes Mitbringsel der Istanbul-Reisenden.
Neu, schick, teuer – **İstinye Park:** İstinye, İstinye Bayırı Cad., www.istinyepark.com, tgl. 10–22 Uhr. Über hundert Läden und ein Dutzend Cafés und Restaurants beherbergt der schicke Komplex auf dem Hügel von İstinye, unweit der Tarabya-Bucht.

Abends & Nachts

Schicke Weinbar – **Bebek Bar:** Bebek, Cevdet Paşa Cad. 113–115; s. S. 46.

Asiatische Küste

Beylerbeyi Sarayı

▶ Karte 6, E 5
Beylerbeyi, Marmaray/Fähre Üsküdar, dann Bus 15 Beylerbeyi, Di/Mi, Fr–So 9–17, Nov.–März bis 16 Uhr, nur mit Führung, 20 TL; s. S. 58
Unterhalb der Bosporus-Brücke fällt die Fassade des Beylerbeyi Sarayı auf. Ein Bruder von Nikogos Balyan, Sarkis Balyan, errichtete 1865 den Palast im Auftrag von Sultan Abdülaziz. *Selamlık* und *haremlik* liegen seitlich eines großen Salons. Die beiden Pagodenpavillons an den Enden des Kais rahmen den Palast reizvoll ein. Er diente hauptsächlich als Gästehaus für ausländische Staatsoberhäupter. So wurden hier auch Kaiserin Eugénie von Frankreich, die Gemahlin Napoleons III., und Kaiser Franz Joseph von Österreich empfangen.

Anadolu Hisarı ▶ Karte 4, G 1

Marmaray/Fähre Üsküdar, dann Bus 15 Anadoluhisarı, frei zugänglich
Südlich der Fatih-Sultan-Mehmet-Brücke liegt Anadolu Hisarı, das anatolische Gegenstück von Rumeli Hisarı. Sultan Beyazıt I. Yıldırım errichtete die Festung Ende des 14. Jh. als Vorposten gegen Byzanz. Der etwa 20 m breite, quadratische Donjon (Hauptturm) ist von einer polygonalen, mit Halbrundtürmen verstärkten Mauer eingefasst. Mehmet II. erweiterte die Burg um einen äußeren Mauerring.

Mein Tipp

Joghurt in Kanlıca
Der Ort **Kanlıca** (▶ Karte 4, G 1) ist für seinen süßen Joghurt berühmt, der in den Cafés rund um den Fähranleger, aber auch von fliegenden Händlern auf den Fährschiffen selbst in kleinen Bechern angeboten wird.

Rund um Kanlıca

▶ Karte 4, G 1

Zwischen Kandilli und Beykoz sind zahlreiche alte *yalı* (Holzvillen) zu entdecken. Die bekannteste ist wohl die **Köprülü Yalı** (Körfez Cad. 47, nicht zugänglich) südlich von Kanlıca, das der Wesir Köprülü Amcazade Hüseyin Paşa 1698 erbauen ließ. Aber auch hier, wie bei den meisten alten Villen an den Ufern des Bosporus, ist nur noch ein kleiner Teil der Sommerresidenz erhalten. Der überkuppelte Empfangssaal des *selamlık* (Männertrakt) zeigt außen eine schlichte Holzarchitektur. Im Inneren ist er jedoch überreich mit Intarsien, bemalten Schnitzereien und Fliesendekorationen ausgestattet.

Etwas oberhalb von Kanlıca thront das **Hıdiv Kasrı,** das Khedivenschlösschen, inmitten einer herrlichen Parkanlage. Diese Villa ließ der letzte Khedive (Vizekönig) von Ägypten, Abbas Hilmi II., Anfang des 20. Jh. als Sommerresidenz mit weithin sichtbarem Türmchen und halbkreisförmiger Halle errichten. Von Çelik Gülersoy (s. S. 94) renoviert, beherbergt es ein **Restaurant** mit hübschem Gartencafé (s. S. 263).

Beykoz ▶ Karte 4, G 1

Marmaray/Fähre Üsküdar, dann Bus 15 Beykoz, dann ca. 10 Min. zu Fuß auf der Şahinkaya Cad.
Auf dem Grundstück einer alten Baumschule ist der Bau der **Türkisch-Deutschen Universität** (Türk-Al-

man Üniversitesi, Şahinkaya Cad. 86, www.tau.edu.tr) fast vollendet. Sie soll sich als größte deutsche Auslandsuniversität profilieren und steht unter staatlicher Leitung der Türkei. Ihren Betrieb hat sie zum Wintersemester 2013/14 aufgenommen.

Anadolu Kavağı

▶ Karte 4, außerhalb G 1

Fähre Boğaz Hattı ab Eminönü nach Anadolu Kavağı
Anadolu Kavağı ist ein kleiner, hübscher Fischerort und die letzte Station der regulären Bosporus-Fähren auf der asiatischen Seite. Einfache und auch vornehmere Restaurants reihen sich aneinander und werben mit köstlichen Gerichten um die Gäste, auch fliegende Händler bieten allerlei Leckereien an.

Auf dem Hügel oberhalb der Hafensiedlung erstrecken sich die Ruinen der **Yoros Kalesi.** Die Genuesen übernahmen im 14. Jh. das von Byzantinern errichtete Festungswerk und kontrollierten von hier aus die Einfahrt in das Schwarze Meer.

Bis zur Rückfahrt mit dem Passagierschiff hat man meistens ein bis drei Stunden Zeit, um hier in Anadolu Kavağı gut Fisch essen zu gehen. Eine Alternative ist der etwa halbstündige Spaziergang hinauf zur Yoros Kalesi.

Spaziergang zur Burgruine Yoros

Dauer einfache Strecke: ca. 30 Min.
Vom Fähranleger geht es über die Mirişah Hamam und Cafer Baba Sokak an **Restaurants, Imbissständen** und einer **alten Platane** vorbei. Schließlich muss man am Friedhof, dem **Anadolu Kavağı Mezarlığı,** von der Tuna Caddesi nach links abbiegen. Kurz darauf geht es wieder links zur Burgruine.

Die **Yoros Kalesi** stammt aus dem 13. Jh. Von dieser Zeit an diente sie bis

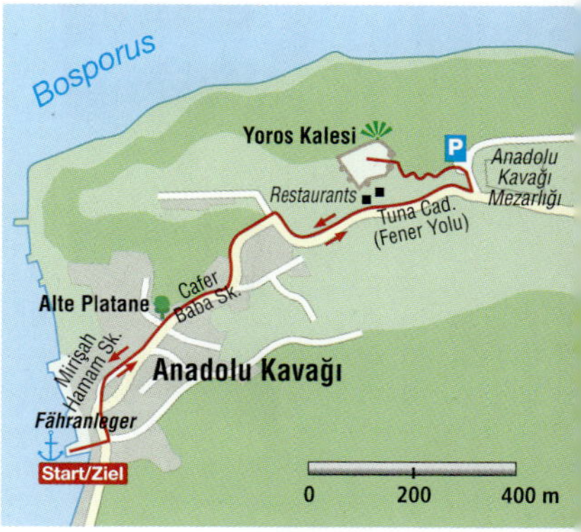

Spaziergang zur Burgruine Yoros

ins 19. Jh. als Beobachtungs- und Verteidigungsposten für die Stadt. Sultan Murat IV. ließ sie im 17. Jh. noch einmal mit hohen Türmen ausbauen. In der Antike lag an diesem strategisch wichtigen Ort, am Übergang des Bosporus ins Schwarze Meer, eine griechische Kolonie mit einem Zeus geweihten Tempel.

Auf den Terrassen kurz unterhalb der Burgruine haben sich mehrere **Cafés und Restaurants** etabliert. Neben einer guten Küche bieten sie hier in entspannter Weise eine wunderbare Aussicht über den Bosporus.

Essen & Trinken

Sonnenuntergang in Beylerbeyi – **Beylerbeyi İskele Restaurant:** Beylerbeyi, İskele Cad. 13 B, s. Lieblingsort S. 265.
Fürstlicher Palast – **Hıdiv Kasrı:** Beykoz, Çubuklu Yolu 32, Tel. 0216 413 96 44, www.hidivkasri.com, Bus Kanlıca, dann 5 Min. zu Fuß, tgl. 9–24 Uhr, Menü für zwei ca. 60 €, s. auch S. 262.
Günstige Fischlokale – **Anadolu Kavağı:** Anadolu Kavağı, Fähre Boğaz Hattı ab Eminönü. Fischgericht ab 6 €.

MISIRLI

Lieblingsort

Sonnenuntergang in Beylerbeyi ▶ Karte 5, C 2
Am Fuße der ersten Bosporus-Brücke, auf der asiatischen Seite, lässt es sich vorzüglich tafeln. Die Sonne geht hinter den Hügeln von Üsküdar unter und die letzten Fischer laufen in den kleinen Hafen ein. Das İskele Restaurant liegt direkt am Wasser und hat eine schöne Aussichtsterrasse. Wenn man Glück hat, steht bei der Rückfahrt über Istanbul der Mond.
Beylerbeyi İskele Restaurant: İskele Cad. 13 B, Tel. 0216 422 22 29, www.beylerbeyiiskelerestaurant.com, tgl. 12–24 Uhr, Hauptgericht ab 12 €.

Üsküdar und Kadıköy

Wer von Eminönü oder Beşiktaş aus nach Üsküdar übersetzt, gönnt sich einen Tag abseits der großen Touristenströme. In den verwinkelten Gassen lassen sich interessante Moscheen und andere Stiftungen von Mitgliedern der Sultansfamilien oder hohen Würdenträgern entdecken.

In Kadıköy, einem modernen Stadtteil Istanbuls, der primär durch seine weltoffene, mediterrane Atmosphäre besticht, kann man gut bummeln und in Boutiquen, vor allem auf der mondänen Bağdat Caddesi, stöbern. Vom alten Haydarpaşa-Bahnhof direkt am Ufer fuhren über hundert Jahre lang die Züge in Richtung Anatolien.

Infobox

Reisekarte: ▶ Karte 4, F 2/3, F/G 3

Anfahrt

Marmaray: ab Yenikapi oder Sirkeci fährt inzwischen die Marmaray durch den neuen Tunnel nach Üsküdar.

Fähre: Infos zu den nachfolgenden Fährverbindungenunter http://sehirhatlari.com.tr/en. **Eminönü–Üsküdar:** Mo–Fr 6.30–23, alle 15–20-, ab 20 Uhr alle 30 Min., letzte Retour 23 Uhr, So, Fei alle 20 Min., letzte Retour 22.30 Uhr. **Eminönü–Kadiköy:** Mo–Fr 7.30–21.10, alle 15–20 Min., letzte Retour 20.40, Sa 7.40–21, alle 20 Min., letzte Retour 20.30, So, Fei 7.40–20.30, alle 20 Min. und 21.10, letzte Retour 20.40 Uhr. Alternativ kann man auch mit dem Fährschiff von **Beşiktaş** beide Orte anfahren bzw. von **Karaköy** nach Kadıköy (Infos).

Dolmuş: Zwischen Üsküdar und Kadıköy verkehren regelmäßig: in Üsküdar halten sie bei der Yeni Valide Camii und in Kadıköy südlich der Fähranleger.

Üsküdar

Mit dem Fährschiff von Eminönü erreicht man in etwa 20 Min. den asiatischen Stadtteil Üsküdar. Das antike Chrysopolis war Ausgangspunkt der Karawanenzüge nach Osten und Brückenkopf der römischen Heerstraße. Sein Name wird von Chryses, einem Sohn Agamemnons, der die Stadt gegründet haben soll, hergeleitet. Hier fand 324 die Schlacht zwischen Konstantin und seinem Gegner Licinius statt, durch die Konstantin der Große Alleinherrscher und Byzantion neue Hauptstadt des Römischen Reiches wurden. Fortwährende Kämpfe um Konstantinopel sorgten für eine immer neue Besetzung von Chrysopolis durch fremde Armeen. Der Name Üsküdar ist die türkische Umsetzung von Skutari: So hieß der Ort nach dem Bau des Skutarion-Palasts durch einen byzantinischen Kaiser im 13. Jh.

Von dem ursprünglichen asiatischen Reiz, den schönen alten Holzhäusern, mit denen Üsküdar noch vor wenigen Jahrzehnten neugierige Besucher anzog, ist heute nicht mehr viel vorhanden. Moderne Wohnviertel und breite Straßen beherrschen auch diesen Stadtteil Istanbuls. Allein um die Hafenbucht, die im Wesentlichen der des antiken Chrysopolis entspricht, erheben sich noch einige sehenswerte Moscheen an den winkeligen Gassen. Hier sammelten sich auch die Pilger, die alljährlich unter dem Schutz des Sultans mit einer Karawane nach Mekka zogen. Heute ist der Uferbereich allerdings durch die

Der Hafen von Kadıköy im Sonnenuntergang

Großbaustelle des Marmaray-Projekts (s. S. 96) stark beeinträchtigt.

Kız Kulesi 1

Knapp 180 m vor der Küste liegt eine kleine Insel mit dem Kız Kulesi (Mädchenturm). Ende des 5. Jh. v. Chr. errichtete hier der athenische Feldherr Alkibiades nach seinem Sieg über Spartaner und Perser (410 bei Kyzikos) eine Zollstation. Alle aus dem Schwarzen Meer kommenden Schiffe hatten eine Abgabe, die einem Zehntel ihrer Ladung entsprach, zu entrichten. Im 12. Jh. baute Manuel I. Komnenos einen Leuchtturm auf der Insel, der auch zur Befestigung einer Sperrkette bis zum europäischen Festland dienen konnte. Die heutige Signalstation entstand im 18. Jh.

Früher wurde der Bau fälschlich auch als Leanderturm bezeichnet, doch spielt der zugrundeliegende griechische Mythos um Hero und Leander nach den antiken Autoren am Hellespont (Dardanellen) und nicht am Bosporus. Der türkische Name Kız Kulesi bezieht sich auf eine Sage, der zufolge der Tochter eines Sultans der Tod durch Schlangengift prophezeit worden war. Der Sultan wollte das Mädchen schützen und versteckte es in einem Turm auf dieser Insel, doch die giftige Schlange kam in einem Korb voller Früchte …

Inzwischen ist der Turm, in dem die Schlussszenen des Bond-Thrillers »Die Welt ist nicht genug« gedreht wurden, von einem Casinobesitzer für 3 Mio. $ zu einem vornehmen **Luxusrestaurant** (www.kizkulesi.com.tr, tagsüber Café-Restaurant) umgebaut worden. Von Salacak am gegenüberliegenden Ufer pendeln regelmäßig Boote hinüber.

İskele Camii 2

Hakimiyet-i Milliye Cad.

Direkt gegenüber der Schiffsanlegestelle ruht die İskele Camii oder auch Mihrimah Camii auf einer hohen Terrasse. Sinan stellte die Moschee für Prinzessin Mihrimah, die Tochter Sultan Süleymans, im Jahr 1548 fertig.

Üsküdar

Sehenswert

1 Kız Kulesi
2 İskele (Mirimah) Camii
3 Yeni Valide Camii
4 Mimar Sinan Çarşısı
5 Şemsi Ahmet Paşa Camii
6 Rum-i Mehmet Paşa Camii
7 Valide-i Atik Camii
8 Çamlıca-Hügel
9 Karacaahmet Mezarlığı
10 Şakirin Camii
11 Büyük Selimiye Camii und Selimiye-Kaserne

Essen & Trinken

1 Büfe (Imbissbuden)
2 Kız Kulesi Deniz Restaurant
3 Katibim
4 Kanaat Lokantası

Einkaufen

1 Üsküdar Çarşısı
2 Capitol

Außergewöhnlich in der Architektur sind die Rahmung der **Hauptkuppel** von nur drei großen Halbkuppeln und die doppelte **Vorhalle,** von denen die äußere den *şadırvan* baldachinartig mit einschließt. In früherer Zeit, als die Bäume noch nicht so hoch waren, hatte man von dort einen herrlichen Blick zum Topkapı-Palast.

Am Fuß der Treppe zum Moscheevorhof steht ein schöner **Barockbrunnen** Ahmets III. aus dem Jahr 1726.

Yeni Valide Camii 3

Hakimiyet-i Milliye Cad.

Die gegenüberliegende Seite des Platzes beherrscht die Yeni Valide Camii, eine Stiftung Ahmets III. (reg. 1703–30) zu Ehren seiner Mutter Valide Gülnuş Emetullah (Sultansmutter Rosentrunk Zeitferne Gottes). Reizvoll ist die offene Türbe der Valide an der Südostecke der Moschee, die an einen großen Vogelkäfig erinnert.

Mimar Sinan Çarşısı 4

Hakimiyet-i Milliye Cad. 12, Mo–Sa 9–19 Uhr

Schräg gegenüber, auf der anderen Seite der Hakimiyet-i Milliye Caddesi, wird heute ein altes Doppelhamam aus osmanischer Zeit als Einkaufszentrum genutzt: Es besitzt noch seine schönen Kuppeldächer, die mit vielen kleinen Flaschenböden durchfenstert sind, die Eingangstrakte sind jedoch der Straßenerweiterung zum Opfer gefallen.

Şemsi Ahmet Paşa Camii 5

Üsküdar Harem Sahil Yolu, Şemsi Paşa Cad.

In malerischer Lage direkt am Ufer erstreckt sich der kleine Komplex der Şemsi Ahmet Paşa Camii. Sinan schuf hier im Jahr 1580 eines seiner schönsten Alterswerke für den Poeten, Philosophen und hohen Würdenträger Şemsi Ahmet. In einem Dreieck fügen sich Türbe, Moschee und Medrese aneinander. Zum Meer hin schließt eine durchfensterte Mauer die Stiftung ab. Bemerkenswert ist die direkte Verbindung von Gebetshaus und Türbe, die hier nur durch ein Gitter getrennt sind. Der gepflegte Garten unterstützt die romantische Wirkung dieses hübschen Stiftungskomplexes.

Rum-i Mehmet Paşa Camii 6

Zwischen Eşref Saat Sk. (Eski Medrese Sk.) und Şemsi Paşa Bostanı Sk.

Auf dem Hügel landeinwärts erhebt sich die Rum-i Mehmet Paşa Camii. Sie ist eine der frühesten Moscheen Istanbuls. Der Stifter war Byzantiner, trat zum Islam über und stieg unter Mehmet II. Fatih zum Großwesir auf. Der Bau wurde 1471 fertiggestellt. Sein Äußeres steht teilweise noch in der Tradition byzantinischer Kirchenarchitektur, so z. B. die in die Kuppel einschneidenden Fensterrundungen und die über den Mauerkubus hinausragenden Wölbungen der tragenden Schildwände. Der große Kuppelraum wird im Inneren durch eine Halbkuppel über dem Mihrab erweitert. Die vier Seitenräume treten optisch nicht in Erscheinung, da sie nur durch schmale Türöffnungen zugänglich sind.

Valide-i Atik Camii 7

Toptaşı Meydanı Sk.

Der größte und interessanteste Stiftungskomplex, die Atik-Valide-Moschee oder Toptaşı Camii, liegt auf den Anhöhen von Üsküdar, etwas oberhalb der Çavuşdere Caddesi. Die aus Moschee, Medrese, Spital, Armenküche, Karawanserei und Hamam bestehende *külliye* ist eine Stiftung der Nur Banu, der Gemahlin Selims II. und Mutter Murats III. Sinan errichtete diesen Komplex, seinen größten nach der Süleymaniye, zwischen 1577 und 1583 unter Berücksichtigung von Hanglage

Lieblingsort

Der schönste Blick ▶ Karte 5, C 2
In osmanischen Liedern wurde »das Feuer in den dunklen Augen Üsküdars«, der Widerschein der untergehenden Sonne in den Holzhäusern auf der asiatischen Seite Istanbuls, oft besungen. Den schönsten Blick auf die Stadt hat man jedoch in Üsküdar selbst. Gegenüber der historischen Halbinsel sitzt man direkt vor dem Kız Kulesi, dem Mädchenturm, auf dem terrassierten Betonufer, das von den Betreibern der *büfe* genannten **Imbissbuden** mit Sitzpolstern und Holztischchen ausgestattet wurde. Winters wie sommers sitzen hier nicht nur Liebespaare, sondern all jene, die dem Sonnenuntergang vor der Kulisse des Topkapı-Palasts zuschauen wollen – ein unvergessliches Erlebnis.

Büfe 1 **:** 15 Min. zu Fuß ab Anleger Üsküdar am Ufer entlang, tgl. bis 1 Uhr.

Den großen Platz am Fähranleger von Üsküdar beherrscht die İskele-Moschee

und Straßenführung. Im 17. Jh. bewohnten die Toptaşı-Derwische, ein islamischer Sufi-Orden, die Bauten.

Die Moschee ist ganz in den weiten, mit Kuppelarkaden umgebenen **Vorhof** einbezogen. Eine doppelte **Vorhalle** führt in den **Betraum,** dessen Hauptkuppel über einem durch Pfeilerstellung bedingten Sechseck ruht. Die beiden kleineren, seitlichen Kuppelpaare gehen auf eine Erweiterung unter den Derwischen zurück. Der Fliesenschmuck am **Mihrab** gehört zum Schönsten aus der Blütezeit der İznik-Werkstätten. Eine Treppe auf der gegenüberliegenden Seite des Vorhofes führt zu der **Medrese** hinab. Rechts schließt das **Spital** an und links die nicht zugänglichen Gebäudetrakte der **Armenküche** und der **Karawanserei.**

Karacaahmet Mezarlığı (Karaca-Ahmet-Friedhof) 9

Nuh Kuyusu Cad., Eingang bei der Şakirin Camii, zu Fuß oder per Taxi, jederzeit frei zugänglich

Über die Hügel zwischen den Stadtteilen Üsküdar und Kadıköy erstreckt sich dieser malerisch verwilderte Friedhof, einer der größten der Stadt. Tausende von umgesunkenen Grabsteinen unter Zypressen warten auf den Moment, wo Allah seine Gläubigen beim Namen ruft. Ihr malerischer Anblick und die Stelenform verleiteten schon die Istan-

Mein Tipp

Auf den Çamlıca-Hügel 8

Mit einem Taxi kann man zum **Fernsehturm** in Büyük Çamlıca hinauffahren. Vom Çamlıca-Hügel aus lässt sich ein herrlicher Blick über alle Stadtteile Istanbuls genießen. City Windows Travel (s. Mein Tipp S. 25) bieten nächtliche Stadtrundfahrten an, die u.a. eine Unterbrechung auf dem Çamlıca-Hügel vorsehen. Etwas getrübt wird der Aufenthalt zzt. durch den Bau einer großen Moschee.

Etwas unterhalb, in Küçük Çamlıca, laden eine schöne Parkanlage mit Spielplätzen und das restaurierte alttürkische Café **Küçük Çamlıca Köşkleri** zur Rast in romantischem Ambiente ein.

Küçük Çamlıca Köşkleri: Kısıklı, Küçük Çamlıca Korusu, Tel. 0216 428 46 96, tgl. 9–23 Uhr.

bulreisenden des 19. Jh. zu Spekulationen über die Verstorbenen.

Die beliebteste Erzählung, die heute noch Reiseleiter zum Besten geben, besagt, dass die Osmanen den Hingerichteten Grabstelen ohne Kopfbedeckung oder mit schräg aufgesetztem Turban aufstellten. Schiefe Turbane sind bisher nicht bekannt, und wenn alle Stelen ohne Turban auf Verbrecher oder Regierungsuntreue hinwiesen, dann wäre fast die Hälfte der Stadtbevölkerung geköpft worden. Hier hat wohl der Orientmythos seine Spuren hinterlassen.

Şakirin Camii 10

Nuh Kuyusu Cad., zu Fuß oder per Taxi

Benannt nach der wohlhabenden Stifterfamilie Şakir erhebt sich am nördlichen Rand des Karaca-Ahmet-Friedhofs die modernste Moschee Istanbuls. Eine große Kuppel überspannt vollständig den Betraum, der ca. 500 Gläubigen Platz bietet. Die Wände der 2009 eröffneten Moschee sind überwiegend aus Glas und eisernem Gitterwerk gestaltet. Kontrovers diskutiert wurde, dass die futuristisch anmutende Inneneinrichtung von einer Frau, Zeynep Fadıllıoğlu, stammt.

Büyük Selimiye Camii und Selimiye-Kaserne 11

Dolmuş Üsküdar–Harem, Fähre Sirkeci–Harem

Vom Karaca-Ahmet-Friedhof kann man schön die Moschee des Sultans Selim III., die **Büyük Selimiye Camii**

(Selimiye Camii Sk.), und seine Kasernenanlage **Selimiye Kışlası** (Selimiye Kışla Cad.) am Ufer des Marmarameers überschauen. Der Sultan plante, nach Zerschlagung des Janitscharenkorps (was aber erst seinem Nachfolger Mahmut II. gelang) hier seine neuen Truppen zu stationieren. Berühmtheit erlangten die Kasernen durch die Krankenpflegetätigkeit von Florence Nightingale im Krim-Krieg. Eine Ausstellung in der Kaserne widmet sich dem Wirken der Krankenpflegerin (Besichtigung wochentags nur nach Anmeldung: Tel. 0216 553 10 09).

Essen & Trinken

Der schönste Blick – **Büfe (Imbissbuden) 1**: s. Lieblingsort S. 270.
Super Blick zum Kız-Kulesi-Turm – **Kız Kulesi Deniz Restaurant 2**: Üsküdar, Salacak Sahil Yolu 41, Arkası Sk. (am Steilhang oberhalb des Salacak-Anlegers). Gute Fischgerichte und einen herrlichen Blick auf das Marmarameer bietet für weniger Geld als das Luxusrestaurant im Mädchenturm (s. Abends & Nachts) auch dieses Restaurant.
Günstig und gut – **Katibim 3**: Üsküdar, Şemsipaşa Sahil Yolu 53, Tel. 0216 310 90 80, tgl. 11–24 Uhr, Vorspeisen 2,50 €, Grilladen 6–7 €. Restaurant an der Küste mit schönem Bosporus-Blick vom Speisesaal. Typisch türkische Küche, allerdings kein Alkohol.
Traditionelle Atmsphäre – **Kanaat Lokantası 4**: Üsküdar, Selmanipak Cad. 9, Tel. 0216 341 54 44, www.kanaatlokantasi.com.tr, tgl. 6–23 Uhr, Vorspeisen/Suppen 2,50 €, Hauptgerichte ab 6 €. Das 1933 gegründete, mit hübschen blauen Kacheln dekorierte Lokal bietet einfache, traditionelle Speisen. Mittags treffen sich hier die Basarhändler.

Einkaufen

Authentisches Marktviertel – **Üsküdar Çarşısı 1**: Üsküdar Meyd., gegenüber den Fähranlegestellen, tgl. 9–21 Uhr. Es sind zwar nur wenige Straßen, die den täglichen Markt ausmachen, aber umso ursprünglicher sind die Läden: Vor allem Gewürze und Heilkräuter sowie Naturkosmetika (z. B. der meistverkauften Marke Bosphorus) lassen sich hier günstig erwerben.
Preisgekrönt und relativ günstig – **Capitol 2**: Üsküdar, Altunizade, Mahir İz Cad., Tel. 0216 651 33 33, www.capitol.com.tr, tgl. 10–22 Uhr. 145 Läden, 14 Kinosäle, Cafés und eine Fast-Food-Etage beherbergt der Komplex. Hier finden sich gute türkische Marken wie Silk & Cashmere (hochwertige Strickwaren), Hotiç und Desa (Schuhe, Handtaschen und Lederbekleidung).

Abends & Nachts

Romantisch im Meer – **Kız Kulesi 1**: Tel. 0216 342 47 47, www.kizkulesi.com.tr, Überfahrt ab Salacak İskelesi und Kabataş, Sa/So ab 9 Uhr Brunch, tgl. 9–18.45 *kafeterya* 20–23 Uhr Restaurant, ab 21 Uhr Club mit Livemusik, Menü 65–80 € (20 TL zusätzl. für Fensterplatz), Garnelen-*güveç* 17 €; s. auch S. 267.

Kadıköy ▸ Karte 4, F/G 3

In Kadıköy, dem antiken Chalkedon, sind Siedlungsspuren bereits aus dem 2. Jt. v. Chr. bekannt. Die günstig gelegene Hafenbucht veranlasste bereits phönizische Kaufleute, hier eine Handelsniederlassung einzurichten. Im Zuge der hellenischen Kolonisation besiedelten Griechen um 686 v. Chr. diesen Landstrich (ebenso wie Chrysopolis/Üsküdar). Obwohl schon zwei Jahrzehnte später Byzantion gegründet wurde, entwickelte sich Chalkedon rasch zu einer blühenden Handelsstadt, die auch unter persischer Herrschaft noch eine gewisse Selbstständigkeit behielt. Der Ort wurde jedoch immer wieder von Heeren aus Anatolien verwüstet, sodass in römischer Zeit Byzantion der Vorzug gegeben wurde.

Im Jahr 451 n. Chr. fand in Chalkedon das Vierte Ökumenische Konzil statt, mit dem sich die Zwei-Naturen-Lehre (Christus als ›wahrer Mensch‹ und ›wahrer Gott‹) durchsetzte. Die Bischöfe vieler östlicher Reichsteile lehnten jedoch die Beschlüsse ab, was zur Entstehung der selbstständigen Ostkirchen führte. Schon um 1350 besetzten die Osmanen Chalkedon und die ganze asiatische Küste.

Nennenswerte römische oder byzantinische Bauten sind heute nicht mehr vorhanden. Dafür laden kleine **Gassen** mit Geschäften, die von Hausrat über schicke Kleidung bis zu Antiquitäten vielerlei bieten, zum Bummel ein. Ein Erlebnis sind auch die netten **Studentenkneipen,** der **Fischmarkt** am Hafen und vor allem der **Salı Pazarı** (Dienstagsmarkt), einer der größten Straßenmärkte der Stadt.

Nördlich des Hafens liegt der prachtvolle Bau des **Bahnhofs Haydarpaşa,** mit dem früher die Linie der Anatolischen Eisenbahn begann (heute startet sie ab Selamiçeşme). Die als Bagdadbahn bekannte Bahntrasse wurde ab 1899 von deutschen Ingenieuren gebaut. Der 1906 von den deutschen Architekten Otto Richter und Helmuth Cuno im neoklassizistischen Stil errichtete Kopfbahnhof war ein Geschenk des deutschen Kaisers Wilhelms II.

Eine nostalgische Ringstraßenbahn bringt Sie vom Hafen in das einst sehr mondäne Viertel **Moda.** Im frühen 20. Jh. wohnten hier hauptsächlich westliche Ausländer, die die weltoffene Atmosphäre schätzten. Auch heute ist Kadıköy, wo immer noch sehr viele Armenier leben, ein Stadtbezirk, den religiöse und politische Toleranz prägen.

Fischmarkt mit Blick zum alten Bahnhof Haydarpaşa

Eyüp, ein muslimischer Wallfahrtsort

Am Nordende des Goldenen Horns erstreckt sich der Istanbuler Vorort Eyüp, zu dem alljährlich Hunderttausende muslimische Gläubige pilgern, um das Grab von Abu Eyub al-Ansari, dem Fahnenträger Mohammeds, zu besuchen.

Abu Eyub al-Ansari fiel vermutlich bei der ersten Belagerung von Konstantinopel durch die Araber 668/669 und wurde vor den Toren der Stadt begraben. Als acht Jahrhunderte später Sultan Mehmet II. Fatih die byzantinische Hauptstadt einnahm, so berichtet die türkische Überlieferung, wurde Eyubs Leiche auf wundersame Weise durch Şeyh Akşemsettin gefunden. Im Traum war ihm ein Engel erschienen und hatte ihm den Ort des Grabes gezeigt. 1458 wurde Abu Eyub in einer neuen Türbe beigesetzt und nebenan ein Gebetshaus errichtet. Mit dem Grabmal des Gefährten Mohammeds gewann die neue osmanische Hauptstadt eine religiöse Tradition, die sie direkt mit dem Propheten Mohammed verband.

Infobox

Reisekarte: ► Karte 4, E 2

Anfahrt

Mit dem Bus von Eminönü (der Busbahnhof liegt linker Hand der Galata-Brücke) oder mit der Haliç-Fähre über das Goldene Horn, deren Anleger sich direkt hinter dem Busbahnhof befindet.

Zahlreiche Muslime haben sich in der Umgebung dieses heiligen Ortes in Türben oder einfachen Gräbern bestatten lassen, da die Nähe zu einem Heiligen der Nähe zum Paradies entspricht. Von den zahlreichen Grabbauten, die sich bei der Eyüp Sultan Camii erheben, seien nur die **Türbe des Großwesirs Sokullu Mehmet Paşa** (gest. 1579) südlich der Moschee mit einer von ihm gestifteten Medrese und die **Mihrişah Sultan Külliyesi** auf dem Weg zum Goldenen Horn östlich der Grablege Abu Eyubs erwähnt. Der Stiftungskomplex Mihrişahs, der Mutter Selims III., besteht aus der Türbe und einer noch funktionstüchtigen Armenküche und gehört zu den eindrucksvollsten Bauten des türkischen Barock.

Eyüp Sultan Camii

Cami Kebir Sk. 7

Vor dem Komplex der Eyüp Sultan Camii erstreckt sich ein großer, unregelmäßiger Platz. Im 18. Jh. ließ Sultan Selim III. (reg. 1789–1807) das inzwischen verfallene Heiligtum vollkommen erneuern. Über einen **Seitenhof** mit dem Reinigungsbrunnen gelangt der Besucher in den **Vorhof,** der fast ganz von einem Podium mit hohen Platanen beherrscht wird. Hier umgürteten die Derwische des Mevlana-Ordens jeden neu erhobenen Sultan mit dem Schwert Osmans, des Gründers der osmanischen Dynastie.

Auf drei Seiten ist der Vorhof der Moschee von Arkaden umgeben, an der vierten erhebt sich eine Wand, die

Frauen verehren das Grab von Abu Eyub

großflächig mit Kacheln geschmückt ist. Ein weit vorgezogener Baldachin bekrönt den Eingang zur **Türbe Abu Eyubs,** die reich mit kostbaren Fliesen des 16. Jh. ausgestattet ist.

Das **Gebetshaus** ist eine Kopie der Azapkapı Camii Sinans in Galata (s. S. 224). Acht Halbkuppeln umgeben die große, auf einem hohen Tambour ruhende Kuppel. Der Kiblawand ist eine rechteckige Mihrabnische vorgelagert.

Auf dem gegenüberliegenden Hügel erstreckt sich ein großes **Gräberfeld,** auf dem sich auch heute noch Muslime bestatten lassen. Die Turbanbekrönung der Grabstelen weist auf eine Männerbestattung hin, die Blüte ist den Frauen vorbehalten.

Café Pierre Loti

Balmumcu Sk. 1, Seilbahn Eyüp–Pierre Loti, Tel. 0212 581 26 96, tgl. 8–24 Uhr
Ein schmaler Weg führt über den Friedhof von Eyüp hinauf zu einem Café, das nach dem französischen Offizier, Diplomaten und Schriftsteller Pierre Loti (eigentlich Julien Viaud, 1850–1923) benannt ist. Er traf sich im damals noch ländlichen Eyüp mit seiner heimlichen türkischen Liebe Aziyadeh und beschrieb diesen Ort in seinen Romanen. Noch heute lässt sich vom Café Pierre Loti aus eine hervorragende Sicht über das Goldene Horn und die Altstadt Istanbuls mit ihren Minaretten und Moscheekuppeln genießen.

Wer den Weg über den osmanischen Friedhof scheut, kann auch mit der Seilbahn, deren Talstation nicht weit von der Eyüp Sultan Camii entfernt liegt, direkt hinauf zum Café fahren.

Essen & Trinken

Edel genießen mit Aussicht – **Turquhouse Hotel:** Pierre Loti Tepesi Turistik Tesisleri, İdris Köşkü Cad., Tel. 0212 497 13 13, www.turquhouse.com, Seilbahn Eyüp–PierreLoti. Seit einigen Jahren krönt dieses ansprechende Hotel (mit Wellnessoase) den Eyüp-Hügel. Das schicke, in historischem Stil eingerichtete **Restaurant Aziyade** bietet hier feine türkische Küche. Auch **drei Cafés** (darunter ein

nargile-Café) laden zu einer Pause ein.

Auf den Spuren Pierre Lotis – **Café Pierre Loti:** s. S. 278.

Einkaufen

Islamische Utensilien als Mitbringsel – **Eyüp Carşısı:** Eyüp Camii Yanı, Mo–Sa 8–18.30 Uhr, Fr mittags geschl. Um die Wallfahrtsmoschee Eyüp herum gibt es zahlreiche Läden, in denen religiöse Utensilien wie Gebetsketten aus Dattelkernen oder Halbedelsteinen, schöne Tücher und Gebetsteppiche, bestickte Kappen oder verzierte Koranausgaben verkauft werden.

Legendäre Aussicht im Café Pierre Loti

Die Prinzeninseln (Kızıl Adalar)

Sandige Badestrände, Kiefernwälder und ein sehenswertes Kloster – das bieten die Prinzeninseln all jenen, die der Krake Istanbul entfliehen wollen. Bei einem etwas längeren Istanbul-Aufenthalt sind die Prinzeninseln (Kızıl Adalar, Rote Inseln) das beliebteste Ausflugsziel in der näheren Umgebung. Allerdings flüchten an warmen Wochenenden auch viele Einheimische hierher. Daher ist es ratsam Wochenenden ebenso wie Feiertage zu meiden. Die Inseln liegen etwa 20 km südlich der Stadt unweit der asiatischen Küste im Marmarameer. Von den neun Inseln sind nur fünf – Kınalıada, Burgaz Adası, Heybeliada, Büyükada und Sedef Adası – bewohnt.

Als Erholungs- und Badeziel entdeckten die Istanbuler diese Inseln erst im 19. Jh. Vorher wurden sie lediglich von Mönchen bewohnt, in byzantinischer Zeit dienten die Klöster als Verbannungsort für unliebsame Patriarchen, Prinzen und Kaiserinnen. So mussten z. B. Eirene, die Gemahlin Leos IV. und seit 797 Alleinherrscherin (802), Zoë Karbonopsina, die vierte Frau Leos VI. (912), und Anna Dalassena (1070) ihr Dasein in einem Nonnenkloster auf Büyükada fristen, das damals noch griechisch Prinkipo hieß.

Infobox

Reisekarte: ▶ Karte 5, C/D 4

Infos
www.adalar.bel.tr: Website der Inselgemeinde mit touristischen Informationen.

Anfahrt
Mit der Fähre werden nur die vier größten Inseln in folgender Reihe angefahren: Kınalıada, Burgaz Adası, Heybeliada und Büyükada. Abfahrt ist in Kabataş von 6.50 bis 23 Uhr, neunmal am Tag, die letzte Rückfahrt ist um 20.15 Uhr. Die Fahrzeit bis Büyükada beträgt ca. 90 Min., Ticket 12 TL. **Achtung:** Kein Shuttle-Verkehr zwischen den inseln, man ist auf die regulären Fährverbindungen angewiesen!

Büyükada ! ▶ Karte 5, D 4

Büyükada (Große Insel) ist mit 5,4 km^2 die größte Insel des Archipels und wird von den Touristen am häufigsten besucht. Die Nordhälfte ist inzwischen stark bebaut, während der Süden noch recht einsam ist und von Kiefernwäldern bedeckt wird. Man kann die Insel zu Fuß, mit dem Fahrrad oder in einer Pferdekutsche (Streckenfahrten 8–29 TL, Rundfahrten 67, 79 TL) erkunden (Autos sind auf allen Inseln verboten). Der Weg führt vom Schiffsanlegeplatz entlang schicker Villen, die zumeist Sommersitze reicher Istanbuler sind, zum nördlichen Isatepe (Jesushügel) mit dem **Christos-Kloster** (Hiristos Manastırı).

Von hier geht es durch schattigen Kiefernwald über den Birlik-Pass weiter zum Yücetepe (Hoher Hügel) im Süden der Insel. Den 203 m hohen Hügel bekrönt das **Georgskloster** (Aya Yorgi Manastırı). Wem der steile Aufstieg zu mühsam ist, der kann sich einen Esel mieten, sollte jedoch nicht vergessen, dass diese Tiere sprichwörtlich störrisch sind und zudem beim Galopp bergab ein beträchtliches Tempo entwickeln können. Die sehenswerte

Klosterkapelle wird heute noch von einem Griechisch sprechenden Ehepaar betreut, das auch lange Röcke und Tücher verleiht (angemessene Kleidung ist immer Pflicht).

Nebenan reihen sich die Tische und Stühle des nach der Wanderung durchaus willkommenen Terrassenrestaurants **Yücetepe Kir Gazinosu.** Hier kann man sich die einfachen, aber guten Gerichte bei wunderbarer Aussicht über die Nachbarinseln und bis zum Festland schmecken lassen.

Am Festtag des hl. Georg, dem 23. April, ziehen Tausende von Pilgern (Christen wie Muslime) den Hügel hinauf und hängen bunte Papierstreifen an die Büsche und Bäume entlang des Weges. Sie sollen bei der Erfüllung von Wünschen und Gebeten helfen.

Wer zu Fuß oder mit dem Fahrrad unterwegs ist, dem sei der Weg vom Birlik Meydanı zurück direkt über die Hügelkuppe empfohlen. Auf diesem Weg liegt rechter Hand ein riesiges altes **Holzhaus,** das größte der Welt.

Mit dem Fahrrad oder zu Fuß unterwegs auf der Büyükada

Mit dem Fahrrad oder zu Fuß die Büyükada erkunden

Fahrradverleihstationen hinter dem Schiffsanleger, Fahrrad ab 2,50 €/Std., 7,50 €/Tag

Seit geraumer Zeit laufen (sauber geputzte) Leihfahrräder den hübschen Kutschen, mit denen man auch, aber auf wesentlich geruhsamere Art und Weise, die Insel umrunden kann, den Rang ab. Mit dem Fahrrad ist man natürlich schneller, flexibler und sportlicher, denn es gibt einige Meter Höhenunterschiede zu überwinden. Aber auch zu Fuß kann man die Insel gut erkunden.

Im Ort selbst sind schöne alte Holzhäuser zu sehen, u. a. auch geschlossene Reihen von mehreren Häusern, was kaum noch irgendwo anzutreffen ist. Zum Teil sind sie vorbildhaft renoviert, andere, ebenfalls mit tollen Holzornamenten, leider schon ziemlich verfallen.

In der Hamlacı Sokağı steht die Ruine eines Hauses, in dem der russische Politiker und Revolutionär Leo Trotzki 1929-33 durch den türkischen Staat unter Atatürk Asyl fand. Dieses **Iliasko Yalı Köşkü** mitten in einem heute sehr verwilderten Garten ist nach seinem ersten Eigentümer, dem griechischen Bankier Konstantinos Iliasko benannt. Trotzki schrieb hier u. a. seine »Geschichte der russischen Revolution«.

Der Großteil der Insel ist schön bewaldet, hin und wieder sieht man frei laufende Pferde, die Luft ist klar, es gibt Badestrände, Ruhe und Erholung haben hier ihren Raum.

Lohnende Ziele sind das **Aya Yorgi Manastırı** (Georgskloster; s. S. 280**)** auf dem Yücetepe und das größte Holzhaus der Welt, die **Orphanage**.

Pferdedroschken und romantische Holzvillen prägen das Bild von Büyükada

Die Orphanage liegt mitten im Wald, etwas südlich des Christos-Klosters auf dem Isatepe. Alexandre Vallaury erbaute es 1898. Mit seinen 206 Zimmern sollte es als Luxusherberge und Kasino dienen, aber Sultan Abdulhamid II. verweigerte diese Art der Nutzung. So kam es schließlich durch eine Schenkung in die Hand der orthodoxen Kirchengemeinde und diente der griechischen Bevölkerung bis 1964 als Waisenhaus. Seitdem wird es dem langsamen Verfall überlassen.

Übernachten

Autofreie Zone Prinzeninseln – **Splendid Palace:** 23 Nisan Cad. 53; s. S. 29.

Essen & Trinken, Einkaufen

Warten mit Aussicht – **Café Turing:** İskele Binası, im Obergeschoss des Fährgebäudes, Tel. 0216 38 28 304, www.turing.org.tr, April–Okt. tgl., in den Wintermonaten nur an sonnigen Wochenenden. Von den Tischen auf dem umlaufenden Balkon bietet sich ein schöner Blick nach Heybeliada und auf das Marmarameer vor der asiatischen Küste. Im Sommer finden an den Wochenendabenden Livekonzerte statt.

Frischer Fisch – **Ali Baba:** Gülistan Cad. 18, Tel. 0216 382 37 33, tgl. 12–23 Uhr, Fischgerichte ab 15 €. Beliebtes Fischrestaurant nahe beim Fähranleger und ein idealer Ort, um den Inselaufenthalt mit einem guten Essen zu beenden.

Wein der Mönche – **Yücetepe Kir Gazinosu:** Yücetepe Mekvii 5, neben dem Aya Yorgi Manastırı, Tel. 0216 382 13 33, tgl. 12–23 Uhr (Nov. bis Mai bis ca. 20 Uhr). Auf dem höchsten Hügel der Prinzeninseln liegt das Georgskloster und gleich daneben dieses hübsches Gartenlokal. Dort schenkt eine Familie, die schon seit Jahrzehnten im Kloster arbeitet, den Wein der Mönche nicht nur aus, sondern verkauft ihn auch (Literflasche ca. 14 €). Kleine Speisen (*mezeler,* Fleischspießchen etc., je 2–6 €).

Heybeliada

Auch ein Besuch dieser Insel, mit 2,3 km² die zweitgrößte der Gruppe, lohnt sich. Ihr griechischer Name Chalkis geht auf Kupfervorkommen im Süden zurück. Bis 1971, als es von der türkischen Regierung geschlossen wurde, beherbergte sie das theologische Seminar des Griechischen Patriarchats von Konstantinopel. Gespräche über eine Wiedereröffnung sind im Gange, da von der Türkei im Zuge der Beitrittsverhandlungen in die EU freie Religionsausübung für Christen gefordert wird.

Heute bietet Heybeli landschaftliche Reize und gute Bademöglichkeiten. Auf dem Gelände der Marineakademie beim Anleger ist eine **byzantinische Kapelle** mit tetrakonchem Grundriss erhalten, die als letzte byzantinische Kirchenstiftung vor der Eroberung gilt. Besichtigen kann man sie nur mit Sondergenehmigung der Marineakademie.

Sprachführer

Wichtig für die Verständigung ist die richtige Betonung des Türkischen. Fast immer wird auf der ersten Silbe betont und nicht auf der Wortmitte.

Aussprache

- **c** wie dsch; cami (Moschee) = dschami
- **ç** wie tsch; kaç (wie viel) = katsch
- **e** wie ä; evet (ja) = äwät
- **ğ** als Längung nach a, ı, o, u; dağ (Berg) = daa
- **–** wie j nach e, i, ö, ü; değil (nicht) = dejil
- **h** wie in Hans vor Vokal; wie ch in ›Macht‹ nach dunklem Vokal; bahçe (Garten) = bachtsche
- **–** wie ch in ›ich‹ nach hellem Vokal; salih (fromm) = salich
- **ı** wie das dumpfe e in laufen; halı (Teppich) = hale
- **j** wie g in leger; plaj (Strand) = plaasch
- **s** scharfes s wie in Masse; su (Wasser) = ßu
- **ş** wie sch, şelale (Wasserfall) = schelale
- **v** wie in Wut; ve (und) = we
- **–** hinter a wie u; pilav (Reis) = pilau
- **y** wie j; yol (Weg) = jol
- **z** s wie in Rose; güzel (schön) = güsel

Begrüßung und Höflichkeit

Guten Tag!	İyi günler!
Guten Abend!	İyi akşamlar!
Auf Wiedersehen!	Allaha ısmarladık

(sagt der, der geht. Der, der bleibt, sagt: Güle, güle [letzte Silbe betont])

Hallo!	Merhaba!
ja / nein	evet / hayır
Bitte!	Lütfen!
Bitte sehr!	Buyurun!
Danke!	Teşekkürler!
Danke Ihnen!	Teşekkür ederim!
Entschuldigung!	Pardon!
Nichts, keine Ursache	bir şey değil
In Ordnung, okay	tamam
Freund	arkadaş (arkadasch)
mein Lieber	aşık (aschek)

Reisen

Haltestelle	durak
Bus	otobüs
Straßenbahn	tramvay
Bahnhof	garı
Fahrkarte	bilet
Hafen	liman
Anleger	iskele
Schiff, Fähre	gemi
Auto	araba
Reifen	lastik
Eingang	giriş (girisch)
Ausgang	çıkış (tschekesch)
nach links / rechts	solda / sağda
geradeaus	dosdoğru
zurück	geri
Vorsicht	dikkat
Bank	banka
Post	posta
Geldwechsel	para tahvili
Kirche	kilise
Museum	müze
Strand	plaj (plaasch)
Brücke	köprü
Platz	meydan
Postkarte	kartpostal
Briefmarke	posta pulu
geöffnet	açık
geschlossen	kapalı
es gibt	var
es gibt nicht	yok

Übernachten

Pension	pansiyon
Hotel	otel
Zimmer	oda
Doppelzimmer	iki kinilik oda
Toilette	tualet
Bad	banyo
Dusche	duş (dusch)
Gepäck	bagaj (bagaasch)
Rechnung	hesap

Einkaufen

Supermarkt	süpermarket
Markt	pazar (basar)
Markthalle	çarşı (tscharsche)
Geld	para
Kreditkarte	kredi kartı
zu teuer	çok pahalı
drei Stück	üç tane (ütsch tanä)
zwei Kilo	iki kilo
genug	yeter
groß	büyük
klein	küçük (kütschük)

Notfall

Hilfe!	yardım (jardem)
Polizei	polis
Arzt / Krankenhaus	doktor / hastane
Apotheke	eczane (edschsane)
Unfall / Panne	kaza / arıza
Telefon	telefon

Zeit

heute / morgen	bugün / yarın
morgens	sabahleyin
abends	akşamları
vor / nach	önce / sonra
früh / spät	erken / geç
Montag	pazartesi
Dienstag	salı
Mittwoch	çarşamba
Donnerstag	perşembe
Freitag	cuma (dschuma)
Samstag	cumartesi
Sonntag	pazar (basar)

Zahlen

0	sıfır	16	on altı
1	bir	17	on yedi
2	iki	18	on sekiz
3	üç	19	on dokuz
4	dört	20	yirmi
5	beş	21	yirmi bir
6	altı	30	otuz
7	yedi	40	kırk
8	sekiz	50	elli
9	dokuz	60	altmış
10	on	70	yetmiş
11	on bir	80	seksen
12	on iki	90	doksan
13	on üç	100	yüz
14	on dört	500	beş yüz
15	on beş	1000	bin
		10 000	on bin

Die wichtigsten Sätze

Allgemeines

Ich verstehe nicht.	Anlamıyorum.
Wie heißen Sie?	Adınız ne?
Ich heiße … !	Beni adım … !
Willkommen!	Hoş geldiniz!
Wie geht's?	Nasılsın? (per Du)?
Sehr gut!	Çok iyiyim!
Sprichst Du Deutsch?	Almanca bilir misin?
Wie spät ist es?	Saat kaç?
Lass mich in Ruhe!	Beni rahat bırakın!

Unterwegs

Wo ist …?	… nerede bulunur?
Welcher Bus geht nach …?	… e (a) hangı otobüs gider?
Wann fährt er los?	Ne zaman kalkıyor?
Bitte anhalten!	Lütfen durun!
Wir haben es eilig!	Acelimiz var!
Wo ist die Toilette?	Tuvalet nerede?

Notfall

Ich möchte telefonieren.	Telefon açmak istiyorum.
Wo ist die nächste Apotheke?	En yakın eczane nerede?

Einkaufen

Was wünschen Sie?	Buyurunuz?
Ich möchte …	… istiyorum!
Was kostet das?	Bu ne kadar?
Das ist teuer!	Çok pahalı!

Frühstück (kahvaltı)

kahve *(kachve)*	Kaffee
çay *(tschai)*	Tee
şeker *(scheker)*	Zucker
ekmek	Brot
tereyağı *(tere'ja'e)*	Butter
reçel *(retschäl)*	Konfitüre
bal	Honig
peynir	Käse
sucuk *(ssudschuk)*	Wurst
yumurta (-lar)	Ei (-er)
sahanda yumurta	Spiegelei
hiyar	Gurke
domates	Tomate
zeytin (-ler)	Olive (-n)

Suppen (çorbalar)

balık çorbası	Fischsuppe
düğün çorbası	›Hochzeitssuppe‹: Fleischbrühe mit Ei
işkembe çorbası	Kuttelsuppe
mercimek çorbası	Linsensuppe

Salate und Pürees (mezeler)

antep ezme	scharfes Püree aus Tomaten u. Peperoni
arnavut çiğeri	gebratene Leber mit rohen Zwiebeln
caçık *(dschatschek)*	Joghurt mit Gurke und Dill
çerkes tavuğu	Paste aus Hühnerfleisch
çoban salatası	›Hirtensalat‹: Tomaten, Gurken, Paprika
haydari	Püree aus Joghurt, Schafskäse, Kräutern
humus	Kichererbsenpüree
imam bayıldı	›Der Imam fiel in Ohnmacht‹ – Auberginen in Olivenöl
kokoreç	Innereienwürste
mücver	ausgebackene Bällchen aus geraspelten Zucchini
piyaz	weiße Bohnen in Essig und Öl
patlıcan ezmesi	Auberginenpüree
patlıcan kızartması	gebratene Aubergine
patates	Kartoffeln, Pommes frites
sigara böreği	gebackene Teigröllchen mit Schafskäse
tarama	Fischrogencreme
yaprak dolması	gefüllte Weinblätter

Grillgerichte (ızgaralar)

adana kebap	Hackfleisch am Spieß gegrillt (scharf)
biftek	Beefsteak
bonfile	Filet
çöp şiş	kleine Fleischstücke auf Holzspießen
döner kebap	Fleisch vom Drehspieß
iskender kebabı	Döner auf Fladenbrot mit Joghurt
ızgara köfte	Hackfleischbällchen
kuzu pirzolası	Lammkotelett
piliç izgara	Hühnchen vom Rost
şiş kebap	Fleisch am Spieß

Schmorgerichte (suyu yemekler)

biber dolması	gefüllte Paprika
etli bamya	Okraschoten mit Lammfleisch
etli kagıt kebabı	Lammkebap in Pergamentpapier
fasulye pilaki	weiße Bohnen in Tomatensauce
güveç	Auberginen-Fleisch-Eintopf
İzmir köfte	Hackfleischbällchen mit Kartoffeln und Tomatensauce
musakka	Auberginen mit Hackfleisch
saç kavurma	auf dem Blech gegartes Lammfleisch

soğanlı yahni	Lamm mit Zwiebeln in Zimtsauce
tandır	im Tontopf gegartes Fleisch, meist Lamm
tas kebap	Rindfleisch mit Zwiebel, wie Gulasch
türlü	Fleisch mit Gemüse

Fische (balıkler)

ahtapot	Oktopus
alabalık	Forelle
barbunya	Meerbarbe
çupra	Goldbrasse
istakoz / karides	Languste / Krevetten
kılıç balığı	Schwertfisch
levrek	Meerbarsch
midye	Muscheln
mercan	Rotbrasse
orfoz	Riesenbarsch
ton balığı	Thunfisch
uskumru	Makrele

Teiggerichte & Eierspeisen

gözleme	dünner Teig mit Schafskäse
ispanaklı börek	Spinat in Blätterteig
lahmacun	türkische Pizza
mantı	türkische Ravioli, mit kalter Jogurtsauce
menemen	Rührei mit Zwiebeln, Tomate und Paprika
su böreği *(ssu börä'i)*	Nudelblätter mit Käsefüllung

Dessert (Tatlılar)

aşure	Trockenobst u. Nüsse in Zuckersauce
baklava	Blätterteig mit Nussfüllung in Honigsirup
dondurma	Speiseeis
helva	türkischer Honig
hoşmarim	Pfannkuchen
kadayıf	süße Fadennudeln
lokma	Hefebällchen in Zuckersirup
lokum	Geleekonfekt in vielen Sorten
revani	Grießkuchen
sütlaç	Reismehlpudding

Obst (meyve)

elma	Apfel
erik	Pflaume
karpuz *(karpus)*	Wassermelone
kavun	Honigmelone
kayısı *(kajesse)*	Aprikose
muz *(mus)*	Banane
portakal	Orange
şeftalı *(schäftale)*	Pfirsich
üzüm *(üsüm)*	Weintraube
vişne *(vischne)*	Kirsche

Getränke

bira	Bier
şarap *(scharap)*	Wein
süt / su	Milch / Wasser
portakalsuyu	Orangensaft

Im Restaurant

Die Speisekarte, bitte.	Menü, lütfen.	Löffel	kaşık
Gibt es (Bier)?	(Bira) varmı?	Teller	tabak
Ich möchte ...	İstiyorum ...	Serviette	peçete
Nicht scharf!	Acı yok! *(adsche yok)*	Glas	bardak
Guten Appetit!	Afiyet olsun!	Flasche	şişe *(schischä)*
Die Rechnung, bitte.	Hesap lütfen.	Salz / Pfeffer	tuz / biber
Prost!	Şerefe! *(schäräfä)*	eine Portion	bir porsiyon
Messer	bıçak	heiß	sıcak
Gabel	çatal	kalt	soğuk

Abbildungsnachweis/Impressum

Die Autorin: Seit 20 Jahren schreibt Andrea Gorys als Reisejournalistin und Archäologin über die östlichen Mittelmeerländer, vor allem über Istanbul und die Türkei. Die Stadt – kunsthistorisch und archäologisch aufregend, dazu eine quirlige Kunst- und Musikszene sowie der Zusammenprall zweier Kulturen – ist ihr zur zweiten Heimat geworden. Heute arbeitet und lebt sie mit ihren zwei Kindern in Berlin. Dieses Buch entstand unter Mitarbeit von Dilek Zaptçioğlu und Jürgen Gottschlich.

Abbildungsnachweis

Gisela Altenkirch, Berlin: S. 102
Getty Images, München: S. 157 li., 163 (AFP/Dilkoff); 186 re., 194/195 (AFP/Zaourar)
Rainer Hackenberg, Köln: S. 88, 254 li., 257, 258
Bildagentur Huber, Garmisch-Partenkirchen: S. 267 (J. Huber); 173, 255 li., 282/283 (Schmid)
iStockphoto, Calgary (Kanada): S. 57, 76
laif, Köln: S. 215 (Butzmann); 100 (hemis.fr/Guiziou); 109 (hemis.fr/Rabouan); 241 (hemis.fr/Seux); 238 li., 247 (hemis.fr); 49 (Heuer); 104 (Hollandse Hoogte/Muhl); 93 (Huber); 98 (Knop); 38, 52/53 (NarPhotos); 96 (NarPhotos/Serra Akcan); 42 (REA/Dudoit); 7, 80, 110/111 (Siemers); 11, 28, 31, 45, 220/221, 275 (Tophoven); 8, 13 o. re., 84, 106, 159, 168/169, 202, 212 li., 213 li., 228, 232/233, 234/235, 238 re., 252/253, 277 (Türemiş); 82 (Walczak)
Hans E. Latzke, Bielefeld: S. 112 li., 118
Look, München: Titelbild (age fotostock)
Mauritius Images, Mittenwald: Umschlagklappe vorn (Hill Creek); 148 (Hiltmann); 124/125 (Photononstop); 155 (Sánchez Pereyra); 156 re., 179, 254 re., 272/273, 278/279 (Schöfmann); 95 (Tack)
Murat Türemiş, Berlin: S. 12 (4x), 13 o. li., 13 u. li., 13 u. re., 16/17, 66/67, 75, 86, 112 re., 113 li., 115, 130, 134/135, 138/139, 142, 144, 156 li., 165, 184/185, 186 li., 187 li., 189, 196, 210, 212 re., 218, 222/223, 239 li., 242/243, 248, 264/265, 270/271
Bernhard Weisser, Berlin: S. 6, 35, 91, 206, 292

Kartografie

DuMont Reisekartografie, Fürstenfeldbruck

Umschlagfotos

Titelbild: Blick in den Vorhof der Sultan Ahmet Camii
Umschlagklappe vorn: Gewürzmarkt im Ägyptischen Basar (Mısır Çarşısı)

Hinweis: Autorin und Verlag haben alle Informationen mit größtmöglicher Sorgfalt geprüft. Gleichwohl erfolgen alle Angaben ohne Gewähr. Bitte schreiben Sie uns! Über Ihre Rückmeldung und Ihre Verbesserungsvorschläge freuen wir uns: **DuMont Reiseverlag,** Postfach 3151, 73751 Ostfildern, info@dumontreise.de, www.dumontreise.de

4., vollständig überarbeitete Auflage 2014

Redaktion/Lektorat: Hans E. Latzke, Britta Rath
Grafisches Konzept: Groschwitz/Blachnierek, Hamburg
Printed in China

FSC www.fsc.org
MIX
Papier aus verantwortungsvollen Quellen
FSC® C020056